哺乳动物学

胡 杰 胡锦矗 主编

科学出版社

北 京

内 容 简 介

本书以国内外最新的研究成果为基础，系统介绍了哺乳动物学的发展历史、主要的分支学科、发展趋势，哺乳动物的结构和基本特征、各类群分述、哺乳动物的起源与演化、地理分布等内容。同时，对于我国有分布的哺乳动物各主要类群还提供了科、属级，甚至到种（部分）的检索表。

本书可作为相关院校生物科学、野生动物与自然保护区管理、生态学等专业本科生，以及动物学、野生动植物保护与利用、保护生物学、生态学等专业硕士研究生的课程教材，也可作为动物学科研工作者、林业职能部门工作人员、自然保护区工作人员的参考资料。

图书在版编目（CIP）数据

哺乳动物学/胡杰，胡锦矗主编. —北京：科学出版社，2017.12
ISBN 978-7-03-052839-1

Ⅰ. ①哺… Ⅱ. ①胡… ②胡… Ⅲ. ①哺乳动物纲–动物学–教材 Ⅳ. ①Q959.8

中国版本图书馆 CIP 数据核字（2017）第 110725 号

责任编辑：王玉时/责任校对：郑金红
责任印制：赵　博/封面设计：马晓敏

科学出版社 出版
北京东黄城根北街 16 号
邮政编码：100717
http://www.sciencep.com

北京建宏印刷有限公司印刷
科学出版社发行　各地新华书店经销

*

2017 年 12 月第 一 版　开本：787×1092　1/16
2025 年 4 月第六次印刷　印张：18 3/4
字数：480 000
定价：98.00 元
（如有印装质量问题，我社负责调换）

《哺乳动物学》编写委员会

主　　编　胡　杰　胡锦矗

编　　委　（按姓氏笔画排序）

　　　　　李艳红　吴攀文　张　君　张泽钧

　　　　　周材权　黄小富　黎大勇　魏辅文

编写单位　西华师范大学生命科学学院

序

哺乳动物学是动物学的一个重要分支学科，开展哺乳动物的研究具有重要的理论与现实意义。21世纪是生命科学的世纪，专业人才的培养是学科发展的关键，一本好的教材甚至能够影响人的一生。

西华师范大学拥有一支长期致力于西南地区大熊猫、金丝猴、梅花鹿等珍稀哺乳动物研究的科研团队，多年来在哺乳动物学专业人才的培养、物种濒危机制的研究与保护方面作出了重要的贡献。为紧跟当前哺乳动物学学科发展趋势，西华师范大学多年从事哺乳动物学教学与研究的胡杰教授和胡锦矗教授共同主编了《哺乳动物学》一书。

该书以国内外最新的研究成果为基础，系统介绍了哺乳动物学的发展历史、主要的分支学科、发展趋势，哺乳动物的结构和基本特征、各类群分述，哺乳动物的起源与演化、地理分布等内容。同时，对于我国有分布的各个类群还提供了科、属级，甚至到种（部分）的检索表；每章还列出了思考题。因此，该书具有科学性、代表性和实用性的特点。此外，全书图文并茂，并以专栏的形式拓展了许多与哺乳动物学教学内容密切相关的知识，具有很强的可读性。

为促进当前的教学改革，加强基础学科基本知识教学，特予以推荐！

中国兽类学会 原副理事长、
黑龙江省科学院 督导研究员

2017年8月26日

前 言

哺乳动物是目前动物界最高等的类群，与人类有着密切的关系，因而研究哺乳动物具有重要的意义。哺乳动物学是动物学的一个重要分支，是综合研究哺乳动物的分类、形态、解剖、生理、发育、生态、行为、分布、进化及其与人类关系的一门科学。1985 年，由华东师范大学盛和林教授等编写出版的《哺乳动物学概论》是我国第一部哺乳动物学教材。2007 年，西华师范大学的胡锦矗教授主编出版了《哺乳动物学》。这两部哺乳动物学教材的出版，对于相关专业人才的培养发挥了重要的作用。为紧跟当前哺乳动物学学科的发展步伐，我们精心收集了哺乳动物学最新研究进展的相关材料，结合自己多年从事哺乳动物学的教学实践经验，编写了这本《哺乳动物学》，期望有助于推动我国哺乳动物学专业人才的培养。

本书具有以下几个特点。①采用新的分类系统。本书主要参考了即将出版的 *Mammal Species of the World*（Reeder and Helgen, in press）的分类系统，同时结合中国哺乳动物分类学学者的主流观点，进行了如下调整：在目级水平上，有学者根据分子系统学和部分形态学的研究成果，将鲸目 Cetacea 与偶蹄目 Artiodactyla 合并为鲸偶蹄目 Cetartiodactyla (Robert *et al.*, 2010；IUCN，2016；Reeder and Helgen, in press)；也有学者将鼩形目 Soricomorpha 与猬形目 Erinaceomorpha 合并为劳亚食虫目 Eulipotyphla（Douady *et al.*, 2002；IUCN，2016），但由于这些观点目前尚存在较大的争议，因此本书仍按传统的鲸目和偶蹄目、鼩形目和猬形目分别进行讲述。此外，新增了沟齿鼩目 Solenodonta。在科级水平上，新增了 13 个科：雅负鼠科 Glironiidae、棉毛负鼠科 Caluromyidae、獭鼩科 Potamogalidae、小抹香鲸科 Kogiidae、普拉塔河豚科 Pontoporiidae、老挝岩鼠科 Diatomyidae、毛猬科 Galericidae、灵狸科 Prionodontidae、长翼蝠科 Miniopteridae、翼腺蝠科 Cistugidae、裸鼹鼠科 Heterocephalidae、林跳鼠科 Zapodidae 和蹶鼠科 Sicistidae（Reeder and Helgen, in press），再加上我国特有的大熊猫科 Ailuropodidae 和白鱀豚科 Lipotidae，这样，全世界现存的哺乳动物共计 2 亚纲 30 目 164 科。②以专栏的形式新增了系统进化与分类方法、灵长类的社会结构、有蹄类对奔跑的适应及鹿科动物的气味腺等内容，进一步拓展了学生学习的视野。③将分类与分子系统进化结合起来，提供了多数目、科级水平的系统进化关系图，有助于增强学生对各类群间系统进化关系的理解。④采用了许多彩色图片，使得本书内容更为生动。⑤在每章的最后还提供了思考题，以满足学生学习的需求。

在本书编写过程中，得到了国内同行的诸多宝贵建议，引用了大量的文献和图片资料，还邀请到了我国著名的兽类学专家马逸清研究员为本书作序，特此表示衷心的感谢！

限于编者的水平所限，书中疏漏和不当之处敬请各位同行不吝指正。

编　　者

2017 年 7 月

目录

序
前言

第1章　绪论 ………………………………… 1
1.1　哺乳动物学的形成与发展 ………… 2
　1.1.1　早期人类对哺乳动物的认识 … 2
　1.1.2　17~19世纪博物学家对哺乳动物学的贡献 ……………… 3
　1.1.3　哺乳动物学成为一门真正的学科 ……………………… 4
　1.1.4　中国近代哺乳动物学的发展 … 5
　1.1.5　哺乳动物学的发展趋势 ……… 9
1.2　哺乳动物学主要的分支学科 ………… 9
　1.2.1　自然历史 ……………………… 9
　1.2.2　分类与系统学 ………………… 9
　1.2.3　解剖学与生理学 ……………… 11
　1.2.4　行为学 ………………………… 11
　1.2.5　生态学 ………………………… 12
　1.2.6　管理和控制 …………………… 12
1.3　哺乳动物的分类纲要 ………………… 12
1.4　中国的哺乳动物分类概述 …………… 13
思考题 ……………………………………… 15

第2章　哺乳动物的结构和基本特征 …… 16
2.1　皮肤及其衍生物 ……………………… 16
　2.1.1　皮肤的结构与功能 …………… 16
　2.1.2　皮肤的衍生物 ………………… 17
2.2　骨骼系统 ……………………………… 20
　2.2.1　中轴骨 ………………………… 20
　2.2.2　附肢骨 ………………………… 22
2.3　肌肉系统 ……………………………… 22
2.4　消化系统 ……………………………… 23
　2.4.1　牙齿 …………………………… 23
　2.4.2　摄食模式 ……………………… 25

2.5　呼吸系统 ……………………………… 26
2.6　循环系统 ……………………………… 27
2.7　排泄系统 ……………………………… 27
2.8　生殖系统 ……………………………… 27
　2.8.1　雌性生殖系统 ………………… 27
　2.8.2　雄性生殖系统 ………………… 29
2.9　神经系统与感觉器官 ………………… 30
思考题 ……………………………………… 30

第3章　单孔类和有袋类 ………………… 31
3.1　单孔类 Monotremes …………………… 31
　3.1.1　单孔目 Monotremata ………… 31
3.2　有袋类 Marsupials ……………………… 33
　3.2.1　负鼠目 Didelphimorphia ……… 36
　3.2.2　新袋鼠目 Paucituberculata …… 37
　3.2.3　小䶮目 Microbiotheria ……… 38
　3.2.4　袋鼬目 Dasyuromorphia ……… 38
　3.2.5　袋狸目 Peramelemorphia …… 40
　3.2.6　袋鼠目 Diprotodontia ………… 41
　3.2.7　袋鼹目 Notoryctenmorphia …… 46
思考题 ……………………………………… 46

第4章　食虫类 …………………………… 47
4.1　马岛猬目 Tenrecoidea（new） ……… 47
　4.1.1　马岛猬科 Tenrecoidae ………… 47
　4.1.2　獭鼩科 Potamogalidae（new）… 48
　4.1.3　金毛鼹科 Chrysochloridae …… 48
4.2　象鼩目 Macroscelidea ………………… 49
4.3　树鼩目（攀鼩目）Scandentia ………… 49
　4.3.1　笔尾树鼩科 Ptilocercidae …… 50
　4.3.2　树鼩科 Tupaiidae ……………… 50
4.4　皮翼目 Dermoptera …………………… 50
4.5　沟齿鼩目 Solenodonta（new） ……… 51
4.6　鼩形目 Soricomorpha ………………… 52

iii

哺乳动物学

　　4.6.1　鼩鼱科 Soricidae ············· 53
　　4.6.2　鼹科 Talpidae ··············· 57
4.7　猬形目 Suborder Erinaceomorpha ····· 59
　　4.7.1　毛猬科 Galericidae（new）··· 59
　　4.7.2　猬科 Erinaceidae ············ 60
思考题 ································ 61

第5章　翼手目 ·························· 62
5.1　形态 ······························ 63
5.2　分类 ······························ 65
　　5.2.1　阴（大）蝙蝠亚目 Suborder
　　　　　Yinpterochiroptera ··········· 67
　　5.2.2　阳（小）蝙蝠亚目 Suborder
　　　　　Yangochiroptera ············· 75
思考题 ································ 86

第6章　披毛目、带甲目、鳞甲目和
　　　　管齿目 ························· 87
6.1　披毛目 Pilosa ······················ 87
　　6.1.1　蠕舌亚目 Vermilingua ········ 87
　　6.1.2　树懒亚目 Folivora ············ 88
6.2　带甲目 Cingulata ·················· 89
　　6.2.1　犰狳科 Dasypodidae ········· 89
6.3　鳞甲目 Pholidota ·················· 90
　　6.3.1　鲮鲤科 Manidae ············· 90
6.4　管齿目 Tubulidentata ·············· 91
　　6.4.1　土豚科 Orycteropodidae ······ 91
思考题 ································ 92

第7章　灵长目 ·························· 93
7.1　灵长类的基本特征 ··················· 93
7.2　灵长类的分类 ······················ 95
　　7.2.1　原猴亚目 Strepsirrhini ········ 96
　　7.2.2　简鼻亚目 Haplorrhini ······· 100
思考题 ································ 115

第8章　食肉目 ························· 116
8.1　食肉目的主要特征 ·················· 116
　　8.1.1　陆生种类的特征 ············· 116
　　8.1.2　海栖种类的特征 ············· 118
8.2　食肉目的分类 ····················· 118
　　8.2.1　犬形亚目 Caniformia ······· 119

　　8.2.2　猫形亚目 Feliformia ········ 135
思考题 ······························· 142

第9章　近有蹄类 ······················· 143
9.1　长鼻目 Proboscidea ················ 143
　　9.1.1　象科 Elephantidae ·········· 144
9.2　海牛目 Sirenia ···················· 145
　　9.2.1　儒艮科 Dugongidae ········· 145
　　9.2.2　海牛科 Trichechidae ········ 146
9.3　蹄兔目 Hyracoidea ················ 146
　　9.3.1　蹄兔科 Procaviidae ········· 146
思考题 ······························· 147

第10章　奇蹄目和偶蹄目 ················ 148
10.1　奇蹄目 Perissodactyla ············· 150
　　10.1.1　马科 Equidae ············· 151
　　10.1.2　貘科 Tapiridae ············ 153
　　10.1.3　犀科 Rhinocerotidae ······· 154
10.2　偶蹄目 Artiodactyla ·············· 155
　　10.2.1　猪形亚目（不反刍亚目）
　　　　　　Suina ···················· 156
　　10.2.2　胼足亚目（圆足亚目、驼亚目）
　　　　　　Tylopoda ················· 158
　　10.2.3　反刍亚目 Ruminantia ······ 160
思考题 ······························· 183

第11章　鲸目 ·························· 184
11.1　对水栖生活的适应 ················· 184
　　11.1.1　形态与结构 ················ 184
　　11.1.2　体温调节 ·················· 186
　　11.1.3　适应潜水的生理特征 ········ 186
11.2　鲸目的分类 ······················ 187
　　11.2.1　齿鲸亚目 Odontoceti ······ 187
　　11.2.2　须鲸亚目 Mysticeti ········ 193
思考题 ······························· 196

第12章　啮齿类 ······················· 197
12.1　啮齿目 Rodentia ················· 197
　　12.1.1　松鼠形亚目 Sciuromorpha ··· 201
　　12.1.2　河狸形亚目 Castorimorpha ·· 208
　　12.1.3　鳞尾鼯鼠形亚目
　　　　　　Anomaluromorpha ········ 209

  12.1.4 鼠形亚目 Myomorpha ……… 210
  12.1.5 豪猪形亚目 Hystrimorpha … 232
 12.2 兔形目 Lagomorpha ……………… 237
  12.2.1 鼠兔科 Ochotonidae …………… 238
  12.2.2 兔科 Leporidae ………………… 242
 思考题 …………………………………… 246

第 13 章 哺乳动物的起源与演化 ……… 247
 13.1 起源 ……………………………… 247
 13.2 演化 ……………………………… 250
  13.2.1 中生代哺乳动物的演化 …… 250
  13.2.2 新生代哺乳类及其辐射适应 … 252
 思考题 …………………………………… 253

第 14 章 哺乳动物的地理分布 ………… 254
 14.1 哺乳动物分布区的形成、发展与
    变化 ……………………………… 254
  14.1.1 哺乳动物的扩散与大陆漂移
     的关系 ………………………… 256
  14.1.2 哺乳动物进化过程中的多样
     性 ……………………………… 256
  14.1.3 哺乳动物的区系演变 ……… 257
 14.2 世界动物生态地理群 …………… 257
  14.2.1 热带森林地带动物群 ……… 257
  14.2.2 热带草原地带动物群 ……… 258
  14.2.3 亚热带常绿林地带动物群 … 259
  14.2.4 亚热带和温带荒漠地带动物
     群 ……………………………… 259
  14.2.5 温带落叶阔叶地带动物群 … 260
  14.2.6 温带草原地带动物群 ……… 261
  14.2.7 寒温带针叶林地带动物群 … 261
  14.2.8 寒带苔原地带动物群 ……… 261
 14.3 我国动物生态地理群 …………… 262

  14.3.1 热带森林、林灌、农田动
     物群 …………………………… 262
  14.3.2 亚热带森林、林灌、农田动
     物群 …………………………… 262
  14.3.3 温带荒漠、半荒漠动物群 … 262
  14.3.4 温带草原动物群 …………… 263
  14.3.5 温带森林、森林草原、农田
     动物群 ………………………… 263
  14.3.6 寒温带针叶林动物群 ……… 264
  14.3.7 高地森林草原、草甸、寒漠
     动物群 ………………………… 264
  14.3.8 山地动物群 ………………… 264
 14.4 水域动物生态地理群 …………… 265
 14.5 分布区与动物区系 ……………… 265
  14.5.1 分布区 ……………………… 265
  14.5.2 分布型 ……………………… 265
  14.5.3 动物区系 …………………… 267
 14.6 世界动物区系的分界划分 ……… 268
  14.6.1 古北界 Palearctic …………… 268
  14.6.2 新北界 Nearctic ……………… 269
  14.6.3 埃塞俄比亚界 Ethiopian …… 269
  14.6.4 东洋界 Oriental ……………… 270
  14.6.5 新热带界 Neotropical ……… 270
  14.6.6 澳大利亚界 Australian …… 271
 14.7 中国动物区系的分区划分 ……… 272
  14.7.1 古北界 ……………………… 273
  14.7.2 东洋界 ……………………… 275
 思考题 …………………………………… 277

参考文献 ………………………………… 278
附表 世界现存哺乳动物目、科的分类 … 283

第1章 绪 论

哺乳动物（mammalia） 由瑞典博物学家卡尔·冯·林奈（Carl von Linné，1707—1778）定名，是体表被毛、恒温、哺乳、胎生（极少数卵生）的高等脊椎动物，具有最为复杂的躯体结构、功能和行为。哺乳动物在中国亦称为兽类，这种称呼已有2000多年的历史（《尔雅》），中国的古籍还对它作了进一步的注释，如"兽，四足而毛的总称，地产也。豢养者谓之畜"。目前全世界的哺乳动物大约有5500余种。

哺乳动物是动物界最高等的类群，与人类的关系非常密切，研究哺乳动物具有重要的意义。第一，人类本身就属于哺乳动物，具有与其他哺乳动物类似的生理、行为、社会和生态特征。通过对非人哺乳动物的研究，有助于增强对我们人类自身及其进化的理解。第二，哺乳动物是生物多样性的重要组成部分，它们在生态系统中发挥着重要的作用，如食肉目动物对猎物数量的控制，部分哺乳动物能帮助植物传播花粉和种子。第三，哺乳动物还是人类的重要资源。人类所需的很多肉制品、奶制品等都来自哺乳动物；一些哺乳动物还是重要的工业原料（如皮革）、药材来源（如鹿茸、麝香等）及人们休闲娱乐的来源（如宠物、狩猎动物、动物园里的观赏动物）；哺乳动物还是我们发展仿生学和医学的重要材料。然而，一些哺乳动物在当今世界已变得濒危，有的甚至还未被人类所记录，因此如果我们要执行有效的物种保护计划，合理地利用动物资源，必须加强对哺乳动物的了解。第四，一些哺乳动物还是某些疾病或寄生虫的载体或宿主。例如，中世纪曾席卷整个欧洲的被称之为"黑死病"的鼠疫大瘟疫，夺走了2500万欧洲人的性命，约占当时欧洲总人口的1/3，就是由一种名叫黑家鼠 *Rattus rattus* 的哺乳动物身上的跳蚤携带的"鼠疫杆菌"的传播所导致的。同时，鼠灾的防治及外来哺乳动物的控制等，都需要哺乳动物学的相关知识。第五，对哺乳动物的研究也有助于探索生物的进化、生态和行为的普遍性原理。

哺乳动物学（mammalogy 或 theriology） 亦称兽类学，是动物学的一个分支，是综合研究哺乳动物的分类、形态、解剖、生理、发育、生态、行为、分布、进化及其与人类关系的一门科学。哺乳动物学既为动物资源调查、野生动物保护与管理、环境保护与可持续发展、经济动物饲养、开展狩猎业、有害兽类防控、兽类驯化和疫源地调查等提供基础知识和基本

哺乳动物学

理论，也是发展有关学科如保护遗传学、分子生态学及进化基因组学等的基础。

1.1 哺乳动物学的形成与发展

1.1.1 早期人类对哺乳动物的认识

古人类发展到一定时期，以兽类和鱼类作为主要猎捕对象以取得衣食来源，这种营养状况及衣着的改善，对人类脑容量的增加及由古猿经猿人进入智人阶段的进化，具有非凡的意义。早期人类对于哺乳动物的认识主要是将其作为食物资源和役用动物。随着人类社会进入新石器时代，古人逐渐把一些野生哺乳动物驯养成家畜，如猪的驯养可能有1万年的历史。中国拥有悠久的历史，古代的人们就已对兽类有所认识（专栏1.1）。

专栏 1.1　中国古代对兽类的认识

我国最早的文字是殷商时期（公元前16~前11世纪）的甲骨文，在河南安阳商代殷墟出土的有刻辞的龟甲兽骨十多万片，经专家多年的整理辨认，共有1000多字，其中有关兽类的描述就有20多个，如牛、马、羊、豕、犬、兔、虎、豸、狐、狼、象、犀、鹿、麇、猴等。此外，甲骨文对当时兽类的狩猎、饲养及解剖利用等也有一些记载。这表明我国的先民对兽类的种类、生活习性已有了一定的认识，并驯化了人们至今还在饲养的马、牛、羊、猪、犬、兔等家畜。这些记述不仅是我国兽类学最早知识的积累，也在亚洲文化发展史上占有重要的地位。

殷商晚期（公元前1400—前256年）出现了青铜器，其上常雕刻鸟兽图形和文字（称为金文和钟鼎文），其中也有不少关于兽类的刻画和记载。

《尚书》是一部上古历史文献和部分追述古代事迹著作的汇编，保存了商周，特别是西周初期的一些重要史料。在《尚书·禹贡》中记叙了当时国内九大区之一梁州的经济动物种类，有"如虎如貔"，说虎和大熊猫产于商郊（今河南商丘南）。

先秦古籍《山海经》记载了大量的动物种类，如虎、豹、熊、貔等，仅兽类就达107种之多。此书被认为是我国古代记载地理、历史、动物、植物、矿物及图腾制度和民族文化的百科全书。

《诗经》记录了许多民谣及祭神歌辞，其中提到的动物有108种，有关兽类的有27种。如狐裘蒙戎（《国风·旄丘》）、维熊维罴（《小雅·斯干》）、居河之麋（《小雅·巧言》）、有猫有虎和献其貔皮（《大雅·韩奕》）。这些诗歌都真实地记录了部分兽类的生活习性及其与人类生活的关系。

《周礼》则把动物分为毛物（兽类）、羽物（鸟类）、介物（贝壳类）、鳞物（鱼类及爬行类）和臝物（寄生虫）等五类。

《尔雅》成书于秦汉时期（公元前221—22年），共3卷19类。它把动物学知识汇集在《释虫》、《释鱼》、《释鸟》、《释兽》和《释畜》等篇中，每篇均有近百种动物名。《释兽》中有鹿、狼、猪、兔、虎、貘、狸、貔、豺、罴、熊、羚羊、羱羊、刺猬、猿、猕猴、猩

猩、鼢鼠、鼩鼠、鼬等；《释畜》有野马、马、犪牛、牛、羊、狗等，共 61 条。

《说文解字》为汉代许慎著，成书于公元 100~121 年。全书共收录 9431 字，依字的偏旁分为 540 个部首，其中与兽类名称有关的共有 12 个部首：虎（虍，豸）、犬、羊、马、牛、豕、鼠、鹿、象、熊、兔、兽。经粗略统计，这些部首的衍生字约 140 多个。

春秋末年，孔子总结整理当时有关“诗、书、礼、乐、易、春秋”等方面的知识作为教材，后成为经学。这种儒学教育，一直影响着 2000 多年来我国科学、文化的发展。

唐、宋、明、清是我国历史上社会生活较稳定的时期，也是科技文化发展的高峰时期，出现了许多记载兽类的典籍资料，其中，志书类有：宋代司马光的《类编》、明代张自烈的《正字通》、清代张玉书的《康熙字典》、清代段玉裁的《说文解字注》；雅学中较重要的有：唐代裴瑜的《尔雅裴氏注》、宋代邢昺的《尔雅疏》、宋代陆佃的《埤雅》、宋代罗愿的《尔雅翼》、清代郝懿行的《尔雅义疏》；药学中有：唐代苏敬等的《新修本草》、宋代唐慎微的《经史证类备急本草》、明代李时珍的《本草纲目》；农学中涉及家畜饲养选育的有：晋代张华的《博物志》、宋代范成大的《桂海兽志》、明代黄省曾的《兽经》、清代张纲孙的《兽经》、明代王穉登的《虎苑》、清代陈继儒的《虎荟》；类书中较重要的有：唐代欧阳询的《艺文类聚》、宋代李昉的《太平御览》、明代王圻等的《三才图会》、清代陈梦雷等的《古今图书集成》。

我国古代有关动植物的记述均与当时的社会生活直接有关。中华民族为了生存发展，不断探索大自然，认真饲养家畜以供衣食、生活之需，积累了丰富的实践经验，为我国哺乳动物学的发展打下了坚实的基础。

国外早期的一些自然哲学家，如希波克拉底（Hippocrates，公元前 460—前 377）、亚里士多德（Aristotle，公元前 384—前 322）等，就已对哺乳动物发生了兴趣，已认识到尽管鲸类生活于水中，但仍属于哺乳动物，并开始注意对哺乳动物化石的采集和保存。古罗马的解剖学家盖伦（Galen，130—201）对哺乳动物各器官系统的结构和功能进行了探究。然而，直到 17 世纪之前，有关哺乳动物新知识的获得仍然很少。

1.1.2　17~19 世纪博物学家对哺乳动物学的贡献

在 17~18 世纪，欧洲的一些探险家已到达了世界的很多地方，他们发现和描述了很多物种，并将标本带回国内进行进一步的研究。著名的博物学家马克·凯茨比（Mark Catesby，1683—1749）就曾两次到达北美，并于 1748 年完成了专著《卡罗莱纳、佛罗里达及巴哈马群岛的自然历史》。在这部著作里，他提供了许多北美洲哺乳动物的原创性描述和插图。法国人乔治·布封（George Buffon，1707—1788）撰写了《博物志》，首次对狮子 *Panthera leo* 进行了记述，并对欧獾 *Meles meles* 的印记行为和杂食性进行了描述。瑞典博物学家卡尔·冯·林奈（Carl von Linné，1707—1778）于 1758 年出版的《自然系统》（第 10 版）中提出的**双名法（binomial nomenclature）**及**分类等级系统（hierarchical classification system）**是动物分类的基础，科学家们一直沿用至今。托马斯·杰弗逊（Thomas Jefferson，1743—1826）曾担任美国哲学协会会长，出版了一部《美国哲学协会关于树懒化石的汇报》，作为总统，他还先后派遣了多位专家、学者到各地探险、考察。

同一时期，科学家们开始关注动物的起源与进化，其中有三个人对进化理论的发展有着重要的贡献。英国人拉兹马斯·达尔文（Erasmus Darwin，1731—1802）是查尔斯·达尔文（Charles Darwin）的祖父。他出版的专著《动物法则》（1794）探究了当时所有已知有机生命的规律，并提出生物的多样性来源于它们所生存的多变环境的影响。托马斯·马尔萨斯（Thomas Malthus，1766—1834）主要的贡献是发表了《种群原理》（1798），认为人类种群有潜力增长到超过其限制。他推论要避免人口过剩带来的问题，采取自我控制和约束的方法是必要的。查尔斯·莱伊尔（Charles Lyell，1797—1875）常被认为是现代地质学的奠基者，他提出，过去影响物理世界的过程现在仍然在起作用，这个过程叫做"均变论"。

19世纪，伴随着对各大陆的多次远征和探险，研究者们报道和描述了一系列哺乳动物新物种。斯宾塞·富勒顿·贝尔德（Spencer Fullerton Baird，1823—1887）在美国史密森尼研究院帮助下建立了美国国家博物馆（现在的美国国家自然历史博物馆）。他出版的专著《北美哺乳动物总报告》（1859）描述了730种哺乳动物。埃德加·亚历山大·默恩斯（Edgar Alexander Mearns，1856—1916）出版了《美国墨西哥边界的哺乳动物》（1907）。克林顿·哈特·梅里安姆（Clinton Hart Merriam，1855—1942）曾担任美国哺乳动物协会的第一任主席，出版的专著《北美区系》（1889）至今仍颇具影响。此外，他还发展了许多用于哺乳动物系统学研究的技术，包括强调头骨和牙齿的特征。托马斯·比威克（Thomas Bewick，1753—1828）编写的《四足动物通史》（1804）是美国第一部关于哺乳动物学的书籍。

在19世纪的下半叶，生物学发生了变革。查尔斯·达尔文（1809—1882）和阿尔弗雷德·拉塞尔·华莱士（Alfred Russel Wallace，1823—1913）分别独立地提出了自然选择的进化理论，并成为了所有生命科学的普遍原理。格雷戈尔·孟德尔（Gregor Mendel，1822—1884）提出的自由分离和自由组合定律开启了现代遗传学的时代。种群遗传学在现代哺乳动物学中非常重要，有助于我们对系统学、生态学及进化间相互作用的理解，同时也是保护生物学的基础。

1.1.3 哺乳动物学成为一门真正的学科

19世纪广泛的调查工作和探险获得了大量哺乳动物重要的信息及材料。随着专业研究哺乳类的科学家的增多，哺乳动物学已成为一门真正的学科。1919年，这些发展促进了美国哺乳动物学家协会的创立。同年，美国著名的 *Journal of Mammalogy* 创刊。

早期最杰出的哺乳动物学家是约瑟夫·格林内尔（Joseph Grinnell，1877—1939）。他的一个重要的科学贡献是**生态位**（niche）概念的提出，即有机体在其群落内有着特定功能的思想。在伯克利，约瑟夫·格林内尔开始博物收藏，引入了脊椎动物学课程，并培养研究生。在格林内尔的研究生中，William H. Burt（1903—1987）发展了**家域（home range）**和**领域（territory）**的概念；Lee R. Dice（1887—1977）的贡献在于关于种间竞争及其对群落结构影响的知识；Eugene Raymond Hall（1902—1986）对哺乳动物的分类和分布进行了广泛的研究。格林内尔及其学术晚辈们一起组成了最强大的一支哺乳动物学研究分支。其他的研究分支来自康奈尔大学 William J. Hamilton Jr.（1902—1990）及其研究生，主要强调哺乳动物生活史特征和生态学的研究。20世纪上半叶，哺乳动物学课程开始出现。

1.1.4 中国近代哺乳动物学的发展

1.1.4.1 国外来华的考察与研究

近代哺乳动物学在我国的历史比较短，它是由西方传入中国的。其传入过程，实际上也是帝国主义侵华史的一部分。1840 年鸦片战争以后，中国沦为半殖民地半封建社会，一直到 1949 年中华人民共和国成立为止。这一百多年里，政府丧权辱国，军阀割据混战，一个富饶之邦、天府之国沦为民不聊生之地。英、法、德、俄、美等列强相继展开了对我国兽类和其他动物的窥伺探测，不断派遣大批考察队、探险队、传教士到中国各地采集标本、调查动物资源。

最早来华的是法国人戴维（A. David，1826—1900），他曾以传教为名三次来华，并采集了 200 种兽类标本。根据戴维搜集的资料，时任巴黎自然博物馆主任的 Milne-Edwards 整理发表了一系列兽类新种，如麋鹿 *Elaphurus davidianus* Milne-Edwards、毛冠鹿 *Elaphodus cephalophus* Milne-Edwards、大熊猫 *Ailuropoda melanoleuca* David、金丝猴 *Rhinopithecus roxellana* Milne-Edwards、藏鼠兔 *Ochotona thibetana* Milne-Edwards、岩松鼠 *Sciurotamias davidianus* Milne-Edwards、隐纹花鼠 *Tamiops swinhoei* Milne-Edwards、长尾仓鼠 *Cricetulus longicaudatus* Milne-Edwards、中华鼢鼠 *Myospalax fantanieri* Milne-Edwards、长爪沙鼠 *Meriones unguiculatus* Milne-Edwards、黄胸鼠 *Rattus flavipectus* Milne-Edwards 和社鼠 *R.confucianus* Milne-Edwards 等。仅据四川宝兴等地所采的标本，订立的新种和新亚种就有 36 个。1863 年，法国神父 Pierre Marie Heude 在上海创建了徐家汇博物馆，并依据收集的标本写成《中华帝国博物纪要（1898~1901）年》。

英国人在中国所进行的动物调查更是人多面广。在 1867 年、1868 年及 1875 年，他们多次从印度进入中国云南境内进行动物调查，由 John Anderson 写成《云南兽类》一书。英国大英博物馆曾多次派人到中国搜集兽类标本，除青海、西藏、新疆外，其足迹遍及全国，后由 Oldfield Thomas 写出一系列报告。Arthur de Carle Sowerby 长期在中国考察搜集动物标本，他于 1923 年出版的"《博物学家在满洲》"共记述中国东北地区兽类 112 种或亚种。

美国的 Ernest Henry Wilson 受哈佛大学派遣，在长达 12 年（1899~1910 年）的时间内，先后 4 次进入中国四川、西藏地区采集标本，共得兽皮 370 张、兽类标本 3135 号。1916~1930 年期间，美国博物馆中亚考察队曾数次派人到中国进行大规模的考察，由 Roy Chapman Andrews 领队，调查地区主要包括云南、四川、河北、山西、陕西、福建、内蒙古、广东及海南岛等地。后经 Glover Morrill Allen 研究总结调查结果写成 *The mammals of China and Mongolia*（1938~1940 年）一书，共两卷，记载中国有兽类 8 目 30 科 97 属 314 种。1931 年，B. Dolam 组织探险队到四川汶川、康定、巴塘等地进行所谓探险，队伍中的德国人 E. Schaefer 采集了大熊猫、矮岩羊 *Pseudois schaeferi* 等标本。

俄国人帕拉斯（Peter Simon Pallas）从贝加尔湖到黑龙江上游进行了兽类调查，著有《四足兽和鼠类新种》（1778）和《俄罗斯亚洲动物记述》（1811~1831 年），将中国 18 种兽定为新种。1870~1885 年，Nikolay Mikhaylovich Przhevalsky 在中亚考察中 4 次来华，目的地包括内蒙古、甘肃、新疆及西藏东北部，行程约 30 000km，采得标本 685 种 8500 余号，写成若

哺乳动物学

干专著性报告，如关于野马 *Equus przewalskii* Poliakov、白唇鹿 *Cerrus albirostris* Prewalskii 的专题报告等。此外，Г. Н. ПОТАНИЙ，М. К. КОЗДОВ 和 М. ВЕРЕЗОВСКИЙ 等都曾在中国的甘肃、青海、原西康、内蒙古等地进行兽类考察。

日本人曾在中国东北（包括热河）地区进行过兽类考察。在他们占领台湾时期，在台湾岛内也进行过一些相关工作。日本在兽类方面的重要考察文献有：野崎薰的"《关于满洲的狩猎野兽》"（1936）、村田懋的"《鲜满动物通鉴》"（1936）、犬饲哲夫的"《满洲的毛皮及毛皮兽》"（1934）、黑田长礼的"《满洲国兽类区系》"（1939）、德田御稔的"《东亚鼠类的分类及其分布概要》"（1941）、森为三的"《满洲脊椎动物名录》"（1927）和"《满洲国产陆栖哺乳动物》"（1942）（记载中国东北地区的兽类 21 科 103 种 40 亚种）。此后，还有阿部佘四郎的"《支那哺乳动物志》"（1944）。

除上述各国来华的调查队和传教士外，还有一些国家的使馆工作人员，受其本国所在单位的指使，窃走不少兽类标本。因此，除 Linnè 所定的种名外，我国很多兽类的拉丁学名多为上述一些外国人所定。

1.1.4.2　中国哺乳动物学的发展历程

1）启蒙时期　近代哺乳动物学在我国起步较晚。清朝后期，洋务派致力推行"师夷长技以制夷"的思想，提出了变法维新、学习"西学"的要求。从 1872 年开始，清政府每年派遣 30 名幼童赴美国学习，派了 4 年后遭到反对即停止，但这个开端却很重要。1901 年《辛丑条约》签订后，国家又陆续向日本、德国、法国、美国、英国派出多批留学生。后来，历史证明正是这一批批学有成就的留学生推动了我国现代生物科学的创立和发展。

1914 年，留美学生秉志等 9 人为祖国提倡科学，发展实业，在美国创办了《科学》杂志；1915 年 10 月成立中国科学社，1918 年其总部从美国迁回南京。

1917 年，北京大学设立生物门（系），除担负教学、培养生物人才等任务外，也开展各种生物学调查。

1922 年，中国科学社生物研究所在南京正式成立，秉志任所长及动物学部主任，研究所的任务是研究科学、培养人才、推广普及科研成果。研究所还编译出版了《中国科学社生物研究所丛刊》，自 1922~1942 年刊载动物学方面的论文共 112 篇。

1925 年，中国博物学会在北平成立并出版了《北京博物杂志》。

1928 年，静生生物调查所在北平建立，秉志任所长兼管动物部，寿振黄任动物部技师（1928~1941 年），任务是调查中国北方的动植物，后出版了《静生生物调查所汇报》。

1928 年，中央研究院自然历史博物馆在南京成立，陈列全国各地送来的动植物标本，同时也作分类学研究。1934 年，该馆改组为中央研究院动植物研究所，出版英文刊物 *Sinensia*。1944 年，研究所扩大为动物与植物两个独立研究所，动物所由王家楫主持工作。

1929 年，在北平建立了北平研究院动物研究所，由陆鼎恒主事，工作偏重于北方和沿海地区动物的调查和分类研究。

1930 年，在重庆北碚成立了中国西部科学院生物研究所，为研究西部地区的动物奠定了基础。

在此期间，我国有了一批从事兽类研究的学者：秉志在浙江沿海一带进行动物调查，著有《江豚骨学初步观察》(1925)、《虎骨研究》(1926)、《白海豚舌的研究》(1929);石声汉写有《广西瑶山哺乳类第一次报告》(1928),1927~1930 年,他在中山大学工作三年多,主要研究哺乳类和爬行类,出版有《中国兽类学丛书》(第 1 集,1928)、《中国哺乳类学丛书》(第 2、3 集,1928、1930);何锡瑞著有《南京及其邻近地区兽类研究》(1934)、《陕西仓鼠——一新亚种》(1934)、《四川数种兽类之研究》(1935)和《华南数种小兽》(1936);傅桐生写了《嵩山及其邻近的松鼠》(1935);寿振黄写有《黄喉貂之皮肤斑纹》(1935)。

2)停滞期　　1937 年抗日战争爆发。在抗日战争前半期,一些学者仍坚持继续进行兽类研究,主要有:刘承钊写有《刺猬的食物研究》(1937);寿振黄写有《江豚头骨研究》(1938);郑作新发表了《福州海豚纪要》(1938);甘怀杰等发表《重庆鼠类和蚤类调查》(1938);彭鸿绶发表《岩羊骨学研究和大熊猫的一些记载》(1943)。在四川省,中国西部科学院的施白南、四川大学的郭倬甫和华西大学的张明俊、刘承钊等人带领学生也做了不少工作。中央研究院从沦陷区迁到四川后,来川的生物学专家主要有中央研究所的王家楫、周明镇、杨钟健、陈世骧、伍献文、倪达书等,除周明镇、杨钟健研究古脊椎动物外,其他人主要进行鱼类和无脊椎动物调查,但也顺便搜集一些兽类标本。

到了抗日战争后半期,几乎所有兽类研究工作都停了下来。

3)重建期　　1949~1957 年,我国兽类学研究处于恢复重建时期,研究的特点是比较零星,缺乏系统性。但本时期的研究涉及面比较广,在生理学方面,赵以炳做了刺猬的研究;区系方面,张荣祖做了漫江兽类调查;在鼠害方面,夏武平做了长爪沙鼠危害秋收的观察研究,李汝祺做了稻田秋收鼠害的研究;在个体生态方面,纪树立对黄鼠进行了研究;在种群生态方面,以对采伐迹地的鼠类变化研究为代表。这期间以动物地理学的研究较系统,郑作新、张荣祖、寿振黄等在这方面做了许多工作,他们所做的地理区划一直沿用至今,仅边界上有一些小的修改。这期间比较有名的著作是陈兼善著的《台湾脊椎动物志》。

1949 年 11 月,中国科学院正式成立,郭沫若任院长。1955~1957 年,中国科学院动物研究所在我国东北地区进行了较为系统的考察。1949 年《动物学报》正式出版,1957 年《动物学杂志》发刊,这些刊物发表了不少关于兽类研究的论文。

4)兽类学第一发展期(1958~1966 年)　　上一时期不仅研究工作有所积累,还培养锻炼了一批兽类学专门人才,故从 1958~1966 年,我国兽类学进入了发展期。这期间,在分类学方面出版了《东北兽类调查报告》、《中国经济作物志·兽类》、《新疆南部的鸟兽》、《中国动物图谱·兽类》;在生态学方面出版了《红松直播防鼠害的研究报告》。1964 年创刊的《动物分类学报》发表了不少兽类分类的文章。

从发表的论文看,这一时期具有以下四个特点。

第一,分类区系工作较多。结合大型的动物综合考察活动,发表了许多调查报告。除东北地区、新疆等地外,还有云南、广西、海南、四川西部、云南北部及青海、甘肃等地区的兽类调查报告;发现了一些新种、新亚种和个别新属。除麝鼠 Ondatra zibethicus 外,专题研究较少。

第二,生态学研究逐步展开。例如,带岭林区鼠类研究、对三种小鼠——红背䶄 *Myodes rutilus*、棕背䶄 *Clethrionomys rufocanus*、大林姬鼠 *Apodemus peninsulae* 的生物学研究,发表了十余篇论文,多数属于种群生态学的范畴。又如,研究了黑线姬鼠室内外迁移现象与出血

热的流行关系。许多地方还研究了鼠类的季节变化，通过对麝鼠的栖息地与食物基地的研究，提出了散放措施。

第三，群落生态学有了良好的开端。例如，研究了旱獭、鼢鼠、鼠兔的挖掘活动对植被变化的影响，对草原上撂荒地鼠类群落分布类型进行了研究。

第四，动物地理方面注意到对珍稀濒危动物的研究，如发表了《白鳍豚在长江下游的发现》、《大熊猫在秦岭的发现》、《新疆河狸的调查》和《四川禁猎保护动物区划》等。

5）第二停滞期 1967~1976 年，由于"文化大革命"，动物学期刊全部停办，整个兽类学的研究处于停滞阶段。但鼠类的研究尚在进行，如北疆农郊小鼠大发生研究、内蒙古草原布氏田鼠大发生研究等，研究集中在鼠类危害调查、鼠害预报与防治、灭鼠药物的研制、不同鼠的毒力测定等，汇成《灭鼠和鼠类生物学研究报告》论文集共四集。此外，对黄鼬也进行了一定的研究。1973 年，中国科学院组织编写了《中国动物志》、《中国植物志》和《中国孢子植物志》，是这一期间比较重要的科研工作。

当时，有许多兽类学工作者投入到科研工作中，可惜困难太多，进展缓慢。这期间虽损失重大，但可喜的是队伍未散。

6）第二发展期 1977 年以后的三年是恢复期，进行机构调整，人员归队，工作条件重建。但实际上四川、陕西、甘肃、云南、黑龙江等省在 1974 年就开始进行大规模的珍稀动物资源调查。20 世纪 80 年代，在全国范围内，兽类学研究进入了正常健康的发展轨道。

在这一期间，我国兽类学工作者对现生哺乳类的调查和研究有了长足的进展。中国科学院所属的动物研究所、昆明动物研究所、西北高原生物研究所、新疆沙漠土壤生物研究所及全国许多高等院校、自然博物馆相继在西南、华南、青藏高原—横断山区、华中、华东、西北等地区进行大规模的动物资源考察，哺乳类是其中最重要的考察对象。另外，各省（自治区、直辖市）卫生防疫站和草原站在开展虫、鼠害调查与防治的同时，也对各地区的小型啮齿目和兔形目进行了广泛的调查及标本采集。通过这些调查研究，收集了数万号标本，编写了大量的专著，发表了数百篇论文。

1980 年 10 月中国兽类学会成立。1981 年出版了《兽类学报》，成为中国与国际哺乳动物学界交流的重要平台，同年，在云南昆明举办了第一届中国灵长类学术讨论会。1983 年在安徽举行了中日兽类学术会议。1984 年中国动物学会举行了纪念学会成立 50 周年学术会议。1985 年《哺乳动物学概论》出版，我国开始有了兽类学教学参考书。1988 年由中国兽类学会和美国兽类学会共同发起的亚太地区兽类学术会议在北京召开，此次会议被认为是中国哺乳动物学开展国际合作和交流的一个里程碑。至今为止，中国已主办或协办过多次不同类型的国际会议，如雪豹国际学术会议（1995 年）、第 19 届国际灵长类大会（2003 年）、第 19 届国际动物学大会（2004 年）及多次大熊猫国际学术会议等。在这期间，先后出版了《卧龙的大熊猫》（胡锦矗和夏勒，1985）、《秦岭大熊猫的庇护所》（潘文石等，1988）、《中国的野兔》（罗泽珣，1988）、《中国的羚牛》（吴家炎等，1990）、《中国的鹿类动物》（盛和林，1992）、《害鼠治理的理论与实践》（王祖望和张知彬，1996）、《中国哺乳动物分布》（中华人民共和国濒危物种进出口管理办公室，1997）、《中国濒危动物红皮书·兽类》（汪松，1998）、《野生短尾猴的社会》（李进华，1999）、《世界哺乳动物名典》（汪松等，2001）、《中国哺乳动物种和亚种分类名录与分布大全》（王应祥，2003）、《中国哺乳动物彩色图鉴》（潘清华等，2007）、

《大熊猫保护遗传学》（方盛国，2008）、《中国兽类野外手册》（史密斯和解焱，2009）、《啮齿动物学》（第2版）（郑智民等，2012）、《金丝猴的社会》（第2版）（苏彦捷，2014）、《中国哺乳动物多样性及地理分布》（蒋志刚等，2015）等专著。同时，许多新的物种或新分布被不断地发现，并且在国际期刊上发表的论文数量和质量均有大幅提升。

这阶段的特点是学术活动频繁，分类学专著多，珍稀动物的研究较深入，鼠类生物学研究得到了长足的发展。

1.1.5 哺乳动物学的发展趋势

据美国 *Journal of Mammalogy* 杂志的数据统计，与最初创立时相比较，现今的哺乳动物学发生了四个明显的变化。①女性参与哺乳动物学研究的数量从无到有，并不断增加；②杂志所涉及的动物类群更加多样化，由过去着重对小型哺乳动物（如啮齿目和翼手目）的研究转向对更多大型哺乳动物（如食肉类、偶蹄类）的研究；③研究地点及作者的国籍也在不断地扩展。20世纪70年代以前，研究地点主要是北美，而很少有非美国籍的论文作者。现在，来自不同国家的哺乳动物学研究者们已开始积极地将自己的研究成果展示在这一权威杂志上；④研究主题由过去的解剖、自然历史的研究工作转移到更加强调生态学、实验研究及分子技术的应用（Feldhamer *et al.*，2015）。

1.2 哺乳动物学主要的分支学科

1.2.1 自然历史

研究哺乳动物的生活方式，包括对其栖息地、食物、天敌、繁殖及社会结构等的描述。

1.2.2 分类与系统学

研究哺乳动物的分类至目、科、属、种及亚种，并定义每个分类单元的地理分布。此外，还分析已灭绝的及现存分类单元间的进化关系。研究方法见专栏1.2。

专栏 1.2　系统进化与分类方法

1. 系统重建（phylogeny reconstruction）

系统发生（phylogeny）：又称种系发生，是指在地球历史发展过程中生物种系的发生和发展。种系发生学研究的结果往往以系统发生树（phylogenetic tree）表示，用它描述物种之间的进化关系（图1-1）。在分子水平上进行系统发生分析具有许多优势，所得到的结果更加科学、可靠。每个种系发生都含有一个时间维度，位于进化树末端的分支距离现在最近，根部则最遥远。在分支分类学中，我们将只有一个共同的祖先及其后裔组成的分类单元称为单系群（monophyletic group）或分支（clade）；将具有一个不为其他分类单元所共有的祖先的两个分类单元称为姐妹群（sister group）。

性状（character）是指可遗传的生物的形态结构、生理特征和行为特征等，但目前最常用于研究的是解剖学和分子方面的特征。在进行种系发生分析时，最重要的是考虑物种间同源性状（homologous character）的选择。同源性状是指具有共同的遗传祖先的性状，如各种蝙蝠的"翼"是同源的，而象牙（门牙）与海象的长牙（犬牙）则不是同源的。

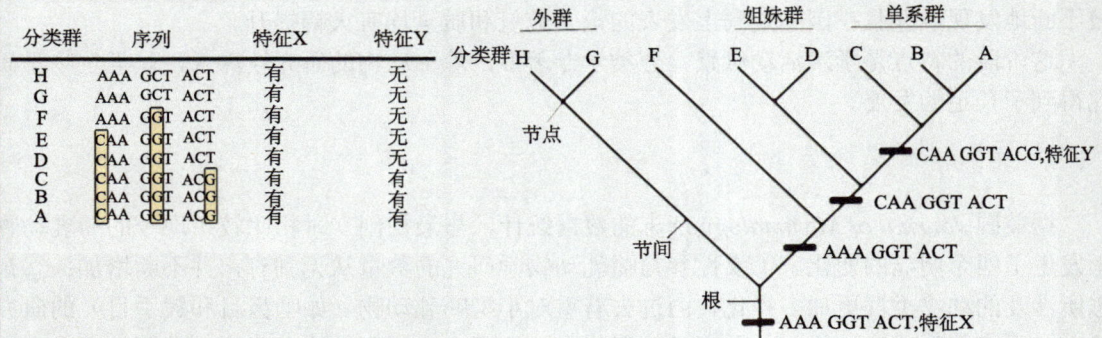

图1-1 基于DNA序列和两个形态学特征（X和Y）的系统进化树（仿Vaughan et al., 2013）

此外，在构建系统进化树时，常常需要选择恰当的外群（outgroup），以定位内群根部的位置，帮助推断内群性状的原始状态。所谓外群，是指与研究的生物分类单元即内群（ingroup）有密切关系，但祖征（plesiomorphy，即与祖先特征相似的性状）较多的1~2个分类单元。

目前，用于系统进化树构建的方法主要有两类：一类是基于模型的方法（model-based approaches）；另一类是非模型的方法（model free approaches）。前者包括距离法（additive-distance）、最大似然法（maximum-likelihood）、贝叶斯法（Bayesian）等，现已有多种软件包可以使用，如PAUP*（Swofford, 2002）、MRBAYES（Ronquist and Huelsenbeck, 2003）、MEGA（Tamura et al., 2011）等。最广泛应用的非模型方法是简约法（parsimony）。简约法不仅大量用于形态学性状的分析中，而且也常用于分子数据的分析。此外，在对重建的系统进化树进行评估时，目前最广泛使用的方法是自举法（bootstrapping）（Felsenstein, 1985）。

2. 分类

埃米尔·汉斯·维利·亨尼希于1966年创新性地提出生物学分类应该反映种系的发生，换句话说，只有单系群才能命名。目前，亨尼希提出的系统分类的思想已得到多数分类学家的赞同。但由于许多类群在之前就已被命名，所以现有的分类系统也在不断地更新之中。例如，过去哺乳动物学中常用的"食虫类"Insectivora由于不是单系群，现在已不再使用。

系统收集哺乳动物标本是进行分类的核心。需要收集的标本包括皮张、头骨、骨骼、化石、组织标本和DNA样本等。除了保存好标本外，标本数据库的建立也非常重要。博物馆标本是区域生物多样性调查、比较解剖学、分类学、形态学和进化遗传学的基础。

3. 分歧时间的估计

化石提供了某一类群成员在过去特定时间存在的直接证据。解释分歧时间的化石证据时有两个重要的方面需要考虑。首先，分歧事件必须通过系统分析来界定，即化石各类群间的系统关系首先要明确。其次，最古老化石的年代仅能代表最近的分歧时间估计，而这一世系也许分歧得更早一些,只是没留下化石或化石还没被发现而已。例如,来自侏罗纪的化石三尖齿类(triconodonts)、多瘤齿类(multituberculates)及全兽类(holotherians),统称为 Theriimorpha,研究显示 Theriimorpha 与单孔类(Monotremes)互为姐妹群,二者分歧的时间大约在 1.75 亿年前(Pough et al., 2013)。然而,目前发现的单孔类化石最早仅出现于白垩纪晚期,因此还有很长一段地质历史时期内尚未发现有化石记录(图 1-2)。

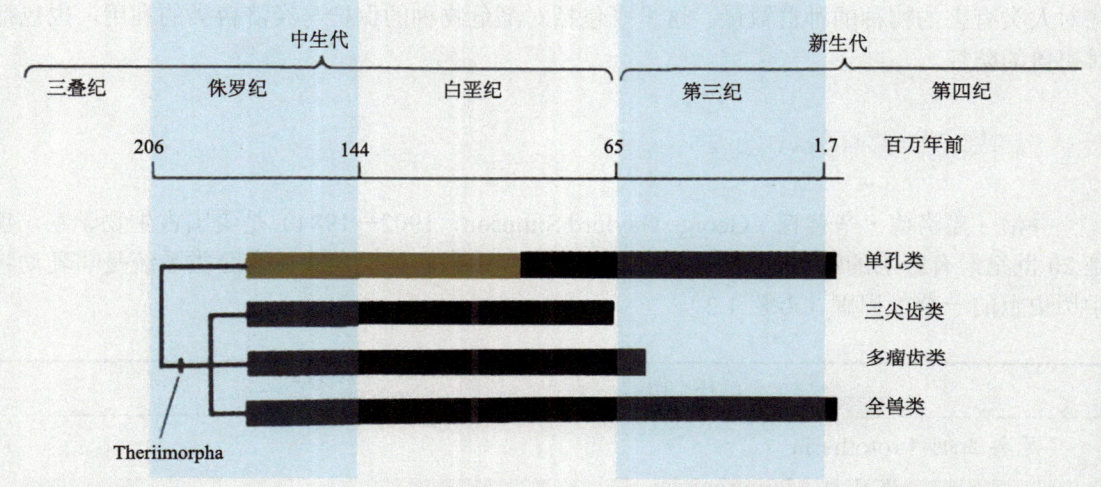

图 1-2 冠群哺乳动物(crown group mammalia,包括所有哺乳动物的共同祖先及其后代)的系统发育与化石记录(黑色矩形框表示有化石记录,棕色矩形框表示无化石记录;改编自 Pough et al., 2013)

系统发生学中分子数据的出现为通过序列分歧来估计时间上的分歧提供了可能。Zuckerkandl 和 Pauling(1965)首次提出了分子钟假说(molecular clock hypothesis),认为 DNA 序列的进化速率与任何特定蛋白质的一样,在不同支系中都近似地恒定。因此,对于一个特定的非功能基因,若它的突变率为每百万年 3 个突变(r),两物种间的 DNA 序列突变数为 21 个(d),那么,这两个物种分歧的大致时间 $t = d/2r$,为 3.5 百万年前。后来的研究表明,不同的基因进化速率是不一样的。功能性的重要基因更为保守,突变率更低。因此,更近的物种形成事件通常用高突变率的基因来确定年代,而用低突变率的基因来确定较古老的分歧事件发生的年代。但必须注意的是,当我们使用分子钟时,需要利用已知研究类群的化石数据来进行校正。

1.2.3　解剖学与生理学

研究哺乳动物的身体结构和组织,以及它们是如何行使功能的。

1.2.4　行为学

研究哺乳动物的行为,以及这些行为是如何影响其生存和繁殖的。

1.2.5 生态学

研究哺乳动物与其环境间的相互关系，包括研究对环境因子的特殊适应（生理生态学），以及物种内和物种间的相互作用。

1.2.6 管理和控制

通过人为操控环境或哺乳动物种群有利于特定物种的利用或存活，并且调节甚至减少那些对人类有害的物种的种群数量。这里既包括对濒危物种的保护与经济兽类的利用，也包括对害兽的防控。

1.3 哺乳动物的分类纲要

乔治·盖洛德·辛普森（George Gaylord Simpson，1902—1984）是美国古生物学家，也是20世纪最有影响的进化生物学家，他于1945年提出的哺乳动物综合分类系统是哺乳动物学历史上的一个里程碑（专栏1.3）。

专栏1.3　现生哺乳动物目的分类（Simpson，1945）

原兽亚纲 Prototheria
　　单孔目 Monotremata
真兽亚纲 Theria
　　后兽下纲 Metatheria
　　　　有袋目（有袋类）Marsupialia（marsupials）
　　真兽下纲 Eutheria
　　　　有爪类 Cohort Unguiculata
　　　　　　食虫目 Insectivora（包括刺猬、鼩鼱、鼹鼠、金毛鼹、马岛猬、沟齿鼩、象鼩、树鼩）
　　　　　　皮翼目 Dermoptera
　　　　　　灵长目 Primates
　　　　　　翼手目 Chiroptera
　　　　　　贫齿目 Edentata（包括树懒、食蚁兽及犰狳）
　　　　　　鳞甲目 Pholidota
　　　　啮齿类 Cohort Glires
　　　　　　啮齿目 Rodentia
　　　　　　兔形目 Lagomorpha
　　　　裸兽类 Cohort Mutica
　　　　　　鲸目 Cetacea
　　　　猛兽蹄兽类 Cohort Ferungulata

猛兽总目	Superorder Ferae
食肉目	Carnivora
原蹄总目	Superorder Protoungulata
管齿目	Tubulidentata
近蹄总目	Superorder Paenungulata
长鼻目	Proboscidea
蹄兔目	Hyracoidea
海牛目	Sirenia
奇蹄总目	Superorder Mesaxonia
奇蹄目	Perissodactyla
偶蹄总目	Superorder Paraxonia
偶蹄目	Artiodactyla

此后，哺乳动物分类学家在此基础上，根据新的研究成果不断进行着分类系统的修订（表1-1）。

表1-1　20世纪90年代以来哺乳动物分类学家对世界现存哺乳类的分类统计

作者	著作	年份	目	科	种
Corbet and Hill	*A World List of Mammalian Species* 3rd ed.	1991	21	133	4327
Nowak and Walker	*Mammals of the World* 6th ed.	1999	28	146	4809
Wilson and Reeder	*Mammal Species of the World* 3rd ed.	2005	29	150	5416
Reeder and Helgen	*Mammal Species of the World* 4th ed.（in press）		29	159	约5500

根据本书的分类系统，全世界现存的哺乳动物共计2个亚纲30目164科（详见附表）。

Meredith 等（2011）对现存哺乳动物各目（除沟齿鼩目 Solenodonta 等少数目外）进行了分子系统的构建（图1-3）。

该系统树明确地表明真兽亚纲 Theria 与原兽亚纲 Prototheria 互为姐妹群，真兽亚纲包括后兽下纲 Metatheria 和真兽下纲 Eutheria。后兽下纲包括2个总目：美洲有袋总目 Ameridelphia 和澳洲有袋总目 Australidelphia；真兽下纲包括4个总目：劳亚兽总目 Laurasiatheria、灵长总目 Euarchontoglires、贫齿总目 Xenarthra 和非洲兽总目 Afrotheria。

1.4　中国的哺乳动物分类概述

中国地域辽阔，地跨热带、亚热带、温带及高原高山气候带，具有高山、高原、峡谷、盆地、平原、海滩和海域等各种地形地貌，还有森林、草原、荒漠、农田、耕地等多种多样的生态环境。因此，中国的哺乳动物的物种多样性十分丰富。

哺乳动物学

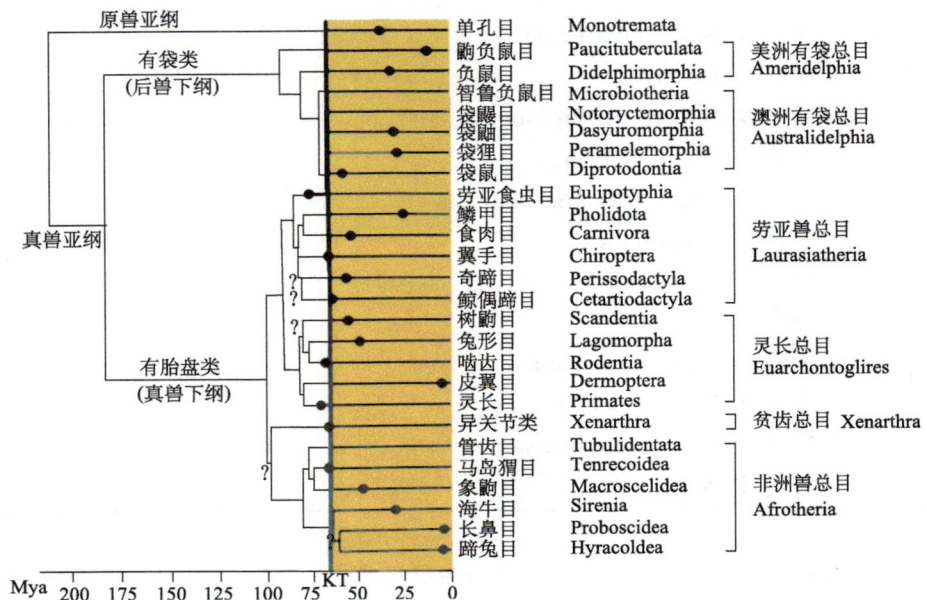

图1-3 现存哺乳动物目的分子系统树（？表示数据置信度低，存有疑问；KT表示白垩纪与第三纪的分界，大约在66 Mya；异关节类包括披毛目和带甲目）（改编自 Meredith et al., 2011）

现将有关学者对中国现存哺乳类的分类统计如表1-2所示。

表1-2 有关学者对中国现存哺乳类的分类统计

作者及文献、著作	目	科	属	种
Allen, *The Mammals of China and Mongolia*（1938~1940）	8	30	97	314
寿振黄等,《中国经济动物志·兽类》（1962）	12	52	180	405
张荣祖,《中国自然地理——动物地理》（1979）	12	44	183	414
Honacki et al., *Mammal Species of the World*（1982）	13	43	154	390
郑昌琳,《中国兽类种数统计》（《兽类学报》,1986）	13	54	210	509
谭邦杰,《哺乳动物分类名录》（1992）	12	53	191	461
Corbet and Hill, *A World List of Mammalian Species* 3rd ed.（1991）	14	44	155	405
王玉玺和张淑云,《中国兽类分布名录》（《野生动物》,1993）	14	57	211	544
张荣祖,《中国动物地理》（1997）	14	52	220	510
王应祥,《中国哺乳动物种和亚种分类名录与分布大全》（2003）	13	55	235	607
Wilson and Reeder, *Mammal Species of the World* 3rd ed.（2005）	13	54	245	572
潘清华等,《中国哺乳动物彩色图鉴》（2007）	13	58	242	645
史密斯和解焱,《中国兽类野外手册》（2009）	14	53	240	585
蒋志刚等,《中国哺乳动物多样性及地理分布》（2015）	12	55	245	673
蒋志刚等,《中国哺乳动物多样性及地理分布》（第2版）（2017）	13	56	248	693

从表1-2我们可以看出，随着时代的进步和科技的发展，越来越多的哺乳动物逐渐为人们所认识。

第1章 绪 论

蒋志刚等（2015）总结了中国哺乳动物种级水平的变化包括以下几点。①对原有种类分类地位的厘定，如中华斑羚原来的学名为 *Naemorhedus caudatus*，现已更名为 *Naemorhedus griseus*（Wilson and Reeder，2005）。②有许多亚种被提升为种（Groves and Grubb，2011），但目前这方面尚存在较大的争议。③基于已有研究，整理了一些物种名称。例如，白头叶猴原为黑叶猴 *Trachypithecus francoisi* 的白头亚种 *T. f. leucocephalus*，更名为 *Trachypithecus leucocephalus*（Wilson and Reeder，2005）。④根据最新的文献记录进行种类的增补。自 2000 年以来，在中国新发现的哺乳动物就多达数十种，如高黎贡白眉长臂猿 *Hoolock tianxing*（Fan et al.，2017）、白颊猕猴 *Macaca leucogenys*（Li et al.，2015）及凉山沟牙田鼠 *Proedromys liangshanensis*（Liu et al.，2007）等；有多种为中国新发现的分布，如马来穿山甲 *Manis javanica*（吴诗宝等，2005）、怒江金丝猴 *Rhinopithecus strykeri*（Long et al.，2012）等。⑤删除了原有名录中记录有误、中国没有分布的种类，如中国没有草兔 *Lepus capensis* 分布，而应为蒙古兔 *Lepus tolai*（Wilson and Reeder，2005）。

截止到 2017 年 8 月，我国共记录有哺乳动物 14 目，共 56（62）科 248 属 693 种（包括一些争议种）（表 1-3）。

表 1-3 中国哺乳动物分类统计（蒋志刚等，2017）

目	科	属	种
1. 猬形目 Erinaceomorpha	1（2）	6	9
2. 鼩形目 Soricomorpha	2	18	80
3. 攀鼩目（树鼩目）Scandentia	1	1	1
4. 翼手目 Chiroptera	7（8）	33	135
5. 灵长目 Primates	4	9	31
6. 鳞甲目 Pholidota	1	1	3
7. 食肉目 Carnivora	10（11）	40	63
8. 长鼻目 Proboscidea	1	1	1
9. 海牛目 Sirenia	1	1	1
10. 鲸目 Cetacea	9（10）	26	38
11. 偶蹄目 Artiodactyla	6	29	64
12. 奇蹄目 Perissodactyla	2	3	6
13. 啮齿目 Rodentia	9（11）	78	220
14. 兔形目 Lagomorpha	2	2	41
合 计	56（62）	248	693

注：根据本书分类系统（见附表），这里将劳亚食虫目分列为猬形目和鼩形目；括号内的数字根据本书的分类系统统计得出。

思 考 题

1. 什么是哺乳动物？研究哺乳动物有何意义？
2. 简述哺乳动物学的发展趋势。
3. 列举 3 位对哺乳动物学的发展有重要贡献的科学家，并说明其主要的贡献。
4. 简述世界及中国哺乳动物的分类概况。

第2章 哺乳动物的结构和基本特征

哺乳动物具有很多共同的特征，归纳起来主要是：具有高度发达的神经系统及感觉器官，增强了感知外界环境及适应环境的能力；消化系统的牙齿发生分化，有利于食物的有效利用；四肢的特化增强了活动能力，有助于获得食物和逃避敌害；呼吸和循环系统的完善及毛发、汗腺等保温、调温机能的产生，有助于维持恒定的体温，使其能在广阔的环境条件下生存；胎生哺乳，既保证其后代有更高的存活率，同时还促进了一些种群的复杂社群行为的发展。

2.1 皮肤及其衍生物

2.1.1 皮肤的结构与功能

哺乳动物的皮肤具有保护、感觉、调节（体温、水盐平衡）、分泌（皮肤腺）和排泄的功能。皮肤由表皮（epidermis）和真皮（dermis）构成。

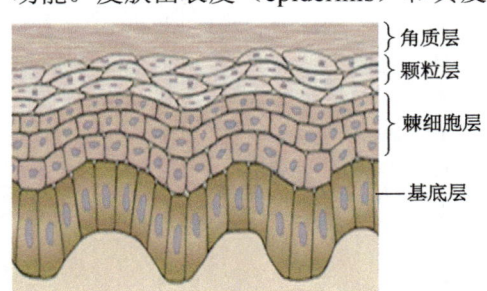

图 2-1 哺乳类表皮的结构

表皮位于皮肤表层，为复层扁平上皮，细胞由深层向浅层不断产生并角质化。表皮一般由内到外分为四层（图 2-1）。①**基底层**（stratum basale），位于基膜上，是一层矮柱状细胞，能够连续分裂，增殖后的新细胞向浅层推移，逐渐分化为其余各层细胞。故该层又被称为生发层（stratum germinativum）。②**棘细胞层**（stratum granulosum），一般有 5~10 层细胞，在由深层转向浅层的过程中，细胞由大而呈多边形逐渐变为扁平，并伸出许多短的棘突。③**颗粒层**（stratum granulosum）：一般 2~3 层细胞，细胞多呈梭形。④**角质层**（stratum corneum），由多层角质化的扁平细胞组成，角质化细胞的细胞器和细胞核都已消失，胞质内充满角蛋白，能起到防止体内水分蒸发的作用。在一些皮肤较厚的区域，如手掌和足底皮肤中，在角质层和颗粒层之间还有薄而呈均质状的**透明层**（stratum lucidum），由数层扁平细胞组成，细胞核消失（杨安峰等，2008）。表皮厚度随种类不同而有差异。象、犀、河马、貘等的表皮有几百层细胞厚，分类学家称这些动物为**厚皮动物**（pachyderm）。

真皮很发达，由致密结缔组织组成，分为两层。①**乳头层**（stratum papillare）：与表皮紧密相连。该层向表皮深面形成许多乳头状隆起，称为**真皮乳头**（dermal papillae）。乳头内含丰富的毛细血管网，供给表皮营养，并运走表皮代谢产物。②**网状层**（stratum reticulare）：位于乳头层深部，两层间无明显界限。该层内含有较粗大的胶原纤维和弹性纤维束，纤维纵横交错排列成密网状，使皮肤具有很大的弹性和韧性。此外，该层内还有血管、淋巴管、汗腺、毛囊、皮脂腺、运动神经末梢和温、触、压等各种感受器（图2-2）。

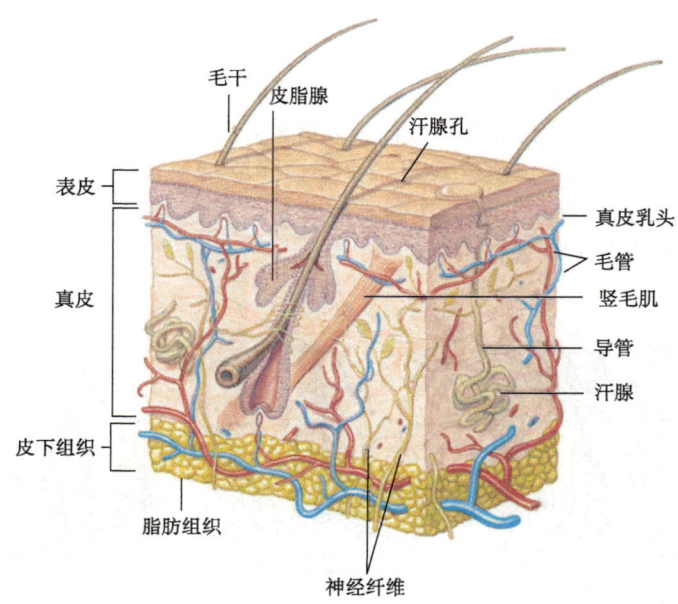

图 2-2　哺乳动物的皮肤及皮下组织（仿 Miller and Harley，2001）

表皮与真皮之间有黑色素细胞，它是一种腺细胞，能产生黑色素，传递给周围的角质形成细胞。黑色素停留在这些角质形成细胞的细胞核上起保护作用，防止染色体受到光线辐射受损，如长颈鹿有黑色或紫色的舌头用以防止太阳的灼烧。

皮肤下方为**皮下组织**（hypodermis），由疏松结缔组织和脂肪组织组成。皮下组织既是储藏能量的仓库（如有冬眠习性的熊、旱獭、獾等动物），又具有隔热作用（鲸、海豹等水栖种类），还可缓冲外来的机械压力，保护内脏器官。此外，一些感受器，如**环层小体**（pacinian corpuscles）也存在于皮下组织。

2.1.2　皮肤的衍生物

表皮和真皮都产生衍生物，分别称为表皮衍生物和真皮衍生物。表皮衍生物的种类较多，如毛、角质鳞、爪、角质角和皮肤腺；真皮衍生物较少，如鹿角。

2.1.2.1　皮肤腺

哺乳动物的**皮肤腺**（integumentary gland）极为发达，主要有皮脂腺、汗腺、乳腺和气味腺4种，其中前两种是基本类型，其他的腺体都由它们演变而来。

1) 皮脂腺（sebaceous gland）　为分泌油脂的分支或不分支泡状腺。皮脂腺开口于毛囊。其含油的分泌物有湿润毛发和防水的作用，且是重要的外激素源，有的还能润滑眼睛（睑腺）。

2) 汗腺（sweet gland）　为细长的单管腺，分泌部位于真皮深部或皮下组织内。汗腺的主要机能是蒸发散热和排除部分代谢废物。有的种类汗腺十分发达，遍布全身，如灵长类；有的种类则集中分布在某些区域，如猫和鼠的趾垫处，牛、羊、猪、狗的吻部，家兔的唇边和鼠蹊部；而鲸类、海牛、大象、穿山甲、鼹鼠、针鼹等动物没有汗腺。

3）乳腺（mammary gland） 是哺乳动物的主要特征之一。乳腺由汗腺演化而来，为复杂的泡状腺。乳汁中含有脂肪、蛋白质及乳糖等物质，为幼仔的发育提供营养。哺乳动物的乳头数目为 2~29 个。除单孔类无乳头而具乳区外，其余的哺乳动物均具有乳头。乳头又分为真乳头和假乳头两种类型。真乳头仅一个导管（单管腺），如鼠类，或多个导管（多管腺），如食肉类，直接向外开口。假乳头的乳腺管开口于乳头基部腔内，再由总的管道通过乳头向外开口，如偶蹄类（图 2-3）。

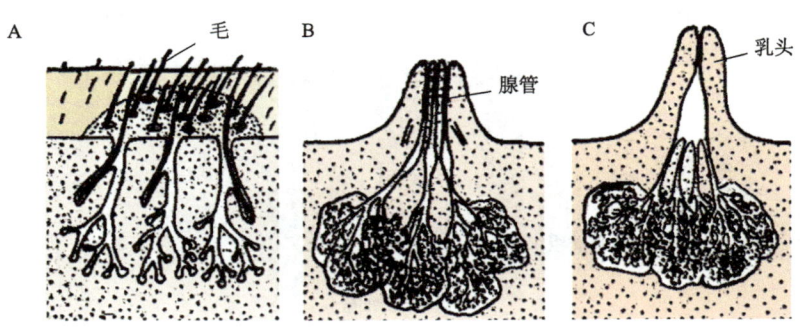

图 2-3　哺乳类乳头的类型（仿 Kent，1987）
A. 无乳头（鸭嘴兽）；B. 真乳头（人）；C. 假乳头（偶蹄类）

4）气味腺（scent gland） 包括包皮腺、肛腺、蹄腺、麝香腺等，主要来源于汗腺，少数来源于皮脂腺。气味腺能产生特殊的气味，有标记领域或传递信息的作用，个别的尚有自卫保护的作用，如白脊臭鼬肛门腺的分泌物，奇臭无比，而且会引起流泪。

2.1.2.2　毛

毛为哺乳动物所特有。毛发由毛干和毛根构成。毛的根部为毛球，包着真皮毛乳头。由毛乳头提供营养，毛球细胞能不断增殖，使毛生长。毛干为无生命的角质组成。外层为**鳞片层**（cuticle layer），起保护作用，能减少机械和化学的损害；中间为**皮质层**（cortical layer），较致密，使毛保持一定的坚韧性；中心为**髓质**（medulla），是多孔组织，细胞间有空气起着隔热的作用。随着动物种类不同，毛的形状和结构也不同。根据皮质鳞和髓质，可将毛区分为若干类型，故毛的结构在分类、食性分析、毛皮加工等方面都具有重要意义（图 2-4）。

毛可分**针毛**（guard hair）、**绒毛**（underfur）和**触毛**（vibrissae）三种类型。针毛长而粗，有毛向（毛尖倾向一定的方向），耐摩擦，有保护作用；绒毛细短而密，无毛向，在皮肤上造成一层空气层，具有保持体温的作用；触毛长而硬，长在嘴边，有触觉作用。此外，有些哺乳动物的毛变成刺状，如刺猬、豪猪背上的毛，这种毛是动物的防御器官。

由毛构成毛被，其主要机能是绝热。通常每年有一两次周期性换毛。一般夏毛短而稀，绝热力差；冬毛长而密，保温性能好。毛的色型在不同动物有隐蔽、保护、相识和警告等作用。

第 2 章 哺乳动物的结构和基本特征

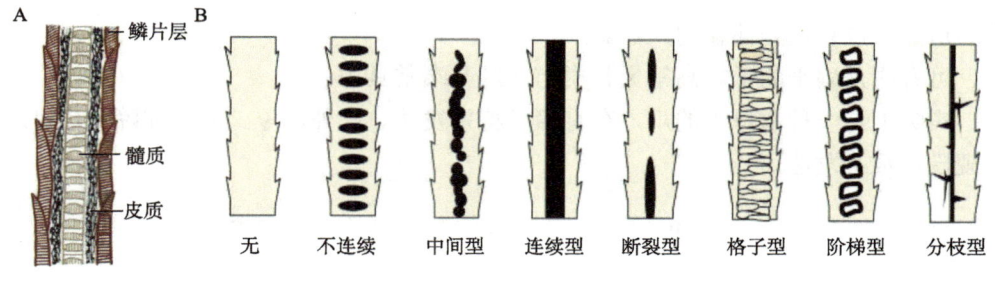

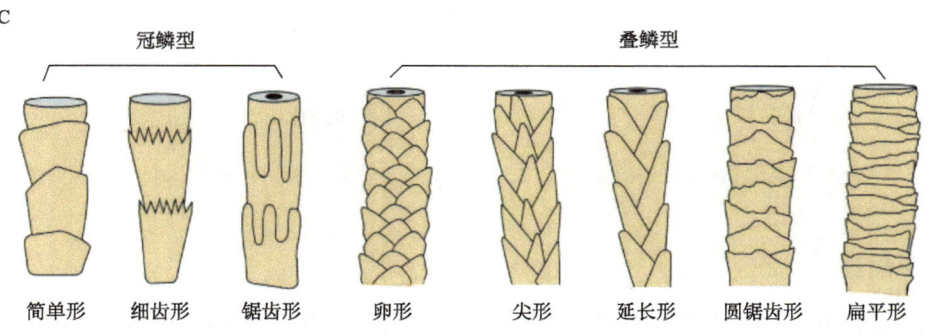

图 2-4 哺乳动物毛的类型

A. 毛干的结构；B. 髓质的类型；C. 鳞片层的类型

2.1.2.3 角

由表皮产生角质角，真皮形成骨质角。根据来源和结构不同，角共分为洞角（虚角）、鹿角（实角、叉角）、叉角羚角、长颈鹿角（瘤角）和表皮角（犀角）等五种类型。

1）洞角（boving horn） 仅见于牛科动物，包括骨心（inner core of bone）和角鞘（keratinized sheath）；洞角不分枝，不脱换，连续生长。

2）叉角羚角（prong horn） 骨心不分叉，而角鞘分叉，是现有哺乳动物中唯一脱换角鞘的种类，每年生殖期后脱换。

3）长颈鹿角（the giraffe angle） 长在长颈鹿和霍加狓（长颈鹿科）头上的一对小角，角完全是皮肤和骨的成分，两性均有。

4）表皮角（epidermal horn） 犀角无骨心，而完全由表皮角质层的毛状角质纤维组成，为犀科 Rhinocerotidae 所特有。犀角长于鼻骨正中；双角的种类前后排列于鼻部和额部。

5）鹿角（antler） 鹿角无角鞘，仅骨心，每年脱换。鹿茸是指新生的长有嫩皮的鹿角。

角有多种功能：①通常用于同种雄性间的竞争（Kitchener，2000）；②防御的武器（Ciuti and Apollonio，2011）；③帮助动物取食。

2.1.2.4 爪、甲和蹄

爪、甲和蹄均为表皮的衍生物（图 2-5）。

爪：大多数哺乳类具爪。穿山甲、贫齿类及其他一些从事挖掘活动的种类，爪特别发达。

食肉类的爪非常锐利，为捕食的武器。

甲：可看成是扁平的爪。高等灵长类指（趾）端常具甲。

蹄：实际上是一种增厚了的爪，在有蹄类特别发达。此外，象、海牛和蹄兔也有蹄，但仅初具规模，很不发达。

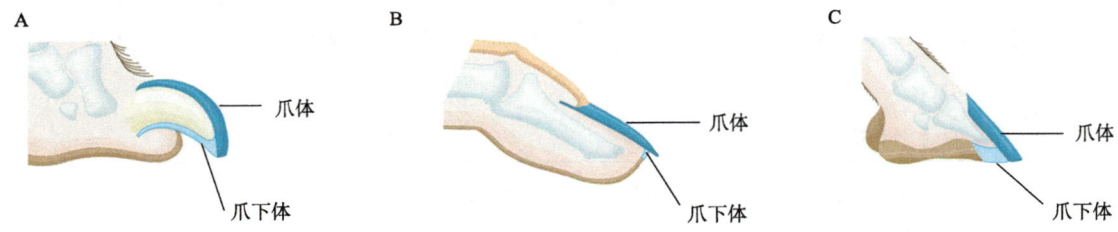

图 2-5　哺乳动物的爪（A）、甲（B）和蹄（C）（引自 Miller and Harley，2001）

2.1.2.5　角质鳞

啮齿目动物的角质鳞主要分布在尾和脚。穿山甲身体背面覆瓦状排列着大型的角质鳞片。

2.2　骨骼系统

同其他脊椎动物一样，哺乳动物的骨骼系统也分为**中轴骨**（axial skeleton）和**附肢骨**（appendicular skeleton）。中轴骨包括头骨、脊柱、肋骨和胸骨；附肢骨包括**肩带**（pectoral girdle）和**腰带**（pelvic girdle），以及相对应的**肢骨**（limb bone）。

2.2.1　中轴骨

2.2.1.1　头骨

哺乳动物的头骨相当大，除了保护脑外，还提供了咀嚼肌的附着点。有的种类**矢状嵴**（sagittal crest）、**人字嵴**（lamboidal crest）、**颧弓**（zygomatic arche）特别发达，更增加了咀嚼肌肉和颈部肌肉的附着面。头骨有完整的次生腭，既延长了鼻腔，也有利于咀嚼。在鼻腔内有卷曲的**鼻甲骨**（turbinal bone）。下颌由单一齿骨构成，颌弓与脑颅的连接方式为颅接型。鼓骨为哺乳动物所特有，构成中耳腔的外壁及外耳道的一部分。多数种类的鼓骨膨胀成**鼓泡**（tympanic bulla）（图 2-6）。关节骨、方骨和舌颌骨转移到中耳腔内，成为听小骨（锤骨、砧骨和镫骨）。

在头骨上通常有一些**小孔**（foramina），它们是神经和血管穿过的通道。在头骨的后方，有由上枕骨、侧枕骨和基枕骨围成的一个大孔，称为**枕骨大孔**（foramen magnum），是脑和脊髓连接的通道。在枕骨大孔的两侧还有一对**枕髁**（occipital condyle）与颈椎相关节。

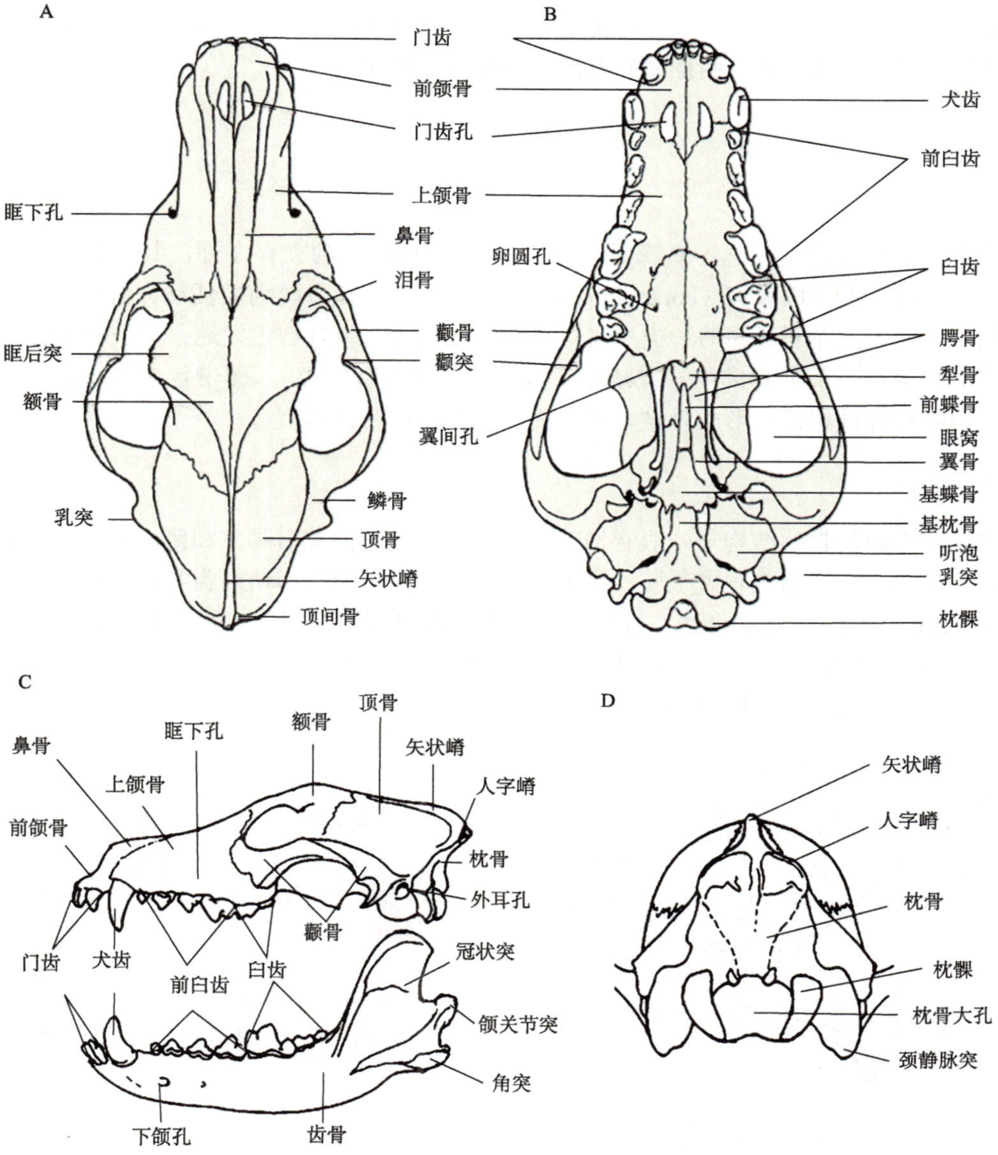

第 2 章　哺乳动物的结构和基本特征

图 2-6　哺乳动物头骨各部位及测量点名称模式图（仿杨奇森等，2005）
A. 头骨上颌背面观；B. 头骨上颌腹面观；C. 头骨上、下颌侧面观；D. 头骨上颌后面观

2.2.1.2 脊柱、肋骨和胸骨

脊柱分**颈椎**（cervical）、**胸椎**（thoracic）、**腰椎**（lumbar）、**荐椎**（sacral）和**尾椎**（caudal）五部分。颈椎多为 7 枚（少数例外：海牛 6 枚，树懒 6~9 枚），第 1 枚为**寰椎**（atlas），第 2 枚为**枢椎**（axis），使头部能够灵活转动。水生哺乳动物的颈椎一般都很短，反映其在水中生活头部少活动的特点。胸椎的数目变化较大，鲸只有 9 枚，而树懒有 25 枚，多数种类为 12~15 枚，通过肋骨与胸骨相连，构成胸廓，有利于呼吸。腰椎常为 4~7 枚，鲸则多达 21 枚。荐

椎大多 2~5 枚，且常愈合为一，并与腰带相关节。尾椎常随尾的长短变化很大。哺乳动物的椎体类型属于双平型椎体，两椎体间有弹性的椎间盘相隔。

2.2.2　附肢骨

2.2.2.1　带骨

肩带的肩胛骨特别发达，**乌喙骨**（coracoid）除单孔类独立存在外，其余种类的乌喙骨均附着于肩胛骨上形成**喙突**（coracoid process）（图 2-7）。锁骨随前肢活动方式不同，变化很大。例如，前肢能左右活动的种类（飞翔、攀爬或掘穴）锁骨都很发达；前肢只能作前后运动的种类则退化（部分食肉类）或缺如（有蹄类及多数食肉类）。腰带包括髂骨、坐骨和耻骨，它们常与荐椎相接，形成骨盆。海牛类和鲸类的腰带仅剩痕迹。

2.2.2.2　肢骨

哺乳动物四肢骨的结构与一般脊椎动物的模式相似，但前后脚掌和趾，随生活方式不同而有很大变化，如蝙蝠具有翼状肢，鲸类具有鳍状肢，奇蹄类和偶蹄类具有捷行肢。多数种类在后肢还由肌腱形成膝盖骨。根据陆生兽类着地行走方式不同，可区分为：**跖行性**（plantigrade），如松鼠、熊类；**趾行性**（digitigrade），如狗、赤狐和豹猫；**蹄行性**（unguligrade），如鹿、马等有蹄类动物（图 2-8）。

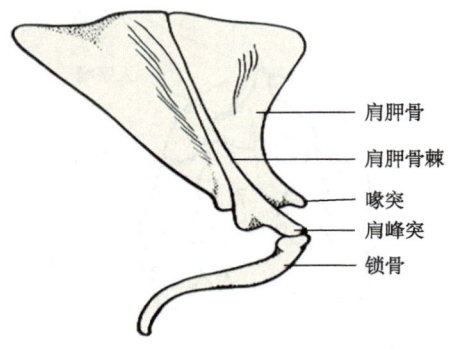

图 2-7　兔的肩带（仿 Vaughan,1978）

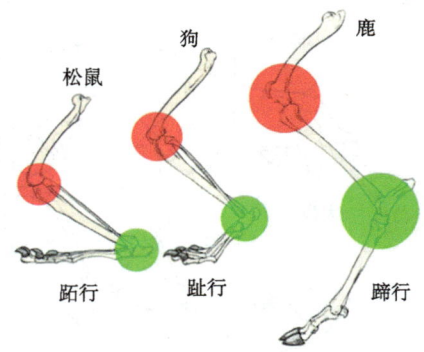

图 2-8　陆生兽类的行走方式

2.3　肌肉系统

哺乳动物四肢和躯干的肌肉因适应不同运动方式而发展为不同的肌肉结构模式，如海洋兽类向快速游动、陆地兽类向奔跑、穴居兽类向挖掘、蝙蝠向灵活飞行等方向发展。**膈肌**（diaphragmatic muscle）是哺乳动物特有的肌肉，它的活动有助于呼吸。哺乳动物的**皮肌**（integumentary muscle）很发达，如刺猬在受到威胁时，可使身体蜷曲成刺团；有蹄类可抖动皮肤，以驱赶蚊虫的叮咬；许多动物还扩展到面部支配耳廓和面部腺体的启闭；灵长类则发展为复杂的**表情肌**（mimetic muscle）。此外，除单孔类外，哺乳动物还由皮肤肌形成复杂的**唇肌**（lip muscle），有助于吮乳。

2.4 消化系统

哺乳动物通常具有 3 对**唾液腺**（salivary gland），分别为**耳下腺**（parotid gland）、**舌下腺**（subingual gland）和**颌下腺**（submaxillary gland）。反刍兽类的胃分 3~4 室。盲肠在单室胃的食草动物中最为发达，除海象、犰狳、大食蚁兽和蹄兔等有一对盲肠外，其余的都只有一个。食虫类中的沟齿鼩目、猬形目和鼩形目均无盲肠，称为**无盲肠类**（lipotyphla）。舌除具有味觉外，还有取食、舀水、刮肉及捣拌食物的作用。这里重点阐述哺乳动物牙齿的特点及其摄食模式。

2.4.1 牙齿

牙齿对于哺乳动物来说非常重要。除了取食的作用外，牙齿还有挖洞、梳理及防御的功能。同时，牙齿的数目和形状还是哺乳动物重要的分类依据。哺乳动物的牙齿反映了它的营养水平和食性特点。

2.4.1.1 牙齿的特点

1）异型齿　哺乳动物的牙齿着生在前颌骨、颌骨及齿骨上。除少数种类（如鲸类）为**同型齿**（homodont）外，多数种类的牙齿都分化为**门齿**（incisor）、**犬齿**（canines）、**前臼齿**（premolar）和**臼齿**（molar），因而属于**异型齿**（heterodont）。门齿仅一个齿根。上门齿位于前颌骨上，下门齿位于齿骨上。门齿主要用于夹住食物或将食物切割成碎片，如啮齿目和兔形目的种类。有时，门齿也会发生一些变化，以发挥不同的作用。例如，鼩鼱的第一对门齿长而呈弯曲状，好似一把钳子起着捕捉昆虫的作用；吸血蝠有着刀片状的门齿，以切开猎物的皮肤。鹿科动物仅保留下颌门齿，上颌门齿为坚硬的、突出的组织所代替。现代哺乳动物的上下颌犬齿均不超过一对，为单尖齿、单个齿根。犬齿在食肉动物中扩大、延长，用于撕裂肉食；有的甚至成为獠牙，如野猪 *Sus scrofa*、海象 *Odobenus rosmarus*。在唯一不长角的鹿科动物——獐 *Hydropotes inermis*、麝等的雄性，有獠牙状的上犬齿。前臼齿通常比臼齿小，并有两个齿根（而臼齿通常是三个齿根）。前臼齿可能是单尖齿，但也可能同臼齿的形状，即有多个齿尖。臼齿有多个齿尖，无脱换。前臼齿和臼齿一起通常被称为**颊齿**（cheekteeth），主要用于压碎和研磨食物。

2）再出齿　哺乳动物的牙齿通常为**再出齿**（diphyodont），即门齿、犬齿和前臼齿有乳齿阶段，后为恒齿所替代。但鼩鼱似乎只有恒齿，因为乳齿在胚胎发育阶段就被再吸收了。多数种类牙齿的脱换是垂直的，仅有大象、海牛等少数种类的牙齿脱换是水平的。

3）槽生齿　哺乳动物的每颗牙齿均着生在单独的齿槽内，称为**槽生齿**（thecodont）。

2.4.1.2 齿式

在哺乳动物学中，常用**齿式**（dental formula）来描述牙齿的组成。所谓齿式，是指用以表示一侧上下颌各类牙齿数目的式子。例如，狼的齿式可以这样来表示：3/3，1/1，4/4，2/3=42

或 3.1.4.2/3.1.4.3= 42。真兽下纲种类原始的齿式为：3/3，1/1，4/4，3/3=44，后兽下纲种类原始的齿式为：5/4，1/1，3/3，4/4=50。陆生动物中，仅有大犰狳 *Priodontes maximus*、大耳狐 *Otocyon megalotis* 及有袋类中的袋食蚁兽 *Myrmecobius fasciatus* 的牙齿数目超过了原始的类型；水生哺乳动物中，齿鲸的牙齿数目通常超过 44 枚，个别种还超过了 200 枚。

2.4.1.3 牙齿的组成

哺乳动物的牙齿分齿冠和齿根两部分（图 2-9）。牙齿主要由**齿质**（dentine），一种骨状物质构成，多数物种的齿冠表面常覆盖有**珐琅质**或**牙釉质**（enamel），具有坚硬、耐摩擦、不能再生的特点。但土豚和带甲目种类的牙齿表面没有珐琅质；啮齿目的门齿仅唇面有珐琅质，由于唇面和舌面不同的磨损，从而形成了"凿状"的门牙。在齿质的内部有一空腔，称为**牙髓腔**（pulp cavity），里边有血管和神经。齿根外表通常覆盖有**齿骨质**（cementum），为一薄层骨样组织，具有续生的特点。齿骨质环如同树的年轮一样，有时可用于确定动物的年龄。多数哺乳动物的颊齿为**低冠齿**（brachyodont），具有**封闭式齿根**（closed-rooted teeth），即牙齿长充分以后不再生长，髓腔在齿根部封闭，仅留小孔，因此牙齿的磨损情况可以用于某些动物的年龄鉴定。一些食草动物具有**高冠齿**（hypsodont），由于经常咀嚼草料，受到草中二氧化硅和黏附于植物上的土壤颗粒的磨损，与此相适应，齿根部的髓腔始终开放，为**开放式齿根**（open-rooted teeth），牙齿能不断地生长。高冠齿、兔形目的门齿及有些啮齿类的所有牙齿齿根的髓腔均开放，牙齿能继续不断地生长，称为**永生齿**（ever-growing teeth）。

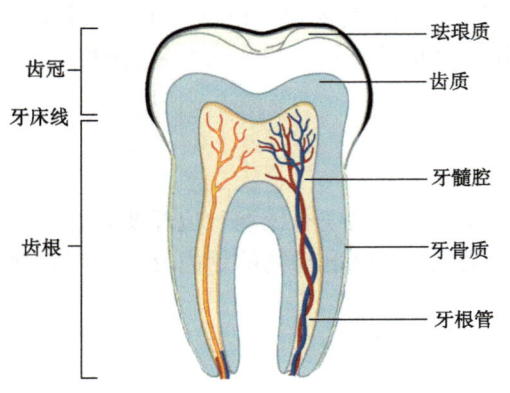

图 2-9 哺乳动物臼齿的剖面

此外，哺乳动物的齿尖在研究进化和分类方面均有重要作用。关于齿尖的命名见专栏 2.1。

专栏 2.1 齿尖的命名

早期哺乳动物的臼齿由古爬行类的单个锥状齿分化而来，齿尖排成纵列，后来发展为更为先进的三尖齿（tribosphenic）：上臼齿有三个齿尖，内侧为原尖（protocone），外前侧为前尖（paracone），外后侧为后尖（metacone）；下臼齿有相对应的下原尖（protoconid）、下前尖（paraconid）和下后尖（metaconid）（图 2-10）。三尖齿被认为是现代真兽类的祖先类型。三尖齿型的臼齿现今还可在有袋类、食虫类中见到，并经改变后存在于许多现代的哺乳动物中。例如，有的在原尖后多了一个次尖（hypocone），而成为具有四齿尖的方形臼齿，如人类的臼齿。在食虫类中，其臼齿齿尖之间通过一系列的脊相连，形成"W"形外脊。

第 2 章 哺乳动物的结构和基本特征

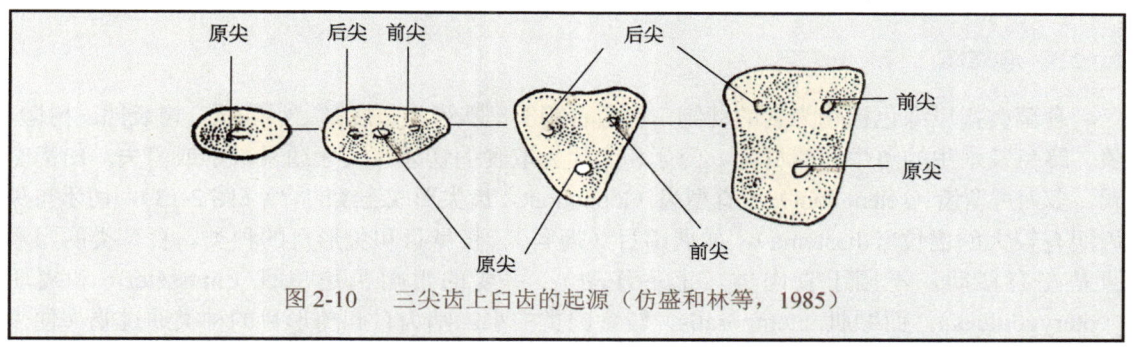

图 2-10　三尖齿上臼齿的起源（仿盛和林等，1985）

2.4.2　摄食模式

哺乳动物基本的摄食模式可分为**食虫类**（insectivorous）、**食肉类**（carnivorous）、**食草类**（herbivorous）和**杂食类**（omnivorous），其他特殊的摄食模式均由这 4 种类型演化而来。

2.4.2.1　食虫类

食虫类指以昆虫、其他小型节肢动物或蠕虫为食的动物，包括单孔目、带甲目 Cingulata、袋鼹目 Notorctemorpha、披毛目 Pilosa、猬形目、鼩形目、鳞甲目 Pholidota、管齿目 Tubulidentata、翼手目 Chiroptera 及食肉目 Carnivora 中的土狼 *Proteles cristatus*。食虫生态位代表了原始的真兽类。它们的牙齿具有以下特征：下门齿呈平伏状，帮助捕食；多具尖锐的牙齿，臼齿多具"W"形外脊（图 2-11）；但一些食蚁的种类头骨延长，牙齿退化或缺如，如穿山甲。由于其摄食的纤维性食物较少，因此它们的消化道通常较短，并且大多数食虫类缺乏盲肠。

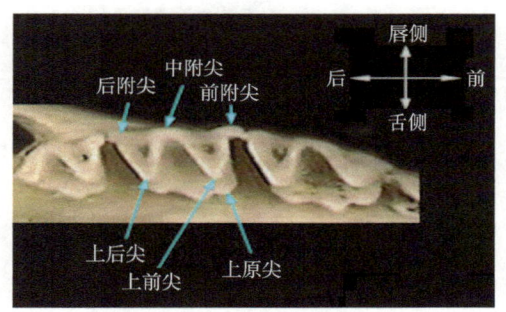

图 2-11　"W"形臼齿

2.4.2.2　食肉类

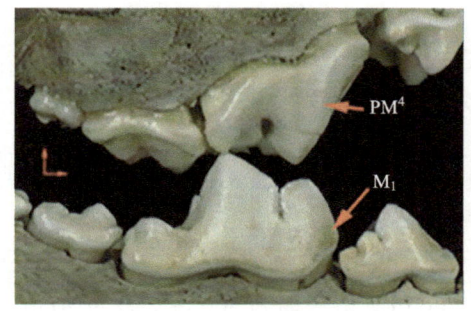

图 2-12　食肉动物的裂齿

食肉类指主要取食肉食的动物，包括食肉目中的犬科、猫科、鼬科等和袋鼬类。其头形相对短些；门齿、犬牙尖锐（用于捕杀和撕裂猎物）；多具有**裂齿**（carnassial），即食肉类上颌最后一枚前臼齿（PM^4）和下颌的第一臼齿（M_1）特别增大，齿尖锋利，用以撕裂肉食的这对牙齿；臼齿多小尖（图 2-12）。消化道短，有短的盲肠。食肉动物的颞肌是主要的闭合下颌的肌肉群，颌关节突的位置与下颌齿的水平相当。

25

2.4.2.3 食草类

食草类指以绿色植物为食的动物，包括有蹄类、啮齿类、袋鼠、小袋鼠、树袋熊、树懒、象、蹄兔及水生的海牛和儒艮等。门牙和犬牙为取食的切牙，犬牙通常减小或消失。臼齿宽阔，多为**月型齿**（selenodont）或**脊型齿**（lophodont，齿尖形成连续的脊）（图 2-13）。切牙与颊齿间有较大的**虚位**（diastema），如偶蹄目（鹿科）、长鼻目和兔形目的种类。食草类的咀嚼肌是左右移动，不同于食肉类（上下移动）；主要的咀嚼肌是咬肌（masseter）和翼肌（pterygoideus），而颞肌（temporalis）较食肉类的小。啮齿目和兔形目的种类通过吃粪便来获得厌氧原生动物和细菌，而幼年的偶蹄类动物则通过食土来获得微生物。有蹄类动物进化出两种不同的分解纤维素的系统：**前肠发酵**（foregut fermentation）和**后肠发酵**（hindgut fermentation）。**前肠发酵**是指植物纤维素的发酵和分解发生在胃内（主要是瘤胃），如反刍动物就属于此种类型。**后肠发酵**则是指植物纤维素的发酵和分解发生在盲肠中，如奇蹄目、兔形目的种类。此外，食草动物的颌关节突高于下颌齿水平，并与头骨上的浅窝相关节，当下颌闭合时，上下齿面咬合在一起。

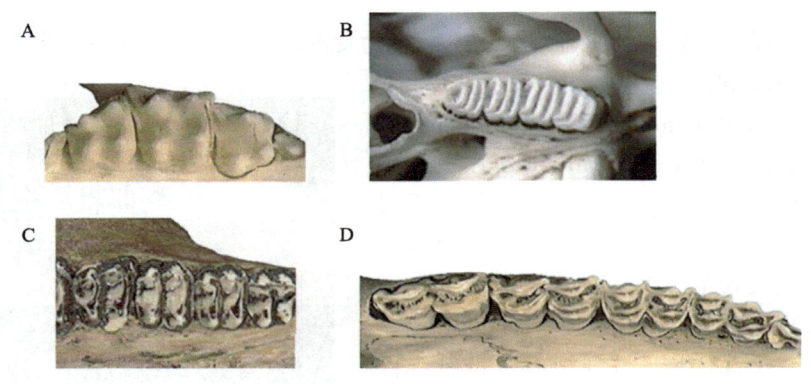

图 2-13 哺乳动物颊齿（前臼齿和臼齿）齿冠的类型
A. 丘型齿；B、C. 脊型齿；D. 月型齿

2.4.2.4 杂食类

鼻面部延长，通常有锐利并具切割能力的门牙，颊齿往往有宽的丘状磨碾齿面（丘型齿），如猪科 Suidae、多数猴科 Cercopithecidae 的种类（图 2-13）。小肠延长，结肠大而折叠，并有纵行的肌束，盲肠不发达。

2.5 呼吸系统

哺乳动物肺泡数目十分巨大，如羊肺泡总面积达 50~80 m^2，马平均为 500 m^2，人为 70 m^2（相当于体表的 40 倍），提高了气体交换的效率。由于出现了膈肌，呼吸方式通常以胸式为主，深呼吸以腹式为主。呼吸频率取决于新陈代谢的强度，一般小型兽代谢强，如小白鼠为

200 次/min，而骆驼仅 5~12 次/min。

2.6　循环系统

　　哺乳动物的动脉干仅保留了左体动脉弓。一般成熟的红细胞无核，呈两面凹的扁圆盘状，只有骆驼科 Camelidae 和长颈鹿科的红细胞呈椭圆形。红细胞体积相对小于其他各纲动物，但其数目却相应增多，如鸟类为 350 万个/mm³，而兽类达 600 万~1300 万个/mm³，提高了与氧的结合能力。哺乳动物一般体积越小，心跳频率相对加快。由于浮力原因，水栖种类的心率相对较陆生种类慢些。大棕蝠 *Eptesicus serotinus* 等蝙蝠能迅速变化心率，静止时为 400 次/min，飞行时可增至 1000 次/min，停飞 1 min 后又恢复到原来水平。血液循环速度也与体型[①]大小相关，小型者新陈代谢强度较高，如猫体循环周期为 6.6 s，马为 30 s。

2.7　排泄系统

　　哺乳动物的排泄系统由肾脏、输尿管、膀胱和尿道组成，此外，皮肤也是哺乳类特有的排泄器官。哺乳动物的肾脏结构最复杂，效能最高。肾表面比较光滑，多为蚕豆形。某些种类（鲸、海豹、偶蹄类、部分食肉类和灵长类）的肾有分叶现象，但不像爬行类和鸟类完全分叶。肾脏包括由**肾小体**（renal corpuscle）组成的**皮质**（cortex）、由**肾小管**（kidney tubules）和**集合管**（collecting tube）组成**髓质**（medulla）及**肾盂**（kidney pelvis）三部分。皮质和髓质统称为**肾实质**（renal parenchyma），由许多分泌尿的肾单位和排尿的集合管组成。尿由集合管汇集于**肾盏**（kidney calices），而后入膨大的肾盂。肾盂中的尿经输尿管、膀胱和尿道直接通于体外（单孔类除外），雄性的尿道基部还汇合了输精管。

2.8　生殖系统

2.8.1　雌性生殖系统

　　雌性的生殖系统由卵巢、输卵管、子宫和阴道等组成。
　　除单孔类仅左侧的卵巢有功能外，其余雌兽的两个卵巢都有机能，体内受精。单孔类产大型卵，阴道与尿道开口于尿殖窦，位于泄殖腔内。有袋类的子宫、输卵管和阴道均成对，高等种类还有中阴道和侧阴道之分，其中中阴道为分娩时的出生通道，侧阴道为精子进入的通道。
　　有胎盘类的子宫，由原始的双子宫到双分子宫、双角子宫，向单子宫方向发展（图 2-14）。
　　双子宫（duplex uterus）：有两个子宫颈，无子宫体，只有子宫角，分别开口于阴道。见于兔形目、啮齿目、管齿目和蹄兔目。
　　双分子宫（bipartite uterus）：成对子宫角被子宫体的中隔分开，由一个子宫颈通入阴道。见于鲸目和多数食肉类。

[①] 本书中的"体型"指：动物个体的外形及其身体各部分之间的比例。

双角子宫（bicornuate uterus）：成对子宫角长，子宫体小，一个子宫颈。见于鼩形目、鳞甲目、海牛目、部分食肉类、长鼻目、奇蹄目和偶蹄目，以及多数翼手类和原始灵长类。

单子宫（simplex uterus）：两个子宫完全愈合为一。只有一个子宫颈，子宫体膨大，子宫角消失。见于部分翼手目、异关节类和高等灵长类的种类。

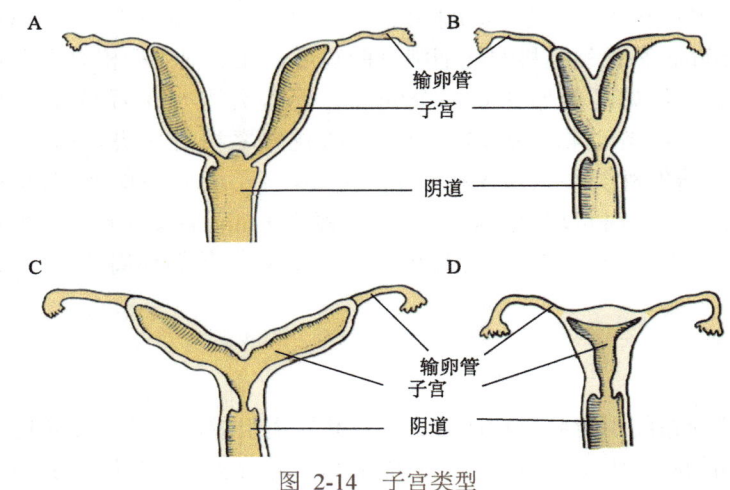

图 2-14 子宫类型
A. 双子宫；B. 双分子宫；C. 双角子宫；D. 单子宫

胎盘（placenta）是指哺乳纲后兽亚纲动物妊娠期间由胚胎的胚膜和母体子宫内膜联合长成的母子间交换物质的过渡性器官。胎盘在孕期具有如下功能：①将胎儿锚定在子宫上；②通过母兽的血液循环为发育的胎儿输送营养；③将胎儿的代谢废物排出；④产生调节母亲和胎儿器官的激素（Feldhamer et al.，2015）。

尽管真兽下纲的动物通常被称为有胎盘类，但后兽下纲（有袋类）实际上也是有胎盘的。它们的胎盘多为**绒膜卵黄囊胎盘**（choriovitelline placenta），这种胎盘是由卵黄囊腔的扩大形成，并主要由卵黄囊供给胎儿的营养（图 2-15）。此外，发育中的胎儿还可从母兽子宫内膜产生的"子宫乳"中获得有限的营养。与真兽类的胎盘相比，绒膜卵黄囊胎盘因缺乏大量的血管化的指状突起，即绒毛（villi），故与子宫的联系相对较弱。极少数有袋类，如袋狸科 Peramelidae 既保留有绒膜卵黄囊胎盘，同时还具有与真兽类相似的胎盘。

在所有真兽类中，**绒膜卵黄囊胎盘**会在短期内出现，但在孕期发挥主要作用的是**绒膜尿囊胎盘**（chorioallantoic placenta）（图 2-15）。这种类型的胎盘由尿囊膜、绒毛膜与母体的子宫内膜共同形成，并由胚膜向子宫内膜深入形成许多绒毛，进一步加强了胎儿与子宫的联系，因而更为高效。

按胎盘的形态和绒毛的分布可分成四类。①**分散胎盘**（diffuse placenta），指绒膜尿囊膜的表面平均分布着绒毛，整个或大部分参与组成胎盘，如猪、鲸等。②**叶状胎盘**（cotyledonary placenta），指绒毛局部集中成丛，散布在绒膜尿囊膜表面，如牛、羊等反刍动物。③**环状胎盘**（zonary placenta），指绒毛在胚胎中部集中排成环带状，如狗、海豹等食肉类、海牛目和长鼻目的种类。④**盘状胎盘**（discoidal placenta），指绒毛集中排成盘状，如食虫类、翼手目、啮齿目和多数灵长目动物（图 2-16）。另外，根据绒毛与子宫内膜接触的状况及有无蜕膜可将胎盘分为两类：①**无蜕膜胎盘**（indeciduate placenta），包括分散胎盘和叶状胎盘，与子宫内膜接触不紧密，分娩时子宫内膜不脱落；②**蜕膜胎盘**（deciduate placenta），包括环状胎盘和盘状胎盘，这类胎盘与母体子宫内膜接触紧密，分娩时子宫内膜要脱落，并引起大量流血。

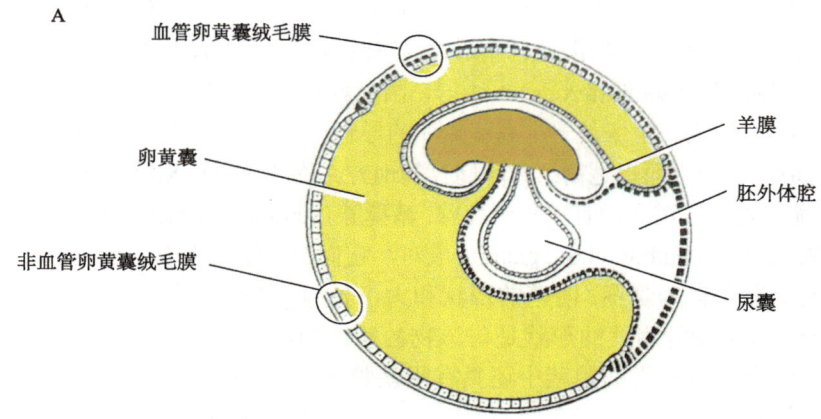

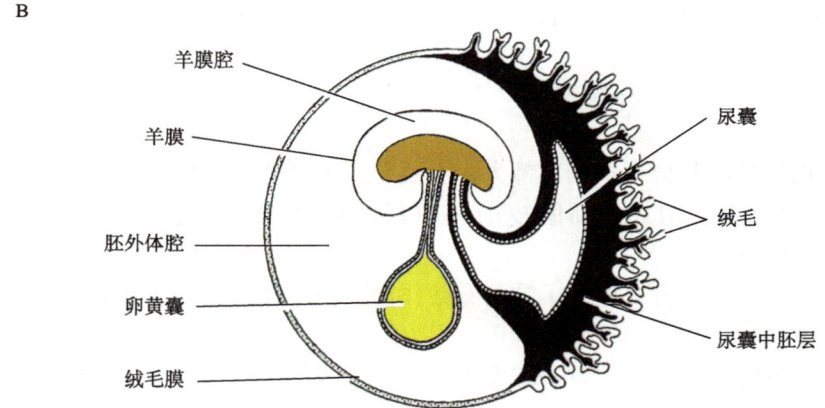

图 2-15 有袋类与有胎盘类动物的胚胎与胚膜（仿 Feldhamer *et al.*, 2015）
A. 绒膜卵黄囊胎盘；B. 绒膜尿囊胎盘

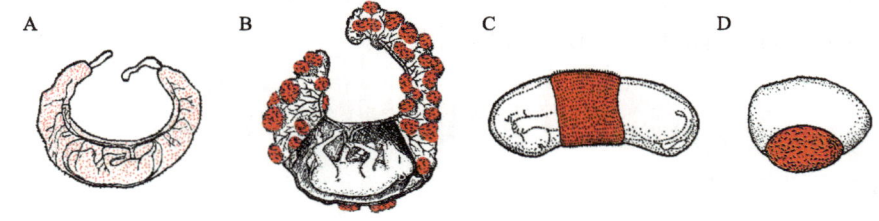

图 2-16 哺乳动物的胎盘类型
A. 分散胎盘；B. 叶状胎盘；C. 环状胎盘；D. 盘状胎盘

2.8.2 雄性生殖系统

雄性的生殖系统包括睾丸、副性腺、导管系统和交配器官。

睾丸的功能，一是产生和储藏精子，二是合成和分泌雄性激素。睾丸的位置变化较大，根据其移位情况可分为三种类型。①**腹腔型睾丸**（abdominal testes）：睾丸终身留在腹腔内，如单孔目、长鼻目、带甲目、披毛目、海牛目、蹄兔目、象鼩目和鲸类等；②**腹股沟型睾丸**（inguinal testes）：睾丸移至腹股沟内，如猬科、鲮鲤科、海豹科和貘科等类群的种类；③**阴囊型睾丸**（scrotal testes）：多数灵长类、树鼩目、兔形目、啮齿目、偶蹄类、奇蹄目和食肉目动物的种类。

精子形成于**曲细精管**（seminiferous tubules），由滋养细胞提供营养。离开曲细精管后，精子在**附睾**（epididymis）汇集。附睾是一个高度盘曲的导管，位于每个睾丸的表面。附睾的作用一方面是精子的通道，另一方面也是精子暂时储存的地方。附睾后方连**输精管**（ductus deferens），通向尿道口。在输精管和尿道之间有三种副性腺：**精囊腺**（seminal vesicles）成对、**前列腺**（prostate gland）单个和**尿道球腺**（bulbourethral gland）成对，它们的分泌物构成了精液的成分。

哺乳动物的交配器官为阴茎。阴茎的形状和大小各异，如有的单孔类和有袋类为双阴茎，家猪的为螺旋形。每个物种阴茎的形状是与该物种雌性的阴道相匹配。食肉类、多数灵长类、翼手类、啮齿类及少数食虫类的阴茎中还具有**阴茎骨**（os penis / baculum）。阴茎骨的大小、形状、所在部位等在不同的种类间存在差异，因而是物种鉴别的重要依据之一。此外，阴茎骨也可以作为动物年龄鉴定的依据（陈荣海等，1988）。阴茎有的位于阴囊之前，如多数的真兽类；有的则位于阴囊之后，如有袋类、家兔、野兔及鼠兔等。

2.9 神经系统与感觉器官

哺乳动物的脑比其他脊椎动物都大，主要是大脑半球的新脑皮得到了高度发展，而且还出现了沟与回，大大增加了新脑皮的表面积。有胎盘类还有连接两大脑半球的**胼胝体**（corpus callosum）。

新脑皮表面纡曲发育，增大了脑的有效作用，使之成为各种活动的控制中心，并具有一些独特的行为。

兽类有高度发达的感官，以进行发现食物、逃避敌害、找寻合适的栖息环境和实现种内通讯等一系列行为反应。多数兽类为敏嗅动物，有极发达的鼻甲骨，而鲸和灵长类为钝嗅类，海豚和鼠海豚甚至缺乏嗅觉器官。兽类的中耳有3块耳骨，外耳道延长，多具发达的外耳，听觉有了高度发展。大多数兽类视觉发育良好，但穴居和水栖的种类视觉很退化，有的种类甚至仅能区分亮与暗，以维护其昼夜活动的节律。

思 考 题

1. 试述哺乳动物皮肤的结构特点。
2. 试述哺乳动物皮肤衍生物的类型及特点。
3. 试述哺乳动物骨骼系统的特点。
4. 什么是齿式？研究哺乳动物的齿式有何意义？
5. 试述哺乳动物的牙齿与食性的关系。
6. 简述哺乳动物的子宫类型。
7. 简述哺乳动物的胎盘类型。

第3章 单孔类和有袋类

单孔类和有袋类是由中生代**下孔亚纲**（Synapsida）爬行类演化而来的早期哺乳动物残留至今的原始类群。

单孔类为现存唯一的原兽亚纲动物。原兽亚纲的主要特征：①臼齿具成行或纵列的齿尖；②脑颅的鳞骨和翼蝶骨极小，不构成其脑颅侧壁。现存单孔类为**卵生**（oviparous）。

有袋类属真兽亚纲，臼齿的齿尖不排列成行，多成三角状排列。脑颅的后侧壁由大型的鳞骨和翼蝶骨组成。现存有袋类为**胎生**（viviparous），胚胎发育时绒膜上无绒毛，多为绒膜卵黄囊胎盘。孕期很短，产出的幼仔发育很不完善，需要在育儿袋中继续发育。据此，将其隶属于后兽下纲，有别于现存演化最成功、分布最广的有胎盘类（胎盘为绒膜尿囊胎盘，分类上属于真兽下纲）。

3.1 单孔类 Monotremes

仅1个目。

3.1.1 单孔目 Monotremata

单孔目为现存哺乳动物中最原始、最低等的类群，保留了许多爬行动物的特征，如具泄殖腔、卵生、无胎盘、大脑半球不甚发达、尚未出现胼胝体等。同时，它们又具有哺乳动物的特征，如体表被毛、以乳汁哺幼、具膈肌、只保留左体动脉弓、下颌主要由齿骨组成等。此外，单孔类还有许多结构特征区别于其他的哺乳动物。例如，鸭嘴兽仅在幼年时期有齿，而其他时期均无齿；头骨骨缝愈合得早，幼小时便消失；延长的喙状嘴覆盖有革质鞘（鸟类为角质鞘）；眼睛里有巩膜软骨，但并不像爬行动物那样骨化或形成巩膜骨环；泪骨和额骨缺乏；头骨有一块**间颌骨**（septomaxilla），这在现存的哺乳动物中很少见；没有听泡，但中耳室被椭圆形的鼓室环部分包围；内耳中的耳蜗弯曲，但并不像其他哺乳动物那样卷曲呈螺旋状；前肢伸展，肱骨几乎与基底平行，与挖掘特化有关；在成年雄性个体中脚踝的内侧有刺，用以传送毒液；肩带由间锁骨、锁骨、前乌喙骨、乌喙骨和肩胛骨组成；颈肋存在；上耻骨大；雌性10条X染色体，雄性5条X染色体和5条Y染色体；**端黄卵**（anisolecithal egg），**不完全卵裂**（meroblastic cleavage）；**卵齿**（egg teeth）存在；无乳头；睾丸位于腹腔内，阴囊缺乏；阴茎附着于泄殖腔壁。此外，单孔类的一个衍生特征是，特殊的"喙"上面分布有丰富的机械性感受器和电感受器，可以用于识别无脊椎动物所发出的微弱电场。这种卓越的电感受能力在哺乳动物中是独一无二的。

来自形态学和古生物学的证据均表明：单孔类是由早期的哺乳动物祖先在演化出有袋类和有胎盘类之前分化出来的一支（Kielan-Jaworowska *et al.*, 2004）。

本目共分2科3属5种。

3.1.1.1 针鼹科 Tachyglossidae

体被毛，杂有结实的刺。吻细长如鸟喙，齿骨纤细，不具齿。舌长能伸缩，富有黏液。尾短。趾爪强而有力。有**育儿袋**（pouch），母兽每产一枚具皮质卵壳的卵，就用嘴移入育儿袋中孵化约10天，故育儿袋起着孵化箱的作用。幼仔孵出后在袋内生活，舔食母兽分泌的乳汁。生活于干燥的草原和森林中。独栖，穴居，嗅觉灵敏，视觉差。晨昏活动，捕食蚂蚁、白蚁或蠕虫等。有冬眠习性。分2属4种。

原针鼹（长吻针鼹）*Zaglossus bruijnii*（图3-1）：体重5~10 kg。吻长，刺一般短于毛长。分布于新几内亚。

针鼹（短吻针鼹）*Tachygolssus aculeatus*（图3-2）：体重2.5~6 kg。吻相对较短，刺多而长。分布于澳大利亚、新几内亚和塔斯马尼亚。

图3-1 原针鼹

图3-2 针鼹

3.1.1.2 鸭嘴兽科 Ornithorhynchidae

仅1属1种。

鸭嘴兽 *Ornithorhynchus anatinus*（图3-3）：体重0.5~2 kg，体长300~450 mm，尾长100~150 mm。栖息于河流或沼泽边，营半水栖生活方式。全身被密毛。眼及耳位于皮肤皱褶处，当沉入水中时皮褶紧闭。前足有蹼且具爪，既可游泳又有利于挖掘。晨昏潜游，水中觅食。

鸭嘴兽具有类似爬行类的肩带。喙为鸭嘴状，成体的牙床无齿，而以不断生长的角质板所代替（图3-4）。板的前面形成许多隆起的横嵴，用以压碎贝类、螺类等软体动物的贝壳或

图3-3 鸭嘴兽

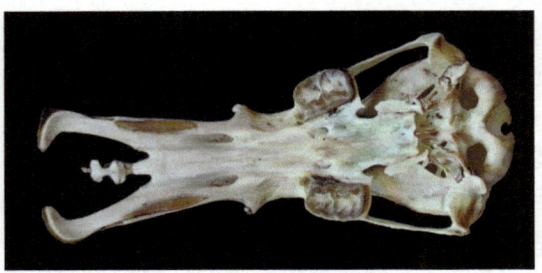

图3-4 鸭嘴兽的头骨

剁碎其他食物；后方角质板呈平面状。雌兽繁殖期挖掘约 16 m 长的洞穴，产卵（长×宽= 16 mm×14 mm）于用湿草筑成的巢内，每次产卵 2~3 枚。孵卵时将洞口堵塞，10~11 天以后孵出幼兽。刚孵出的幼兽发育不完全，体长仅 2.5 cm。无育儿袋，哺乳期约 5 个月。分布于澳大利亚东部及塔斯马尼亚。

3.2 有袋类 Marsupials

有袋类是从早期的哺乳类主干分化而来的一个旁支。它们与真兽类在骨骼、解剖及繁殖方式等方面均存在显著的差异（表 3-1）。

表 3-1 后兽下纲与真兽下纲动物的差异（Feldhamer et al., 2015）

后兽下纲	真兽下纲
头相对身体较小；大脑皮层发育不完善；无胼胝体	头相对身体较大；有更复杂的大脑皮层；具发达的胼胝体
听泡通常缺乏，若有则主要由翼蝶骨形成	听泡存在，由鼓骨形成
腭骨上通常有大的孔洞	腭骨上的孔小或无
颧骨大，颧骨、鳞骨共同与下颌窝相关节	颧骨不与下颌窝相关节
除树袋熊和长吻袋貂外，其余种类的下颌角突弯曲呈 90°，即垂直于齿骨轴	下颌角突不弯曲
原始的齿式为 5/4,1/1,3/3,4/4= 50，仅最后一枚前臼齿具有置换性	原始的齿式为：3/3,1/1,4/4,3/3=44，门齿、犬齿和前臼齿具有置换性
雌雄均具上耻骨	无上耻骨
雌性生殖道、阴茎头双分	雌性生殖道、阴茎均不双分
常具育儿袋，包围着乳头；育儿袋开口朝前或朝后	不具育儿袋
阴囊位于阴茎前（袋鼹除外）；不具阴茎骨	阴囊在阴茎后面；部分种类具阴茎骨

因为多数种类的雌性个体有育儿袋，故俗称为"有袋类"。育儿袋通常在树栖、穴居或跳跃的种类中发育完好。育儿袋的开口有的朝前，有的向后。

有袋类的大脑半球体积小，无沟回，也没有胼胝体。尾由腰背延伸，不下凹，其脊椎构造保留爬行类特点。它们的齿数比有胎盘类多，一些原始的科超过 44 枚，而且仅最后一枚前臼齿有置换性，臼齿多达 4 枚。子宫为双子宫，阴道有中阴道和侧阴道之分。中阴道有的是个盲囊，临产时才开口，但多数有袋类为永久性的开口。侧阴道仅为精子的通道。多数只有**绒膜卵黄囊胎盘**。这类原始胎盘主要以扩大的卵黄囊来为胚胎发育提供营养，同时，还可通过卵黄囊吸收子宫乳来获得有限的营养。孕期一般仅 10~13 天，产出的幼仔发育很不完全，身体裸露，无视力，显得十分柔弱，但前肢、爪及神经系统、嗅觉器官都有优先发育的倾向，会本能地爬到育婴箱似的育儿袋内，衔住乳头。乳汁靠附着于耻骨的特殊肌肉（雄性提睾肌的同源肌）的收缩而分泌。哺乳期远远超过怀孕期（图 3-5）。发育到有胎盘类初生幼仔大小时，幼体才离开育儿袋，但仍将其当成是逃避危险的躲藏所。

有袋类的体温接近恒温，在 33~35℃范围内波动；基础代谢率低（仅占同等大小有胎盘类动物的 70%）。

现代种类仅分布于澳大利亚和南美洲,少数在北美洲。但化石证明在新生代初期有袋类曾广泛分布于全球,后来除澳大利亚在分离以前无有胎盘类进入外,在漫长的生存竞争中,其他地区的有袋类逐渐被有胎盘类所代替,仅南美洲的部分体小、树栖的原始有袋类继续生存了下来。

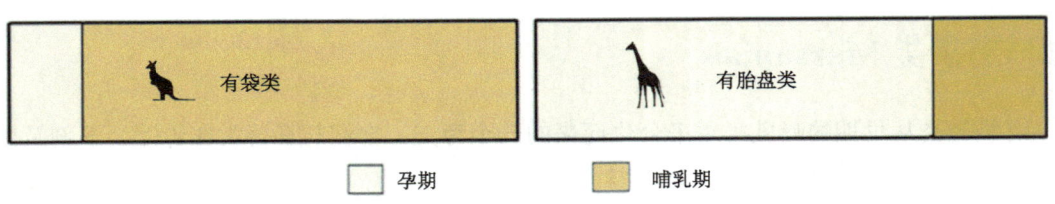

图 3-5　有袋类与有胎盘类孕期和哺乳期的比较（仿 Feldhamer et al.，2015）

有袋类曾一度归为单一的目,即有袋目 Marsupialia。Ride（1970）根据牙齿和趾的特征将有袋类做了进一步的细分。因此,有袋类牙齿和趾的特征是重要的分类依据（专栏3.1）。

专栏 3.1　有袋类分类的重要依据——牙齿和趾的特征

有袋类的门齿可分为双门齿（diprotodont）和多门齿（polyprotodont）两种类型。双门齿是指缩短的下颌骨上的第一对门齿扩大以咬合上门齿；多门齿是指未缩短的下颌骨上的门齿小而多,且无特化（图 3-6）。

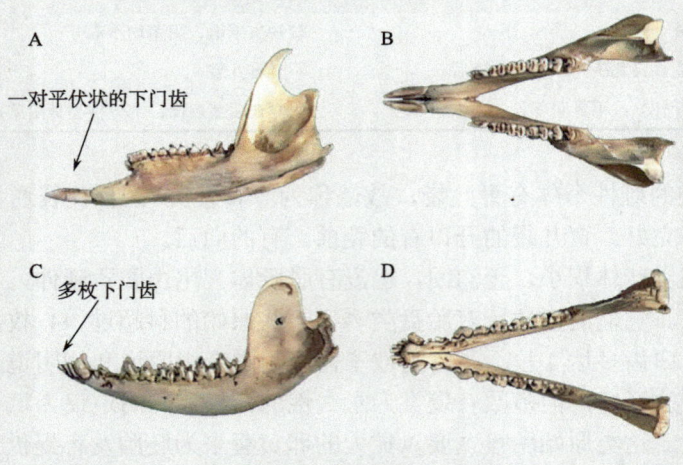

图 3-6　有袋类的门齿类型

双门齿：A. 侧面观，B. 上面观；多门齿：C. 侧面观，D. 上面观

后足分为离散型（didactylous）和并趾型（syndactylous）两种类型。离散型是指各趾相互独立；并趾型是指第二、第三趾的骨骼成分愈合,两个趾并合在一起（图 3-7）。

第3章 单孔类和有袋类

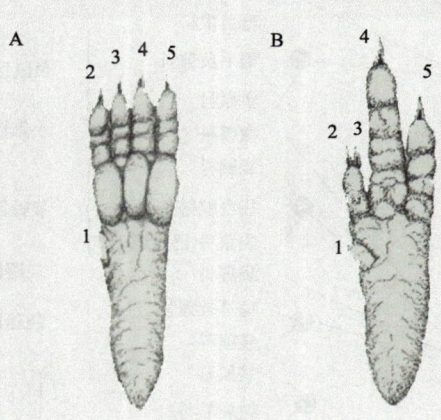

图 3-7 有袋类后足的趾型

A. 离散型；B. 并趾型

上述这些特征在有袋目的分类中仍然非常有用（表 3-2）。

表 3-2 有袋类 7 个目的趾型与门齿类型

趾型	门齿类型	
	多门齿	双门齿
离散型	负鼠目 Didelphimorphia	新袋鼠目 Paucituberculata
	小鼩目 Microbitheria	
	袋鼬目 Dasyuromorphia	
并趾型	袋狸目 Peramelemorphia	袋鼠目 Diprotodontia
	*袋鼹目 Notoryctenmorphia	

*表示对其门齿类型及趾型尚存有争议（Feldhamer et al., 2015）。

然而，其他的一些二歧特征，如上白齿咬合面上的中央棱呈直线还是呈 V 形、是否存在成对的精子（paired sperm）、下踝关节是分离的还是连续的模式等，也是有袋类分类的重要依据。

根据系统进化关系，有袋类的系统进化分为两大支：一支为美洲有袋总目 Ameridelphia，另一支为澳洲有袋总目 Australidelphia（图 3-8）。多数现存的有袋类各目都是在早古新世分化出来的。

目前，有袋类分 7 目 23 科 92 属 353 种。

（1）负鼠目 Didelphimorphia，3 科 19 属 103 种。

（2）新袋鼠目 Paucituberculata，1 科 3 属 7 种。

（3）小鼩目（智鲁负鼠目）Microbitheria，1 科 1 属 1 种。

（4）袋鼬目 Dasyuromorphia，3 科 22 属 75 种，其中袋狼科 Thylacomyidae 已于近期灭绝。

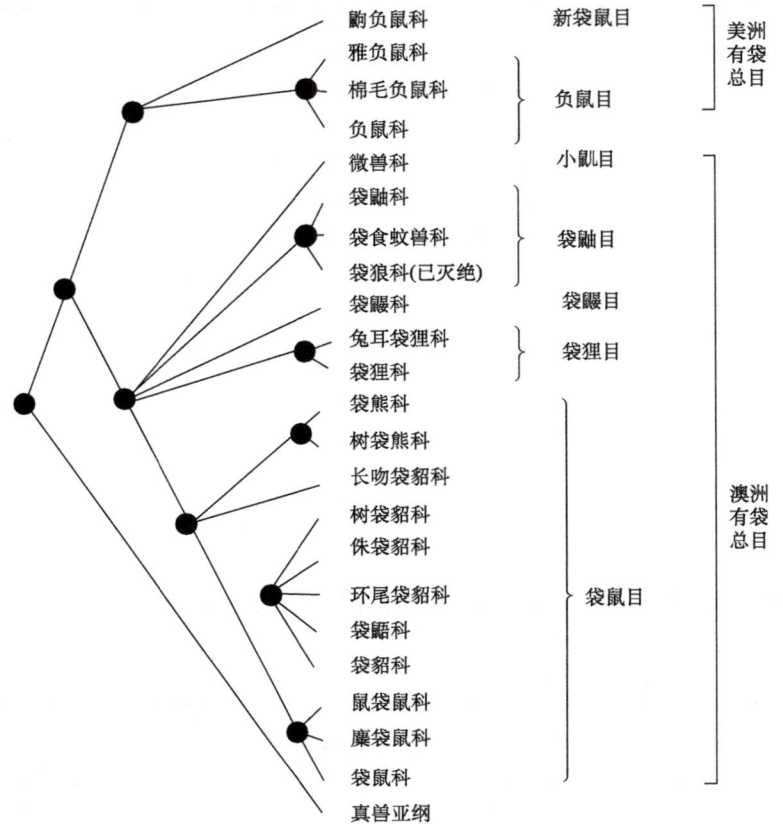

图 3-8 有袋类的系统进化关系图（仿 Feldhametr et al., 2015）

（5）袋狸目 Peramelemorphia，3科8属22种，其中豚足袋狸科 Chaeropodidae 已于近期灭绝。

（6）袋鼠目（双门齿目）Diprotodontia，11科38属143种。

（7）袋鼹目 Notoryctenmorphia，1科1属2种。

3.2.1 负鼠目 Didelphimorphia

负鼠目是有袋类中最古老的一目。出现于白垩纪早期，分布于美洲（自加拿大东部向南穿过美国东部和墨西哥，进入南美洲到阿根廷），也出现在小安的列斯群岛中的某些岛屿，现已引入美国西部某些地区。体重 10 g～2 kg。外形似鼠，能背负幼仔，故称负鼠。多数种类树栖，尾长，具缠绕性，被有稀疏毛发；第一趾（指）常与其他趾（指）对峙，适于攀握。**属多门齿、离散趾型**。吻长，头骨狭小，矢状嵴发达。齿式 5.1.3.4/4.1.3.4= 50。门齿多而小，犬齿大，上臼齿的齿尖呈三角形排列。下臼齿除前面具有三尖（下前尖、下后尖及下原尖）外，尚有**跟座小尖**（talonid）。育儿袋在一些属中发育较好，但在另一些属中缺乏或发育较差。每胎常产 10 仔，有时产 20 仔，初生幼仔长 10～12 mm。乳头仅 5～13 个，多余幼仔无法存活。幼仔成长到无法入育儿袋时，则攀附于母兽背上。杂食性。全世界共 3 科，即负鼠科 Didelphidae、雅负鼠科 Glironiidae（new）和棉毛负鼠科 Caluromyidae（new），19 属 103 种。

维吉尼亚负鼠 Didelphis virginiana（图3-9）（北鼩）：属负鼠科动物。体长325 mm，尾长255~535 mm，雄体重1.36~5.04 kg，雌体重1.36~3.23 kg。形似鼠。毛被松散，绒毛短而厚，灰色；针毛长而粗糙，毛尖黑色或白色。通体显灰黑色，但有全黑、白化及显红色的变异。吻部长而尖。鼻大，粉红色。耳大而薄，黑色，四周镶以白毛。面部毛短，白色。眼大，四周具黑斑。尾长，具缠绕性。尾基部为黑色毛，其余白色裸露具鳞片。第一趾（指）与其他趾（指）分开，能背负幼仔。无固定的换毛期，常零星地脱换。雄体腹部有一腺体，其分泌物使毛沾上黑色。雌体育儿袋简单，只在腹部前端裂开一个开口。幼仔长到无法入育儿袋时，则攀附母体背上，故称负子鼠。栖息于近溪或沼泽的潮湿林地或密林中，也见于地势较高和干燥的农作区。独居，夜行性，白天隐居岩缝、洞穴、树洞里。巢穴粗糙，多用树叶和草枝筑成。行走时步态缓慢。善于游泳和攀援，常用其长尾缠绕于树上。遇敌时身体和尾卷缩。以昆虫及幼虫、鼠、兔及松鼠幼体为食，此外，还食浆果、种子、草等植物性食物及腐肉，春夏主食蛙、蛇和鸟蛋等。每年多次发情，周期为28天，有两次繁殖高峰。孕期12~13天，每胎产21~25仔或更多。初生仔体长仅10~14 mm，重0.06~0.13 g，能爬到育儿袋中去含住乳头。母兽乳头仅13个，因此育儿袋中只能生活5~13个幼仔。幼仔到9~10周开始暂时离开育儿袋，背负于母体。3~4月断奶，独立生活。6~8月性成熟。寿命不长，少数能活3年。分布于加拿大安大略省东南部，经美国、中美洲至南美洲的秘鲁和巴西。

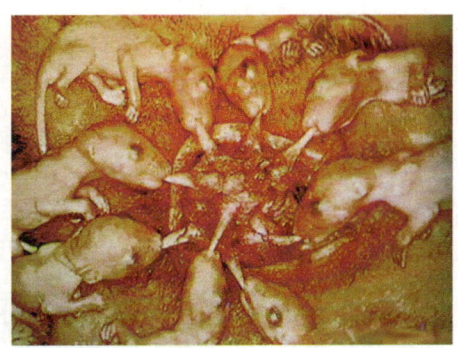

图3-9　维吉尼亚负鼠

此外，墨西哥和南美洲产的有袋负鼠 D. marsupialis 和南美洲产的白腹负鼠 D. albiventris 等都是大型的负鼠。

3.2.2　新袋鼠目 Paucituberculata

新袋鼠目又名**鼩负鼠目**，由新生代古新世的古有袋类 Polydolop 直接演化而来。成体重约40 g。形似鼩鼱，吻长，眼小。后足比前足长，为**离散趾型**。齿式 4.1.3.4/3~4.1.3.4 = 46 或48。属**双门齿**类型，第一对下门齿特大，呈平伏状，仅唇面具有珐琅质；下犬齿退化。雌兽**无育儿袋**。全产于南美洲。有1科3属7种。

3.2.2.1　鼩负鼠科 Caenolestidae

成年雄体重25.0~40.8 g，雌体重16.5~25.4 g，体长90~135 mm，尾长65~135 mm。外形

哺乳动物学

图 3-10　灰腹鼩负鼠

似鼩鼱，吻长。毛被浓密而柔软，毛色随种不同而有变化，背部一般为深烟灰棕色、黑棕色或黑色，腹部较浅或为灰白色。头部呈圆锥状，眼小，视力差。吻和颊有感觉触毛，嗅觉灵敏。牙齿锐利适于切割。第一下门齿大，后面为 4~5 单尖齿（包括下门齿、犬齿和第一前臼齿），臼齿呈四方形或近似三角形。前肢略长于后肢，具 5 指（趾），指（趾）端具爪。尾全被短而粗的细毛所盖。幼体有退化的育儿袋，成年雌体无育儿袋。一般雌体有 4 个乳头，智利袋鼠 *Rhyncholestes raphanurus* 有 5 个乳头。栖息于植被茂密而潮湿的地区，尤以近草地、灌丛一带居多。善攀爬，但尾不具缠绕性。傍晚或夜间活动，以无脊椎动物和小型脊椎动物为食。分布于南美洲。

灰腹鼩负鼠 *Caenolestes caniventer*：为珍稀物种（图 3-10），分布于厄瓜多尔西部和秘鲁的西北部。

3.2.3　小鼩目 Microbiotheria

小鼩目又称智鲁负鼠目、小负鼠目，仅 1 科 1 属 1 种。

3.2.3.1　微兽科 Microbiotheriidae

智鲁负鼠 *Dromiciops gliroides*（图 3-11）：体型小，似鼠。体重 16.7~31.4 g，体长 80~130 mm，尾长 90~132 mm。齿式同负鼠目的种类。五对门齿弧形排列，腭骨上有大的孔洞，听泡膨大。树栖，以昆虫为食。生活于智利中南部和阿根廷西部的森林中。

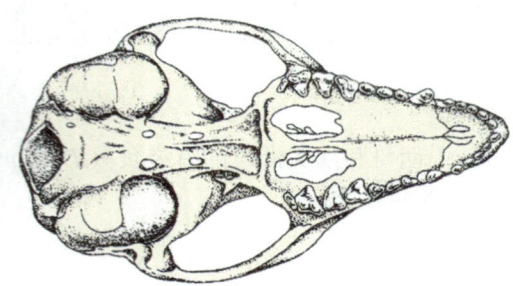

图 3-11　智鲁负鼠及其头骨

3.2.4　袋鼬目 Dasyuromorphia

袋鼬目是一类比较原始的有袋类。形态变异很大，小者如鼠，大者如狼。全以动物性食物（虫和肉）为食，犬齿发达，许多种类还有特化的裂齿。为**多门齿，离散趾型**。尾通常较长，无缠绕性。育儿袋若存在则开口朝后。大都地栖。分布于澳大利亚、新几内亚和塔斯马尼亚。有 3 科 22 属 75 种。

3.2.4.1 袋鼬科 Dasyuridae

袋鼬科是比较原始的有袋类。大者似猫，小者似鼩鼱。齿式 4.1.2~3.4/3.1.2~3.4 = 42~46。门齿小而尖，犬齿大而有锐利的切缘。臼齿具切割型齿锋，适于食虫和肉。通常无育儿袋；如有，则发育较差且开口朝后。栖息于海平面至海拔 3400 m 处，分布于澳大利亚、新几内亚和塔斯马尼亚岛。有 20 属 73 种。

斑尾袋鼬 *Dasyurus maculatus*（图 3-12A）：体重 2~3 kg，体长 400~760 mm，尾长 350~560 mm。毛被短，背部为灰色或橄榄色至红褐色，腹部较浅，通常为浅黄色或白色。背部和体侧有白色斑块，并延伸至尾部。育儿袋浅，有乳头 6 个。栖息于茂密而潮湿的森林。陆栖、夜行性。善于攀爬。性凶猛，食肉性，能捕捉 2~3 kg 的兽类，也食鼠类和害虫，偶尔也捕食家禽和食植物性食物。每年冬季发情，单发情。妊娠期约 21 天。5~8 月产仔，每胎产 4~6 仔。18 周龄时约有 1/3 的幼仔能独立生活。1 岁性成熟。寿命为 3~4 年。分布于澳大利亚大陆东部、东南部及塔斯马尼亚。毛皮可制裘，捕食鼠类和害虫，为有益的资源动物。

袋獾 *Sarcophilus laniarius*（图 3-12B）：体重 4.1~8.1 kg，体长 525~800 mm，尾长 230~300 mm。身体健壮似熊，但尾较长。头短而宽，吻部淡粉红色。体棕色至黑色，有白色喉斑，通常体侧和臀部有 1 或 2 个白斑。无第一趾。育儿袋马蹄形，内有 4 个乳头。栖息于灌木和桉树林中。夜行性，白天隐于山洞、树洞或空心树干、茂密灌丛或洞穴中。以树枝、树皮和树叶筑巢。能攀爬，行动缓慢而笨拙。嗅觉灵敏。以无脊椎动物和小型脊椎动物为食，也吃少量植物性食物。单发情，大多数为 3 月，有的晚至 4~5 月。妊娠期约 31 天。每胎产 2~4 仔。初生幼仔体重 0.18~0.29 kg，体长约 100 mm，约 105 天离开育儿袋，8~9 个月断奶。雌性 2 岁性成熟，寿命可达 8 年。为珍稀物种，现仅分布于澳大利亚的塔斯马尼亚州。

图 3-12　袋鼬科代表动物
A. 斑尾袋鼬；B. 袋獾

3.2.4.2 袋食蚁兽科 Myrmecobiidae

袋食蚁兽（袋貂）*Myrmecobius fasciatus*（图 3-13）：形态习性和食蚁兽很相似。体型小，吻鼻长。舌长约 10 cm，伸缩自由，用以捕捉白蚁。体具宽的带纹。四肢强，爪锐利。齿细长，在前臼齿和臼齿间多出了 1 枚颊齿，齿数在陆生兽类居第一，齿式特殊，为 4.1.3.1.4/3.1.4.1.4 = 52。昼行性。仅 1 属 1 种。目前仅在澳大利亚西南部有少量分布。IUCN

（International Union For Conservation Of Nature，国际自然保护联盟）红色名录将其列为濒危等级（endangered, EN）。

3.2.4.3 袋狼科 Thylacinidae

袋狼科体型似狼，体长 1000~1300 mm，尾长 500~650 mm，是近代食肉有袋类中最大者。体色棕褐，背腰、臀部及尾部都具有黑褐色横纹。育儿袋口开向后。齿式 4.1.3.4/3.1.3.4= 46。犬齿特别发达。生活于山地灌丛，夜行性。以兔、鼠、袋鼠和绵羊等较大型的动物为食。仅 1 属 1 种。

袋狼 *Thylacinus cynocephalus*（图 3-14）：CITES（Convention on International Trade in Endangered Species of Wild Fauna and Flora，濒危野生动植物种国际贸易公约）将其列入附录Ⅰ，IUCN 红色名录将其列为已灭绝的物种。

图 3-13 袋食蚁兽

图 3-14 袋狼

3.2.5 袋狸目 Peramelemorphia

袋狸目吻鼻狭长。育儿袋发育良好，向后开口。所有种类的趾型均为**并趾型**，后肢长于前肢。后足长，第 4 趾最发达，并具利爪，第 1 趾退化或缺。具**绒膜尿囊胎盘**，但与母体子宫壁不形成绒毛，因此其孕期并不比其他的有袋类的长。下门齿为**多门齿类型**，犬牙发达，臼齿适于杂食性，齿式为 4~5.1.3.4/3.1.3.4 = 46 或 48。有 3 科 8 属 22 种。

3.2.5.1 袋狸科 Peramelidae

本科有 6 属 19 种。

产于新几内亚最大的大袋狸 *Peroryctes broadbenti* 体重可达 5000 g，体长 900 mm；小者如鼠袋狸 *Microperoryctes*，仅老鼠大小，体长 170 mm，尾长 110 mm。吻除短鼻袋狸属 *Isoodon* 外，均较长。四肢和尾均短，耳较短。颊部有触须。上体一般为浅褐色，毛尖略带粉红；浅色者灰色或褐色，深者毛尖为黑色或全黑。腹部较浅，呈白色。有育儿袋，开口朝后，内有 4 对乳头。齿式为 4~5.1.3.4/3.1.3.4 = 46 或 48，门齿较小。栖息于开阔平原、沿沼泽和河流岸的密草丛、浓密的灌丛及森林中，有的分布海拔可高达 4200 m。清晨和傍晚活动。主食虫，也吃小动物、根茎和块茎。筑巢于地面堆积物。每胎产 2~6 仔。能活 7~8 年。

第 3 章　单孔类和有袋类

带袋狸 *Perameles bougainville*（图 3-15）：分布于澳大利亚的西部。

3.2.5.2　兔耳袋狸科 Thylacomyidae

兔耳袋狸科体型较大，有一对长而似兔的耳朵，后肢很长，跳跃行走，尾长而多毛。夜行性。全世界有 1 属 2 种。现存仅兔耳袋狸 *Macrotis lagotis* 一种，生活于澳大利亚内陆荒漠、半荒漠地带。另外一种白尾兔袋狸 *M. leucura* 已经于近期灭绝。

图 3-15　带袋狸

3.2.5.3　豚足袋狸科 Chaeropodidae

全世界有 1 属 1 种，已于近期灭绝。

3.2.6　袋鼠目 Diprotodontia

袋鼠目下门齿仅 1 对特别扩大的门齿，故又称**双门齿目**。小者如鼠，大者体重 70 kg。所有种类均为**双门齿、并趾型**。在一些树栖的种类中，如树袋熊 *Phascolarctos cinereus*，前两个指与后三个指相对（图 3-16）；在后肢，大拇趾与其他的几个趾也相对。全有育儿袋，多数开口朝前，少数朝后。后肢及后足长，尾亦长，静时坐立，行时跳跃。主要分布于澳大利亚及其附近岛屿。分 3 个亚目，11 科 38 属 143 种。

3.2.6.1　袋熊亚目 Vombatiformes

1）树袋熊科 Phascolarctidae　　本科仅 1 属 1 种，分布于澳大利亚东部。

树袋熊（考拉 Koala）（图 3-17）：体型较小，体重 4~15 kg，体长 600~850 mm。毛密而软。与袋熊科 Vombatidae 亲缘关系最近，它们有着一些共同的形态学特征：**具有开口朝后的育儿袋，尾退化，缺乏前两枚前白齿**。但与袋熊不同的是，树袋熊有 3 对上门齿，齿式为 3.1.1.4/1.0.1.4=30；而且齿根封闭，**齿骨的角突也不弯折**（这与长吻袋貂 *Tarsipes rostratus* 相同，而与其他的有袋类均不同）。单独或结成小群活动。完全树栖，以桉树叶为食，盲肠非常发达，偶到地面。树袋熊有性二型，雄性比雌性要大 50%。9~10 月繁殖，尽管树袋熊具有绒膜尿囊胎盘，但无绒毛，因此孕期仍然很短，仅约 35 天。每胎产 1 仔，重约 5.5 g，在育儿袋哺育 6 个月。1 岁独立生活，3~4 岁性成熟。由于毛皮名贵，被过度猎杀而处于濒危状态。有"澳洲熊猫"之称。

2）袋熊科 Vombatidae　　体型粗壮似熊。脸形似鼠，眼小。成体体重约 30 kg。尾退化。四肢短而有力。前足 5 指，具长爪，后足 3、4 趾部分合并。善挖掘。头骨扁平。仅有 1 对上、下门齿，犬齿缺乏，前白齿数量减少，齿式 1.0.1.4/1.0.1.4 = 24。齿具开放齿根，为续生齿。育儿袋开口朝后，内有 1 对乳头。夜行性，主要以草本为食，盲肠短而宽。有 2 属 3 种，均为稀有种。

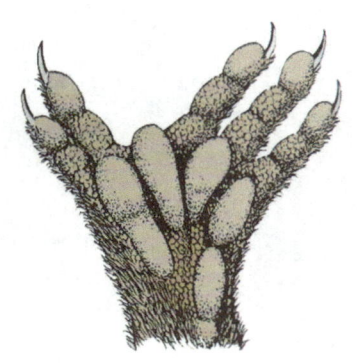

图 3-16　树袋熊的前足

图 3-17　树袋熊

图 3-18　塔斯马尼亚袋熊

塔斯马尼亚袋熊 *Vombatus ursinus*（图 3-18）：分布于澳大利亚东南部和塔斯马尼亚森林。

昆士兰毛吻袋熊 *Lasiorhinus krefftii*：濒危种，CITES 列入附录 I，分布于南昆士兰岛。

南澳毛吻袋熊 *L. latifrons*：分布于澳大利亚南部的半干旱区域。

3.2.6.2　袋貂亚目 Phalangeriformes

1）侏袋貂科 Burramyidae　体型均小，成年个体体重 7~50 g，体长 5~12 cm。鼠耳大眼，尾长而适于抓握。齿式 3.1.2~3.3~4/2.0. 3.3~4 = 34~40。育儿袋开口朝前。食昆虫或杂食。分布于澳大利亚和新几内亚森林。有 2 属 5 种，其中有 3 种较珍稀。

长尾侏袋貂 *Cercartetus caudatus*（图 3-19）：分布于昆士兰岛东北部和新几内亚森林。

美丽袋貂 *C. lepidus*：分布于塔斯马尼亚干燥地带。

山姬袋貂 *Burramys parvus*：分布于澳大利亚的维多利亚州。

2）袋貂科 Phalangeridae　体型有鼠形、松鼠形、狐猴形。体重 1~6 kg。四肢具 5 指（趾），除大拇指无爪外，均具弯曲利爪。大拇指能与它指对握；除了帚尾袋貂 *Trichosurus vulpecula* 有蓬松多毛的尾部以外，尾常具缠绕性，适于树栖。齿式 3.1.2.4/2.0.1~2.4 = 34 或 36。育儿袋开口朝前，每胎产 1~6 仔，常为 3 仔。有 6 属 28 种。

图 3-19　长尾侏袋貂

帚尾袋貂（图 3-20）：体重 1.3~5.0 kg，体长 320~580 mm，尾长 240~350 mm。体型似狐猴，尾毛厚密如刷子，具有缠绕性。分布于澳大利亚、塔斯马尼亚。

鳞尾袋狸 *Wyulda squamicaudata*（图 3-21）：体重 1~2 kg，体长 340~395 mm，尾长 270~

280 mm。毛被短而密，背部和体侧的毛通常为灰色或暗灰色，从肩部经背至臀部有一条暗纹。腹部为乳白色。尾有缠绕性，其基部具密毛，其余具鳞，鳞间具短而硬的毛。分布于澳大利亚西北部。

图 3-20　帚尾袋貂

图 3-21　鳞尾袋狸

3）树袋貂科 Acrobatidae　　小型，体重 10~62 g，体长 60~120 mm，尾长 65~155 mm。以其具有长的、羽状的尾而得名。食虫为主。齿式为 3.1.2~3.3/2.0.3.3 = 34 或 36。仅 2 属 2 种。

树顶袋貂 *Acrobates pygmaeus*（图 3-22）：夜行性、树栖。肘部与膝部间有飞膜，为世界上最小的能滑翔的哺乳动物。分布于澳大利亚东部森林。

羽尾袋貂 *Distoechurus pennatus*：陆生，无飞膜。分布于新几内亚。

4）环尾袋貂科 Pseudocheiridae　　毛柔软。前 1、2 指能对握。尾背部毛少，腹部裸露，尾长而具缠绕性，常卷成环状。齿式为 3.1.3.4/2.0.3.4 = 40。分布于澳大利亚、塔斯马尼亚。有 6 属 17 种。

图 3-22　树顶袋貂

大袋鼯 *Petauroides volans*（图 3-23）：体重 1.2~1.5 kg，体长 300~480 mm，尾长 450~550 mm。毛被柔软，呈丝绒状。毛色变化大，背部从黑色至烟灰色或乳白色，腹部为烟灰色、灰白色或纯白色。从前肢的肘部至后肢的踝部有皮膜相连，利于滑翔。尾具缠绕性。除尾末端腹侧裸露外，均被毛。雌性有开口在前的育儿袋，内有乳头 1 对。栖息于常绿阔叶林、落阔混交林。树栖，独居。夜行性，白天隐于树洞中，在树洞中以树皮和叶筑成巢。食性狭窄，仅以某些桉树叶、树皮和芽为食。滑翔能力强。多发情，6~8 月产仔，每胎产 1 仔。幼仔 15.5 周龄离开育儿袋，31 周龄能独立生活，第 2 年性成熟。寿命为 15 年。分布于澳大利亚东部及沿海。

5）袋鼯科 Petauridae　　体型较小，尾长，前后肢间似鼯鼠，具有皮膜，能滑翔 100 余米。爪尖而弯曲，有利于抓住树干。齿式为 3.1.3.4/2.0.3.4 = 40。夜行性，以树叶和果实为食。生活于澳大利亚和新几内亚雨林。有 3 属 11 种。

图 3-23 大袋鼯

黄腹袋鼯 *Petaurus australis*（图 3-24）：体重 1~1.2 kg，体长 300~320 mm，尾长 420~480 mm。毛被丝绒状，较柔软。耳较大。背部灰褐色，腹部黄色。尾毛密，呈刷状。从前肢腕部至后肢的踝部有发育良好的皮膜。足黑色。雌性在生殖季节有育儿袋，开口朝前，内有乳头 4 个，很少为 2 个。栖息于阔叶林中。夜行性。树栖，常 4~5 只群集在一起。能灵活地滑翔，在空中能随意改变方向。滑翔时，个体间靠叫声通讯，远在百米外也能听到。杂食性，以树叶、花、花蜜、昆虫及其幼虫、蜘蛛和小型脊椎动物为食。多发情，每胎产 1~3 仔。在饲养条件下能活 10 年。毛皮可制裘，但数量稀少，应予保护。分布于澳大利亚东部。

图 3-24 黄腹袋鼯　　　　　　　　　　　图 3-25 长吻袋貂

6）长吻袋貂科 Tarsipedidae　　体小，体重 13~20 g，体长 78（♂）~81（♀）mm。尾较体长，有缠绕性。吻鼻狭长。背有 3 条纵纹。舌长有细刺，食花蜜、花粉。齿骨细长，臼齿与前臼齿不易区分，且数目常有变化，其齿式常为 2.1.4/1.0.3 = 22。仅 1 属 1 种。

长吻袋貂 *Tarsipes rostratus*（图 3-25）：又名蜜貂，分布于澳大利亚西南部。

3.2.6.3 袋鼠亚目 Macropodiformes

1）麝袋鼠科 Hypsiprymnodontidae　　体型较小。育儿袋开口朝前。齿式为 3.0~1.2.4/1.0.2.4=32 或 34。仅 1 属 1 种。分布于澳大利亚。

麝袋鼠 *Hypsiprymnodon moschatus*（图 3-26）：体重 332~680 g，体长 235~335 mm，尾长 130~170 mm。两性均带有麝香气味。毛被紧密，由卷曲天鹅状细绒毛构成。口鼻部裸露，耳圆而薄。喉部有一白色块斑，并有一白色狭条纹伸至胸部。体毛深棕色或铁锈灰色。尾近于裸露，被鳞，仅基部被毛。后足第一趾发育良好，能活动，爪小而弱。育儿袋内有乳头4个。栖息于雨林中，常在河、湖边密林中活动。性胆怯，运动迅速，昼夜均活动。主要靠四肢运动而非用后肢跳跃。食物以草类为食，也吃昆虫和蠕虫。性孤独，也有双亲及幼仔的家族群。雨季（2~3月）繁殖。毛皮可制裘，有一定数量。分布于澳大利亚昆士兰州东北海岸边。

图 3-26　麝袋鼠

图 3-27　赤褐袋鼠

2）鼠袋鼠科 Potoroidae　中小型袋鼠，育儿袋开口朝前。齿式为 3.0~1.2.4/1.0.2.4 = 32 或 34。有 3 属 8 种。分布于澳大利亚、塔斯马尼亚。

赤褐袋鼠 *Aepyprymnus rufescens*（图 3-27）：雄体体重 2.27~2.72 kg，雌体体重 1.36~3.60 kg，体长 380~520 mm，尾长 350~400 mm，。体毛紧密而粗糙。口鼻部有毛，耳背黑色。背部灰棕色，腹部白色，臀部有不明显的白纹。尾粗，被毛均匀。育儿袋内有乳头4个。栖息于平原至高原的茂密林地和草地，主食草类。夜行性。常为独居，雌体与幼体一起生活。全年繁殖，妊娠期 21~30 天，每胎产 1 仔。饲养条件下可活 8 年。分布于澳大利亚、塔斯马尼亚。

3）袋鼠科 Macropodidae　体型较大，体长 450~1600 mm，尾长 300~1100 mm，最小的是兔袋鼠 *Lagorchestes*，重约 1 kg，最大的是红大袋鼠 *Macropus rufus*，重约 80 kg。前肢小，五指，后肢常具四趾。耳大而直立，休息时靠后肢和尾支持身体。头稍长，齿式 3.0~1.2.4/1.0.2.4 = 32 或 34，上门齿齿冠锐利，门齿与前臼齿间虚位宽大。育儿袋开口朝前，孕期 33 天。每胎产 1 仔，初生幼仔体长 2 cm，重 0.9 g。幼仔含着乳头生活 8 个月，在育儿袋生活约 1 年离开，离开后 6 个月仍会把头钻进育儿袋内继续吸乳。群居性，夜间活动。大量聚集能破坏草场，有时危害庄稼。共计 11 属 67 种。

灰袋鼠 *Macropus giganteus*（图3-28）：体重 20~80 kg；雄性体长 1050~1400 mm，尾长 900~1000 mm；雌性体长 850~1200 mm，尾长约 750 mm。口鼻部被毛。体毛粗而厚，毛色银灰色。尾尖为黑色。栖息于茂密或开阔的森林及密灌丛中。群居，常 10 只以上在一起。杂食性。全年繁殖。发情周期约 45.6 天，妊娠期约 36.4 天。每胎产 1~2 仔，幼仔平均 219 天后离开育儿袋，18 月龄性成熟。在饲养条件下，寿命为 24 年，自然条件下估计可活 20 年。毛皮可制裘，肉可食。目前尚有一定数量。分布于澳大利亚东部及塔斯马尼亚。

3.2.7 袋鼹目 Notoryctenmorphia

有 1 科 1 属 2 种，即袋鼹 *Notoryctes typhlops*（图 3-29）和托氏袋鼹 *Notoryctes caurinus*。体重 60~90 g，体长 90~180 mm，尾长 12~26 mm。体型似鼹，适于穴居生活：前肢强壮，第 3、第 4 指爪非常发达；毛被长而柔软；有一厚的、角质化鼻垫；颈椎愈合以加固；无外耳廓。上耻骨在两性均有，但减小。臼齿表面为"V"形。在繁殖季节，雌性有开口向后、发育良好的育儿袋。齿式为 4.1.3.3/3.1.3.3 = 42。分布于澳大利亚西南部荒野。

图 3-28　灰袋鼠

图 3-29　袋鼹

思 考 题

1. 为什么说单孔目是现存哺乳动物中最原始、最低等的类群？
2. 试比较后兽下纲与真兽下纲动物的差异。
3. 试述有袋类分类的重要依据——牙齿和趾的特征。
4. 简述有袋类的分类概况。

第4章 食虫类

这里讨论的 7 个目有着混乱的分类历史。尽管这 7 个目并不是亲缘关系密切的,但它们都曾一度包含于食虫目 Insectivora 中。基于现代分子数据的分析,"食虫类 Insectivores"已厘清,包括 7 个目:马岛猬目 Tenrecoidea 和象鼩目 Macroscelidea 属于非洲兽总目;树(攀)鼩目 Scandentia、皮翼目 Dermoptera 属于灵长总目;沟齿鼩目 Solenodonta、猬形目 Erinaceomorpha 和鼩形目 Soricomorpha 属于劳亚兽总目。把它们放在一起主要是为了便于讨论。劳亚食虫类也许接近其他更高级的真兽类的祖先类型,因而被认为是有胎盘类最早出现、最原始的一类。这 7 个目共包括 12 个科,但科与科之间的系统关系仍不清楚。

这是一类形态最为多样的哺乳动物类群之一。个体大小从小到中等大,具五指(趾),跖行性运动,吻鼻部尖长。成体的外表常仅由针毛构成,特别是在猬形目和马岛猬目中的一些种类还特化成棘刺状。外耳通常较小或缺乏。原始的特征包括:脑小,大脑半球光滑,缺乏沟回;鼓骨环状,多无听泡;前腔静脉成对。在雄性,睾丸通常位于腹腔或在腹股沟管中;如果在阴囊里,阴囊则在阴茎之前。阴茎骨在一些属的物种中存在。颧骨不发达或缺乏,耻骨联合减小。此外,一些种类还保留了原始的三齿尖的臼齿,如马岛猬科 Tenrecidae、金毛鼹科 Chrysochloridae 和沟齿鼩科 Solenodontidae 的种类。牙齿有齿根,不能终生生长。臼齿有 4~5 个齿尖,常形成"V"形或"W"形外脊。在许多种类中,齿式为原始的 3.1.4.3/3.1.4.3= 44。

4.1 马岛猬目 Tenrecoidea (new)

身体具绒毛或刺间有绒毛。全部分布于非洲,有 3 科 19 属 51 种。

4.1.1 马岛猬科 Tenrecoidae

马岛猬科是较原始的一个类群,在马达加斯加岛发现有其白垩纪的化石,体被刺状毛,其间杂有许多灰白长毛。体型小的似鼩鼱,大者似刺猬。齿式:2~3.1.3.2~4/3.1.3.2~3= 34~42。无听泡(鼓骨环状),颧弓不完全,颧骨缺,多数种类具"V"形臼齿(图4-1)。皮肤肌发达,当受到威胁时,能像刺猬一样卷成一个球状。马岛猬科为**异温动物**(heterothermic animal),即体温调节机制介乎变温动物和恒温动物之间的动物。有日麻痹和冬眠现象,体温通常较低,在活动状态下体温为 30~35℃。通过超声波**回声定位**(echolocation)觅食。以蜗牛、蠕虫、昆虫和一些果实为食。分子系统进化研究表明:马岛猬科与象、土豚、金毛鼹、海牛、蹄兔、象鼩等的亲缘关系较近,同属于非洲兽总目(Mouchaty et al., 2000;Springer et al., 2004)。仅分布于非洲马达加斯加岛。有 8 属 27 种。

马岛猬 Tenrec ecaudatus(图4-2):无尾,身上硬毛呈刺状,但不如刺猬那样粗硬,其间杂有许多灰白色长毛。值得一提的是，无尾猬每胎产仔高达 21 只，这在哺乳动物中是非常罕见的。

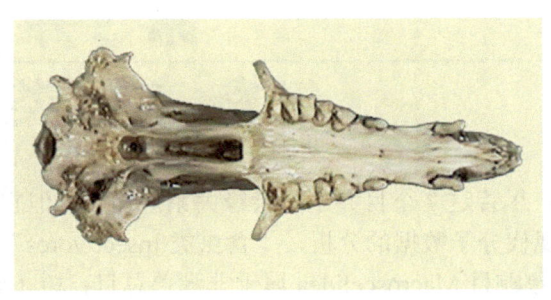

图 4-1　马岛猬头骨（腹面观）

图 4-2　马岛猬

4.1.2　獭鼩科 Potamogalidae（new）

獭鼩科体型似水獭，尾长而侧扁。肉食性，在溪流和河口湾中营半水栖生活。分布于中西非。有 2 属 3 种，均被 IUCN 红色名录列为濒危等级（EN）。

獭鼩 *Potamogale velox*（图 4-3）：为体型最大的现存"食虫类"，全长达 640 mm，以溪蟹、鱼类、软体动物和两栖类为食。

图 4-3　獭鼩

4.1.3　金毛鼹科 Chrysochloridae

金毛鼹科体型如鼹，无外耳廓，眼小；吻鼻尖，吻端有革质的**鼻垫**（nose pad）。具五指（趾），第二、第三指有大的爪。乳头在腹位和鼠鼷位各有一对。头骨扁而长；颌骨延伸为颧弓；具听泡（图 4-4）。齿式：3.1.3.3/3.1.3.3 = 40；第一上门牙扩大，臼齿呈三角形。冬季繁殖，每胎产两仔。从喀麦隆到南非和索马里的沙漠及森林环境有分布。共有 9 属 21 种。

巨金鼹 *Chrysospalax trevelyani*（图 4-5）：分布于南非开普敦东南森林，IUCN 红色名录列为濒危等级（EN）。

第 4 章 食 虫 类

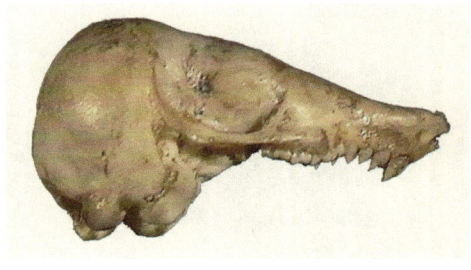

图 4-4　巨金鼹头骨侧面观

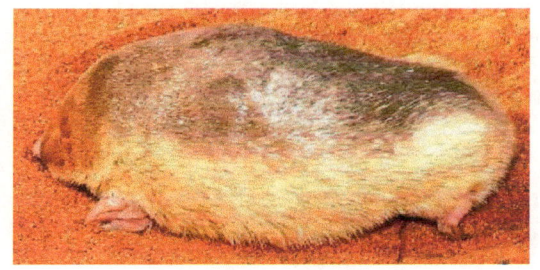

图 4-5　巨金鼹

4.2　象鼩目 Macroscelidea

仅 1 科，即象鼩科 Macroscelididae。

象鼩科体长 90~315 mm；尾长 80~265 mm。外形似鼠，但吻特别长，似象鼻，如黑象鼩 *Rhynchocyon petersi*（图 4-6）。眼大，耳大；毛发长而软；后肢长于前肢，适于跳跃；前肢 5 指，后肢 4 或 5 趾；尾长略短于体长；头骨咽颅长，脑颅小，眶间隔也窄（图 4-7）；颧弓完整，有听泡；上腭有一系列的开口；齿式：0~3.1.4.2/3.1.4.2~3 = 34~42；臼齿方形，具 4 齿尖，无"W"形外脊，而似有蹄类的臼齿。分布于非洲中部和东部的沙漠、灌丛、平原森林和多岩石的地区。陆栖，昼行性，取食植物或动物性食物。

图 4-6　黑象鼩

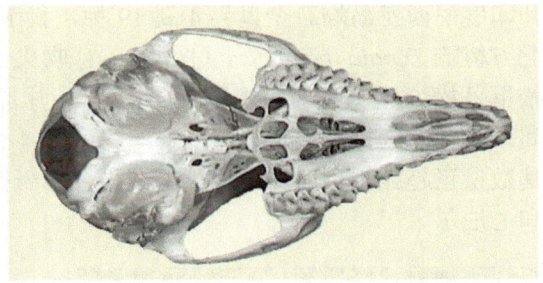

图 4-7　象鼩头骨（腹面观）

4.3　树鼩目（攀鼩目）Scandentia

树鼩目外表似松鼠。四肢五指（趾）具长爪，后肢长，适于跳跃。消化道有短的盲肠。具有与原始灵长类相似的特征：吻部狭窄；脑颅宽大，嗅叶较小；眶后突发达，向下连成骨质眼眶环；眼眶很大；颧骨发达，颧弓也发达；眶蝶骨构成脑颅之前壁并与颧骨相连；鼓骨大，听泡完全（图 4-8）。齿式：2.1.3.3/3.1.3.3=38。上门齿犬齿状，而犬齿缩小；上臼齿具"W"形外脊，下臼齿保留基本的食虫模式。昼行性；杂食性，取食果实和无脊椎动物；发声有限，但气味标记广泛。全世界 2 科 5 属 20 种。

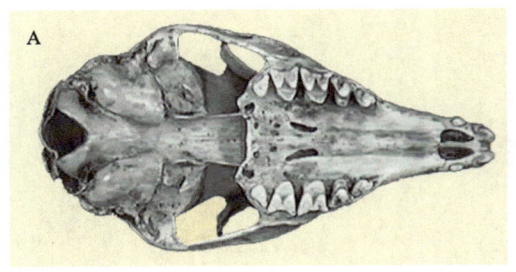
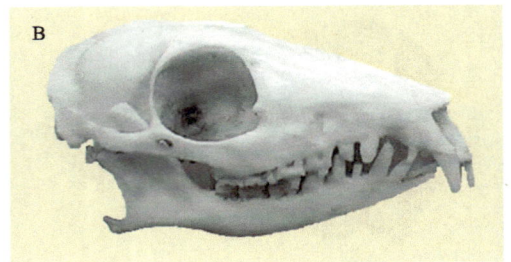

图 4-8　树鼩头骨
A. 腹面观；B. 侧面观

4.3.1　笔尾树鼩科 Ptilocercidae

笔尾树鼩科为单型科、单型属。

笔尾树鼩 *Ptilocercus lowii*（图 4-9）：体重 25~60 g，体长 100~140 mm，尾长 90~130 mm。以其特有的羽毛笔状长尾（尾近端几乎裸露，尾末端具稠密的白色簇毛）而得名。它的皮毛软，呈灰褐色，腹部灰黄色。栖息于印度尼西亚、马来西亚和泰国等地。

4.3.2　树鼩科 Tupaiidae

树鼩科体重不超过 400 g，体长 100~220 mm，尾长 90~225 mm。毛被由长而直的针毛与短而软的底绒构成。树鼩是严格的东洋界成分，分布于从印度、中国南部、菲律宾向南达婆罗洲和印度尼西亚岛屿。全世界 4 属 19 种，我国仅产 1 种。

北方树鼩 *Tupaia belangeri*（图 4-10）：吻尖于松鼠。整个尾均被有短毛，呈侧分趋势，不若松鼠蓬松。尾上面为棕黑色（同体背），尾腹面为棕黄色。栖于炎热河谷地区的灌丛、岩隙间。杂食性。每年繁殖 1~2 代，胎仔数 1~4 个。近年来已被作为实验动物。由于猎捕较多，其数量正趋减少，应加强保护。国内分布于四川、云南、广东、广西、海南，国外见于泰国和尼泊尔。

图 4-9　笔尾树鼩　　　　　　图 4-10　北方树鼩

4.4　皮翼目 Dermoptera

皮翼目脸似狐猴，能在树上滑翔，故称为"鼯猴"。翼膜较鼯鼠、袋鼯等的宽大，从耳后颈部一直延伸到前肢指端，经体侧连接后足趾端，尾位于翼膜内。翼膜被毛，只能滑翔。鼯猴重 1~2 kg，体长为 340~400 mm，尾长 170~270 mm。具五指（趾），指（趾）端具弯曲而尖的爪，以利于爬树。齿式：2.1.2.3/3.1.2.3 = 34。头骨眶后突和颞嵴发达（图 4-11）。下门牙呈梳状（图 4-12），用以刮食或撕裂树叶和修饰毛皮；白齿保留三齿尖，其磨研作用不如切割作用，保留了食肉性模式。胸骨有龙骨突起，肋骨宽。夜行性，白天以双脚倒悬在树枝上，或藏于树洞，夜间能滑翔 60~100 m。以树叶、果实和花等为食。植物纤维的利用方式为**后肠发酵**，肠道长达 4 m，盲肠长 48 cm，分隔成室。每胎产 1 仔，幼仔很长一段时间都攀附在母兽的胸前。共 1 科 2 属 2 种。

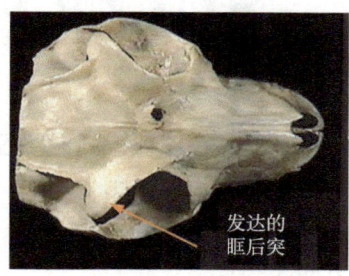

图 4-11 鼯猴头骨（背面观）　　　图 4-12 鼯猴下颌的梳状门齿

斑鼯猴 *Galeopterus variegatus*（图 4-13）：个体较大，主要分布于印度尼西亚、爪哇、婆罗洲等地。

菲律宾鼯猴 *Cynocephalus volans*（图 4-14）：个体较小，主要分布于菲律宾南部。

图 4-13　斑鼯猴　　　　　　图 4-14　菲律宾鼯猴

4.5　沟齿鼩目 Solenodonta（new）

有学者将沟齿鼩目归入劳亚食虫目 Eulipotyphla（IUCN，2016）。现存 1 科，即沟齿鼩科（原猬科）Solenodontidae。

从化石推断，沟齿鼩早在 3000 万年前就已出现于北美，是一类"活化石"。体型保留了祖先三角兽 Deltatherium 的形态。最大的"食虫类"，体长 300 mm，尾长 220 mm。吻鼻特别细长，眼小，耳壳显著。尾细长，几乎无毛，有鳞。足大，具五指（趾），有强爪，用以掘出猎物并进行撕裂。跖行性,足迹呈"Z"形。颧弓不完全(图4-15)。齿式:3.1.3.3/3.1.3.3 = 40。第二门牙有深沟(图4-16),常含有毒的唾液。上臼齿排列呈"V"形(图4-15);下臼齿无"W"形外脊,呈三尖齿式。遇天敌追赶,则将头藏入穴中。用鼻尖掘土,以蚁、其他昆虫及小型脊椎动物为食,有时也食家禽和果实。夜行性,白天伏于穴或洞中。每年产2胎,每胎产1~3仔,常为1~2仔。现仅分布于古巴和海地岛上的森林中。由于狗、猫和獴等的引入,已濒临灭绝。共1属2种,IUCN红色名录将这2种均列为濒危等级(EN)。

图4-15 沟齿鼩的头骨(腹面观)

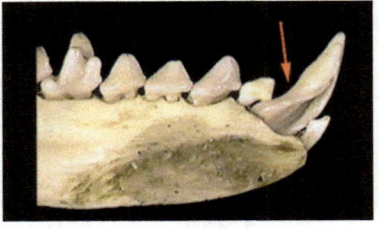

图4-16 沟齿鼩第二门牙具深沟

古巴沟齿鼩 *Solenodon cubanus*(图4-17): 仅分布于古巴。

海地沟齿鼩 *S. paradoxus*:仅分布于海地岛。

图 4-17 古巴沟齿鼩

4.6 鼩形目 Soricomorpha

有学者将其归入劳亚食虫目(IUCN,2016)。广泛分布于亚洲、欧洲和北美洲,总计2科43属,410余种。

中国鼩形目分科检索表

1. 头骨颧弓缺失,无听泡;第一对上门齿大,呈平伏状,并具2齿尖 ……… 鼩鼱科 Soricidae
   头骨颧弓和听泡均存在;第一对上门齿小或大,不呈平伏状,向下伸出,为单尖齿
   ……………………………………………………………………………………… 鼹科 Talpidae

4.6.1 鼩鼱科 Soricidae

鼩鼱科是"食虫类"中分布最广、种类最多的一个科,共有 26 属 380 余种(Hutterer, 2005)。小臭鼩 *Suncus etruscus* 平均体重仅 1.8 g,是世界上最小的哺乳动物。多数鼩鼱重 10~15 g,体长约 50 mm。腿短,部分半水栖的种类后足趾缘具**栉毛**(pectinate seta)。鼩鼱眼小、吻尖长。毛发短而稠密,通常为黑色。一些种类在繁殖季节,其**侧腺**(lateral glands)能产生麝香气味。

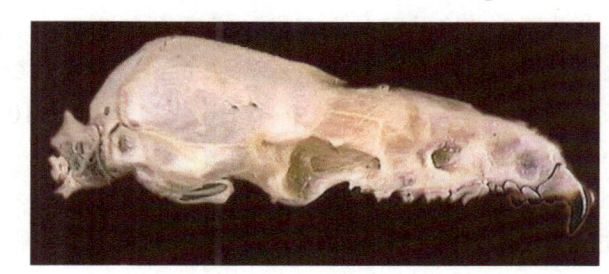

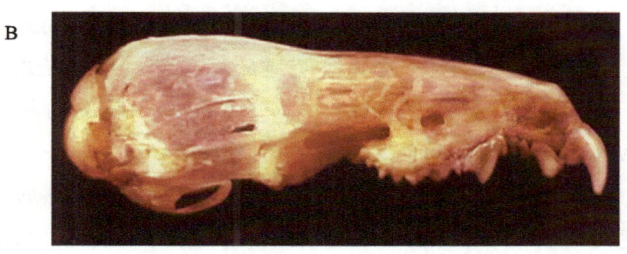

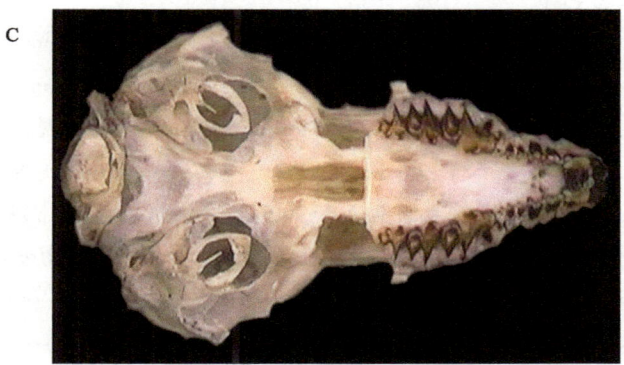

图 4-18 鼩鼱头骨

A. 侧面观;B. 侧面观,齿尖白色;C. 腹面观,齿尖栗红色

鼩鼱头骨狭长,颧弓不完整,鼓骨呈环状,无听泡(图 4-18)。牙齿方面有几个显著特征:第一上门齿特别发达,弯曲呈钩状,具两齿尖;犬齿退化;第一下门齿长,且呈平伏状,常具几个锯齿尖;上臼齿发达,形成"W"形外脊(图 4-18C)。乳牙在分娩前脱落。鼩鼱亚科的种类多数齿尖为栗红色,是由于金属沉积所致,并随年龄的增长,颜色逐渐变淡。

多数鼩鼱是食虫的,但也有一些种类也取食真菌,属功能性杂食者。由于呼吸失水多(这一特征与其个体小直接相关),鼩鼱通常喜欢栖居于潮湿或有水的环境。鼩鼱的平均寿命大

约是一年。因为个体太小，以至于不能冬眠或迁徙。

鼩鼱科 Soricidae 分 3 个亚科，中国有 2 个亚科：麝鼩亚科 Crocidurinae 和鼩鼱亚科 Soricinae。

中国鼩鼱科分亚科、属检索表

1. 齿尖染深栗红色（微尾鼩属 Anourosorex、蹼足鼩属 Nectogale 和水鼩属 Chimarrogale 除外）；PM_4 有后舌凹；下颌骨髁关节在唇边结合形成一明显的舌凹 ·········· 2 鼩鼱亚科 Soricinae
   齿尖全白；PM_4 缺失后舌凹；下颌骨髁关节在舌边结合形成一明显的唇凹 ··········
   ·· 10 麝鼩亚科 Crocidurinae

2. 齿尖全白 ·· 3
   齿尖染深栗红色 ·· 5

3. 水栖型；尾长超过后足长；足趾和尾具毛栉；齿数为 28 或 30 枚 ···················· 4
   穴居；尾短不及后足之长；足趾和尾不具毛栉；齿式：2.1.1.3/1.1.1.3 = 26 ············
   ··· 微尾鼩属 Anourosorex（我国产 2 种）

4. 趾具蹼；尾基 1/3 处横切面呈方形，有 4 条明显的脊，沿每条脊长有毛栉；无耳屏瓣 ·····
   ··· 蹼足鼩属 Nectogale（单型属）
   趾无蹼；尾不如上述，仅尾腹面两侧具毛栉；具耳屏瓣 ·································
   ··· 水鼩属 Chimarrogale（我国产 3 种）

5. 后足和尾下具银色毛栉 ····································· 水鼩鼱属 Neomys（我国产 1 种）
   后足和尾下不具银色毛栉 ·· 6

6. I_1 齿脊具 2~4 个锯齿状小尖，上颌每侧的单尖齿 5 枚 ···································· 7
   I_1 齿脊具 1 个小齿尖；上颌每侧的单尖齿为 3~4 枚 ·· 8

7. 体型较纤细；耳显露；爪甚细；上颌第 4 和第 5 单尖齿在侧面可见 ·····················
   ··· 鼩鼱属 Sorex（我国产 20 种）
   体型较粗；耳不显露；爪粗大；上颌第 4 和第 5 单尖齿很小，通常从侧面不易发现 ·······
   ··· 川鼩属（短尾鼩鼱属）Blarinella（我国产 3 种）

8. 上颌每侧具 4 个单尖齿，齿式：3.1.2.3/1.1.1.3 = 30 ······································ 9
   上颌每侧具 3 个单尖齿，齿式：3.1.1.3/1.1.1.3 = 28 ·······································
   ··· 缺齿长尾鼩鼱属 Chodsigoa（我国产 8 种）

9. 尾长小于体长的 50%；前爪长（2.5~4 mm）······ 大爪长尾鼩鼱属 Soriculus（单型属）
   尾长大于体长的 50%；前爪短（1~2 mm）···
   ··· 长尾鼩鼱属（长尾亚洲鼩属）Episoriculus（我国产 6 种）

10. 尾长于头体长之半，尾毛散生，有长毛，尤以基部 1/2 最明显；体侧无臭腺；每侧单尖齿 3 枚，齿式为 3.1.1.3/1.1.1.3 = 28 ·················· 麝鼩属 Crocidura（我国产 12 种）
    尾长且稍粗扁，具稀疏长毛；体侧有臭腺；每侧单尖齿 4 枚，齿式为 3.1.2.3/1.1.1.3 = 30 ····
    ··· 臭鼩属 Suncus（我国产 2 种）

4.6.1.1 麝鼩亚科 Crocidurinae

麝鼩亚科齿白色。分布于亚洲、欧洲和非洲的旧热带地区。有9属210种，中国仅2属14种。

1) 麝鼩属 *Crocidura*　　麝鼩属上颌单尖齿3枚，齿式：3.1.1.3/1.1.1.3 = 28。尾长大于体长的1/2，尾部散生长毛。主要分布于热带和亚热带地区。本属有172种，我国12种。

灰麝鼩 *Crocidura attenuata*（图4-19）：体重6~12 g，体长60~89 mm，尾长41~60 mm，后足长11~16 mm，耳长7~13 mm。尾相对较短，通常为体长的60%~70%。背毛烟棕色至浅灰黑色，腹部深灰色。广布于中国南部，并延伸至印度、东南亚及南亚地区。

图4-19　灰麝鼩　　　　　　　　　　图4-20　臭鼩

2) 臭鼩属 *Suncus*　　上颌单尖齿4枚，齿式：3.1.2.3/1.1.1.3 = 30。体侧有臭腺。尾侧扁，有稀疏长毛。全世界18种，我国仅2种。

臭鼩 *Suncus murinus*（图4-20）：为中国最大的鼩鼱。体重26~85 g，体长119~147 mm，尾长60~85 mm，后足长19~22 mm，耳长8~16 mm。毛被短密呈绒状，通体为灰褐色。吻尖长，口须较多。耳圆大，近裸露。头骨大，矢状嵴明显，人字嵴发达。国内主要分布于中国南部。国外见于印度、阿富汗、不丹及东南亚等地。

小臭鼩 *S. etruscus*：体重约1.8 g，体长43~53 mm，尾长20~31 mm，后足长6~9 mm，耳长4.5~6 mm。背毛暗灰棕色，腹毛淡灰色；毛被短，绒状；尾双色，上面较深。国内仅分布于云南西南部。国外分布于印度半岛、横跨中亚至欧洲和非洲北部。

4.6.1.2 鼩鼱亚科 Soricinae

大多数种类齿尖栗红色（有3属：微尾鼩属 *Anourosorex*、蹼足鼩属 *Nectogal* 和水鼩属 *Chimarrogale* 带白色齿的也放入其中）。全世界共有14属约150种，我国有9属47种 。

1) 鼩鼱属 *Sorex*　　齿尖栗红色。齿式：3.1.3.3/1.1.1.3 = 32，下颌门齿有锯齿2~4枚（图4-21），上颌单尖齿5枚，第4和第5单尖齿小。尾长大于体长的1/2。全世界有77种，中国20种。

纹背鼩鼱 *Sorex cylindricauda*（图4-22）：体长67~77 mm，尾长55~62 mm，后足长15~16 mm，耳长3~7 mm。上唇尖长而突出，耳小。尾长约为体长的80%。背毛肉桂色，腹毛深灰棕色。背脊有一黑色纵纹。为中国特有种，分布于四川、陕西、甘肃和云南。为稀有种。

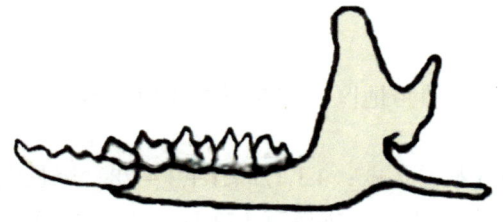
图 4-21　鼩鼱下颌骨

图 4-22　纹背鼩鼱（王酉之和胡锦矗，1999）

2）川鼩属（短尾鼩鼱属）*Blarinella*　　体型较大。尾相对鼩鼱属为短。耳不显。齿尖栗红色，齿式同鼩鼱属的。上颌单尖齿 5 枚：第 1、第 2 枚单尖齿大，且相等；第 3 枚为前者之半；第 4、第 5 枚更小，且外观为第 3 枚所遮掩，不能见。

过去认为是单型属，现分为三个种。

黑齿鼩鼱（川鼩）*B. quadraticauda*：体型相对较大。体长 60~80 mm，尾长 40~60 mm，后足长 13~16 mm。尾较其他两种为长。背毛和腹毛均一致的深棕色。足背暗黑色。为中国特有种，分布于四川、陕西、甘肃、湖北、贵州、重庆和云南。数量少。

淡灰黑齿鼩鼱（甘肃川鼩）*B. griselda*：体型中等。体长 52~79 mm，尾长 31~42 mm，后足长 8~14 mm。足背浅棕色。国内分布于四川、云南、甘肃、陕西、湖北、贵州和台湾。国外见于越南。

狭颅黑齿鼩鼱（云南川鼩）*B. wardi*：为川鼩属中最小者。体长 60~69 mm，尾长 32~43 mm，后足长 10~13 mm。背毛深棕色，如同黑齿鼩鼱，但腹面明显较淡，浅灰色。足背浅白色。国内分布于四川和云南。国外见于缅甸。

3）长尾鼩鼱属 *Episoriculus*　　齿尖栗红色。尾长大于体长的 50%，前爪短（1~2 mm）。齿式：3.1.2.3/1.1.3.3 = 30，上颌有 4 枚单尖齿，下颌有一枚单尖齿。全世界 6 种，中国均有。

小长尾鼩（山地长尾鼩、缅甸长尾鼩）*E. macrurus*：体长 47~73 mm，尾长 76~101 mm，后足长 14~18 mm。毛被淡灰色。尾长，通常达体长的 1.5 倍。国内分布于四川、西藏和云南。国外分布于印度、缅甸和越南。

4）大爪长尾鼩鼱属 *Soriculus*　　齿尖栗红色。齿式：3.1.2.3/1.1.1.3 = 30，上颌有 4 枚单尖齿。尾长小于体长的 50%，前爪长（2.5~4 mm）。单型属。

大爪长尾鼩鼱 *Soriculus nigrescens*：体重 17.5~25.5 g，体长 70~94 mm，尾长 32~48 mm，后足长 12~17 mm。被毛灰色；前足和爪延长，比后足长；尾短，不超过体长的 3/4。国内分布于云南、西藏。国外分布于不丹、印度和尼泊尔。

5）缺齿长尾鼩鼱属（亚洲鼩属）*Chodsigoa*　　齿尖栗红色。齿式：3.1.1.3/1.1.1.3 = 28，上颌有单尖齿 3 枚。全世界 10 种，我国均有。

川西缺齿鼩鼱（川西长尾鼩）*Chodsigoa hypsibia*：体长 73~99 mm，尾长 60~80 mm，后足长 15~18 mm。背毛浅棕灰色，腹毛更显浅棕色。尾长短于体长。四足背浅白色。为中国特有种，分布于四川、云南、甘肃、西藏、陕西和北京。

6）水鼩鼱属 *Neomys*　　齿尖栗红色。半水栖，耳、眼均小，隐于毛中。尾短，约为体长的 2/3。后足大，后足及尾下均具银色栉毛。齿式：3.1.2.3/1.1.1.3 = 30。为全北界特有种，广泛分布于欧洲、亚洲北部和北美洲。全世界共有 3 种，我国仅 1 种。

水鼩鼱 *Neomys fodiens*：体长 69~94 mm，尾长 44~80 mm，后足长 17~21 mm。背部深棕色，体侧和腹面浅灰黄色。分布于吉林、黑龙江和新疆。

7) 微尾鼩属 *Anourosorex*　齿白色。齿式：2.1.1.3/1.1.1.3 = 26，上颌有两枚单尖齿。尾长小于或等于后足长，没有被毛但覆盖有鳞片；眼、耳均退化，耳廓藏于毛被中，完全适宜地下生活。头骨矢状嵴和人字嵴发达。杂食性。全世界 6 种，我国 2 种，即微尾鼩 *Anourosorex squamipes* 和台湾短尾鼩 *A. yamashinai*，后者为中国特有种。

微尾鼩：体长 74~110 mm，尾长 8~13 mm，后足长 11~16 mm。尾被鳞，尾长短于后足长。头骨具矢状嵴，人字嵴突出。分布于中国中部和西南部。

8) 水鼩属（东方水鼩属）*Chimarrogale*　牙齿白色。尾长约与体长等长。适于水栖。眼小，有耳廓，具耳瓣（瓣状对耳屏），适于入水后关闭耳孔；前后足和趾边缘有白色梳状栉毛；尾下有短的硬栉毛；体毛细密而柔软，具光泽而防水。趾间无蹼。齿式：2.1.2.3/1.1.1.3 = 28，单尖齿 3 枚。全世界共 6 种，我国 3 种。

喜马拉雅水鼩 *Chimarrogale himalayica*：体长 115~132 mm，尾长 79~112 mm，后足长 17~30 mm。毛被浅黑棕色，腹面稍淡。尾长，沿尾基 1/3 到 1/2 处有白色毛栉。广布于中国中部和南部。国外见于印度、老挝、越南、尼泊尔和缅甸。

斯氏水鼩（灰腹水鼩）*C. styani*：体长 96~108 mm，尾长 61~85 mm，后足长 20~23 mm。背毛黑色，腹毛白色。国内分布于四川、甘肃、重庆、青海、西藏和云南。国外见于缅甸北部。

9) 蹼足鼩属 *Nectogale*　牙齿白色。是鼩鼱科中最适应水中生活的物种：外耳廓退化，具耳瓣；前后指（趾）间具蹼；足趾边缘白色梳状栉毛；尾背、腹侧具有白色短栉毛；体毛细密而柔软，毛被混有白色长毛。齿式：2.1.2.3/1.1.1.3 = 28，单尖齿 3 枚。生活于高山急流中。为单型属。

蹼足鼩 *Nectogale elegans*：体长 90~115 mm，尾长 100~104 mm，后足长 25~27 mm。背毛深石板灰色，散布有白色毛尖的毛，尤其在臀部。浅灰白色的体侧与腹面有明显的分界。国内分布于云南、四川、陕西、青海、甘肃及西藏。国外见于印度、缅甸和尼泊尔。

4.6.2　鼹科 Talpidae

吻裸出，眼小，无耳廓，颈短，体圆锥形，四肢短，前足掌多向外翻转，爪锐利，颧弓完整但纤细，听泡低而扁平（图 4-23）。门牙小，弧形排列。臼齿具"W"形外脊。锁骨、

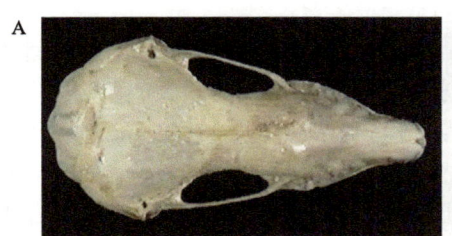
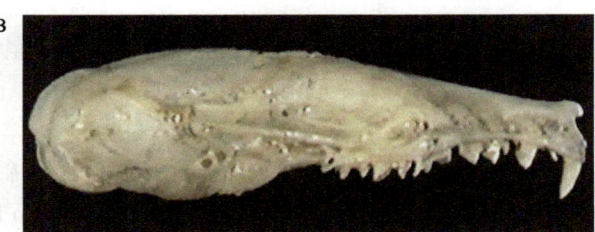

图 4-23　鼹科动物的头骨

A.背面观；B.侧面观

肱骨特别发达。全世界 17 属 50 种，我国 7 属 18 种。有关鼹科的亚科分类，目前尚存在争议。有学者认为分 5 个亚科（Nowaki，1999），但也有学者认为分 3 个亚科（Hutterer，2005；史密斯和解焱，2009）。本书暂依据后者的分类，3 个亚科分别为：美洲鼹亚科 Scalopinae、鼹亚科 Talpinae 和鼩鼹亚科 Uropsilinae 在中国均有分布。

中国鼹科分亚科、属检索表

1. 身体鼹形，前足宽阔，前爪加长适于挖掘；耳廓缺失 ·· 2
   身体鼩形，前足和前爪无适于挖掘的特征；耳廓很发达 ··· 鼩鼹亚科 Uropsilinae，鼩鼹属 *Uropsilus*（我国 5 种）
2. I^1 很大，远大于很缩小的犬齿；I^2 不与 I^1 相接触 ··· 美洲鼹亚科 Scalopinae，甘肃鼹属 *Scapanulus*（我国 1 种）
   I^1 不十分增大，并小于犬齿；I^2 与 I^1 相接触 ······································ 3 鼹亚科 Talpinae
3. 上颌每侧齿为 11 枚，齿式：3.1.4.3/3.1.4.3 = 44 ········ 东方鼹属 *Euroscaptor*（我国 4 种）
   上颌每侧齿为 11 枚以下 ··· 4
4. 牙齿总数为 40 枚 ·································· 麝鼹属 *Scaptochirus*（单型属）
   牙齿总数为 42 枚 ··· 5
5. 上齿列有牙齿 10 枚 ······························· 白尾鼹属 *Parascaptor*（单型属）
   上齿列有牙齿 11 枚 ·· 6
6. 体型大，颅全长大于 25 mm；尾比后足短很多 ········ 缺齿鼹属 *Mogera*（我国 5 种）
   体型小，颅全长小于 25 mm；尾比后足长很多 ······ 长尾鼩鼹属 *Scaptonyx*（单型属）

4.6.2.1 美洲鼹亚科 Scalopinae

身体鼹形，前足宽阔，前爪加长，适于挖掘；耳廓缺失。第一上门齿很大，远大于犬齿；第二门齿不与第一门齿接触。本亚科有 5 属 8 种。多分布于北美洲。中国仅有一个特有的单型属——甘肃鼹属 *Scapanulus*。

甘肃鼹 *Scapanulus oweni*：体长 108~136 mm，尾长 37~41 mm，后足长 14~20 mm。后足第一趾与其他趾形成一微小的角度向外伸出，更结实，明显比其他鼹的更弯曲。齿式：2.1.3.3/2.1.3.3 = 36。为中国特有种，分布于陕西、甘肃、四川、青海、湖南和重庆。

4.6.2.2 鼹亚科 Talpinae

身体鼹形，前足宽阔，前爪加长适于挖掘。尾短，同后足长。耳廓缺失。上门齿不十分增大，小于犬齿；第二上门齿与第一上门齿接触。全球 11 属 37 种，我国共 5 属 12 种。

长吻鼹 *Euroscaptor longirostris*（图 4-24）：体长 90~145 mm，尾长 11~25 mm，后足长 14~23 mm。身体暗灰到黑色；尾除了近端部外毛稀疏，尾尖白毛可长达 12.5 mm；吻长而窄。齿式：3.1.4.3/3.1.4.3 = 44。栖于海拔 1500~3000 m 的山地灌丛及林缘草地，营地下生活。以昆虫、蠕虫为食。国内分布于陕西、湖南、重庆、贵州、广西、福建、云南和四川。国外见于越南。

麝鼹 *Scaptochirus moschatus*：体长 100~126 mm，尾长 14~23 mm，后足长 15~19 mm。尾与后足几等长，覆毛稀疏，尾端有一小毛簇。头骨粗短，吻短宽。齿式：3.1.3.3/3.1.3.3 = 40。栖息于较干旱地区和半荒漠地带。以蠕虫、昆虫为主食，也吃少量植物的根。该物种的模式产地在北京。为中国特有种。分布于江苏、黑龙江、内蒙古、甘肃、北京、河北、山东、山西、陕西、辽宁和宁夏等地。

图 4-24　长吻鼹（王酉之和胡锦矗，1999）　　图 4-25　鼩鼹（王酉之和胡锦矗，1999）

白尾鼹 *Parascaptor leucurus*：体长 100~112 mm，尾长 10~15 mm，后足长 15~16 mm。毛被黑棕色；尾粗短，覆以稀疏的灰白色长毛。齿式：3.1.3.3/3.1.4.3 = 42。栖息于海拔 2000 m 以下的热带沟谷荒坡草丛、次生灌丛林内。国内分布于四川和云南。国外见于孟加拉国、印度和缅甸。

4.6.2.3　鼩鼹亚科 Uropsilinae

身体鼩形；足正常；耳廓很发达；尾细长，超过体长之半；上颌门牙大于犬牙。全球共 1 属 5 种，中国均有分布。

鼩鼹（少齿鼩鼹）*Uropsilus soricipes*（图 4-25）：体长 66~80 mm，尾长 50~69 mm，后足长 14~17 mm。吻部管状。尾长为体长的 76%~86%。齿式：2.1.3.3/1.1.3.3 = 34。第一上门齿较大，第二上门齿退化，犬齿小，第二前白齿大。生活于海拔 1500~2800 m 的林缘灌丛，营地面及地下生活，以蠕虫、昆虫为食。为中国特有种。分布于甘肃、陕西、湖北、四川和重庆。数量稀少。

长吻鼩鼹（多齿鼩鼹）*U. gracilis*：体型略大于鼩鼹，为该属中较大者。体长 69~84 mm，尾长 67~78 mm，后足长 15~18 mm。吻部管状。齿式：2.1.4.3/1.1.4.3 = 38。尾长为体长的 93%~97%，端毛长。本种栖于海拔 1500~3000 m 的林缘灌丛及草地。为稀有种。国内分布于云南、贵州和四川。国外见于缅甸。

4.7　猬形目 Suborder Erinaceomorpha

有学者将其归入劳亚食虫目（IUCN，2016）。全世界共 2 科 15 属 31 种，我国有 2 科 6 属 9 种。

4.7.1　毛猬科 Galericidae（new）

毛猬科外形似鼠；被软毛，无棘刺；尾长，被有鳞片及短的毛发；吻长于颅全长的 42%。

分布于东南亚、马来半岛、婆罗洲、苏门答腊、印度尼西亚、菲律宾和中国。全世界共 5 属 7 种，我国有 3 属 3 种。

毛猬 *Hylomys suillus*：体长 120~150 mm，尾长 19~28 mm，耳长 15~21 mm，后足长 23~25 mm。尾短，为体长的 10%~15%；耳短，约为体长的 10%。齿式：3.1.4.3/3.1.4.3= 44。国内仅分布于云南，国外见于东南亚。

海南新毛猬 *Neohylomys hainanensis*：体长 132~147 mm，尾长 36~43 mm，耳长 17~22 mm，后足长 24~29 mm。尾长约为体长的 30%。齿式：3.1.4.3/3.1.3.3 = 42。为中国特有种，仅分布于海南。

鼩猬（中国鼩猬）*Neotetracus sinensis*（图 4-26）：体长 91~125 mm，尾长 56~78 mm，耳长 15~19 mm，后足长 21~26 mm。较其他两种毛猬的尾更长，尾长大于体长的 50%。齿式：3.1.3.3/3.1.3.3 = 40。国内分布于云南、贵州、四川和广东，国外分布于越南和缅甸。

图 4-26 （中国）鼩猬

4.7.2 猬科 Erinaceidae

猬科体型粗壮，背及体侧被棘刺，其余被软毛。尾短。皮下肌特别发达。吻鼻长，略尖。眼和耳在食虫类中发育适中。头骨粗壮，颧弓粗大。齿式多为 3.1.3.3/2.1.2.3 = 36。第一门齿特大，PM^4 臼齿化；上臼齿为四方形，中央有一原小尖（图 4-27）。下臼齿有 5 个齿尖，包括三角座和跟座。分布于欧洲、亚洲和非洲。

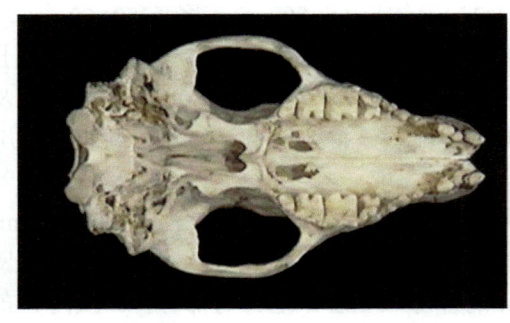

图 4-27 刺猬的头骨（腹面观）

图 4-28 东北刺猬

猬科栖息于森林、草原、田野和农田等不同的生境。多为夜行性。取食无脊椎动物、蛋、水果及小型脊椎动物等。为**异温动物**。

每年繁殖 1~2 次，孕期 34~49 天，每胎通常产 4~6 仔。初生幼猬刺软而白，3 周后变硬，4 周可随母兽活动。1 岁性成熟，寿命约 10 年。全世界 10 属 24 种，我国 3 属 6 种。

中国猬形目分科、属检索表

1. 体型瘦长似鼠，体长小于 160 mm；毛被柔软或硬密，但无棘刺；齿数 40~44 枚 ··········

第 4 章 食 虫 类

……………………………………………………………………………… 2 毛猬科 Galericidae

体型粗壮，体长大于 160 mm；毛被粗糙，体背覆有棘刺；齿数 36 枚……………………

……………………………………………………………………………… 4 猬科 Erinaceidae

2. 尾短，为体长的 10%~15%；上犬齿发达，齿式：3.1.4.3/3.1.4.3= 44 ……… 毛猬属 Hylomys

尾稍长，等于或大于体长的 30%；齿数在 44 枚以下 ……………………………………… 3

3. 尾长约为体长的 30%；齿式：3.1.4.3/3.1.3.3= 42 ……………… 新毛猬属 Neohylomys

尾长约为体长的 50%；齿式：3.1.3.3/3.1.3.3= 40 …………………… 鼩猬属 Neotetracus

4. 耳很大，突出于头上的棘刺之外；腹毛被稀少而柔软；吻窄，最前上门齿间几乎接触；棘刺表面有微弱的槽 ……………………………………………………… 大耳猬属 Hemiechinus

耳小，不及或稍微突出于头上的棘刺之外；腹毛被粗；吻宽，最前上门齿之间具较宽的裂缝；棘刺表面无槽 ……………………………………………………………………… 5

5. 耳大约与背棘刺等高或稍长一点；在深色棘刺中没有纯白色的棘刺；额骨低于顶骨………

………………………………………………………………… 短刺猬属（林猬属）Mesechinus

耳短，没有突出棘刺之外；在深色棘刺中杂有纯白色的棘刺；额骨高于顶骨………………

………………………………………………………………………………… 刺猬属 Erinaceus

大耳猬 *Hemiechinus auritus*：体长 170~230 mm，尾长 18~28 mm，耳长 31~40 mm，后足长 32~39 mm。耳大，为灰白色，突出于棘刺之外。棘刺表面有浅槽。头骨人字嵴发达，但不向后方突出，所以从头骨背面能看到枕髁和枕骨大孔。头骨眶间区窄。国内分布于四川、甘肃、新疆、内蒙古、宁夏和青海。国外分布于中亚和西亚。

东北刺猬 *Erinaceus amurensis*（图 4-28）：体长 158~287 mm，尾长 17~42 mm，耳长 16~26 mm，后足长 34~54 mm。背部棘刺有两种颜色：一种为全白色，另一种基部和端部一段呈白色或浅黄棕色，中段棕色或深棕色。头顶的棘刺被一窄的裸区分开。国内分布于吉林、辽宁、黑龙江、内蒙古、北京、河北、河南、陕西、甘肃、山西、山东、上海、江苏、浙江、安徽、江西、湖北、湖南、福建、广东、贵州和重庆。国外见于朝鲜、韩国和俄罗斯。

达乌尔猬 *Mesechinus dauuricus*：体长 175~250 mm，尾长 14~15 mm，耳长 25~29 mm，后足长 39~41 mm。耳突出于棘刺之外。棘刺表面无槽。头骨人字嵴发达，但不向后方突出，所以从头骨背面能看到枕髁和枕骨大孔；眶间区宽阔，额部不鼓胀。国内分布于东北、内蒙古、北京、河北、河南、山西、陕西、宁夏、甘肃和湖北。国外见于蒙古和俄罗斯。

侯氏猬 *M. hughi*：体长 148~232 mm，尾长 12~24 mm，耳长 16~28.5 mm，后足长 30.3~47 mm。耳比棘刺短；棘刺和毛被深色。头骨人字嵴明显向后方突出，所以从头骨背面看不到枕髁和枕骨大孔。为中国特有种。分布于陕西、四川、重庆、甘肃及湖北。

思 考 题

1. 试述树鼩目的主要特征。
2. 试比较鼩形目与猬形目的异同。
3. 简述鼩鼱科与鼹科的主要区别。
4. 简述毛猬科与猬科的主要区别。

第5章
翼 手 目

翼手目 Chiroptera 来自希腊语 cheir（手）和 pteron（翼），因其前肢特化为翼，故有翼手类之称。翼手目动物俗称"蝙蝠"，目前已知的蝙蝠种类多达 1300 余种，是哺乳动物中仅次于啮齿目动物的第二大类群。它们是由古食虫类演化成的一群古老、特化、能飞翔的兽类。蝙蝠的个体大小变化很大，最小的仅 2 g 重，为泰国的凹脸蝠 *Craseonycteris thonglongyai*；最大的为马来大狐蝠 *Pteropus vampyrus*，重达 1200 g，多数蝙蝠的体重为 10~100 g。

蝙蝠的摄食模式多样。多数种类为食虫的，也有肉食性的，如捕食蛙类、鼠类，偶尔也捕食其他的蝙蝠。一些蝙蝠，特别是兔唇蝠科 Noctilionidae 的种类是食鱼的。一些蝙蝠是食粉蜜的（nectivorous），它们以花粉和花蜜为食。一些蝙蝠是食果的（frugivorous）。此外，还有三种蝙蝠为吸血的（sanguinivorous），它们仅以血液为食。以上这些摄食模式在新大陆叶口蝠科 Phyllostomidae 中均有。由于食性和取食方式的不同，导致其头形、牙齿和面部特征等的变化都较其他目的哺乳动物大。

在繁殖模式方面，蝙蝠也有很大的变化。一些物种在春季繁殖，表现出自然的排卵模式。然而，有些物种有**延迟受精**（delayed fertilization）现象，如在北方分布的蝙蝠科 Vespertilionidae 和菊头蝠科 Rhinolophidae，即在迁徙或冬眠之前的秋季进行交配，精子在雌兽的子宫里储存，而排卵和受精发生在春季。出生时间与其昆虫食物的出现时间相一致。此外，一些蝙蝠中还存在**延迟着床**（delayed implantation）和**延迟发育**（delayed development）的现象。蝙蝠的**婚配制度**（mating system）可分为以下三类：①**一雄多雌制**（polygyny）；②**混交制**（promiscuity）；③**单配制**（monogamy）（McCracken and Wilkinson，2000）。

蝙蝠栖息于洞穴、树洞、宽松的树皮下，建筑物，下层植被，岩隙等各种不同的地方。一些蝙蝠是独栖的，而其他的蝙蝠为群栖的，群体大小不一。蝙蝠的栖居习性是一种适应，它反映了每个物种在社会结构、食性、争斗行为、捕食风险和繁殖间的相互关系（Kunz，1982）。除少数种类，如狐蝠科（旧大陆果蝠）的种类为昼行性外，多数的蝙蝠为严格的夜行性（Speakman，1995）。

与众多的小型兽类不同，蝙蝠每年仅繁殖一次，每胎产 1~2 仔。新生幼仔的体重是母体的 20%~30%。同时，相对于其他小型哺乳动物，蝙蝠有较长的寿命，有的甚至超过 30 岁，这可能源于其白天休息及冬眠以减少代谢率。

由于具有飞翔和**回声定位**的能力（专栏 5.1），使得蝙蝠的分布非常广泛。除两极和某些海洋岛屿之外，其分布遍及全球，尤其是热带、亚热带的种类与数量最多。

蝙蝠是夜间飞翔昆虫的主要捕食者和植物的传粉者，因此蝙蝠在生态系统中扮演着重要的角色。然而由于人为的干扰，包括对蝙蝠栖息地的破坏（如洞穴的旅游开发）、人为捕杀等原因，一些蝙蝠正面临着灭绝的威胁。

> **专栏 5.1　回声定位（echolocation）**
>
> 　　人耳能正常感受声音的范围在 0.02~20 kHz，而鼩鼱、鳍脚类、齿鲸类和许多蝙蝠（小蝙蝠亚目 Microchiroptera 和果蝠属 *Rousettus* 的种类）等能通过对自身发射超声波的回声分析，建立其周围环境的声音-图像系统，并判断自身所处的环境，这种空间定向的方法，称为**回声定位**。回声定位对于蝙蝠夜间捕食非常重要。那么蝙蝠的回声定位是怎么发现的呢？
>
> 　　早在 18 世纪末，意大利博物学家 Lazzaro Spallanzani 就对蝙蝠能在夜间飞行捕食的现象非常感兴趣，于是设计了一系列的实验来证实蝙蝠在夜间飞行是否与视觉有关。首先，他用不透光的布包在蝙蝠头上以遮住其视觉，结果发现这些蝙蝠在黑暗的房间里无法躲避障碍物；然而对照实验用的是透明布，结果蝙蝠仍然未能躲避障碍物。随后，他采用手术的方法将部分蝙蝠致盲，却发现被"致盲"的蝙蝠与正常个体一样能灵活地避开障碍物。在另外一个实验中，他标记了致盲和正常的两组蝙蝠，并把它们带回采集地。几天后，通过重捕发现：致盲蝙蝠胃里的昆虫和正常蝙蝠的一样多。由此，他推断，蝙蝠在黑暗中的飞行捕食与视觉无关。然而，直到 20 世纪 30 年代末，可探测超声波的设备由哈佛大学的一位物理学家 George W. Pierce 发明后，由该校的一名生物系的学生 Griffin 与其合作，证实了蝙蝠正是利用发出的是高频声波来躲避障碍物的（张颈硕和吴海峰，2015）。
>
> 　　多数蝙蝠是通过喉部发出超声波的，少数蝙蝠点击舌头，声音从口中发出，但蹄蝠科 Hipposideridae 和菊头蝠科是通过鼻孔发出超声波的，它们有着复杂的**鼻叶**（nose leaf）用于扩音。
>
> 　　大多数蝙蝠回声定位的叫声频率范围为 20~200 kHz。回声定位波的特征常用频率、声强（分贝，dB），以及音长（毫秒，ms）来描述。就音频而言，蝙蝠会同时产生**恒定频率的叫声**（constant frequencies calls, CF calls）和**变频的叫声**（varying frequencies calls, VF calls）。尽管低频的声音传播较远，但高频的声音会给蝙蝠提供猎物更详细的信息，如大小、范围、位置、速度和飞行方向。因此，这类声音通常用得较多。就声音的强度来看，蝙蝠常发出 50~120 dB 的声音。蹄蝠科和菊头蝠科的脉冲时间较长，为 50~65 ms，且是不变的高频，而蝙蝠科仅为 1~4 ms。因此，蹄蝠科和菊头蝠科的这种系统较之其他蝙蝠更为有效：蹄蝠能发现 6 m 远的昆虫，而蝙蝠科的种类仅能发现 1 m 内的昆虫。

5.1　形态

　　蝙蝠是唯一会飞的兽类，因此它们有着适应飞翔生活特有的形态学特征（图 5-1）。其中最明显的特征是前肢发生特化，前臂、掌骨和指骨特别延长，尤以第 3 指特别长，至少相当于体长。第 1 指很短，不包围在翼膜内，具钩爪，便于攀爬。**桡骨**（radius）在蝙蝠中扩大，有时是肱骨长的 2 倍，而**尺骨**（ulna）极度减小。因为飞行的需要，腕、肘、膝关节的活动限定于单一平面，桡骨不能旋转，腕骨只能前后移动，这样，翼才能获得强有力的支撑以对抗飞行时的气压。从指末端，上至肩部，向后至体侧（髯蝠科 Mormoopidae 的从背部中央发出），后肢及尾间有薄而多毛茸的**翼膜**（patagium）。

图 5-1　蝙蝠的外形

同时，与飞翔生活相适应，蝙蝠骨骼相对较轻。锁骨发达。最后一枚颈椎和前两个胸椎常愈合。"T"形的**龙骨突起**（manubrium），通过前两根肋骨形成的一个强大而坚固的"胸环"锚定于翼上。同时，与胸环相关节的肩胛骨板和肱骨近端也高度改良以适应飞翔。

除了主要的功能为飞翔外，薄的、富有血管的翼膜在飞翔时可以散发出多余的体热，有助于蝙蝠调节体温。在许多物种中，**股间膜**（uropatagium）包围着尾，也有助于其飞翔。尽管股间膜并不是必需的（有的种类没有），但它有助于蝙蝠在转弯或飞行变换时提升或稳定躯体。由于蝙蝠的体重集中于重心，这也增强了航空动力学的稳定性。此外，在跟部还有软骨质或骨质的**距**（calcar），用于支撑股间膜。

蝙蝠的后肢短小，并发生 180°扭转（这在哺乳动物中是独有的），使膝关节向后，足掌朝前，这有助于各种飞行变换及倒悬身体。后足 5 趾，不连翼膜，都有锐利的钩爪。多数蝙蝠都是以钩爪将身体倒悬休息的，而唯有吸足蝠 *Myzopoda aurita* 是头朝上休息的。一种特殊的锁定肌腱使得蝙蝠能够紧贴表面而不消耗能量。

许多蝙蝠的鼻孔周围有一些特别精细而杂乱的皮肤皱褶，称为**鼻叶**。常见于菊头蝠科和蹄蝠科的种类（图 5-2）。多数小蝙蝠型亚目的种类在其外耳基部有一片皮肤瓣，称为**耳屏**（tragus）。不同的种类其形状也各异，如蝙蝠科的耳屏（图 5-3）。有的种类在与耳屏相对的位置有一瓣状皮肤突起，称为**对耳屏**（antitragus）（图 5-2）。对耳屏在耳屏缺乏或退化的种类中特别明显，如菊头蝠科的种类。这些结构都与蝙蝠的回声定位有关。

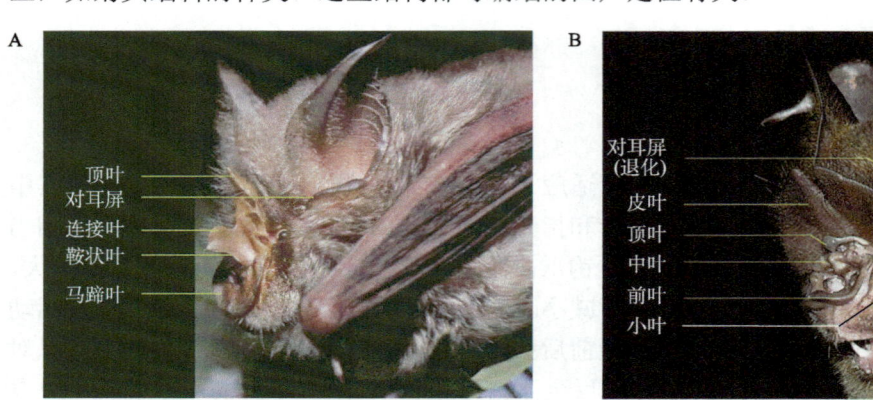

图 5-2　菊头蝠科（A）和蹄蝠科（B）的鼻叶各部分名称

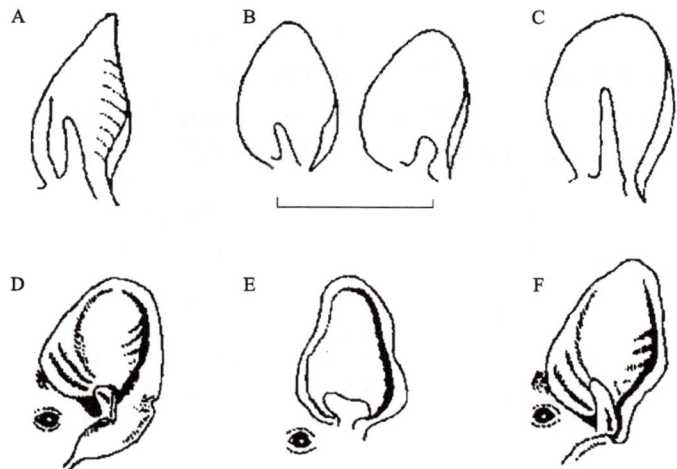

图 5-3 蝙蝠科种类的耳屏（王酉之和胡锦矗，1999）

A. 鼠耳蝠 *Myotis*；B. 伏翼 *Pipistrellus*；C. 彩蝠 *Kerivoula*；
D. 蝙蝠 *Vespertilio*；E. 山蝠 *Nyctalus*；F. 棕蝠 *Eptesicus*

5.2 分类

历史上，基于形态和古生物学数据，常将翼手类动物分为两个亚目，即大蝙蝠亚目 Megachiroptera 和小蝙蝠亚目 Microchiroptera。二者的区别见表 5-1。

表 5-1 大蝙蝠亚目与小蝙蝠亚目的区别（Feldhamer *et al.*, 2015）

大蝙蝠亚目（狐蝠科）	小蝙蝠亚目（其他的科）
除了果蝠属 *Rousettus* 外，均没有回声定位功能，主食果或花蜜	有回声定位功能；主食虫
无耳屏	耳屏常发育好
无鼻部或面部装饰	鼻部或面部装饰明显
第二指爪明显（裸背果蝠属 *Dobsonia*，大长舌果蝠属 *Eonycteris*，长尾果蝠属 *Notopteris* 和细齿狐蝠属 *Neopteryx* 除外）；第二指独立	第二指无爪；第二指与第三指联系紧密
颈椎没有变化；休息时头朝前	颈椎有变化；休息时头弯向背侧
尾及股间膜通常缺乏	尾及股间膜通常明显
通常体大；眼大	通常体小；眼小
下颌角突缺乏，或若存在则宽而低	下颌有着发达的、狭长的角突
眶后突发达	眶后突常缺乏
腭骨后缘超过最后一枚上臼齿	腭骨后缘通常不超过最后一枚上臼齿

尽管大蝙蝠亚目和小蝙蝠亚目仍有描述价值，但近年来基于核基因或线粒体基因的分子大数据的系统分析表明：翼手目分为阴（大）蝙蝠亚目 Suborder Yinpterochiroptera 和阳（小）

蝙蝠亚目 Suborder Yangochiroptera，5 个总科 Superfamilies（图 5-4）。阴（大）蝙蝠亚目包括狐蝠总科 Pteropodoidea 和菊头蝠总科 Rhinolophoidea，其中，有 5 个科的动物能够回声定位；阳（小）蝙蝠亚目包括 3 个总科：鞘尾蝠总科 Emballonuroidea、兔唇蝠总科 Noctilionoidea 和蝙蝠总科 Vespertilionoidea，所有 14 个科的动物都能回声定位。

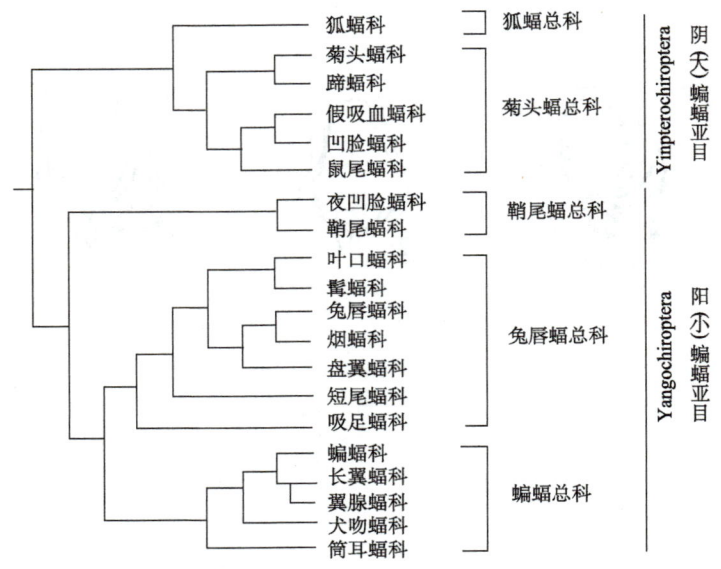

图 5-4 蝙蝠的分子系统进化（仿 Feldhamer et al., 2015）

全世界共 20 科 202 属 1300 余种，我国有 8 科 33 属 135 种。

中国翼手目分科检索表

1. 前肢第二指稍游离，具 3 节指骨，通常具爪；耳构造简单，无耳屏或对耳屏，耳缘卵圆到圆形；门齿 2/2···狐蝠科 Pteropodidae
   前肢第二指不游离，具 2 节指骨或更少，不具爪；耳构造复杂，通常具有耳屏或对耳屏，耳缘不呈圆形；门齿数不为 2/2··2
2. 尾自股间膜背面穿出，或由后缘伸出长达尾长的 1/2···3
   尾较正常··4
3. 有耳屏，尾端稍超过股间膜后缘··鞘尾蝠科 Emballonuridae
   耳屏退化，对耳屏发达；尾端伸出达尾长的 1/2；上唇肥厚，具褶皱
   ··犬吻蝠科 Molossidae
4. 具鼻叶；无耳屏，或仅具双叉形耳屏···5
   无鼻叶；耳屏发达··7
5. 具双叉耳屏；第 2 指具 1 发达指骨；无尾···假吸血蝠科 Megadermatidae
   无耳屏；第 2 指仅具掌骨，无指骨；有尾··6
6. 鼻叶简单，无鞍状叶和连接叶，有一横行突起的中叶；马蹄叶的前端两侧，常具数片小叶；足趾具两节趾骨··蹄蝠科 Hipposideridae

鼻叶复杂，有鞍状叶和连接叶，无小叶；足趾除第一趾仅具 2 趾节外，其余均具 3 节趾骨 ··· 菊头蝠科 Rhinolophidae
7. 第三指正常 ·· 蝙蝠科 Vespertilionidae
第三指的第二指节特别延长，约为第 1 指节的 3 倍 ················ 长翼蝠科 Miniopteridae

5.2.1 阴（大）蝙蝠亚目 Suborder Yinpterochiroptera

5.2.1.1 狐蝠总科 Superfamily Pteropodoidea

狐蝠总科仅 1 科，即狐蝠科 Pteropodidae。全世界共 44 属，约 200 种，我国有 7 属 11 种（蒋志刚等，2017）。分布于非洲撒哈拉沙漠的南部和东部，向东达印度、东南亚、中国南部和澳大利亚，至太平洋中的加罗林群岛和库克群岛的旧世界热带和亚热带地区。

吻部突出，颜面似狐，故称狐蝠。个体大小差异很大。较小的物种如小长舌果蝠 *Macroglossus minimus* 重 15~20 g。最大的狐蝠属 *Pteropus* 物种可重达 1200 g，翼展度可达 2 m。在大长舌果蝠属 *Eonycteris*、饰肩果蝠属 *Epomops* 和颈囊果蝠属 *Epomophorus* 中存在性二型现象，雄性个体通常较雌性个体大。

狐蝠科与其他科的区别见表 5-1。除果蝠属外，其他的种类均无回声定位的功能，也不存在鼻叶、耳屏等与回声定位相关的面部特征。它们的定位主要利用视觉，因而眼睛通常较大。尽管少数种类有视锥细胞可辨别色彩，但多数光感受器是视杆细胞，仅能分辨黑白。第一、第二指通常游离、具爪。耳壳完整，无耳屏或对耳屏。尾短或缺如。眼眶大，眶后突发达。齿式：1~2.1.3.1~2/0~2.1.3.2~3 = 24~34。齿特化为食果型，单侧门牙不超过 2 枚，臼齿低平，常无齿尖，但具浅的纵沟。腭骨后缘超过最后一枚上臼齿。在食果的种类中，上腭具有横嵴，与舌头配合摄食。

除少数种类为昼行性的，果蝠主要还是夜行性的。个体大的物种能够飞行达 100 km 以获得丰盛的果实。食物资源主要通过嗅觉来定位。花粉和花蜜是许多物种的重要食物组成。一些种类在其长的、具伸缩性的舌头上长有一些刺突，有助于其从花中收集花粉。

狐蝠在授粉和种子传播方面发挥着有价值的生态学功能，如在印度有一种最常见的乔木——吉贝 *Ceiba pentandra* 就是依靠棕果蝠 *Rousettus leschenaulti* 和犬蝠 *Cynopterus sphinx* 来授粉的。种子通常被吐出或通过消化道后排出，这样就会将种子带离母树，促进了种子的扩散。研究表明，摄入的种子可能会传播到 300 km 以外。此外，一些果蝠是**食叶的**（folivores）。

狐蝠科共分 4 个亚科。我国有 2 个亚科，共 7 属 11 种。

中国狐蝠科分亚科、属检索表

1. 舌甚延长，具特有的伸长能力，以花蜜为食 ················ 6 长舌果蝠亚科 Macroglossinae
舌正常，不能特别伸缩 ··· 2 狐蝠亚科 Pteropodinae
2. 鼻短，呈球形 ··· 球鼻果蝠属 *Sphaerias*（单型属）
鼻正常 ·· 3
3. 无尾 ·· 5

具短尾 ··· 4
4. 上颌每侧颊齿 4 枚 ··· 犬蝠属 Cynopterus（我国 2 种）
   上颌每侧具颊齿 5 枚 ·· 果蝠属 Rousettus（我国 2 种）
5. 体型大，前臂长超过 90 mm ·································· 狐蝠属 Pteropus（我国 2 种）
   体型小，前臂长不及 90 mm ······················ 无尾果蝠属 Megaerops（我国 2 种）
6. 第二指无爪；前臂长 60~85 mm；尾短而明显；牙齿较宽大，齿间孔隙不宽 ··········
   ··· 长舌果蝠属 Eonycteris（我国 1 种）
   第二指有爪；前臂长 36~50 mm；尾极短或缺；牙齿较细小，齿间隙很宽 ·············
   ·· 小长舌果蝠属 Macroglossus（我国 1 种）

1）狐蝠亚科 Pteropodinae　　具有狐蝠科的典型特征。我国产 5 属 9 种（蒋志刚等，2017）。
（1）球鼻果蝠属 Sphaerias　　为单型属。
（布氏）球果蝠 Sphaerias blanfordi：体长 80~90 mm，前臂长 56~61 mm；后足长 11~12 mm；耳长 16~20 mm。对耳屏小，呈三角形；无尾；股间膜窄，无距；耳前缘白色。下门齿有 4 个明显的锯齿状突起。齿式：2.1.3.1/2.1.3.2 = 30。国内分布于西藏和云南。

（2）狐蝠属 Pteropus　　翼手目中体型最大者；前臂长达 90 mm 以上；第二指具发达的爪；后足具发达的距；无尾；头骨明显向下弯折。齿式：2.1.3.2/2.1.3.3 = 34。本属有 65 种，中国记录有 2 种。

琉球狐蝠 Pteropus dasymalllus：体长 186~227 mm，前臂长 124~141 mm；后足长 40~55 mm；耳长 20~28 mm。体毛蓬松；毛色浅红棕色，颈背部米黄色；胫上部有毛。国外分布于日本，国内分布于台湾。

印度大狐蝠 P. giganteus：体长 198~300 mm，前臂长 152~186 mm；后足长 43~58 mm；耳长 33~45 mm。头和背毛深灰褐色，肩和颈背部锈棕色，其间夹有一道黑色条纹；颏和胸上部浅黑棕色；腹毛比背毛淡。国外分布于马来西亚、印度尼西亚和泰国等国。国内曾记录于青海，但未发现自然种群。

（3）无尾果蝠属 Megaerops　　耳缘形成一个完整的封闭环；第二指具爪；股间膜窄，有短的距；无尾。后肢被毛不显著（至少在胫骨下段和足背裸出）。齿式：2.1.3.1/1.1.3.2 = 28。本属有 4 种，中国有两种（冯庆等，2006）。

无尾果蝠 Megaerops ecaudatus：前臂长 51.5~60 mm，颅全长 25.2~27.7 mm。颈、颈侧和前肩淡蓝灰色，形成一明显的与腰背的褐棕色形成强烈对比的淡色披肩；胸腹部浅银灰色；吻侧平行；鼻管向外下方倾斜，鼻间隔三角形；上颌内中央门齿之间有一明显的齿隙；颊齿相对较为短宽。国内仅分布于云南。

泰国无尾果蝠 Megaerops niphanae：前臂长 52~60 mm，颅全长 24.4~28.2 mm。喉、前胸和颈侧浅灰色到毛基，似形成一宽阔的围脖。吻侧梯形；上颌内侧门齿间无齿隙；鼻管不向外斜，鼻间隔两侧缘近乎平行；颊齿相对较细而窄。国内仅分布于云南。

（4）犬蝠属 Cynopterus　　体型中等，前臂长 54~92 mm。体背橄榄褐色，体侧赭褐色，腹面锈黄，腹部以下毛短呈棕绿色，颈侧咖喱黄色，耳缘色浅。鼻孔如管状。上唇中央有深的纵沟；第二指有发达的爪；尾短但显著，从尾膜远端一半处分离出来；距短，其长约为后足宽。齿式：2.1.3.1/2.1.3.2 = 30。本属有 7 种，中国有两种。

短耳犬蝠 Cynopterus brachyotis：体长 70~84 mm，前臂长 54~72 mm，后足长 13~15 mm，尾长 9~12 mm，耳长 13~18 mm。毛色从浅灰色到深棕色或淡棕色；耳基 1/3 处有毛，耳缘浅白色；指浅白色与深棕色的翼膜形成鲜明对照。在国内分布于广东、云南、西藏、香港和澳门。

犬蝠 C. sphinx：体长 80~90 mm，前臂长 66~83 mm，后足长 16~19 mm，尾长 7~12 mm；耳长 18~21 mm。背毛橄榄棕色；体侧浅红棕色；腹面锈黄色到浅绿棕色；雌体毛被更淡；耳缘浅白色。吻长等于或大于颅全长的 1/4。在国内分布于福建、广东、广西、云南、海南、西藏和香港。

（5）果蝠属 Rousettus 体型中等，前臂长 73~103 mm；第二指具爪；具尾和距；头骨枕部向下弯；吻突稍长。齿式：2.1.3.2/2.1.3.3 = 34。本属有 9 种，中国有 2 种。

棕果蝠 Rousettus leschenaultia（图 5-5A）：体型中等。体长 95~121 mm，前臂长 80~99 mm，尾长 10~19.5 mm，后足长 19~24 mm，耳长 18~24 mm。背毛为均一的深棕色；颈背和腹面相对淡，为浅灰棕色。第二指具 3 个指节，并带有小爪。股间膜窄，尾短，一半位于股间膜内，一半呈游离状。头骨眶后突发达，呈三角形（图 5-5C）。脑颅后部明显折转向下，吻长，额骨与顶骨相接处较高。无耳屏和对耳屏。上犬齿为上齿列中最大的一枚。下颌前臼齿大于门齿。特化为食果型齿冠：臼齿齿冠低平，中央具有浅纵沟（图 5-5B）。栖息于海拔 300~1200 m 的潮湿热带雨林或亚热带季风常绿阔叶林中。国内见于西藏（墨脱）、云南、四川（西南部）、贵州、广西、海南、广东、香港、福建和江西等地。

图 5-5　棕果蝠及其头骨
A. 棕果蝠；B. 头骨腹面观；C. 头骨背面观

抱尾果蝠 R. amplexicaudatus：体长 105~115 mm，前臂长 79~87 mm，尾长 15~17 mm，后足长 20~23 mm，耳长 18~20 mm。颅骨圆形，吻相对短。最后一枚下臼齿比棕果蝠的更趋向卵形。国内仅分布于云南。

2）长舌果蝠亚科 Macroglossinae　　以花蜜、花粉为食。体型相对较小，有细长的吻，纤细的齿骨；舌长而具特殊伸缩能力，舌尖刺状突起多而发达。齿式：2.1.3.2/2.1.3.3 = 34。

中国产2属2种。

（大）长舌果蝠 *Eonycteris spelaea*（图5-6）：体长80~130 mm，前臂长61~73 mm，尾长11~23 mm，后足长17~24 mm，耳长17~24 mm。背毛深褐色或浅黑褐色，腹毛较浅，灰褐色。肛腺发达。M^3微小。国内仅见于云南和广西。

安氏长舌果蝠 *Macroglossus sobrinus*（图5-7）：体长70~89 mm，前臂长38~52 mm，尾长0~6 mm，后足长10~18 mm，耳长14~19 mm。国内仅见于云南。

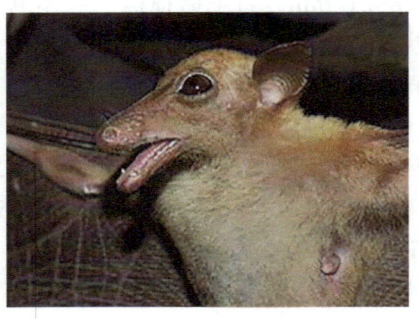

图5-6　（大）长舌果蝠　　　　　　　　　图5-7　安氏长舌果蝠

图5-8　大管鼻果蝠

3）哈佩果蝠亚科 Harpyionycterinae　齿式：1.1.3.2/1.1.1.3 = 30，臼齿有5或6个显著的齿尖。产于菲律宾和印度尼西亚。

4）管鼻果蝠亚科 Nyctimeninae　鼻叶特化为管状。牙齿减少，齿式：1.1.3.1/0.1.3.2 = 24。主要分布在新几内亚和澳大利亚。

大管鼻果蝠 *Nyctimene major*（图5-8）：分布于新几内亚和所罗门群岛。

5.2.1.2　菊头蝠总科 Rhinolophoidea

1）菊头蝠科 Rhinolophidae　鼻叶很复杂，有马蹄叶、鞍状叶、连接叶和顶叶（图5-2）。耳宽大，无耳屏，但对耳屏（迎珠）发达。第二指仅有掌骨，缺指骨，第三指有2指节。后足各具3节趾骨。前颌骨退化，无眶后突。上门齿小，齿式：1.1.2.3/2.1.3.3 = 32。多成群栖息于山洞或树洞中，以昆虫为食。分布于欧洲及亚洲的热带至温带地区、澳大利亚。仅1属80余种，其中有7种为珍稀种。我国有21种。

中国菊头蝠科常见种的检索表

1. 连接叶几乎达到鞍状叶顶端的水平面，两者之间有凹缺；鞍状叶较小，其基部两侧无叶状横突，不呈翼状或杯状大叶 ·· 2
   连接叶显然低于鞍状叶顶端的水平面，两者之间无凹缺；鞍状叶较大，其基部两侧具叶状横突，形成翼状或杯状大叶 ·· 6
2. 连接叶从侧面观，外端钝圆；前臂长大于44 mm ·· 3

连接叶从侧面观，外端尖出；前臂长小于 44 mm ··· 5
3. 鞍状叶两侧缘平行；第 3 指的第 2 指节不超过第 1 指节的 1.5 倍 ········ 中华菊头蝠 R. sinicus
   鞍状叶的两侧中部微凹，呈提琴形；第 3 指的第 2 指节超过第 1 指节的 1.5 倍 ············· 4
4. 体中型，前臂长 50~56 mm；股间膜后端近方形；第二上白齿位于齿列内 ·······················
   ·· 中菊头蝠 R. affinis
   体较大，前臂长 56~64 mm；股间膜后端呈锥形；第二上白齿位于齿列外 ·······················
   ·· 马铁菊头蝠 R. ferrumequinum
5. 连接叶外端锐角大于 45°；前臂长 40~44 mm ································ 短翼菊头蝠 R. lepidus
   连接叶外端锐角小于 45°；前臂长一般小于 40 mm ······························ 小菊头蝠 R. pusillus
6. 鞍状叶两侧缘平行，但朝着顶部方向变窄，基部不呈翼状；连接叶从鞍状叶顶部生出 ······ 7
   鞍状叶基部向两侧扩展呈翼状；连接叶从鞍状叶背面中部生出 ··· 8
7. 体型较小，前臂长 48~57 mm；上颌齿列长 11~12 mm ··················· 皮氏菊头蝠 R. pearsoni
   体型较大，前臂长 55~60 mm；上颌齿列长 12~14 mm ·················· 云南菊头蝠 R. yunanesis
8. 体型大，前臂长 66~75 mm；颅全长 28~33 mm；颧宽大于后头宽 ········ 大菊头蝠 R. luctus
   体型小，前臂长在 66 mm 以下；颅全长在 28 mm 以下；颧宽小于后头宽 ······················· 9
9. 体型较小，前臂长 43~48 mm，颅全长约 20 mm；鞍状叶与顶叶几乎等高 ·······················
   ·· 大耳菊头蝠 R. macrotis
   体型较大，前臂长 55~63 mm，颅全长 23~24 mm，鞍状叶显著的高出顶叶，并将其挡住
   ·· 贵州菊头蝠 R. rex

大菊头蝠（东方大菊头蝠、绒菊头蝠）*Rhinolophus luctus*（图 5-9）：体长 75~95 mm，前臂长 58~81 mm，尾长 36~61 mm，后足长 16~18 mm，耳长 28~44 mm。为体型最大的菊头蝠。体毛细长柔软，略微卷曲，为棕褐色或淡灰褐色，毛尖略带灰白色。翼膜不太延长。鼻叶复杂，鞍状叶基部扩展呈三叶草状；连接叶舌形，顶端呈圆弧形；顶叶舌状伸长。第 3 指的第 2 指节之长不及第 1 指节长的 1.5 倍。第 3、第 4、第 5 掌骨依次略长。颅骨狭长，矢状嵴发达高

图 5-9　大菊头蝠

A. 侧面观；B. 正面观

突，颧宽略大于后头宽。腭桥长大于上齿列长的 1/2。栖于海拔 900~1200m 的崖洞内，单只倒挂于洞顶壁，未见集群现象，但可与皮氏菊头蝠、小菊头蝠等共栖。国内分布于华南、西南地区。以鳞翅目、双翅目和鞘翅目等昆虫为食。分布狭窄，数量稀少。

小菊头蝠 *R. pusillus*（图 5-10）：体型小。体长 38~44 mm，前臂长 38~41 mm，尾长 17~27 mm，后足长 7~8 mm，耳长 16~19 mm。体毛呈棕褐色，背毛基部淡白色，腹面由喉部向腹两侧由浅逐渐变深。耳大，翼短。头具复杂鼻叶，马蹄叶中间裂口处无小乳突，两侧无小（附）叶；鞍状叶基部宽于顶端，顶端圆形；连接叶呈三角形，顶端尖细，略向前弯曲，高出鞍状叶很多；顶叶基部较宽。第 3 掌骨短于第 4、第 5 掌骨。头骨较窄，矢状嵴发达。齿列较长，上犬齿特大。栖于潮湿的山洞内，曾见与贵州菊头蝠、大菊头蝠、中华菊头蝠同栖一洞。有冬眠现象，入眠较深，出眠较迟。国内分布于华南、华中、西南各省。捕食昆虫，嗜食蚊类。粪便为"夜明沙"主要药源之一，并可作为很好的磷、钾肥。

图 5-10　小菊头蝠

马铁菊头蝠 *R. ferrumequinum*：体型较大。体长 56~79 mm，前臂长 53~64 mm，尾长 25~44 mm，后足长 10~14 mm，耳长 18~29 mm。背毛亮灰色或浅褐棕色，由淡褐色毛基和深色毛尖构成，腹毛浅淡呈淡棕色泽。翼膜宽，伸展到踝。头具复杂鼻叶，马蹄叶很宽，其附叶小而不显；鞍状叶很小，两侧内凹呈提琴状；连接叶低而圆；顶叶的顶端尖而狭长。下唇留存一中央颏沟。第三指的第 2 指节之长为第一指的 1.5 倍。第 3、第 4、第 5 掌骨长度依次递增，差距大。颅骨狭长，鼻骨隆高，近圆形。腭桥较长，接近上齿列长的 1/3。栖息于海拔 1000~2000 m 的山洞内，在朽木洞或矿山坑道也有发现。集群生活。所捕食的昆虫有金龟子、蝽虫和蚊类等。国内分布于东北、华北、华中、华南和西南各省。粪便可作肥料，也是中药"夜明沙"的主要药源。

贵州菊头蝠 *R. rex*：体型中等。体长 48~58 mm，前臂长 55~63 mm，尾长 32~38 mm，后足长 9~12 mm，耳长 29~35 mm。全身呈棕褐色，毛尖棕褐，毛长可达 15 mm，腹毛色泽浅于背毛。鼻叶特异，鞍状叶和马蹄叶均很宽大。鞍状叶基部向两侧扩展成翼状，顶端宽阔，两侧内凹，基部呈杯状扩大；连接叶起自鞍状叶基部，低而呈弧形，两侧有细毛；顶叶窄小呈三角形，尖端略高于鞍状叶。耳巨大，对耳屏发达可达 1/2 耳长。头骨颞窝窄小，颧宽小于或等于后头宽，脑颅低平。腭桥特长，远超过上齿列长的 1/2。栖于海拔 200~1200 m 的崖溶洞内，也见与大蹄蝠、角菊头蝠、中华菊头蝠共栖一洞。数量稀少。为中国特有种，分布于四川、重庆、广西、广东和贵州。

2）蹄蝠科 Hipposideridae　　与菊头蝠科外形相似。无耳屏。但鼻叶构造不同，包括马蹄形前叶、横形突起的中叶（相当于菊头蝠科的鞍状叶）和横列的顶叶，前叶两侧还有附加小叶（图 5-2）。第二指仅有掌骨，缺指骨，第三指有 2 指节；后足各具 2 趾节。齿式：1.1.1~2.3/2.1.2.3= 28~30。分布于非洲、亚洲南部及澳大利亚北部热带和亚热带森林及草原地带。有 10 属 80 余种，我国有 3 属 9 种。

中国蹄蝠科分属检索表

1. 尾很短，长不及 2 mm，股间膜中无尾椎骨；下颌门牙与犬牙间有间隙 ……………………………………………………………………………………无尾蹄蝠属 Coelops（我国仅 1 种）
   尾与股间膜正常；下颌门牙与犬牙间无间隙 …………………………………………… 2
2. 鼻叶的顶叶分成三小叶 ……………………………… 三叶蹄蝠属 Aselliscus（我国仅 1 种）
   顶叶不分成三叶 ……………………………………… 蹄蝠属 Hipposideros（我国 7 种）

无尾蹄蝠 Coelops frithi：体型小。体长 38~50 mm，前臂长 35~42 mm，后足长 5~9 mm，耳长 11~15 mm。体毛基部为黑褐色，毛尖赤褐色。腹毛基部为灰褐色，毛尖为灰白色。无尾。股间膜左右相连。鼻叶简单。耳相对较小，呈漏斗状。头骨吻部较短，眶间隔很窄，颧弓细弱。矢状嵴不发达，在眶间部隐约可见，至顶骨隆起处则已消失。上颌门齿小而犬齿强大。栖于河谷洞穴中。数量极少，多与大蹄蝠等混栖。国内分布于重庆、福建、广东、广西、云南、四川、江西、海南和台湾地区。

三叶蹄蝠（三尖叶蹄蝠）Aselliscus stoliczkanus：体长 40~50 mm，前臂长 39~44 mm，尾长 30~40 mm，后足长 9~10 mm，耳长 10~14 mm。顶叶中部有两条纵沟把顶叶分成 3 叶；中鼻叶较小，棒状，中部微具 3 条凸纵棱；马蹄叶外侧仅有两个附小叶。最后一根尾椎骨突出于股间膜外。上体从吻至臀部黑褐色，毛基灰白，毛尖黑褐色。腹部暗褐灰色。翼膜黑褐色。头骨矢状嵴明显，颧弓后部发达，形成垂直的颧弓板。栖息于热带、亚热带阴暗潮湿的山洞中。群栖。数量少。国内分布于云南、广东、广西和贵州。

小蹄蝠（果树蹄蝠）Hipposideros pomona：体型较小。体长 36~52 mm，前臂长 38~43 mm，尾长 28~35 mm，后足长 6~9 mm，耳长 18~25 mm。体毛柔软，背部毛尖棕褐，毛基灰白，具有灰色的肩斑。腹部毛色较浅，呈灰白色，胸部毛特淡。背毛尖端棕褐，毛基 2/3 灰白。幼体毛色较暗，老体偏棕红色。耳较大，宽而圆，外耳壳前缘微凹，对耳屏低而与耳壳全部相连。具复杂的鼻叶，但前鼻叶外侧无小（附）叶，中鼻叶不发达，后鼻叶有三纵隔。从伸出的黑色毛囊可见，雌雄均具小的额囊腺，但开口不易见。具前颌骨上门齿。鼻骨隆凸，眶上嵴不显。眶间距很小，仅 2.7 mm。矢状嵴较低，人字嵴不明显。栖于海拔 400~1200 m 的河谷地带山洞中。据记载，每年 10 月交配，翌年 4 月产仔，每胎 1 仔。国内分布于福建、海南、四川、云南、广西、广东、香港和贵州。数量稀少。

大蹄蝠（大马蹄蝠、普通蹄蝠）Hipposideros armiger（图 5-11）：体型大。体长 80~110 mm，前臂长 82~99 mm，尾长 48~70 mm，后足长 13~17 mm，耳长 26~35 mm。体背毛深棕褐色，胸部以下较暗，腹部毛为浅棕褐色，翼膜黑褐色。体毛长而密，体色变化很大，似两个色型。耳大而长，呈三角形，后缘内凹，无耳屏。额腺位于后鼻叶基后部中央，额腺囊口有成束黑毛伸出。头部具复杂的鼻叶，鼻叶为黑褐色。前鼻叶无中央缺刻，两侧各具 4 片小（附）叶；老年雄体顶叶之后具 2 块加厚的皮叶，中间为腺体开口。头骨鼻额区从前向后逐渐升高呈斜坡状，与矢状嵴前端呈一直线，矢状嵴发达。多栖于海拔 400~500 m 的侵蚀型崖洞内，冬季集大群。与贵州菊头蝠、鼠耳蝠等共栖。夏初繁殖。国内分布于华南、西南各省。据研究，为乙型脑炎病毒的储存宿主，粪便为中药"夜明沙"药源之一。

普氏蹄蝠（柏氏蹄蝠、马蹄蝠、黄大蹄蝠）*Hipposideros pratti*（图 5-12）：体型大。体长 91~110 mm，前臂长 75~90 mm，尾长 50~62 mm，后足长 15~22 mm，耳长 33~38 mm。体色近似大蹄蝠，有两个色型：深暗色型的背黑褐色，鲜亮色型的背棕褐色。腹毛灰褐，毛基略浅，老年雄性个体均为鲜亮色型。翼膜黑褐色。耳大而宽，耳尖钝而后缘微凹，难分出对耳屏。马蹄叶近方形，两侧各具 2 片小（附）叶；后鼻叶近三角形；额部有一个横列形开口的大腺囊，腺囊中间有一束笔状长毛，两侧各有一片肉质叶状突起，称皮叶。雄性个体随年龄增加皮叶增大。头骨矢状嵴很发达，鼻额区宽而平。栖息于我国南方洞道深而宽的山洞内，洞内多有地下河道，湿度较大。几十上百只成群栖息于洞顶岩石，常与其他蝙蝠共栖，以蚊类和蛾类为食。每胎 1 仔，幼仔 6 月出生。国内分布于浙江、安徽、江西、广西、福建、云南、四川、重庆和贵州等省（自治区、直辖市）。粪便中含有大量磷、钾，为农田高效肥料。粪便还可入药，称"夜明沙"。

图 5-11 大蹄蝠

图 5-12 普氏蹄蝠

图 5-13 印度假吸血蝠

3）假吸血蝠科 Megadermatidae 大、中型。翼宽，最大翼展可达 0.6 m，故又叫大翼蝠。耳特别大，与耳屏分离，两耳在额部相连，耳屏分叉。鼻叶狭长、简单，分为前鼻叶、间鼻叶和后鼻叶；第二指有一发达的指节；第三指有两节指节；无尾；上颌无门齿，犬齿向前突出。齿式：0.1.1~2.3/2.1.2.3 = 26~28。分布于非洲、亚洲东南部和澳大利亚。全世界有 5 属 6 种。其中分布于亚洲的两种，即印度假吸血蝠 *Megaderma lyra*（图 5-13）和马来假吸血蝠 *M. spasma*，我国均有分布。

印度假吸血蝠：体型较大。体长 70~95 mm，前臂长 56~72 mm，后足长 14~20 mm，耳长 31~45 mm。体毛绒密，背毛较长，毛尖灰褐色，老年个体略偏棕褐色。腹部毛色偏淡，毛基深灰色，毛尖灰白色。翼膜呈棕褐色。无尾，股间膜直接相连。两耳内缘基部在额部相连。鼻叶卵圆形，由 2 明显纵沟分成 3 叶，其全长大于 10 mm。耳屏大而发达，呈双叉形，外叉尖长。胫骨特长，约为前臂长的一半。无上门齿，犬齿在齿列中最发达。下颌门齿为锯齿状，三叉形，排列成弧形。头骨缺前颌骨（区别于其他蝙蝠）。鼻额区与矢状嵴前端平缓，矢状嵴后段和人字嵴均发达。栖于 850~1000 m 阔叶林带的山洞。群居，成数十只一群。肉食性，为其他小型脊椎动物的天敌，以鼠、蛙、小鸟或其他蝙蝠为食，也食昆虫。孕期 150~160 d，哺乳期 3 个月。国内分布于福建、广东、海南、四川、重庆、贵州等省（直辖市）。

4）泰国凹脸蝠科（猪鼻蝠科）Craseonycteridae　　仅 1 属 1 种。

猪鼻蝠 *Craseonycteris thonglongyai*（图 5-14）：体型很小。体重约 2 g，体长约 30 mm。吻较一般蝙蝠粗长，鼻孔周围有凹陷。1974 年在泰国南部发现，为珍稀小兽。

5）鼠尾蝠科 Rhinopomatidae　　为原始的小型食虫蝠。尾细长，几乎与体等长，且大部分（2/3）游离于股间膜。齿式：1.1.1.3/2.1.2.3 = 28。分布于非洲北部和亚洲南部。有 1 属 6 种。

小鼠尾蝠 *Rhinopoma hardwickei*（图 5-15）：分布于非洲北部及泰国。

图 5-14　猪鼻蝠

图 5-15　小鼠尾蝠

5.2.2　阳（小）蝙蝠亚目 Suborder Yangochiroptera

5.2.2.1　鞘尾蝠总科 Emballonuroidea

1）鞘尾蝠科 Emballonuridae　　小型，重 5~30 g，体长 40~100 mm。鼻部无鼻叶，有耳屏。股间膜完全包含尾椎基部，尾尖突出于股间膜背面。眶后突发达。第二指具掌骨，但无指节。齿式：1~2.1.2.3/2~3.1.2.3 = 30~34。分布于热带地区。共 14 属 53 种，我国仅 1 属 2 种。

黑髯墓蝠 *Taphozous melanopogon*（图 5-16）：体型中等。体长 67~86 mm，前臂长 55~68 mm，尾长 20~32 mm，后足长 8~15 mm，耳长 16~23 mm。颏下有一小撮黑色髯毛；尾向末端变粗而两侧压缩；翼膜附着于胫部、踝部以上；背毛和腹毛都呈黑棕色；毛基白色。齿式：1.1.2.3/2.1.2.3 = 30。分布于我国西南、华南地区。

大墓蝠 *T. theobaldi*（图 5-17）：体型大。体长 88~95 mm，前臂长 70~76 mm，尾长 25~

35 mm，后足长 11~18 mm，耳长 21~28 mm。背部深棕色，腹部较淡；鼻吻部几近裸露；耳大而圆；尾端有少量长毛。齿式同黑髯墓蝠。国内仅分布于云南和广东。

图 5-16　黑髯墓蝠

图 5-17　大墓蝠

2）夜凹脸蝠科 Nycteridae　　中小型。头骨具有向下凹的鼻窝，鼻孔开口于此窝内。鼻叶也有裂沟，耳大翼阔。尾全包于股间膜内，末端形成"V"形分叉。分布于非洲、印度尼西亚和马来西亚等地。有 1 属 16 种。

图 5-18　非洲凹脸蝠

非洲凹脸蝠 *Nycteris thebaica*（图 5-18）：分布于非洲。

5.2.2.2　兔唇蝠总科 **Noctilionoidea**

1）叶口蝠科 **Phyllostomidae**　　叶口蝠科是特产于拉丁美洲的大科，全世界有 56 属 192 种。因其有发达的鼻叶而得名，和旧大陆的菊头蝠与蹄蝠相对应。叶口蝠科成员的耳朵大小不一，均有耳屏。

叶口蝠科中体型最大的成员是假吸血蝠 *Vampryum spectrum*，它比旧大陆的假吸血蝠体型更大，翼展可达 1 m，是除狐蝠科的种类之外，体型最大的成员，也是新大陆最大的蝙蝠，和旧大陆的假吸血蝠一样，均可以捕食较大的猎物。叶口蝠科有多种食果实和花蜜的成员，拉丁美洲的不少植物依靠它们来授粉和传播种子。

金剑鼻蝠 *Lonchorhina aurita*（图 5-19），为珍稀种类，分布于墨西哥南部至秘鲁东部。

第5章 翼手目

吸血蝠（美洲叶鼻蝠）*Desmodus rotundus*（图 5-20）：体重 30~40 g。吸食哺乳动物的血。头骨和牙齿已高度特化。齿式：1.1.2.0/2.1.3.0 = 20。上门齿特大，上犬齿成刀状，均有异常锐利的"刀口"。臼齿小，无机能。拇指特别长而强，后肢亦强大，能在地面迅速跑动，甚至能短距离跳跃。飞行力强，无尾，具鼻叶。每晚定时觅食。它们降落于牛、马等寄主附近地面，然后爬上前肢到肩部或颈部，利用其上门齿和犬齿能切开几毫米厚的皮肤，用舌舔食流出的血液。由于吸血蝠唾液中的抗凝血剂能使血液减速凝固，有利于吸血。每头蝙蝠每晚的吸血量超过其体重的50%。吸血蝠的肾脏有显著浓缩废物的能力。吸血蝠在取食后不久就排尿，这样便能轻装飞回栖息地，以减少能耗和危险。分布于西半球热带和亚热带地区。

图 5-19　金剑鼻蝠

 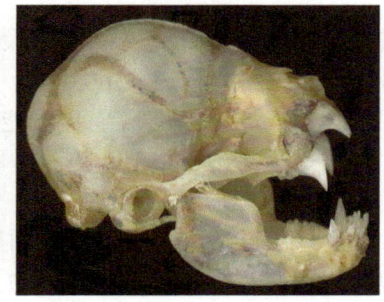

图 5-20　吸血蝠及其头骨

2）髯蝠科（鬼脸蝠科）Mormoopidae　翼膜由背中央伸出，使背部似裸露无毛，故又称裸背蝠。下唇有明显的叶状皮褶，故又称狭叶或颏叶蝠。耳大小适中，有耳屏，无鼻叶。齿式：2.1.2.3/2.1.3.3 = 34。分布于美国南部和西印度群岛等热带地区。有2属10种。

大叶怪脸蝠（大叶妖面蝠）*Mormoops megalophylla*（图 5-21）：分布于哥伦比亚、委内瑞拉、美国等地。

裸背蝠 *Pteronotus davyi*（图 5-22）：分布于墨西哥至秘鲁一带。

图 5-21　大叶怪脸蝠　　　　　　　图 5-22　裸背蝠

3）兔唇蝠科 Noctilionidae　　又称渔蝠。唇厚似兔，耳尖，无鼻叶；翼膜长而狭。尾长，发育良好，由股间膜中部发出；后肢发达，趾具弯曲的爪，用以抓鱼。齿式：2.1.1.3/1.1.2.3=28。分布于南美洲和墨西哥。全世界仅1属2种。

墨西哥渔蝠 *Noctilio leporinus*（图5-23）：分布于墨西哥至阿根廷北部。

图 5-23　墨西哥渔蝠

南兔唇蝠 *N. albiventris*：分布于新大陆的热带和亚热带地区。

4）烟蝠科（狂翼蝠科）Furipteridae　　体型小而细长。吻平，耳大呈漏斗状，有小的耳屏。拇指退化，由翼膜围着，仅有无机能的爪突出，又称无拇指蝠。尾长，腿长，脚小。齿式：2.0.2.3/3.1.3.3=36。分布于南美洲热带地区。有2属2种。

烟蝠 *Furipterus horrens*（图5-24）：分布于戈斯达尼亚至秘鲁一带。

5）盘翼蝠科 Thyropteridae　　吻简单，耳大。第二指退化或仅余残痕。拇指和拇趾处具显著的吸盘，故名盘翼蝠。齿式：2.1.3.3/3.1.3.3=38。分布于南美洲和中美洲。有1属5种。

三色盘翼蝠 *Thyroptera tricolor*（图5-25）：分布于墨西哥南部至玻利维亚。

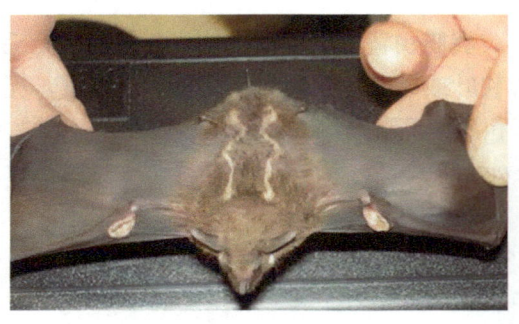

图 5-24　烟蝠　　　　　　　　　　　图 5-25　三色盘翼蝠

6）短尾蝠科（髯蝠科）Mystacinidae　　体小，具简单的蝙蝠样头部。翼褶得特别紧，翼膜为革质状。第三指的第一指节骨折叠于掌骨。后肢短而强健，胫骨完全。后足宽，足底有纵斜行的深沟，利于地面奔走。拇指的爪基还有一拇指前爪，适于攀爬。尾短，突出于股间膜背面。齿式：1.1.2.3/1.1.2.3=28。短尾蝠科原本认为和蝙蝠科亲缘关系比较接近，但新近的研究表明其可能和叶口蝠科关系更加接近，或者是和蝙蝠、叶口蝠并列的一大类。仅分布于新西兰，有1属2种，其中一种已灭绝。

新西兰短尾蝠（髭蝠）*Mystacina tuberculata*（图 5-26）：嘴上有浓密的触须，尾短，耳大，耳屏长而狭窄。新西兰短尾蝠是所有蝙蝠中最常在地面活动的，可以灵活地用四肢在地面行走，捕食地面上的昆虫，可能也食果实和花蜜。

7）短足蝠科（吸足蝠科）Myzopodidae　　仅 1 属 2 种。

吸足蝠 *Myzopoda aurita*（图 5-27）：体型小。耳很大，耳基有一蘑菇状的附叶。尾延伸游离于股间膜后面。拇指和拇趾亦有带黏性的吸盘。齿式：2.1.3.3/3.1.3.3 = 38。分布于马达加斯加岛。

图 5-26　新西兰短尾蝠

图 5-27　吸足蝠

5.2.2.3　蝙蝠总科 Vespertilionoidea

1）蝙蝠科 Vespertilionidae　　体型小到中型，全部会走路。无鼻叶，眼小。耳正常，双耳分离，少数在额前相连。耳屏发达，末端尖细或圆钝。尾端止于股间膜边缘或仅第 1~第 2 枚尾椎骨伸出。翼长而狭，拇指发达。第 2 指有一掌骨和一指节骨，第 3 指有 3 指节骨但其末节为软骨质。尺骨近端与桡骨愈合，末端呈线状。第 7 颈椎不与胸椎愈合，荐椎间可见轮廓。头骨前颌骨短，不具腭支，硬腭前端具宽的缺刻。缺眶后突。齿为典型的食虫齿，PM 的变化为本科分属的重要依据。齿式：1~2.1.1~3.3/2~3.1.2.3 = 28~38。绝大多数种类食虫，也有极少数食鱼。蝙蝠科是翼手目最大的一科，共有 4 亚科 48 属 420 余种。我国有 4 亚科 18 属 85 种。

中国蝙蝠科分亚科、属检索表

1. PM^{2-3} 不特别退化，其大小为 PM^4 之半；鼻孔延长呈小管··········2 管鼻蝠亚科 Murininae
   PM^{2-3} 显著退化，不及 PM^4 之半或完全缺如；鼻孔不呈管状··································3
2. M^{1-2} 之前尖与原尖发育正常；前臂长小于 44 mm ············管鼻蝠属 *Murina*（17 种）
   M^{1-2} 之前尖与原尖均甚退化，后尖发达，中附尖亦退化；前臂长大于 44mm···············
   ···毛翼管鼻蝠属 *Harpiocephalus*（1 种）
3. 耳呈管状···彩蝠亚科 Kerivoulinae，彩蝠属 *Kerivoula*（3 种）
   耳不呈管状··4
4. 上颌颊齿 6 枚，齿式：2.1.3.3/3.1.3.3 = 38··
   ···鼠耳蝠亚科 Myotinae，鼠耳蝠属 *Myotis*（29 种）

　　　　上颌颊齿少于6枚，齿式不如上述 ·················· 5 蝙蝠亚科 Vespertilioninae
5. 上颌每侧 PM 为 2 枚 ··· 6
　　　　上颌每侧 PM 为 1 枚 ·· 10
6. 耳巨大，大于头长；下颌每侧 3 枚 PM ·························· 大耳蝠属 Plecotus（3 种）
　　　　耳正常；下颌每侧有 2 枚 PM ·· 7
7. 上外门齿（I^3）＜上内门齿（I^2）之高度 ··· 8
　　　　上外门齿（I^3）＞上内门齿（I^2）之高度，前臂小于 70 mm ·················· 9
8. 体型大，前臂长约 72 mm；上外门齿（I^3）齿冠扁平，不形成明显的齿尖 ··········
　　　　·· 南蝠属 Ia（单型属）
　　　　体型小，前臂长约 33 mm；上外门齿（I^3）有尖锐的齿尖 ··· 拟伏翼属 Scotozous（1 种）
9. 第 5 指甚短，其长仅略超过第 3 或第 5 掌骨之长 ·············· 山蝠属 Nyctalus（3 种）
　　　　第 5 指正常，其长大于第 3 或第 5 掌骨加第 1 指节骨的总长 ······················ 10
10. 吻部鼓凸；左右耳在额部不相连 ··· 11
　　　　吻部凹陷；左右耳在额部相连 ······················· 宽耳蝠属 Barbastella（2 种）
11. 脑颅相对高而圆 ·· 12
　　　　脑颅相对低而更扁平 ··· 13
12. 脑颅较长；上颌齿列会聚；腭长大于宽；前上白齿正常 ··· 假伏翼属 Falsistrellus（2 种）
　　　　脑颅较短；上颌齿列平行；腭宽大于长；前上白齿退化或缺失 ··························
　　　　·· 高级伏翼属 Hypsugo（2 种）
13. PM^2 的齿冠区和上内门齿（I^2）相似 ················· 伏翼属 Pipistrellus（8 种）
　　　　PM^2 显著缩小，但很少缺失 ······················· 金背伏翼属 Arielulus（2 种）
14. 上颌每侧门齿为 2 枚 ·· 15
　　　　上颌每侧门齿为 1 枚 ··· 17
15. 头骨显著低扁，枕部小于颅全长的 1/3 ················· 扁颅蝠属 Tylonycteris（3 种）
　　　　头骨正常，枕部大于颅全长的 1/3 ··· 16
16. 吻部鼓凸 ··· 棕蝠属 Eptesicus（3 种）
　　　　吻部凹陷 ··· 蝙蝠属 Vespertilio（2 种）
17. 毛色土黄或棕色，无白斑 ······································· 黄蝠属 Scotophilus（2 种）
　　　　毛色深褐而镶有大形白色块斑 ············· 斑蝠属 Scotomanes（1 种）

　　蝙蝠科成员适应多种不同的生存环境，其中分布于较寒冷地区的种类有冬眠或者迁徙的习性，在这些地区，绝大多数翼手目的成员均属于蝙蝠科。此外，蝙蝠科的一些成员比较适应人类的居民区，喜在建筑物中居住。

　　（1）蝙蝠亚科 Vespertilioninae　　齿式变化大。尾长，一般由尾膜包着，但少数种类的尾尖突出于尾膜之外。耳部呈管状，有耳屏。齿数均不足 38 枚。第 3 指正常。全世界 41 属约 250 余种，我国 14 属 35 种。代表性的属如下所述。

　　①南蝠属 Ia　　为蝙蝠科中的大型种类。第 5 指甚短，指尖仅及第 3 指第 1 指节约 1/2 或 1/3 的部位。背毛烟褐色，腹毛略淡，由基部深褐色至端部渐变为灰褐色，面部几乎裸露，

下颌中央有一小簇深色硬毛。耳前折不达吻端，耳屏肾形，足连爪超过胫长之半。齿式：2.1.2.3/3.1.2.3 = 34。上颌每侧 PM 为 2 枚，耳正常，$I^3 < I^2$ 之高度。单型属。

南蝠 *Ia io*：体长 89~104 mm，前臂长 71~80 mm，尾长 61~83 mm，后足长 13~18 mm，耳长 22~29 mm。背毛深烟棕色，腹面暗灰棕色；尾尖伸出股间膜外。头骨粗壮，矢状嵴发达；枕部显著向后上方突出。国内分布于江苏、安徽、湖南、湖北、江西、四川、云南、贵州、广东、广西、重庆、浙江和陕西。四川将其列入省级保护动物名录。

②伏翼属 *Pipistrellus*　　体型小，前臂长短于 40mm。耳及耳屏短。齿式：2.1.2.3/3.1.2.3 = 34。第 5 指正常，其长度超过第 3 或第 4 掌骨及第一指节的总长。全世界 30 余种，我国有 8 种。

普通伏翼（欧洲家蝠）*Pipistrellus pipistrellus*（图 5-28A）：俗名"檐老鼠"。体型小。体长 40~48 mm，前臂长 30~32 mm，尾长 29~35 mm，后足长 6~7 mm，耳长 10~12 mm。背毛基部黑色，毛尖为棕色。腹毛基部黑褐色，毛尖灰白色。耳小呈三角形，耳壳向前折转仅达眼与鼻孔之间，耳外缘基部具凸形突叶。耳屏短，外缘基部具凹形切刻。翼膜较长，止于趾基部。距缘膜发达。尾短于体长，末端不伸出股间膜外。阴茎外观较长且直伸，无阴茎骨。喜栖于屋檐、门窗缝隙中，多活动在村落、住宅旁边。国内分布于新疆、云南、四川及华南地区。

东亚伏翼（小伏翼、日本伏翼）*Pipistrellus abramus*：体小型。体长 38~60 mm，前臂长 31~36 mm，尾长 29~45 mm，后足长 6~10 mm，耳长 8~13 mm。体毛短薄、色暗，背毛烟褐色或黑褐色。腹毛色稍浅呈灰褐色，基部深褐色，端部淡黄褐色。翼膜黑褐色，止于脚趾基部侧缘。距缘膜狭窄。耳短而宽，外缘基部上方有凸形突起，端部略似三角形。耳屏短，内缘凹、外缘凸，其高略为耳长之半。尾稍突出股间膜外约 0.5 mm。阴茎骨较长，有两个弯曲。单只或成群栖于房屋、门窗的间隙内，也有栖于石缝、树洞的报道。可与同属其他种类同在空中觅食。国内分布广泛。

③宽（阔）耳蝠属 *Barbastella*　　耳短而宽，两耳在前额处相连。齿式：2.1.2.3/3.1.2.3 = 34，上颌每侧 PM 为 2 枚。全世界有 5 种，我国有 2 种。

亚洲宽耳蝠（东方宽耳蝠）*Barbastella leucomelas*（图 5-28B）。体型中等。体长 47~51 mm，前臂长 38~45 mm，尾长 40~47 mm，后足长 7~8 mm，耳长 15~17 mm。头顶毛与背毛同色，毛尖为深棕褐色，毛基为黑褐色。腹毛较背部为淡，带浅白色。翼膜为黑褐色，终止于后足趾基部的外缘。尾尖明显伸出股间膜 2 mm 左右。外耳壳呈宽大的三角形，向前折可超过鼻孔，两耳壳基部在额顶相接。耳屏呈细长的三角形。头骨吻部平坦，中央有一凹陷，脑颅发达而颧弓细短。栖于海拔 1200~1900 m 的山洞、树林和建筑物中。国内分布于四川、青海。

④大耳蝠属（长耳蝠属）*Plecotus*　　耳巨大，远远超过头长；双耳在额部相连；耳屏较长；鼻孔朝上；翼膜附着在趾基；尾长约等于体长；尾全在股间膜内。听泡大而圆，其直径为听泡间距的 2 倍。齿式：2.1.2.3/3.1.3.3 = 36，上颌每侧 PM 为 2 枚。全世界有 19 种，我国有 3 种。

灰大耳蝠（兔耳蝠、灰长耳蝠）*Plecotus austriacus*（图 5-28C）：体型中等。体长 41~58 mm，前臂长 37~45 mm，尾长 37~55 mm，后足长 7~10 mm，耳长 37~42 mm。背毛黑褐色；腹毛色较浅，具浅褐色毛尖；翼膜深褐色。头顶具一对长而大的耳壳，其长度几与体长相等；耳屏尖长，向前折明显超过吻端。矢状嵴和人字嵴均不显著。集群栖于森林地区的大树洞内，也常在崖洞和房屋中栖息。国内分布于四川及东北地区。为稀有种类。

⑤扁颅蝠属 *Tylonycteris*　　体型很小。头宽而扁平，脑颅长仅为宽度的一半；耳长约等于体长；耳屏短，有钝圆的耳端。大拇指基部和后足跖部有明显的肉垫。齿式：2.1.1.3/3.1.2.3=32。全世界有 3 种，我国均有。

褐扁颅蝠（扁头蝠）*Tylonycteris robustula*（图 5-28D）：体型甚小。体长 40~44 mm，前臂长 26~29 mm，尾长 26~31 mm，后足长 5~6 mm，耳长 8~11 mm。体毛暗褐到棕黄，背毛毛尖深褐，腹部毛色偏淡。两性毛色各异，雄性多棕黄色，雌性多暗褐色。翼膜和股间膜无茸毛。耳屏短，耳缘钝。第 3~第 5 掌骨长基本相等。前足第 1 指和后足跖部有明显的肉垫，前者椭圆形，后者近圆盘状。颅骨小而扁平，听泡外脑颅高仅及后头宽的一半。额骨很宽；眶上突可见，人字嵴不发达；颧弓纤细。第 1 上门齿双尖，犬齿发达具后附小尖，第 2 上前臼齿齿尖缺如。栖于海拔 300~1200 m 左右的竹林或山洞内。国内分布于广西、云南和四川。四川南充金城山为该种分布的最北端。

图 5-28　蝙蝠亚科的代表动物

A. 普通伏翼；B. 亚洲宽耳蝠；C. 灰大耳蝠；D. 褐扁颅蝠；E. 大棕蝠；F. 中华山蝠

⑥棕蝠属 *Eptesicus*　　外形似伏翼，但吻部稍厚。耳屏长而直，其顶端略尖。齿式：2.1.1.3/3.1.2.3 = 32，上颌每侧 PM 为 1 枚。头骨正常，枕骨高度超过颅全长的 1/3，吻部鼓凸。全世界有 25 种，我国有 3 种。

大棕蝠（红蝠、棕蝠、茧黄蝠）*E. serotinus*（图 5-28E）：体型大。体长 70~80 mm，前臂长 49~57 mm，尾长 52~58 mm，后足长 10~18 mm，耳长 14~18 mm。体背毛长而密，毛色黄棕，但毛基较深暗。腹部毛略淡，特别是胸后部毛尖皮黄色，毛基黄灰色。耳较尖长。翼膜发达，暗褐色，止于趾基部。尾长，末端突出于股间膜。头骨吻、鼻部两侧鼓凸，眶上嵴、矢状嵴和人字嵴都很发达。栖于居民点屋檐下和门、窗缝隙，单只或多只成群。以蚊类等昆虫为食，喜在水面附近飞翔和觅食。国内分布于浙江、福建、江苏、云南、四川、贵州等省。

⑦山蝠属 *Nyctalus*　　体型中等。耳短宽，耳屏似横置的肾形。齿式：2.1.2.3/3.1.2.3 = 34，上颌每侧 PM 为 2 枚，　$I^3 > I^2$ 之高度。前臂长小于 70 mm；第 5 指甚短，其长度仅略超过第 3 或第 4 掌骨之长。全世界有 8 种，我国有 3 种。

中华山蝠 *Nyctalus plancyi*（图 5-28F）：体长 65~75 mm，前臂长 47~50 mm，尾长 36~52 mm，后足长 10~11 mm，耳长 15~18 mm。体毛短，色泽深暗。背毛深褐色，吻鼻部毛色浅而稀少。腹毛色略浅，基部暗褐，毛尖沙灰。翼膜深褐色，翼狭而长。外门齿小，不足内门齿齿冠面之半。头骨吻宽短，具低矮的矢状嵴和发达的人字嵴。染色体 $2n = 36$。栖于屋檐、墙缝等处。夏初产仔。为中国特有种，分布于华中、华南及西南地区。

（2）鼠耳蝠亚科 Myotinae　　体型小到中等；体长 35~80 mm；耳发达、狭长；耳屏直而细，顶端尖锐；尾长 40~60 mm，包在股间膜内；股间膜大，其基部覆毛。头骨狭长；吻突与脑颅几乎等长；矢状嵴较低，脑颅高；腭前端有一深凹；听泡很发达，其直径等于听泡间基枕骨的宽。上颊齿 6 枚，齿式：2.1.3.3/3.1.3.3 = 38。全世界 1 属约 110 种，我国有 29 种。

中华鼠耳蝠（大鼠耳蝠）*Myotis chinensis*（图 5-29）：体型大。体长 91~97 mm，前臂长 64~69 mm，尾长 53~58 mm，后足长 16~18 mm，耳长 20~23 mm。为鼠耳蝠中个体最大的种类。面部毛深褐色；背毛基部深褐色，毛尖棕褐色；胸腹部毛基黑灰色，毛尖棕灰色。上臂腹面具稀疏的毛。耳尖而长，前折达鼻端；耳屏细尖，达耳长之半。头吻尖长，口须发达；第 3 掌指基部及腕关节的腹面具一突出的膜套；距细长，爪粗壮而弯曲。头骨吻鼻部微微上翘，颅骨顶部近圆形，矢状嵴发达向后与人字嵴相遇。栖于海拔 1000 m 左右的崖洞内。与其共栖的种类有蹄蝠、菊头蝠等。以昆虫为食，体外常见寄生有多种蜱、螨类。国内分布于华中、华南、西南地区。

西南鼠耳蝠（峨眉鼠耳蝠）*Myotis alfarium*：体型中等。体长 55~60 mm，前臂长 42~46 mm，尾长 48~50 mm，后足长 11~12 mm，耳长 22~24 mm。头部毛暗褐色，背部为棕褐色，毛基色泽较深暗，呈黑褐色；腹面较淡。耳壳狭长，前折超过吻端约 7 mm；耳屏尖长。第 3 至第 5 掌骨近等长。翼膜起于跖部，距发达，超过胫长的一半。头骨吻鼻部较短，矢状嵴和人字嵴均不甚发达。栖于海拔 1000 m 以下的山洞内。国内分布于安徽、江西、广西、云南、四川、重庆和贵州等省（自治区、直辖市）。

图5-29　中华鼠耳蝠　　　　　　　图5-30　白腹管鼻蝠

（3）管鼻蝠亚科 Murininae　　鼻孔延长呈管状。足小。耳短宽。第三指的第二指骨不特别延长。股间膜上覆毛。齿式：2.1.2.3/3.1.2.3=34。PM^2小于PM^4。全世界有3属29种，我国有2属17种。

白腹管鼻蝠 *Murina leucogaster*（图5-30）：体型较大。体长47~49 mm，前臂长40~43 mm，尾长35~45 mm，后足长9~10 mm，耳长14~15 mm。毛被浅棕红色，背面掺有灰白色细软长毛；腹毛白或污白色。耳较窄和短，翼膜附着于趾；翼膜宽。头骨具矢状嵴和人字嵴，但不明显。广布中国，从西南部横跨到东北部。

图5-31　彩蝠

金管鼻蝠（小管鼻蝠）*M. aurata*：体型较小。体长33~35 mm，前臂长28~32 mm，尾长29~31 mm，后足长7~8 mm，耳长10~12 mm。为管鼻蝠中最小的一种。鼻管有点长，向前外方突出；耳短而宽圆；翼膜附着于趾基部。背毛基灰黑色，毛尖有金黄色调；腹毛毛基亦为灰黑色，毛尖灰白色。国内分布于黑龙江、吉林、甘肃、四川、云南和西藏，数量稀少。

（4）彩蝠亚科（管耳蝠亚科）Kerivoulinae　　体型小；耳中等长，向前折略超过吻端，略呈漏斗状；耳屏细长；无距缘膜；听泡小。齿式：2.1.3.3/3.1.3.3=38。全世界2属25种，我国1属3种。

彩蝠 *Kerivoula picta*（图5-31）：体长40~48 mm，前臂长31~38 mm，尾长43~48 mm，后足长4~8 mm，耳长13~16 mm。体毛橙黄色，翼膜也呈橙色，但指间膜为黑褐色。国内分布于云南、四川、贵州、广东、广西和海南。

哈氏彩蝠 *K. hardwickei*：体长39~55 mm，前臂长31~36 mm，尾长35~43 mm，后足长5~10 mm，耳长11~15 mm。背毛烟灰棕色，腹面浅灰赭色，毛基深灰色。国内分布于云南、四川、广西和福建。

2）长翼蝠科 Miniopteridae（new）　　耳短而宽；耳屏细长，其尖端稍向前弯。翼膜狭长。第三掌骨较短，第三指的第二指节特别延长，约为第一指节的3倍。头骨的吻突低而略宽，吻尖稍向上翘，中间略低凹，脑颅高，大而圆；眶前孔离眼眶较远，约在犬齿上方；矢状嵴和人字嵴都较低；下颌骨的冠状突较低。齿式：2.1.2.3/3.1.3.3=36。全世界仅1属32种，我国有 3 种。

亚洲长翼蝠（折翼蝠、褶翅蝠、普通长翼蝠）*Miniopterus fuliginosus*（图 5-32）：体中型。体长 67~78 mm，前臂长 47~50 mm，尾长 50~62 mm，后足长 9~12 mm，耳长 12~14 mm。体毛短呈丝绒状，背毛为黑褐色，毛基色深于毛尖。腹毛灰黑色，毛端浅褐色。臀部毛色更淡，曾在浙江省发现白化型个体（全白型或白斑型）。耳短圆，耳屏小而细长，但长度仅为耳长之半。第 3 指的第 2 指节之长约为第 1 指节的 3 倍。尾较长，大于体长的 70%。翼膜只达踝关节；翼尖长，无距缘膜。头骨颅底较平，脑颅发达呈球形，矢状嵴和人字嵴均不甚发达。喜聚群栖息于崖洞和隧道中。每年 6~8 月产仔，次年秋季达性成熟。捕食松毛虫等害虫，对林业有益。分布于云南、四川、重庆、贵州、陕西、山西、河南、河北及华南地区。

图 5-32 亚洲长翼蝠

3）犬吻蝠科 Molossidae　　吻部宽阔，略似犬吻。耳大，能灵活活动，左右耳常相连成嵴。耳屏小，眼小。腿粗短，善于行走。尾长，从股间膜穿出，约有 1/2 游离。齿式：1.1.1.3/1.1.2.3=26。通常有强烈的臭气。集群多者可达上万只。广泛分布于世界热带、亚热带地区，少数分布于温带。有 18 属约 100 种，我国有 1 属 3 种。

宽耳犬吻蝠 *Tadarida teniotis*（图 5-33）：体型较大。体长 84~94 mm，前臂长 57~65 mm，尾长 48~60 mm，后足长 10~15 mm，耳长 31~34 mm。背毛为深褐色，腹毛色较浅，毛基与毛尖色一致。翼膜狭长，为浅褐色。上唇较下唇宽大，似犬吻，上唇具纵行皱褶，鼻吻部有 24~26 个硬瘤。两耳宽大，相距很近但未相连。翼膜附着于胫长的 1/4~1/3 处。第 1 指垫明显，第 5 指的掌、指骨都长，与第 3、第 4 指掌骨的长度相等。趾缘具硬毛，距较长。头骨吻部较长而突出，矢状嵴不发达，人字嵴明显。喜栖于崖洞或悬崖的缝隙中。捕食昆虫。常集大群，初夏产仔（1993 年 7 月，在重庆市巫山县风箱峡悬崖下发现有近百只掉下死亡的幼仔）。国内分布于四川、重庆、云南、安徽、河北、广西和福建。

图 5-33 宽耳犬吻蝠

图 5-34 翼腺蝠的翼腺

4）长腿蝠科（筒耳蝠科）Natalidae　　体型较小，重 5~10 g。耳大呈漏斗状，有耳屏。吻部平，无鼻叶。脚细长。翼膜宽大。尾长，由发达的股间膜包围着。齿式：2.1.3.3/3.1.3.3=

38。分布于中美洲、南美洲及西印度洋群岛。有4属12种。

5）翼腺蝠科 Cistugidae（new） 该科过去包含于蝙蝠科中，现独立成科。翼上有明显的**翼腺**（wing gland）（图5-34）。有1属2种，均为稀有种，分布于非洲南部炎热的沙漠地区。

思 考 题

1. 试述翼手目的主要特征。
2. 什么是回声定位？回声定位对于蝙蝠有何意义？
3. 试述翼手类分类的形态学依据。
4. 试述狐蝠科的主要特征及其代表动物。
5. 试比较菊头蝠科、假吸血蝠科、蹄蝠科及蝙蝠科的异同。

第6章 披毛目、带甲目、鳞甲目和管齿目

这里将这四个目放在一起来讨论,并不是因为它们之间有很近的亲缘关系,而是因为它们有着共同的食性:食蚁。它们中的多数种类吻鼻部较长,有着长的、强大的、带有黏性的舌头,用于取食昆虫。少齿或无齿,下颌的冠状突退化,而舌骨扩大。前爪强大而沉重,用于挖掘蚁丘和白蚁丘。小的耳廓和鼻瓣可降低来自猎物刺痛的敏感性。皮肤被有甲或厚的皮毛,也提供了保护。单胃,在胃的幽门区域增厚、富有肌肉并通常角质化以帮助消化和免受蚁酸的影响。繁殖率低,通常每胎1仔。

披毛目与带甲目统称为**异关节类** Xenarthran。这是因为这两个目的动物除有**椎骨关节突**(zygapophysis)外,还通常在腰椎和胸椎后段有附加的**异关节突**(xenarthrous process),增强了脊柱的牢固性(图6-1),以适应攀爬和掘土。异关节类与其他哺乳动物相比,其代谢率均较低,体温也低(平均34°C)。

6.1 披毛目 Pilosa

披毛目前足仅2或3个指发达(共2~4指),并具大爪;后足3~5趾。头骨呈长圆筒状,无眶后嵴和人字嵴,鼓骨呈环状。齿有减少和简化的倾向,食蚁兽无齿;树懒具齿,缺门牙和犬牙,颊齿为无珐琅质的钉状同型齿,齿根开放,能不断生长。大脑半球不发达,几乎没有沟回。具双角子宫。睾丸在腹腔中。现分布于中美和南美森林中,但在广东南雄地区的古新世地层中发现有东方蕾贫齿兽。

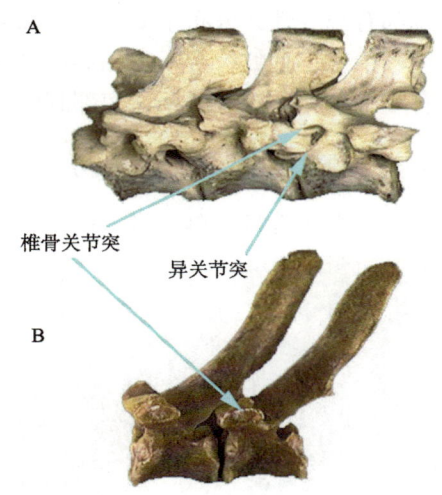

图 6-1 椎骨间的关节突
A. 犰狳;B. 家兔

6.1.1 蠕舌亚目 Vermilingua

蠕舌亚目有2科3属4种。共同特征为:食蚁,不具齿。

6.1.1.1 食蚁兽科 Myrmecophagidae

食蚁兽科有长圆锥形的头骨,颧骨完全;吻鼻部延长,有复杂的鼻甲;嘴小,舌长,有倒钩,富有黏液。前肢有力,具弯曲强爪,第3指的爪常扩大。分布于中美洲和南美洲,现生2属3种。

大食蚁兽 *Myrmecophaga tridactyla*(图6-2):体重27~41 kg,体长1.82~2.17 m。体灰白

色，背面两侧有宽阔的黑色纵纹，纹的边缘白色。体毛长而坚硬，尾部密生长毛。头细长，眼耳极小，吻成管状，无齿。舌细长（宽度仅 13 mm），可伸出口达 600 mm 长，富有来自颌下腺产生的黏液，借以舐食蚁类、白蚁及其他昆虫。前肢除第 5 指外，均具钩爪；后肢短，五爪大小相仿。地栖。分布于阿根廷至危地马拉。

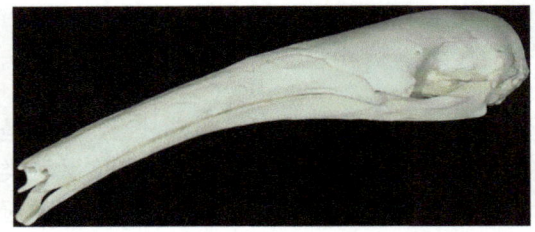

图 6-2　大食蚁兽及其头骨

小食蚁兽 *Tamandua tetradactyla*：重 1.5~8.4 kg；体长 34~88 cm；尾长 37~67 cm。树栖，尾部有缠绕性。分布于墨西哥南部到阿根廷北部之间的森林中。

中美小食蚁兽 *T. mexicana*：重 3.2~5.4 kg；体长 62~89 cm；尾长 40~68 cm。树栖，尾部有缠绕性。分布于墨西哥南部到中美洲的热带和亚热带森林中。

6.1.1.2　侏食蚁兽科 Cyclopedidae

侏食蚁兽科为单型科，单型属。

侏食蚁兽 *Cyclopes didactylus*（图 6-3）：体重 175~400 g，体长 19~21 cm，尾长 17~24 cm。体毛软密，呈金褐色，口鼻部较短。树栖，尾能卷曲，腹面裸露。前足仅第 2、第 3 指具爪，尤以第 3 指的爪特大；后足 4 趾等长，具长爪。夜栖。分布于中美洲和南美洲从墨西哥最南端到巴西、巴拉圭的广大地区。

6.1.2　树懒亚目 Folivora

图 6-3　侏食蚁兽

树懒亚目有 2 科 2 属 6 种，均具颊齿。

6.1.2.1　树懒科 Bradypodidae

树懒科体型较小，体被长而粗的毛。毛被常有藻类共生，使浅色毛被变成绿色。前后足均具 3（指）趾，为并趾足，爪强呈钩状（图 6-4）。树栖。胃中有多个分隔，叶中的纤维素通过发酵消化。吻鼻显著缩短，头骨短而高；牙齿圆柱形，中间的牙本质软，外周为硬的齿质（牙本质）和齿骨质，没有珐琅质（图 6-5）。上颊齿 5 枚，下颊齿 4~5 枚。颈椎 8 或 9 枚，可扭转头部 270°。不活跃。分布于洪都拉斯南部到巴西北部，有 1 属 4 种。

三趾树懒 *Bradypus tridactylus*（图 6-4）：雄兽体重 3.2~6 kg；体长 45~55 cm，尾长 4~6 cm。雌兽更大一些，体重 3.8~6.5 kg，体长 50~75 cm。分布于南美洲北部的热带雨林中。

第 6 章　披毛目、带甲目、鳞甲目和管齿目

图 6-4　三趾树懒

图 6-5　三趾树懒的牙齿

6.1.2.2　二趾树懒科 Megalonchidae

二趾树懒科前足具 2 指，后足为 3 趾，爪大。体长 540~740 mm，体重 4.8~5.0 kg。无门齿和犬齿，颊齿通常为 5/4，前面的上前臼齿犬齿化。树栖。食叶。颈椎为 5 枚、6 枚或偶尔 8 枚。分布于中美洲和南美洲，有 1 属 2 种。

霍氏树懒 *Choloepus hoffmanni*（图 6-6）：分布于尼加拉瓜至巴西中部。

图 6-6　霍氏树懒

6.2　带甲目 Cingulata

带甲目共 1 科 11 属 21 种。分布于中、南美的森林、草原、半荒漠及温暖的平地。

6.2.1　犰狳科 Dasypodidae

犰狳科体具有关节的骨质甲，其上覆盖有角质表皮，甲间有稀疏的毛。体能卷曲。四肢结实，前足 3~5 指，后足 5 趾，并有大的钝爪。无门齿和犬齿，颊齿为圆筒状，齿根开放，没有珐琅质。颊齿数从 7~9/7~9 至 25/25。随年龄增大颊齿会部分脱落。近年来发现犰狳是唯一能感染麻风病菌的动物，对研究预防该病的流行意义十分重大。全世界 11 属 21 种。

大犰狳（王犰狳）*Priodontes maximus*（图 6-7）：分布于委内瑞拉至阿根廷北部。

粉毛犰狳（倭犰狳）*Chlamyphorus truncatus*（图 6-8）：为犰狳科最小的一种。分布于阿根廷中部及西部。

图 6-7　大犰狳

图 6-8　粉毛犰狳

89

6.3 鳞甲目 Pholidota

鳞甲目仅 1 科 3 属 8 种。由于人为过度捕杀及栖息地的破坏，穿山甲的野外种群数量已急剧减少，这引起国际社会的广泛关注。为进一步加大保护力度，自 2017 年开始，所有的 8 种穿山甲由之前的 CITES 附录Ⅱ提升至附录Ⅰ。

6.3.1 鲮鲤科 Manidae

鲮鲤科体被鳞甲，故称之为带鳞甲的食蚁兽。头尖细似锥状，舌细长能伸长舔食。四肢粗壮，前后足各具 5 指（趾），爪强壮犀利，尤以前足中爪特别强大，以便挖掘打洞。尾长而扁阔，上下被鳞，末端尖。头骨圆锥形，鼻骨和上枕骨大；颧弓不完全，无颧骨；下颌齿骨退化，无角（隅）突和冠状突。从胎儿到成体均无齿。主食白蚁和各种蚁类。听、视觉差，嗅觉甚灵敏。每胎产 1 仔，初生仔白色无鳞。母性强，常将仔驮背上。栖息于南非沙哈拉沙漠（2 属 4 种）及东南亚（1 属 4 种）的热带、亚热带森林、灌丛、开阔地带或大草原。陆栖或树栖。我国有 1 属 3 种，均列为国家Ⅱ级保护动物（吴诗宝等，2005）。

中华穿山甲 *Manis pentadactyla*（图 6-9）：体长 400~580 mm，尾长 300~380 mm，后足长 65~85 mm，耳长 20~26 mm。耳廓明显。尾长为体长的 50%~70%，尾端腹面中线无鳞片（图 6-11A）。体鳞 15~18 行；体背鳞片后缘平圆或凹入。鼻骨后部比前部宽。分布于中国南部、印度支那北部、缅甸、印度阿萨姆、锡金、不丹和尼泊尔东部。IUCN 红色名录将其列为极危等级（critically endangered，CR）。

印度穿山甲 *M. crassicaudata*（图 6-10）：体长 600~750 mm，尾长约 450 mm，后足长可达 100 mm。耳廓小而不显。尾长为体长的 70%~80%。尾端腹部中线有鳞片，较大（图 6-11B）。体鳞 11~13 行；体背鳞片后缘向后凸突。鼻骨前后等宽。分布于中国云南、印度、孟加拉国、斯里兰卡和巴基斯坦东部。IUCN 红色名录将其列为濒危等级（EN）。

图 6-9 中华穿山甲

图 6-10 印度穿山甲

爪哇穿山甲（马来穿山甲）*M. javanica*（图 6-12）：体长 400~650 mm，尾长 350~560 mm，后足长 65~85 mm，耳长 20~26 mm。耳廓小而不显。尾长为体长的 80%~90%。尾端腹面中线无鳞片。体鳞 17~19 行；体背鳞片后缘向后凸突。鼻骨前后等宽。分布于分布在北纬 20°以南的中南半岛、马来半岛、印度尼西亚和中国云南南部。IUCN 红色名录将其列为极危等级（CR）。

第 6 章　披毛目、带甲目、鳞甲目和管齿目

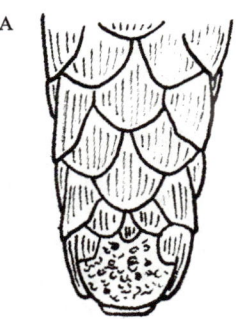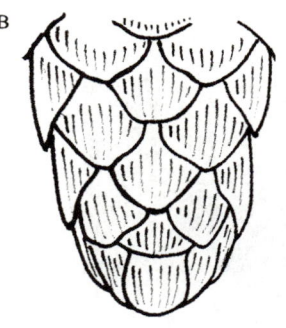

图 6-11　中华穿山甲（A）和印度穿山甲（B）的尾端腹面鳞甲模式（史密斯和解焱，2009）

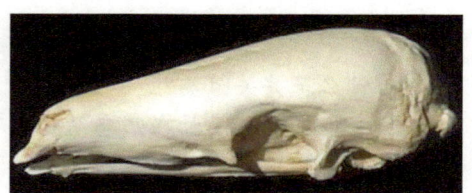

图 6-12　爪哇穿山甲及其头骨

此外，国外还有下列 5 种穿山甲。

菲律宾穿山甲 *M. culionensis*：分布于菲律宾。IUCN 红色名录将其列为濒危等级（EN）。

大穿山甲 *Smutsia gigantea*：分布于非洲塞内加尔至乌干达。IUCN 红色名录将其列为易危等级（vulnerable，VU）。

南非穿山甲 *S. temminckii*：分布于南非。IUCN 红色名录将其列为易危等级（VU）。

长尾穿山甲 *Phataginus tetradactyla*：分布于非洲中西部的安哥拉、赤道几内亚、塞内加尔、尼日利亚、刚果及中非等国。IUCN 红色名录将其列为易危等级（VU）。

树穿山甲 *P. tricuspis*：分布于非洲塞内加尔、肯尼亚西至安哥拉。IUCN 红色名录将其列为易危等级（VU）。

6.4　管齿目 Tubulidentata

管齿目由古新世踝节目 Condylarthra 演化而来，为单型科，单型属。

6.4.1　土豚科 Orycteropodidae

现存 1 属 1 种。

土豚 *Orycteropus afer*（图 6-13）：外形似猪，体粗壮，皮厚毛稀。头长，鼻端圆钝似猪嘴。耳长似兔，颈短，背部弯曲。尾强有力。前足 4 指（缺拇指），后足 5 趾。爪扁平而强，挖掘力量很强。舌长、嗅觉发达，以白蚁和蚂蚁为食。盲肠很大，这在食虫兽类中颇为特殊。雌性两个乳头在腹股沟。雄性睾丸留于腹腔。头骨延长，齿骨细长。齿式：0.0.2.3/0.0.2.2 = 18。颊齿为圆柱形同形齿，无珐琅质，具开放型齿根，为续生齿。产于非洲撒哈拉沙漠南部。为

 哺乳动物学

珍稀兽类。

图 6-13　土豚及其头骨

思 考 题

1. 什么是异关节类？
2. 食蚁的哺乳动物在形态结构上有何共同的特征？
3. 试述鲮甲目与带甲目的区别。

第7章 灵长目

灵长目 Primates 包括猿猴类和人类，人为万物之灵，故有灵长之称。它们是古食虫类适应于树栖生活演化最成功的一个类群。国际动物学界对灵长类的研究十分重视，因为人类起源于这类动物，研究它们可以更好地了解人类自身。目前，利用猿猴类进行人类学、医学、社会学、心理学、行为学和生态学的研究正日益增多。英国和美国国内虽无野生猴，但在20世纪60年代就已建立起了近十个灵长类研究机构，远到南美和非洲进行研究。自1906年起，法国开始从非洲引进猴类，现已有100多种被引进驯化。日本只有一种猴，但成立了一个规模很大的猴类研究所。我国于1981年12月在昆明召开了全国第一次灵长类学专题学术会议；1982年成立了昆明灵长类研究中心；1983年成立了中国实验动物云南灵长类中心及云南西双版纳灵长类实验中心；1989年成立了中国动物学会兽类学分会灵长类专家组。近年来，我国灵长类研究队伍日益扩大，并不断加强国际学术交流，2014年10月中国正式成为国际灵长类学会（International Primatological Society，IPS）13个执行委员会之一；2017年8月中国动物学会灵长类学分会正式成立，这标志着中国灵长类研究迈入了新的纪元。

7.1 灵长类的基本特征

灵长类的体型差异很大。最大的是分布于非洲的东部低地大猩猩 *Gorilla beringei graueri*，雄性身高可达1.94 m，体重可达290 kg；最小的是分布于马达加斯加岛的贝氏倭狐猴 *Microcebus berthae*，体长约10 cm，体重约31 g。尾长短不一，低等者的尾长，最长可达体长的3倍多；高等者的尾很短，甚至无尾。

灵长类的锁骨发达；桡骨与尺骨、胫骨与腓骨均不愈合。低等者头骨的咽颅伸长，高等者缩短。低等者仅具骨质的眼眶环，眼窝与颞窝未分开，具矢状嵴；高等者由眶后板将眼窝与颞窝分开，矢状嵴退化，具颞嵴。脑颅圆，枕髁由后转向下方，下颌齿骨愈合为一块下颌骨，利于压碎和切断食物。

多数灵长类为杂食性，盲肠不发达。齿数最多36枚，对应的齿式为2.1.3.3/2.1.3.3 = 36；最少为18枚，对应的齿式为1.0.1.3/1.0.0.3 = 18。门牙多为2对，高等种类的中央门牙常大于外侧门牙。除人外，犬牙均高于其他牙齿，雄性的更大，呈獠牙状。颊齿相对较复杂，适于磨碎食物，为丘型齿、低冠齿。典型的前臼齿具内外两个齿尖。臼齿齿尖圆钝，上臼齿为四丘型（包括前尖、后尖、原尖和次尖4个齿尖），下臼齿由于下前尖消失，也为四丘型（包括下原尖、下次尖、下后尖和下内尖）。

灵长类的颜面肌、咬肌、臂肌发达，耳肌和皮肤肌退化。前臂转动自如；拇指（趾）大多能与其他指对握；掌、跖面裸露，指端多具扁甲。多为树栖，少数地栖。具有相对较大的

脑容量；大脑皮层增厚，导致复杂的社会行为，并发展了复杂的社会结构（专栏 7.1）；视觉发达，发展了立体的视觉及辨认颜色的能力；嗅觉退化。

高等灵长类具乳头一对，多为胸位，少数低等者有 2~3 对；低等者为双角子宫，高等者为单子宫；多数灵长类具有阴茎骨。性成熟后，雌性生殖腺有周期性现象。繁殖率低，每胎 1~2 仔；亲代抚育时间长（一般 5~6 年）；性成熟较晚，寿命长。

专栏 7.1 灵长类的社会结构

社会结构是指社群内有多少个体、成员间以什么样的方式结合在一起、成员间社会关系的复杂性，以及社会构成的外在表象等。灵长类的社会结构具有以下几种类型（张鹏和渡边邦夫，2009）。

（1）独居制（solitary）：一些种类常单独生活，很少社会交往，这种生活方式最为简单和原始，不常见。例如，类人猿中的猩猩 *Pongo pygmaeus*、原猴类中的蜂猴 *Nycticebus coucang* 和指猴 *Daubentonia madagascariensis* 等都属此类型。

（2）单配偶制（monogamy）：雌雄间形成一雌一雄的配偶关系，父母群不会接受外来的个体，子女成熟后也必须都离开父母。这种社会形式没有母子或父子的继承关系，是灵长类社会中最为原始的社会模式，也不常见。例如，长臂猿科 Hylobatidae、夜猴属 *Aotus*、大狐猴属 *Indri*、驯狐猴属 *Hapalemur* 和领狐猴属 *Varecia* 的动物都为这种社会结构。

（3）一雄多雌制（polygamy）：即一个成年雄性与多个成年雌性及其后代生活在一起，这在叶猴等旧大陆猴和大猩猩 *Gorilla* 中比较常见。叶猴类基本形成母系的（matrilineal）一雄多雌群，即群内雌性多有血缘关系，雄性为外来个体。每隔 3~5 年会出现雄性替代的现象。相对而言，大猩猩生活在父系的（patrilineal）一雄多雌群内。群内雌性一般没有血缘关系，一只成年的银背雄性是家长。家长一般不会被外来个体取代。群内其他未成年雄性都是银背雄性的儿子。这些儿子有的会留在母群继承父亲的雌性和活动区域，而有的会游离出母群寻找其他游离的雌性结合形成新的繁殖单元。

（4）一雌多雄制（polyandry）：在灵长类中极少见。仅出现在少数原猴类和新大陆猴中。例如，髭狨 *Saguinus mystax* 生活在多雌多雄的群中，一般由 2~12 只个体组成。但群内仅地位最高的雌性参与交配，从而形成了实际的一雌多雄制的繁殖关系。其个体的迁移机制还不十分清楚。

（5）多雄多雌制（multi-male, multi-female）：即多个成年雌性、多个成年雄性及其后代共同生活在一起，这在灵长类中比较常见。根据雌雄的迁入迁出情况，可进一步分为母系型、父系型和双系型多雄多雌制社会。若一般只有雄性迁入迁出，雌性保留在母群内，这样群里保留了稳定的母系关系，如猕猴 *Macaca*、松鼠猴 *Saimiri*、狒狒 *Papio*（阿拉伯狒狒 *P. hamadryas* 除外）、卷尾猴 *cebus*、环尾狐猴 *Lemur catta* 和棕狐猴 *Hapalemur dore* 等就属于母系型多雄多雌制社会；若仅有雌性迁入和迁出，而雄性一般保留在群内，这样就保留了父系的关系，如黑猩猩 *Pan troglodytes* 和倭黑猩猩 *P. paniscus* 等就属于父系型多雄多雌制社会；若雌雄都可自由迁入迁出，那么在这种社会结构中，雌雄比例常不稳定，社会中也没有继承关系，如绒猴 *Marmoset* 等新大陆猴即为双系型多雄多雌制社会。

（6）重层社会（multi-level society）：是指社群内个体通过两个或多个层面的纽带关系维系形成的一种多水平结构的社会模式（Kawai，1990），是最为进化和超脱的社会模式。人类进化形成了重层社会，另外有个别的旧大陆猴也进化出这种社会结构。根据繁殖单元中雌、雄的迁入迁出情况，也可分为母系重层社会和父系重层社会。狮尾狒狒 *Theropithecus gelada* 为母系重层社会，包括4个层次：单元（母系一雄多雌繁殖单元）、队（由分布在同一活动区域的若干一雄多雌单元集合组成）、群（由2~3个队形成的分散聚合集团）和结群（由3个群临时一同活动形成）。阿拉伯狒狒为父系重层社会结构，包括单元（父系一雄多雌繁殖单元）、族（由几个血缘雄性及其单元组成）、队（由几个族和外族单元组成）和群（由几个队组成的分离聚合体）。研究表明，川金丝猴也具有母系重层社会结构，但其进化不同于非洲狒狒的分裂模型，而是起源于亚洲叶猴类祖先，由一雄多雌制小群聚合而形成（聚合模型）（Qi *et al*.，2014）。

7.2 灵长类的分类

灵长目是古老的哺乳动物类群之一，尽管化石记录始于早古新世，但推测其可能起源于白垩纪。随着在古新世和始新世的**适应辐射**（adaptive radiation），灵长类扩散到除澳大利亚大陆外的所有大陆的热带区域至第三纪中期，结果形成了现存的两个灵长类亚目（Ni *et al*.，2013），即原猴亚目 Strepsirrhini 和简鼻亚目 Haplorrhini，共计16科80属（含人属）506种（含智人 *Homo sapiens*）。中国有4科9属30种（表7-1）。

表 7-1　世界及中国灵长类分类概况及分布（统计至2017年3月）

	世界（中国）		分布
	属	种	
一、原猴亚目 Strepsirrhini	**24（1）**	**137（2）**	
（1）鼠狐猴科 Cheirogaleidae	5	36	马达加斯加岛
（2）狐猴科 Lemuridae	5	21	马达加斯加岛，科摩罗群岛
（3）鼬狐猴科 Lepilemuridae	1	26	马达加斯加岛
（4）大狐猴科 Indridae	3	19	马达加斯加岛
（5）指猴科 Daubentoniidae	1	1	马达加斯加岛
（6）懒猴科 Lorisidae	4（1）	15（2）	中非、东南亚、斯里兰卡、中国
（7）婴猴科 Galagidae	5	19	非洲
二、简鼻亚目 Haplorrhini	**56（8）**	**369（28）**	
（1）跗猴科 Tarsiidae	3	11	印度尼西亚、菲律宾
（2）狨猴科 Callitrichidae	8	48	中、南美洲
（3）夜猴科 Aotidae	1	11	中、南美洲
（4）卷尾猴科 Cebidae	3	29	中、南美洲
（5）僧面猴科 Pitheciidae	6	57	南美洲
（6）蛛猴科 Atelidae	4	26	中、南美洲
（7）猴科 Cercopithecidae	23（4）	160(19)	非洲、亚洲
（8）长臂猿科 Hylobatidae	4(3)	20(8)	东南亚、中国
（9）人科 Hominidae	4(1)	7(1)	世界性分布
合　　计	**80(9)**	**506(30)**	

注：括号内数字为中国拥有的属或种数。

中国非人灵长类分科、亚科检索表

1. 食指退化成一短指，后足第二趾具长的爪；眼窝与颞窝相通 ·················· 懒猴科 Lorisidae
   食指和后足正常；眼窝不与颞窝相通 ··· 2
2. 前肢与后肢等长；具尾 ··· 3 猴科 Cercopithecidae
   前肢甚长，超过后肢长；无尾 ··· 长臂猿科 Hylobatidae
3. 尾长不及体长；有颊囊；胃的构造简单，无分隔 ····················· 猴亚科 Ceropithecinae
   尾长等于或超过体长；无颊囊；胃的构造复杂，胃壁有小囊 ········ 疣猴亚科 Colobuinae

7.2.1 原猴亚目 Strepsirrhini

原猴亚目为低等的灵长类动物，它们具有以下特征：吻突出，面部似狐；无**颊囊**（cheek pouch）；有**鼻镜**（rhinarium），即鼻子周围裸露无毛、潮湿的区域（图 7-1），所以有时又把原猴亚目的种类称为"湿鼻灵长类"；低等种类的头骨具眼眶环，眼窝与颞窝尚未完全隔开，两眼未完全朝向前面；齿数 18~36 枚；两个下门齿和门齿状下犬齿形成与众不同的梳状齿用于梳理毛发（图 7-2）；前肢短于后肢；多数种类第 1 指（趾）同其他指（趾）能相对握，指（趾）端部具甲或爪；尾长但无缠绕性；大脑半球不甚发达，尚未盖住小脑；为双角子宫，雄性有

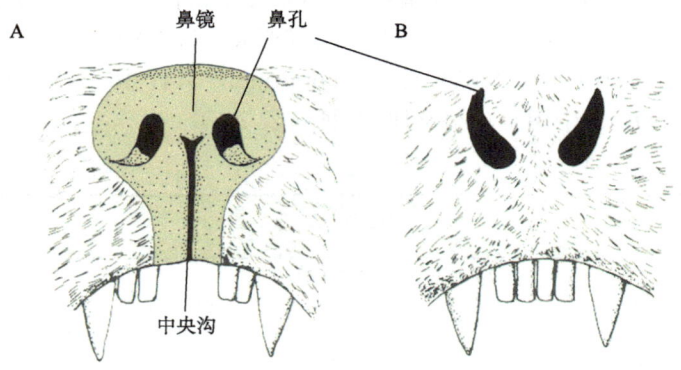

图 7-1　吻鼻部的变化（仿 Martin, 1990）
A. 原猴亚目的吻鼻部；B. 简鼻亚目的吻鼻部

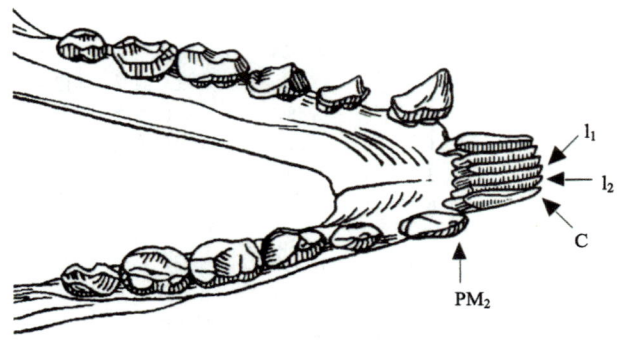

图 7-2　原猴类的梳状齿

阴茎骨；多数种类眼大，有在暗中视物的能力，并可通过气味和声音进行交流，适于夜间活动。此外，原猴亚目新生儿相对母亲大小较简鼻亚目的种类要小。

原猴亚目的种类多数产于马达加斯加岛，少数见于非洲大陆、东南亚及马来群岛。

全世界的原猴亚目共有 24 属 137 种。共分 3 个下目，7 个科，各科间的系统进化关系如图 7-3 所示。

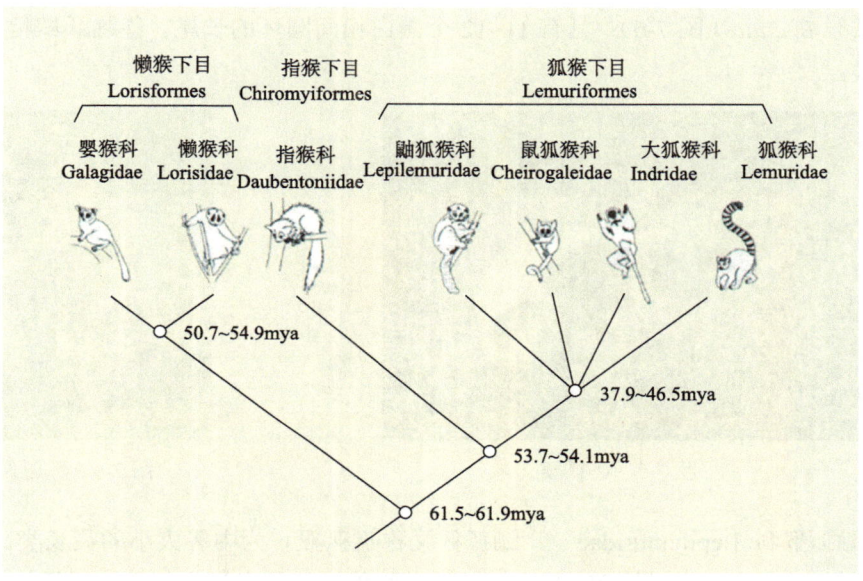

图 7-3　原猴亚目各科间的系统进化关系

7.2.1.1　狐猴下目 Lemurifomes

包括 2 个总科，4 科 14 属 102 种。

1) 鼠狐猴总科 Cheirogaleoidea　　仅 1 个科。

（1）鼠狐猴科 Cheirogaleidae　　体型小，体重 31~1000 g，全长不超过 600 mm。耳相对较大。跗部延长。齿式：2.1.3.3/2.1.3.3＝36。树栖，夜行性，常单独或成对活动。善跳跃、攀援，尾可起平衡和支撑作用。杂食性，主食花、果和叶，兼食小型节肢动物和小型脊椎动物。有 3 对乳头；1~2 年内性成熟；孕期 60 天左右；每胎产 2~4 仔。全分布于马达加斯加岛森林中。共 5 属 36 种。

贝氏倭狐猴（图 7-4）：是于 2000 年才被科学家发现的世界上最小的灵长类动物，已被列为世界最濒危的 25 种灵长类之一。

图 7-4　贝氏倭狐猴

2) 狐猴总科 Lemuroidea　　包括 3 个科。

（1）狐猴科 Lemuridae　　较鼠狐猴大，体重 2~4.5 kg，体长 26~60 cm，尾长 25~70 cm。昼行性，群栖或成对活动。有耳簇毛；具有长的后肢和长尾。齿式多为：2.1.3.3/2.1.3.3＝36。

主要以花、果、叶等植物性食物为食。乳头两对；每胎产 1~4 仔。共有 5 属 21 种。全分布于马达加斯加岛。

斑狐猴 *Lemur variegatus*（图 7-5）：是狐猴科中体型最大者。体重 3.2~4.5 kg，体长 51~60 cm，尾长 56~65 cm。身上有大型黑白斑块；尾黑色；颈部有长的领毛，故又称为领狐猴；眼珠呈金黄色；后肢比前肢长得多。雌雄外表相同。树栖。

环尾狐猴 *L. catta*（图 7-6）：具有 11~12 个黑白相间圆环的长尾。善跳跃攀爬，是地栖性较强的狐猴。

图 7-5　斑狐猴

图 7-6　环尾狐猴

（2）鼬狐猴科 Lepilemuridae　鼬狐猴又称嘻狐猴。为中等大小的灵长类。体重 0.5~1.0 kg，体长 28~35 mm，尾长 25~28 mm。除少数种类外，多为夜行性。树栖。鼬狐猴的食物基本限于植物，有比较独特的消化系统，能借助盲肠辅助消化植物粗纤维，并可将自己的粪便吃下进行第二次消化吸收。鼬狐猴的这种消化能力使其能忍耐比较贫瘠的生存环境。齿式为：0.1.3.3/2.1.3.3 = 32。常成对活动。每胎一仔。全分布于马达加斯加岛。有 1 属 26 种。代表动物如北鼬狐猴 *Lepilemur septentrionalis*（图 7-7）。

（3）大狐猴科 Indriidae　体型较大，体重 1~10 kg。尾短于体长。后肢明显长于前肢，树栖性，一旦下到地面则直立跳跃行走。均以植物性食物为主食。齿式为 2.1.2.3/1.1.2.3= 30。除了毛狐猴 *Acahi laniger* 为夜行性外，其余种类均为昼行性。成对或成群活动。每胎 1 仔。只分布于马达加斯加岛。共 3 属 19 种。代表动物如冕狐猴 *Propithecus diadema*（图 7-8）。

图 7-7　北鼬狐猴

图 7-8　冕狐猴

7.2.1.2 指猴下目 Chiromyiformes

仅1科。

（1）指猴科 Daubentoniidae　为单型科，单型属。

指猴 *Daubentonia madagascariensis*（图7-9）：体重约2.5 kg，体长360~440 mm，尾长500~600 mm。外形似松鼠，尾毛蓬松。耳长。第3指较其他各指细，主要用于挖洞和梳理；第4指特长，适于掏取树皮下的昆虫幼虫。拇指不与其他指相对。除拇趾具甲外，其他指（趾）均具爪。头骨短而高；具骨质眼眶环；颧弓粗大。齿式：1.0.1.3/1.0.0.3 = 18，门齿凿状。主要以昆虫为食。树栖。多独栖，夜行性。每胎产1仔。仅分布于马达加斯加岛的低地雨林。

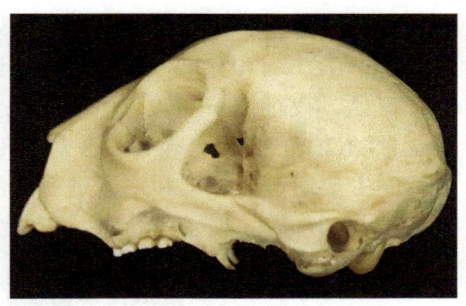

图7-9　指猴及其头骨

7.2.1.3 懒猴下目 Lorisiformes

包括2科。

（1）懒猴科 Lorisidae　体型较小，体重为85~1450 g。头圆，吻短，耳小，尾极短，眼大而圆，朝向前面。前后肢粗短、等长。多数种类的第2指（趾）退化；除第二趾趾端具尖爪外，其他指（趾）末端有厚的肉垫和扁的指甲。齿式为：2.1.3.3/2.1.3.3 = 36。树栖。杂食性。多数种类为夜行性，少数为昼行性。常成对活动。每胎产1仔。分布于非洲撒哈拉以南、印度和东南亚。有4属12种，我国产1属2种。

蜂猴 *Nycticebus bengalensis*（图7-10）：体型较大，体重680~1450 g；体长260~380 mm；尾长20~25 mm；颅全长60~68 mm。皮毛浓密而柔软；具亮棕色背脊纹。头骨短圆，眼眶大，眶上嵴和颞嵴发达。下颌骨短小。冠状突高，关节突短而厚。国内分布于广西、云南，国外见于孟加拉国、印度、柬埔寨、老挝、缅甸、泰国和越南。我国列为Ⅰ级重点保护动物；IUCN红色名录列为易危等级（VU）；CITES列入附录Ⅰ。

倭蜂猴 *N. pygmaeus*（图7-11）：体型较小，体重为400~700 g；体长210~260 mm；尾长12~25 mm；颅全长49.7~51.2 mm。皮毛较稀疏，缺少柔软感；不具亮棕色背脊纹。头骨吻鼻部较窄而高凸。国内分布于云南，国外产于柬埔寨、越南和老挝。我国列为Ⅰ级重点保护动物；IUCN红色名录列为易危等级（VU）；CITES列入附录Ⅰ。

 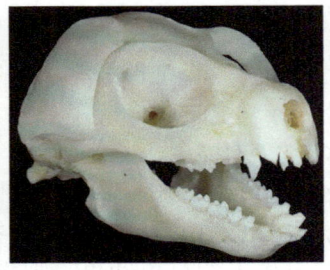 

图 7-10　蜂猴及其头骨　　　　　　　图 7-11　倭蜂猴

懒猴 *N. coucang*：分布于印度尼西亚、马来西亚、泰国和新加坡。IUCN 红色名录列为易危等级（VU）；CITES 列入附录Ⅰ。

（2）婴猴科 Galagidae　　体型较小，最小的如倭丛猴 *Galagoides demidovii*，体重 60 g，体长 120 mm，尾长 170 mm；最大的如粗尾婴猴 *Otolemur crassicaudatus*，体重 1.2 kg，体长 320 mm，尾长 470 mm。后肢发达，长于前肢，适于跳跃。尾长而蓬松，便于运动时保持平衡。树栖。夜行性。吻短，头圆，眼大，耳小。具五指（趾），指端均具甲。杂食性。齿式为 2.1.3.3/2.1.3.3 = 36。乳头 2~3 对。在婴猴发育早期，母猴用犬牙抓住婴猴的脖子以带走它。婴猴间主要通过尿标记和声音进行交流，特别是其叫声似婴儿啼哭，故称婴猴。常成对活动。分布于非洲，有 5 属 19 种。代表动物如婴猴 *Galago senegalensis*（图 7-12）。

图 7-12　婴猴

7.2.2　简鼻亚目 Haplorrhini

简鼻亚目是哺乳动物最高等的类群。吻短，两眼前视。多具**颊囊**。有**眶后板**（postorbital plate）将眼窝与颞窝完全分开。门齿刀片状。来自非洲和亚洲的狭鼻类（旧大陆灵长类）的齿式为 2.1.2.3/2.1.2.3 = 32；来自中美洲、南美洲的灵长类（新大陆阔鼻类）的齿式为 2.1.3.3/2.1.3.3 = 36。前、后足各具 5 指（趾），末端具甲（有极少数例外）。第一指（趾）多与他指（趾）相对。尾长短不一。大脑半球发达，盖住小脑，多具沟回。乳头 1 对，胸位；单子宫，盘状胎盘。营树栖或地面生活。多分布于热带、亚热带森林中。有 2 下目 2 总科 9 科 56 属 369 种。

Martin（1990）和 Kay 等（1997）推断：现存的简鼻亚目与原猴亚目互为单系群，它们分歧的时间大约在 6300 万年前。简鼻亚目的系统进化关系见图 7-13。

第7章 灵长目

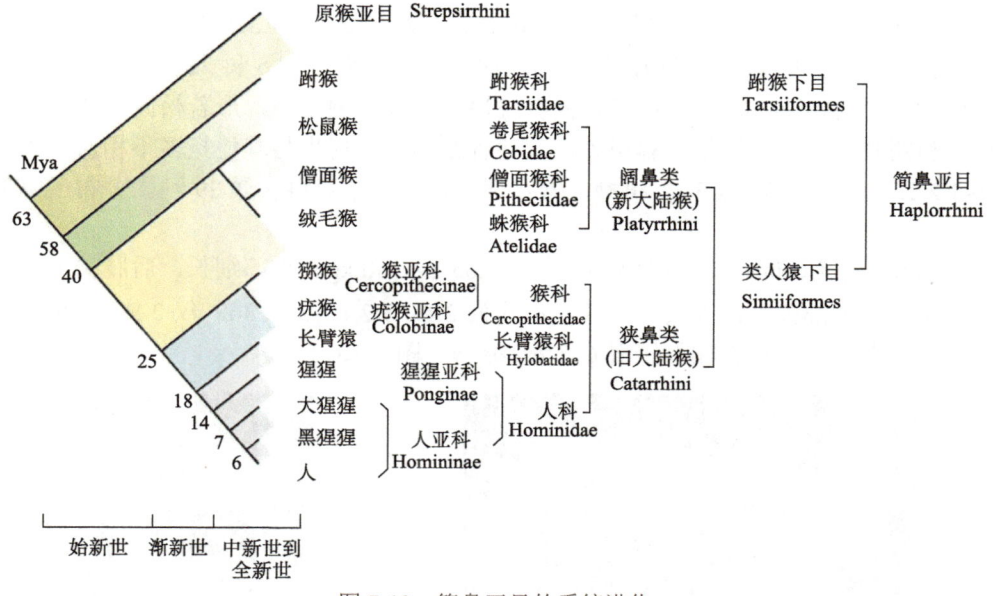

图 7-13 简鼻亚目的系统进化

7.2.2.1 跗猴下目 Tarsiiformes

仅1科,即跗猴科 Tarsiidae。跗猴亦称眼镜猴。体重 100~130 g,体长 95~140 mm,尾长 200~260 mm。头大而圆,能够转向180°;眼睛特大,脸盘向前,眶间隔薄;颈短,后肢长,胫骨与腓骨愈合,**跗骨**(tarsal bone)特长,故有跗猴之称。指(趾)端具圆盘状指垫,除第2、第3趾具爪外,其余均具甲。尾细长,端部多毛。所有的物种都是晨昏和夜间活动。跗猴是唯一现存的肉食性灵长类动物,主要捕食昆虫、蜥蜴和蜘蛛。齿式:2.1.3.3/1.1.3.3 = 34。每胎产一仔。成对栖息于热带雨林和灌丛中。分布于印度尼西亚、马来群岛及菲律宾等地。传统的分类认为跗猴科仅1属,即跗猴属 *Tarsius*,共7种。Groves 和 Shekelle(2010)根据牙齿、眼睛大小、前后肢的长度、乳头数、染色体数、声音、分布等,

图 7-14 西里伯斯跗猴

将其分成了三个属:菲律宾跗猴属 *Carlito*、西方跗猴属 *Cephalopachus* 和东方跗猴属 *Tarsius*,并认为有10余种。有关跗猴科的分类尚需进一步地厘清。

西里伯斯跗猴 *Tarsius tarsier*(图7-14):分布于印度尼西亚。IUCN 红色名录列为易危等级(VU)。

7.2.2.2 类人猿下目 Simiiformes

1)阔鼻类 Platyrrhini 鼻间隔阔,两鼻孔相距甚远,且朝向外侧。无**颊囊**和**臀胼胝**

101

(ischial callosity)。尾甚长，多具缠绕性。齿式为：2.1.3.2~3/2.1.3.2~3 = 32~36，臼齿多数为3枚。分布仅限于中美洲、南美洲，又称新域猴、新大陆猴。有5科22属171种。

（1）卷尾猴科 Cebidae　　尾长，具缠绕性。一般体型瘦小，形若松鼠。吻短，眼眶向前，身体和四肢细长。除拇指有扁甲外，其他各趾具爪。拇指与其他指多不相对。齿式为：2.1.3.2~3/2.1.3.2~3.3 = 32 或 36。树栖，臂行性。包括2个亚科3属29种。分布于中美洲和南美洲。

① 卷尾猴亚科 Cebinae　　体型中等，体重 0.65 g~3.50 kg。头部细长，后肢长于前肢。多数种类的尾长，全部被毛，并具缠绕性。齿式为 2.1.3.3/2.1.3.3 = 36。仅2属22种。分布于中美洲和南美洲。代表动物如卷尾猴 Cebus apella（图 7-16）。

图 7-16　卷尾猴　　　　　　　　　　图 7-17　松鼠猴

② 松鼠猴亚科 Saimiriinae　　体型小，体重 750~1100 g。面上有短的白毛。尾全部被毛，长而有缠绕性。齿式：2.1.3.3/2.1.3.3 = 36。1属7种。分布于南美洲。代表动物如松鼠猴 *Saimiri sciureus*（图 7-17）。

（2）狨猴科 Callitrichidae　　体型小，体重 110~650 g。除节尾猴 Callimico 的齿式为 2.1.3.3/2.1.3.3 = 36 枚外，其余种类的齿式均为 2.1.3.2/2.1.3.2 = 32。尾长，具有缠绕性。除拇趾具扁甲外，其他指（趾）端均具爪。昼行性，树栖。杂食性。成群或成对活动。每胎产2仔。共8属48种。分布于中美洲和南美洲热带雨林。

狮面狨 *Leontopithecusv rosalia*（图 7-15）：分布于巴西东南部。IUCN 红色名录列为濒危等级（EN），CITES 列入附录Ⅰ。

图 7-15　狮面狨

（3）夜猴科 Aotidae　　体型中等，体重为 1.0~9.3 kg。吻短，两眼向前，眼眶直径大于犬齿间距。耳被覆于毛中。掌跖垫不完整。尾长，无缠绕性。齿式为 2.1.3.3/2.1.3.3 = 36。杂食性。是世上唯一昼伏夜出的高等灵长类动物。常成对活动。仅1属11种，分布于中美洲和南美洲。代表动物如夜猴 *Aotus trivirgatus*（图 7-18）。

（4）僧面猴科 Pitheciidae　　体重 0.8~3.5 kg。为高度树栖的种类。吻突出较原始。两眼向前，正常，不特大。耳向外露出明显。手具正常的掌垫。尾长亦不具缠绕性。齿式为：

2.1.3.3/2.1.3.3 = 36。植食性。昼行性。常成对或成小群活动。有 2 亚科 6 属 57 种，分布于南美洲。代表动物如白面僧面猴 *Pithecia pithecia*（图 7-19）。

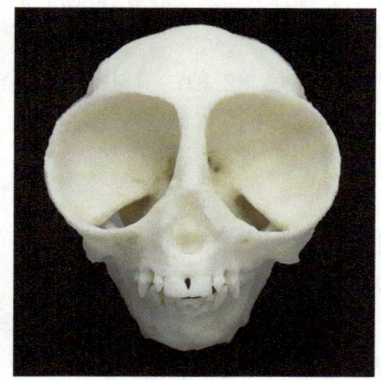

图 7-18　夜猴及其头骨

图 7-19　白面僧面猴　　　　　　　图 7-20　北方绒毛蛛猴

（5）蛛猴科 Atelidae　　体重 3.5~12 kg。吻短，两眼向前。门齿与犬齿间密接，齿式为 2.1.3.3/2.1.3.3 = 36。树栖。尾长，其远端 1/3 的腹面裸露无毛，具缠绕性。后肢短于前肢。昼行性。成小群活动。分布于墨西哥南部。有 2 亚科 4 属 26 种。代表动物如北方绒毛蛛猴 *Brachyteles hypoxanthus*（图 7-20）。

2）狭鼻类 Catarrhini　　鼻间隔狭窄，左右两鼻孔相距较近，且开孔于下方。多具颊囊和臀胼胝。尾长短不一，长者无缠绕性，甚短或无尾。齿式为 2.1.2.3/2.1.2.3 = 32。分布于亚洲和非洲，又称旧大陆猴。有 2 总科 3 科 30 属 187 种。

I. 猴总科 Cercopithecoidea　　仅 1 科。

（1）猴科 Cercopithecidae　　体型中等，体重 1~50 kg。四肢等长或后肢稍长。最北分布于日本北部，最南分布于非洲南部。中央上门齿宽大，大于外侧门齿。雄性个体均具有发达的犬齿。咀嚼能力强。发情的雌猴会阴部会肿胀。

猴科分猴亚科 Cercopithecinae 和疣猴亚科 Colobinae 两个亚科，共 23 属 160 种。综合分子、化石及生物地理信息，揭示猴亚科和疣猴亚科的共同祖先来自非洲。现今亚洲的疣猴类的祖先均是上新世晚期或早更新世从非洲迁来。大约在同一时间，猕猴的祖先也从非洲扩散到了亚洲。

①猴亚科 Cercopithecinae　　猴亚科的种类前肢稍长于后肢；身体结实；多数种类尾短于体长的1/3（个别尾不显，如蛮猴 Macaca sylvana）；面部裸出，有颊囊；通常有大的臀胼胝。杂食性。

全世界共有12属82种，其中有10个属只分布于非洲；猕猴属中除蛮猴仅分布于非洲外，其余均分布于亚洲。

猴亚科分属检索表

1. 尾短于体长，个别甚至不显（蛮猴）·· 2
   尾长于或等于体长 ··· 7
2. 体型巨大，体强壮，体重13~60 kg；吻鼻延伸或短圆 ··· 5
   体型中到大型，体重3~18 kg；吻鼻正常 ··· 3
3. 体不细长；尾多短于体长的1/3；除蛮猴分布于非洲，其余均分布于亚洲 ···· 猕猴属 Macaca
   体细长；尾长于体长的1/3；分布于非洲 ·· 4
4. 眉纹白色 ·· 白眉猴属 Cercocebus
   脸为白色 ·· 白脸猴属 Lophocebus
5. 吻鼻短圆；尾稍长，尾端具撮毛；胸部有一块裸露区 ················ 狮尾狒属 Theropithecus
   吻鼻延长；尾中等或缺；胸部无裸露区 ·· 6
6. 尾中等，长于70 mm ·· 狒狒属 Papio
   尾极短，短于70 mm ·· 山魈属 Mandrillus
7. 体型大，体重7~13 kg；毛色主要为红褐色 ··· 赤猴属 Erythrocebus
   体为小型或中型，体重小于7 kg；毛色为绿、黄、棕和黑色 ·· 8
8. 体为小型，体重小于1.5 kg；毛色主要为绿色 ·· 侏长尾猴属 Miopithecus
   体为中型，体重大于3 kg；毛色为黄、棕和黑色 ··· 9
9. 体色以黄色为主，腿外侧黄而暗，内侧和颔、胸、腹部均为黄白色；解剖和行为似狒狒····
   ·· 短肢猴属 Allenopithecus
   体色黄绿、棕、黑色均具，以适应多种环境；解剖和行为不同于狒狒 ························· 10
10. 体色黄、棕、黑色均具 ·· 长尾猴属 Cercopithecus
    体色以绿色为主 ··· 绿猴属 Chlorocebus

全世界猕猴属共有23种，中国有8种（蒋志刚等，2017）。

猕猴 Macaca mulatta（图7-21）：俗称"黄猴"。体型较小，体重4.0~7.7 kg，体长430~630 mm；尾长207~229 mm，为体长的1/3~1/2。体背部毛色橙黄，颜面瘦削，头顶没有向四周辐射的旋毛。头骨无矢状嵴，而有颞嵴。国内分布于河北、河南、山西、陕西、甘肃、云南、贵州、四川、重庆、湖北、湖南、江西、安徽、浙江、广东、广西和海南等省（自治区、直辖市）。为国家Ⅱ级重点保护动物，CITES列入附录Ⅱ。

藏酋猴 M. thibetana（图7-22）：俗称"青猴"。体型粗壮，体重9~25 kg，体长584~700 mm；尾长50~100 mm。成年雄猴两颊及下颔有似络腮胡样的长毛。头顶和颈毛褐色，眉脊有黑色硬毛；背部毛色深褐，靠近尾基黑色，幼体毛色浅褐。头骨具粗厚的眶上嵴，矢状嵴、人字嵴和颧弓均发达。为中国特有种，分布于安徽、浙江、湖北、湖南、江西、福建、甘肃、四川、重庆、云南和贵州等省（直辖市）。为国家Ⅱ级重点保护动物，CITES 列入附录Ⅱ。

图 7-21　猕猴

图 7-22　藏酋猴

熊猴（阿萨姆猴）*M. assamensis*（图 7-23）：体胖如熊，性情粗暴，故名熊猴。体重 6~19 kg，体长 450~700 mm；尾长 150~300 mm，为体长的 1/3~2/3。尾下垂，被密毛。毛色棕黄至棕褐色。头顶有"发漩"，自额上部中央分开向后。面部周围的暗黑色毛从颊部至耳向后。与猕猴相比，其头大、面部较长，吻部更突出。头骨矢状嵴显著。成群栖息于海拔 900~3000 m 的热带、亚热带森林中。昼行性。杂食性。喜在地面活动，也善于在高大乔木上攀爬、跳跃、觅食和玩耍。国内分布于云南、西藏、贵州、广东和广西，国外分布于孟加拉国、不丹、印度、老挝、缅甸、尼泊尔、泰国和越南。为国家Ⅰ级重点保护动物，CITES 列入附录Ⅱ。

北豚尾猴 *M. leonina*（图 7-24）：头顶平，尾形似猪尾，又被称为"平顶猴"或"猪尾猴"。北豚尾猴体型粗壮，体重 11~14 kg，体长 440~620 mm；尾很短，尾长 120~180 mm，约为体长的 3/10。尾毛稀疏，尾通常下垂。吻突出延长，眶上嵴较粗厚。栖息于热带和亚热带阔叶林中，营树栖生活。喜集群。雌猴约在 4 岁后性成熟，妊娠期 170 天左右，每胎产一仔。国内分布于云南，国外分布于缅甸、泰国和印度等国。为国家Ⅰ级重点保护动物，IUCN 红色名录列为易危等级（VU），CITES 列入附录Ⅱ。

图 7-23　熊猴

图 7-24　北豚尾猴

台湾猴 M. cyclopis（图 7-25）：体重 4~5 kg，体长 360~450 mm；尾长 260~456 mm。灰褐色的尾粗而蓬松，向下垂，为体长的 1/2~2/3。通体毛色为灰褐色；四肢毛色更深，近似黑色，故有"黑肢猴"之称。颜面较平，肉色；颊有暗黑色须毛；腹部浓灰色。产于台湾，为中国特有种。属国家Ⅰ级重点保护动物，CITES 列入附录Ⅱ。

短尾猴 M. arctoides（图 7-26）：面部裸露，浅红褐色，故又称"红面短尾猴"、"红面猴"。体较猕猴大，体重 5~15 kg，体长 485~650 mm；尾长 45~50 mm。尾毛稀少，尾常弯曲一边。吻短，眼眶与面鼻部几乎垂直。矢状嵴发达，眉嵴明显。国内分布于云南、湖南、江西、贵州、广东、广西等省（自治区）。国外分布于缅甸、印度、马来半岛。国家Ⅱ级重点保护动物，IUCN 红色名录列为易危等级（VU），CITES 列入附录Ⅱ。

图 7-25　台湾猴　　　　　　　　　　　　图 7-26　短尾猴

达旺猴 M. munzala：有学者认为是熊猴的一个亚种（Biswas et al., 2011）。分布于印度，不丹和中国（西藏）。IUCN 红色名录列为濒危等级（EN），CITES 列入附录Ⅱ。

白颊猕猴 M. leucogenys：是近年来在西藏墨脱县发现的猕猴属新种（Li et al., 2015）。白颊猕猴脸颊部白毛通常较有规律，从两鬓延伸到耳朵；颈部位毛发长而浓密，像是带了个围脖；白颊猕猴尾适中，较藏酋猴的长。

中国猕猴属常见种检索表

1. 尾短，不及 100 mm；具粗厚的眶上嵴 ·· 2
   尾长，100 mm 以上；无眶上嵴或不具增厚的眶上嵴 ······································ 3
2. 毛色棕褐，背腹毛色分界不显 ······························· 短尾猴 M. arctoides
   毛色黑褐，背腹毛色分界明显 ······························· 藏酋猴 M. thibetana
3. 头部顶毛正常，颜面部短 ·· 4
   头部顶毛形成"漩"状或帽状，颜面部长 ······································ 5
4. 体背后部毛色橙黄，与其他部位的棕色不同；尾为一色，不及体长的 1/2 ············
   ··· 猕猴 M. mulatta
   通体毛色一致，为灰褐色；尾末端背面呈黑色，超过体长的 1/2 ······ 台湾猴 M. cyclopis
5. 头顶毛短，黑褐色，帽状；尾毛短而稀；眶上嵴明显，面鼻部隆起 ······ 北豚尾猴 M. leonina

头顶毛辐射呈"漩"状；尾被浓密的毛；眶上嵴不显，面鼻部平坦······熊猴 *M. assamensis*

②疣猴亚科 Colobinae 疣猴亚科的种类体重 7~22.5 kg，体长 430~830 mm，尾长 150~1070 mm。与猴亚科种类相比体型更瘦长；后肢长于前肢，尾长多大于体长；拇指退化，足拇趾粗大；吻短，头显得更圆，面部裸露或被稀毛；无颊囊，而具囊状的胃和大的唾液腺。胃的上部分 pH 接近中性，那里的细菌可帮助发酵和分解植物纤维。多分布于南亚。全世界有 11 属 78 种，我国有 3 属 11 种。

疣猴亚科分属检索表（中国产的检索到种）

1. 鼻大，伸长如茄 ················· 长鼻猴属 *Nasalis*（1种）
   鼻正常 ································· 2
2. 尾很短，不及体长的一半，仅约 15 cm ········· 豚尾叶猴属 *Simias*（1种）
   尾长超过体长的一半 ························· 3
3. 拇指很退化，仅为疣状痕迹 ····················· 4
   拇指未退化 ································· 6
4. 体多为黑白色 ························ 疣猴属 *Colobus*（5种）
   体不为黑白色 ································· 5
5. 体为红或红褐色 ·················· 红疣猴属 *Piliocolobus*（17种）
   体为绿或橄榄绿色 ·················· 绿疣猴属 *Procolobus*（1种）
6. 鼻端向上仰，鼻孔朝上；吻短 ········· 7 仰鼻猴属 *Rhinopithecus*（5种）
   鼻端向前，鼻孔朝下；吻较长 ····················· 10
7. 背部两肩之间有黄白色块斑；背部、腰及臀部浅灰褐色 ····· 黔金丝猴 *R. brelichi*
   背部两肩之间无黄白色块斑；背部、腰及臀部非浅灰褐色 ··········· 8
8. 体色金黄；肩部披有金色长毛 ················ 川金丝猴 *R. roxellana*
   体色不为金黄色；肩部未披有金色长毛 ····················· 9
9. 体色以黑白为主，背部为黑色，腹部浅白色；尾长短于体长 ····· 滇金丝猴 *R. bieti*
   体色以黑色为主，背、腹均为黑色；尾长大于体长 ······· 怒江金丝猴 *R. strykeri*
10. 臀部及肛周为白色 ··················· 白臀叶猴属 *Pygathrix*（3种）
    臀及肛周与背部毛色一致，不为白色 ······················ 11
11. 体型大，雌猴体长为 620~663 mm；雄猴体长为 760~790 mm ···············
    ················ **长尾叶猴属** *Semnopithecus*（8种），长尾叶猴 *S. schistaceus*
    体型小到中等 ································· 12
12. 体色浅或灰白色；1月龄内幼体为白色带有黑色脊纹 ······ 叶猴属 *Presbytis*（17种）
    体色较深，为深灰色或黑色；1月龄内幼体为金黄色 ····· 13 乌叶猴属 *Trachypithecus*（20种）
13. 头顶的毛较长，向四周伸出形成帽状 ··············· 戴帽叶猴 *T. pileatus*
    头顶毛正常，不向四周伸出形成帽状 ····················· 14
14. 躯干被毛为灰色或灰褐色 ······························· 15
    躯干被毛黑色 ································· 16
15. 头顶前部无漩，顶冠具尖形簇毛；体背淡银灰色，背腹色在体下侧无明显分界；眼周具

白环 ·· 印支灰叶猴 T. crepusculus
头顶前部的毛具漩毛，顶冠无明显的簇状冠毛，顶毛多向后倒；体背深灰色，背腹色在体下侧分界明显；眼周不具白环，仅在眼内侧具白斑 ······················ 菲氏叶猴 T. phayrei
16. 两颊白色；仅尾尖为白色 ··· 黑叶猴 T. francoisi
头、颈及上肩为白色；尾后 1/3~1/2 段为白色 ························ 白头叶猴 T. leucocephalus
注：中国的云南和西藏还分布有萧氏叶猴 T. shortridgei(蒋志刚等，2017)，本检索表暂未列入。

a. 仰鼻猴属 Rhinopithecus。体型较叶猴粗短，四肢几乎相等；尾甚长，超过体长；鼻孔上仰。全球产 5 种，除越南金丝猴 Rhinopithecus avunculus 仅分布于越南外，其余 4 种，我国均有，全为国家 I 级重点保护动物。

川金丝猴 R. roxellana（图 7-27）：体型较猕猴大。体重 6.5~17 kg，体长 520~780 mm，尾长 570~800 mm。成年雄性较成年雌性大。唇肥厚而突出，成年雄性嘴角上方有很大的瘤状突起。头圆耳短。颊及颈侧棕红，背有长毛，色泽金黄。雄猴两颊、额部及顶侧为棕红色。眉脊处有黑色稀疏眉毛。两耳丛毛为乳黄色。头顶有黑褐色的冠状毛直立向上。颔、喉为红黄色。枕部及颈背为黑色，颈侧棕红色。背部的绒毛为黑褐色，并披有细密的金色长毛，最长可达 40 cm，一直到尾部均有，但越往下越短。尾毛黑褐色，尾尖白色。胸腹部为黄白色。四肢外侧为灰褐色，肩部有稀疏长毛；臀部和大腿上部为黄白色。前肢内侧为乳黄色；后肢内侧及脚背为黄红色。手掌和脚掌深褐色，指（趾）甲为黑褐色。雌兽毛色较雄兽淡，头冠状毛较短。雌兽两颊、颔、喉的毛色较雄兽浅。背部绒毛及尾毛为灰褐色。头骨具颞嵴而无矢状嵴。为中国特产种，仅分布于我国的陕西、甘肃、四川、湖北。CITES 列为附录 I，IUCN 红色名录列为濒危等级（EN）。

滇金丝猴（黑白仰鼻猴）R. bieti（图 7-28）：体重 10~18 kg，体长 740~830 mm，尾长 510~720 mm，后肢与前肢长之比为 116：100。颜面部为淡肉桂色；唇厚为粉红色；体色以黑、白色为主：背部、体侧、四肢外侧和尾为黑褐色，后腿基部外侧和臀部具一大的白斑；腹部浅白色。右肺分 5 叶。滇金丝猴是世界上栖息海拔高度最高的非人灵长类动物。它们活动于海拔 2500~4100 m 左右的高山暗针叶林、针阔混交林中活动。仅分布于我国的云南和西藏，为我国特有种。CITES 列为附录 I，IUCN 列为濒危等级（EN）。

图 7-27　川金丝猴

图 7-28　滇金丝猴

黔金丝猴（灰仰鼻猴）*R. brelichi*（图 7-29）：体重 8~15 kg，体长 640~690 mm，尾长 700~850 mm；后肢与前肢长之比为 118：100。颜面为淡灰蓝色，体色以灰色为主，体背灰褐，从肩部沿上肢外侧至手背，由浅灰褐渐变为黑色，下肢色泽的变化与上肢相同。颈下、腋部及上肢内侧金黄色，股部灰黄。背部两肩之间有一黄白斑，故又称"白肩仰鼻猴"。唇窄而光滑，肉红色。尾基深灰色，尾中段黑色，尾尖白色。幼体为灰色。右肺分 6 叶。为中国特有种，仅分布于贵州梵净山及其附近山地森林。CITES 列为附录Ⅰ，IUCN 红色名录列为濒危等级（EN）。

怒江金丝猴（缅甸金丝猴、黑仰鼻猴）*R. strykeri*（图 7-30）：全身的毛几乎全黑，头顶有一撮细长向前卷曲的黑毛，耳部和颊部有小撮白毛，面部皮肤呈淡粉色，下巴上有独特的白色胡须，会阴部为白色；尾较长，几乎是体长的 1.4 倍。2010 年在缅甸发现并命名。我国于 2011 年在云南怒江州高黎贡山发现有分布。CITES 列为附录Ⅰ，IUCN 红色名录列为濒危等级（EN）。

图 7-29　黔金丝猴　　　图 7-30　怒江金丝猴　　　图 7-31　白臀叶猴

b. 白臀叶猴属 *Pygathrix*。全球有 3 种，均分布于亚洲。

白臀叶猴（黄面叶猴）*P. nemaeus*（图 7-31）：体重 7~10 kg，体长 610~760 mm，尾长 560~760 mm。脸部黄色。颈部有领毛，因其雄性臀部具有三角形白色臀斑而得名。无颊囊。毛色鲜艳。尾被白毛。1892 年曾于海南获得过一张皮，现已在当地绝迹。目前主要分布于中南半岛各地。CITES 列入附录Ⅰ。

c. 乌叶猴属 *Trachypithecus*。体型纤瘦，四肢细长，后肢长于前肢，尾甚长超过体长，臀胼胝小，鼻孔正常，头顶的毛呈冠状。全球产 20 种，均分布于亚洲。我国产 6 种，全部为国家Ⅰ级保护动物。

黑叶猴（乌猿、崖蛛猴）*Trachypithecus francoisi*（图 7-32）：体重 8~10 kg，体长 520~710 mm，尾长 700~900 mm。通体黑色，仅颊部和尾尖白色。初生幼猴头顶、背部和尾为灰黑色，其他部位为橘黄色。一个月后转黑，半年后接近成体体色。雌性会阴部、腹股沟内侧有三角形的花白斑。头骨较小，眶上嵴发达；颞嵴清晰可见；雄性有人字嵴，雌性不明显。栖息于喀斯特岩溶山地。为母系一雄多雌社会，猴群一般为 5~13 只。夜宿地为峭壁岩洞。昼行性。以芽、嫩叶、花和果实为食，也食少量昆虫。全年繁殖，但多在秋、冬季发情。雌猴性周期平均为 24（14~30）d。孕期 6~7 个月，每胎产 1~2 仔。国内分布于广西、贵州和重庆，国外分布于越南。CITES 列为附录 II。

白头叶猴 *T. leucocephalu*（图 7-33）：体型、尾形和头冠毛形状与黑叶猴的相似，但头、颈、肩及尾末端的 1/3~1/2 呈白色，手和足背也杂有大小不等的白色斑块及黑色杂毛。头骨与黑叶猴相似，但后枕骨较隆起。有学者曾把它列为黑叶猴的一个亚种 *T. f. leucocephalus*（Wilson and Reeder，2005）。为中国特有种，仅分布于广西西南部左江以南、明江以东的狭窄区域。CITES 列为附录 II。

图 7-32　黑叶猴

图 7-33　白头叶猴

戴帽叶猴（窄缘戴帽叶猴）*T. shortridgei*（图 7-34）：体重 9~12 kg，体长 498~716 mm，尾长 767~1041 mm。颜面部为黑色，眼及唇周缺乏白色成分。顶毛较乌叶猴属的其他种长，并向前、后、上及两侧伸出，形成帽状。除四肢的足和尾的后半段为黑色外，周身为一致青灰色。耳毛淡白色，耳后的颈毛较长，并向两侧平伸。颊须较短。国内分布于西藏和云南（独龙江河谷）。国外分布于缅甸。CITES 列入附录 I，IUCN 红色名录列为濒危等级（EN）。

菲氏叶猴 *T. phayrei*（图 7-35）：体型较戴帽叶猴小，体重 5~10 kg，体长 490~640 mm，尾长 600~800 mm。体背深灰色，腹面色浅，体侧有明显的分界；有显眼的淡蓝色白色眼圈和浅白色吻斑，眼周白斑主要集中在眼内侧。前额的毛具一螺旋，头顶无明显尖冠毛。国内仅分布于云南，国外分布于孟加拉国、印度、老挝、越南、缅甸和泰国。CITES 列入附录 II，IUCN 红色名录列为濒危等级（EN）。

图 7-34　戴帽叶猴

图 7-35　菲氏叶猴

印支灰叶猴 *T. crepusculus*（图 7-36）：过去为菲氏叶猴的一个亚种，现提升为种。全身为一致的淡银灰色，背腹毛无明显色差。眼周具白环；头顶具尖冠毛。国内仅分布于云南，国外分布于缅甸、泰国、老挝和越南等国。

图 7-36　印支灰叶猴

图 7-37　长尾叶猴

d. 长尾叶猴属 *Semnopithecus*。全球有 8 种，均产于亚洲。我国仅 1 种。

长尾叶猴（喜山长尾叶猴）*Semnopithecus schistaceus*（图 7-37）：体型较乌叶猴属的种类大，体重 7.5~24 kg，体长 620~790 mm，尾长 690~1030 mm。尾长超过体长；颊毛和眉毛发达。体毛灰黄褐色；脸黑色；额、颊、颏、喉为灰白色。国内仅分布于西藏南部，国外分布于不丹、尼泊尔、印度和巴基斯坦。为国家 I 级重点保护动物，CITES 列为附录 I，IUCN 红色名录列入低危等级（Least Concern，LC）。

Ⅱ. **人猿总科 Hominoidae**　包括 2 个科。

（1）长臂猿科 Hylobatidae　前肢长超过后肢，手比脚长，前臂比上臂长，是敏捷的攀爬者和臂行者，在树上攀跃自如，下地能直立行走，手可触地。无尾；无颊囊；有两块小臀胼胝。共 4 属 20 种，CITES 均列入附录 I。我国有 3 属 8 种，全为国家 I 级重点保护动物（范鹏飞，2012；Fan *et al*.，2017）。

长臂猿科分属检索表（我国有的检索到种）

1. 头顶毛长而直 ·· **2 冠长臂猿属** *Nomascus*（共 7 种）
   头顶毛正常 ··· 5
2. 颊为白色 ·· 北白颊长臂猿 *N. leucogenys*
   颊不为白色 ··· 3
3. 分布于海南；雌性胸部有淡褐色色调，吻鼻部浅白色 ···················· 海南长臂猿 *N. hainanus*
   分布于云南或广西；雌性胸部常有黑斑，吻鼻部浅黑色 ··································· 4
4. 雌性个体头顶具菱形或多角形黑色冠斑，面积小，不延伸至肩部 ····································
   ·· 西黑冠长臂猿 *N. concolor*
   雌性个体头顶具菱形或多角形黑色冠斑，面积大，超过肩部，延伸至背部中央 ··················
   ·· 东黑冠长臂猿 *N. nasutus*

5. 体型大，体长 70~90 cm；第 2、第 3 趾间连接在一起 ··
   ·· **合趾猿属** *Symphalangus*（单型属），马来长臂猿 *S. syndactylus*
   体型较小，体长 45~65 cm；第 2、第 3 趾间不连接在一起 ··· 6
6. 眉为灰白色；手和足不为灰白色 ····················· 7 **白眉长臂猿属** *Hoolock*（共 3 种）
   眉不为灰白色；手和足为灰白色 ········· **长臂猿属** *Hylobates*（共 9 种），白掌长臂猿 *H. lar*
7. 雄性眉毛厚重，下巴的胡须为白色，双眼间有白毛，眼睛与鼻孔间也有少量的白毛；雌性的白眼圈显著 ··· 东白眉长臂猿 *H. leuconedys*
   雄性眉毛不显厚重，下巴胡须为黑色或棕色，双眼间、眼睛与鼻孔间均无白毛；雌性的白眼圈不显著 ·· 高黎贡白眉长臂猿 *H. tianxing*
   注：在中国藏南地区还有西白眉长臂猿 *Hoolock hoolock* 分布（蒋志刚等，2017），本检索表暂未列入。

图 7-38　白掌长臂猿

白掌长臂猿 *Hylobates lar*（图 7-38）：体重 3.9~7.0 kg，体长 450~600 mm。手、足白色或淡白色，故称白掌长臂猿。两性均可有两种色型：暗色型（黑褐色）和淡色型（淡黄色）。不同亚种之间色泽有所变化。脸环白色。主要栖于南亚热带季风常绿阔叶林，海拔一般在 1000~2000 m。常以各种热带浆果和多种嫩树叶、芽、花等为食。听觉和嗅觉灵敏，性胆怯，怕冷。四季均可繁殖，年产一胎，怀孕期为 7~8 个月，每胎产一仔。国内仅分布于云南。国外分布于印度尼西亚、老挝、马来西亚、缅甸和泰国。IUCN 红色名录列入濒危等级（EN）。

高黎贡白眉长臂猿（天行长臂猿）*Hoolock tianxing*（图 7-39）：体重 6.0~8.5 kg，体长 600~900 mm。雄性和雌性的体型差别不大，但雄性具有两条明显分开的白色眉毛，体毛为黑色；而雌性的体毛为浅黄灰色，胸部和颈部的颜色较深。分布于我国的白眉长臂猿过去一直被认为全是东白眉长臂猿 *H. leuconedys*，但来自中国的灵长类研究者最新的研究表明：二者在外形上存在差异（图 7-39）。同时，分子遗传学证据也揭示该物种与东白眉长臂猿在距今约 49 万年前就已发生了分化，从而确定为一个新的物种（Fan *et al.*，2017）。栖息于热带或亚热带的高山密林之中。不筑巢。觅食、睡觉、休息都在树上进行，很少下地活动。以多种野果、鲜枝嫩叶、花芽等为主要食物，亦食昆虫和小型鸟类。种群数量不足 200 只。国内分布于云南，国外见于缅甸。

西黑冠长臂猿 *Nomascus concolor*（图 7-40）：体重 7~10 kg，体长 400~550 mm。毛被短而厚密。雄性全为黑色，头顶有短而直立的冠状簇毛；雌性体背灰黄色、棕黄色或橙黄色，头顶有棱形或多角形黑褐色冠斑；下巴毛色黑色，在眼角和嘴角处有白毛；胸腹部浅灰黄色，常染有黑褐色。仅存约 1600 只。国内仅分布于云南，国外分布于老挝和越南。IUCN 红色名录列入极危等级（CR）。

图 7-39　东白眉长臂猿（A、B）与高黎贡白眉长臂猿（C、D）的比较（左边为雄性，右边为雌性）
（Fan *et al.*，2017）

东黑冠长臂猿 *N. nasutus*（图 7-41）：体型大小似西黑冠长臂猿。雄性全为黑色，头顶冠毛不长。雌性体背灰黄色、棕黄色或橙黄色；脸周有白色长毛；头顶黑色冠斑面积较大，通常能超过肩部，达到背部中央；胸部毛发黑褐色。分布于中国广西靖西县邦亮与越南重庆县交界的一片喀斯特森林中。目前全球仅存 110 只左右。IUCN 红色名录列入极危等级（CR）。

图 7-40　西黑冠长臂猿　　　　　　　　　图 7-41　东黑冠长臂猿（赵超 摄）

海南长臂猿 *N. hainanus*（图 7-42）：两性之间的毛色相差很大。雄性完全是黑色的，头顶有一簇毛。雌性的毛色从黄灰色到淡棕色，在头的顶部有一小的黑色冠斑，下巴毛色黄色，眼角处无白毛。两性之间的大小没有区别，体重可以达到 8 kg。仅分布于我国的海南，现存种群数量约 20 只。IUCN 红色名录列入极危等级（CR）。

北白颊长臂猿 *N. leucogenys*（图 7-43）：体重 4.6~8.2 kg，体长为 450~620 mm。身体纤细，肩宽而臀部窄；有较长的犬齿。体毛长而粗糙，雄性以黑色为主，白颊连到黑色的颏并延伸到耳部；雌性体毛为橘黄色至乳白色，头顶也有一黑色冠斑，但腹部没有黑色的毛，从而区别于黑冠长臂猿。为中国、老挝、越南三国交界地区的特有种，主要栖息于热带雨林。

该目前现存种群数量不足350只。IUCN红色名录列入极危等级（CR）。

图7-42　海南长臂猿（杨冠宇 摄）

图7-43　北白颊长臂猿

（2）人科 Hominidae　　人和类人猿共同的祖先是1万~2000万年前的森林古猿。人科分2个亚科，现存种类共4属7种。

①猩猩亚科 Ponginae　　身体较大，前肢长，下垂过膝，步行时呈半直立状。无臀胼胝。尾退化。大脑发达，智力高，有喜、怒、哀、乐等多样表情，营树栖或陆地生活，杂食或植物性食。仅1属（猩猩属 *Pongo*）2种，均产自亚洲。

猩猩 *Pongo pygmaeus*（图7-44）：体棕红色。体型庞大，雄性约为雌性2倍，成年雄性体长97 cm，体重60~90 kg；雌性体长78 cm，40~50 kg。有颊囊，雄性尤其发达。随着雄性年龄的增长，面颊部皮肤松弛向两翼扩张而形成巨大面盘，前额突出，嘴突出。树栖，很少下地。产于加里曼丹（婆罗洲）等处。CITES列入附录Ⅰ，IUCN红色名录列为极危等级（CR）。

图7-44　猩猩

图7-45　西部大猩猩

苏门答腊猩猩 *P. abelii*：分布于印尼苏门答腊岛。CITES列入附录Ⅰ，IUCN红色名录列为极危等级（CR）。

②人亚科 Homininae　　分为两个族。

a. 大猩猩族 Gorillini tribe。包括1属，即大猩猩属，2种。均产自非洲。

东部大猩猩 *Gorilla beringei*：体躯魁梧，体重约200 kg。以地栖为主，植食性，以嫩叶、野果为食。分布于东非。IUCN红色名录将其山地亚种 *G. b. beringei* 列为极危等级（CR）；

东部低地大猩猩 *G. b. graueri* 列为濒危等级（EN）。

西部大猩猩 *G. gorilla*（图 7-45）：较东部大猩猩稍小。习性与东部大猩猩相似。分布于中非和西非。IUCN 红色名录将其列为极危等级（CR）。

b.人族 Hominini tribe。包括人属 *Homo* 和黑猩猩属 *Pan*。人属现存种类仅 1 种，即现代人 *H. sapiens sapiens*；黑猩猩属有 2 种，均产自非洲。

黑猩猩 *Pan troglodytes*（图 7-46）：体重约 70 kg。毛色乌黑，耳大突向头侧，眉骨高，两目深陷。常成小群于地面活动。晚间在树上筑巢过夜。杂食性。产于中非、西非炎热而潮湿的森林中。IUCN 红色名录列为濒危等级（EN）。

倭黑猩猩 *P. paniscus*（图 7-47）：体较小，仅黑猩猩一半重。产于扎伊尔。IUCN 红色名录列为濒危等级（EN）。

图 7-46　黑猩猩

图 7-47　倭黑猩猩

思 考 题

1. 试述灵长目的主要特征。
2. 试述原猴亚目与简鼻亚目的区别。
3. 简述我国非人灵长类各科的主要特征及其代表动物。
4. 试述猴亚科与疣猴亚科的区别。
5. 请以川金丝猴为例谈谈什么是重层社会？
6. 试述灵长类的社会结构。
7. 试述阔鼻类与狭鼻类的区别。

第8章 食肉目

食肉目 Carnivora 多数是以捕食其他动物为食的猛兽，形态大小不同：世界上最小的食肉目动物为伶鼬 *Mustela nivalis*，体重仅 28~70 g；最大的陆栖食肉目动物为北极熊 *Ursus maritimus*，体重可达 1000 kg；最大的水栖食肉目动物为雄性南象海豹 *Mirounga leonina*，体重可达 3600 kg。食肉目中的大熊猫、小熊猫等是大家喜爱的观赏动物。此外，灵猫科和鼬科的一些种类还与人类感染的疾病有关联。同时，食肉目动物位于食物链的顶端，在生态系统中发挥着重要的作用。然而，目前许多食肉目动物正面临着灭绝的危险。因此，我们在进行资源利用的同时，还应加强保护，以实现资源的可持续利用。

目前，除南极洲外，食肉目动物广泛分布于各大陆（澳洲的食肉目动物是人为引入的），是哺乳类中唯一包含了海栖、陆栖、树栖和半地下生活的类群（史密斯和解焱，2009）。

8.1 食肉目的主要特征

8.1.1 陆生种类的特征

多数食肉目动物是生活于陆地上的，通常具有如下特征：体格强健有力，行动敏捷；大脑相对较大，感官发达，具有立体视觉，但基本上都属于色盲；趾端具尖锐而弯曲的爪；大多数拥有"裂齿"，臼齿的齿尖锋利，为切割型，第三门齿通常犬齿化；颧弓粗壮；多具"C"形下颌窝（mandibular fossa）（图8-1），尤以鼬科动物 Mustelidae 最为明显；所有食肉类的腕中央骨、舟骨和月骨愈合在一起（图8-2），从而增强了腕部的稳固性，有利于奔驰活动。颞

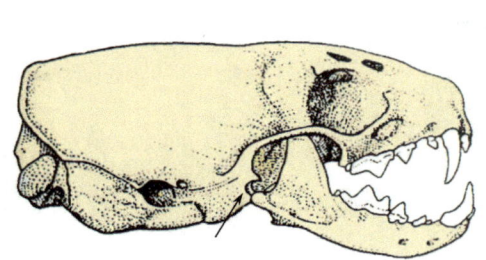

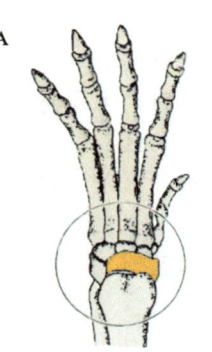

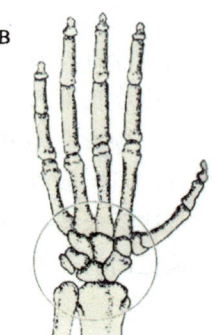

图 8-1　食肉目动物头骨
（改编自 Lawlor，1979）
箭头示"C"形下颌窝

图 8-2　食肉类与灵长类动物腕骨的比较
（改编自 MacDonald，1984）
A. 食肉类；B. 灵长类

肌发达；胃简单，肠短，盲肠小或无；多数种类有肛门腺或尾腺；雌兽为双角子宫或对分子宫，环状胎盘；雄兽多具阴茎骨（图 8-3）。多数陆生种类是夜行性、单独活动的，只有少数种类表现出社会组织性。此外，许多陆生食肉目动物在长期的进化过程中还发展出了特殊的捕食策略（专栏 8.1）。

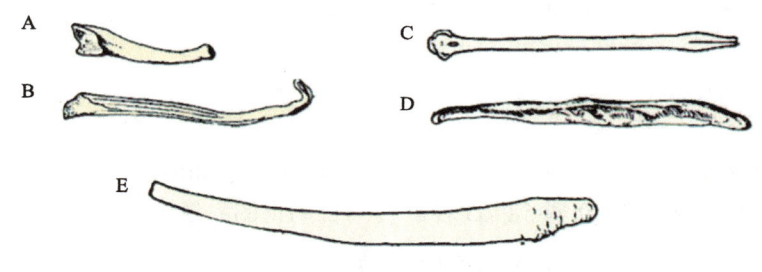

图 8-3　几种食肉类动物的阴茎骨

A. 小熊猫；B. 香鼬；C. 狗獾；D. 狐；E. 棕熊

专栏 8.1　陆生食肉动物的捕食策略

在长期的进化过程中，陆生食肉动物发展出了多种捕食策略。

（1）潜伏式袭击策略：这类动物通常是一些独栖的种类，如豹、虎、猞猁等。在发现猎物后，它们并不直接追击，而是隐蔽潜行或"守株待兔"，避免被猎物发现。一旦在猎物和捕食者之间达到有效的攻击距离后，捕食者会瞬间跃起，在猎物还没来得及反应前，猛追上去用前肢将猎物按倒，然后强力咬其颈和喉部，迅速致死。吃时先吃软的内脏，后吃肉皮，剩余的部分会拖到隐蔽的地方暂时贮藏起来，日后再吃。

（2）集体围猎捕食策略：一些群栖的食肉动物，如狮子、狼、豺、斑鬣狗等。它们在捕食策略上采取了分工合作的围猎方式，因此，它们能够捕杀比它们自身大几倍的猎物。例如，群豺在围攻一只大型猎物时，其中一只轻捷者会跃抢头顶，先将其眼睛挖出、致盲，接着另一只凶悍者会爬到猎物背上，从肛门将其肠掏出，这样，猎物最终会因流血不止而倒毙。

（3）高速+竞技捕食策略：在动物界中，猎豹 *Acinonyx jubatus* 被称为是"短跑冠军"，时速可高达 100 km/h。但事实上，过去我们简单地认为猎豹狩猎是简单的高速直线追赶猎物明显是错误的。最新的研究表明，猎豹追逐猎物的过程可分为两个主要阶段：第一阶段是最初的快速加速，这使得猎豹能在短时间内达到很高的速度，从而迅速赶上猎物；接着是第二个阶段，在追捕结束前 5~8 s 的时间，是猎豹根据具体的猎物放缓速度的过程，这一阶段猎豹能够跟上猎物的轮番转向，直到最终捉住猎物。猎豹花在第一阶段和第二阶段的时间根据猎物的不同而有所不同，像鸵鸟、野兔和小岩羚等猎物是通过突然的转向以期逃跑，而其他物种，如大羚羊 *Taurotragus oryx* 和跳羚 *Antidorcas marsupialis* 则是在一条基本是直线的路线上飞快地逃跑。因此，在追逐猎物开始之前，猎豹要投入的时间和精力就已经根据猎物决定好了。这是一场复杂的涉及速度、加速度、制动和急转弯的决斗，基本规则因猎物的不同而改变（Wilson et al., 2013）。

8.1.2 海栖种类的特征

海栖的食肉目动物（鳍脚类）是由古食肉类中鼬类分化出的一支向水中发展的类群。它们适应海栖生活，具有如下特征：四肢特化为鳍状肢，各趾间以蹼相连；尾小，夹于后肢间；体为流线型；犬齿锥形，无裂齿，颊齿为同型齿，多吞食，少咀嚼。主要生活于深海，但在岸上繁殖。

8.2 食肉目的分类

全世界食肉目有 2 亚目 17 科（国外将大熊猫科 Ailuropodidae 归入熊科 Ursidae）126 属约 300 种，我国产 11 科 38~39 属 58~63 种。食肉目动物的系统进化关系见图 8-4。

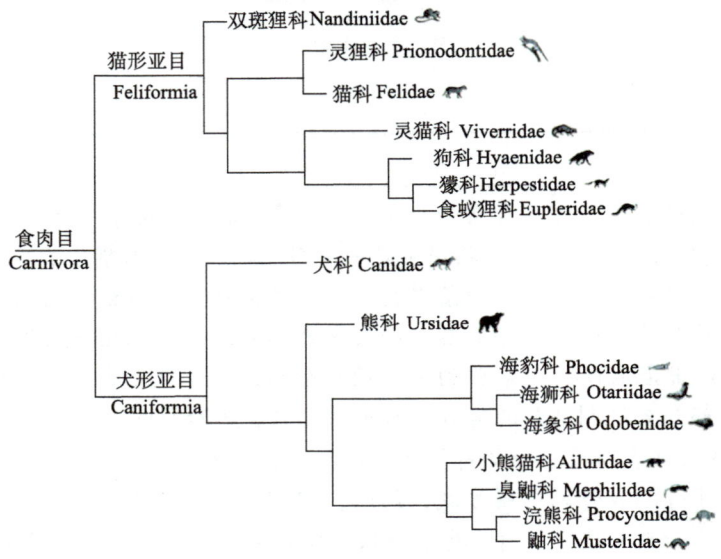

图 8-4 食肉目动物的系统进化

食肉目分亚目、科检索表

1. 多数种类全身不具斑点或条纹；枕骨旁突长，下垂；成体的鼓室仅由鼓骨组成，而不分成内、外鼓室；阴茎骨形大 ·· 2 犬形亚目 Caniformia
   多数种类全身具斑点或条纹；枕骨旁突宽，使听泡呈杯状；鼓骨由内、外鼓骨组成，在二骨结合处，鼓室腔被分隔为内、外两室；阴茎骨较小或缺失 ······ 8 猫形亚目 Feliformia
2. 四肢退化为鳍状，5 趾以蹼相连 ·· 12 鳍脚类 Pinnipedia
   四肢正常，趾间无蹼 ·· 3
3. 体型较大，尾极短；跖行性，趾端具长爪；前白齿小或脱落，裂齿不发达，白齿宽而甚大，咀嚼面具不少瘤状突 ··· 4
   体型小或中等，尾长；趾行性或半跖行性，趾端爪短小；裂齿较发达，白齿中等大小，咀嚼面具少数齿尖 ··· 5
4. 前肢第 1 趾内侧具"伪拇指"；下颌冠状突尖而甚长，矢状嵴发达，翼间孔的位置与最

　　后一枚白齿后缘平齐；体色黑白分明 ················· 大熊猫科 Ailuropodidae
　　前肢无"伪拇指"；下颌冠状突钝而短，矢状嵴不发达或缺如，翼间孔的位置位于最后一枚白齿之后；身体大部黑色 ··· 熊科 Ursidae
5. 体型小，身体细长而四肢短；腭部短；裂齿多呈切割型，上白齿矩形；具发达的肛门腺 ·· 鼬科 Mustelidae、臭鼬科 Mephilidae
　　体型中等大小；腭部不短；裂齿非典型切割型，颊齿宽而平；具尾腺，肛门腺不发达或无 ·· 6
6. 前后足均具 5 趾，四肢中等长，善攀缘；裂齿非切割型；颊齿宽而平 ··············· 7
　　前足 5 趾，后足 4 趾，四肢长，能奔跑；颊齿适于切割和压磨，第一下白齿具"跟座" ·· 犬科 Canidae
7. 体色红褐色，四肢黑色；四肢粗壮；掌上长有厚密的毛；分布于东半球，主食竹 ······· ··· 小熊猫科 Ailuridae
　　体色灰色掺有杂色；四肢粗短，后肢略长于前肢，掌裸露无毛，分布于西半球；不以竹为食 ··· 浣熊科 Procyonidae
8. 背脊处有长的鬣毛 ··· 鬣狗科 Hyaenidae
　　背脊处不具长的鬣毛 ··· 9
9. 半跖行性或趾行性，爪一般无伸缩性；头骨长而低，前颚部长；裂齿较特化，上白齿大，呈三角形；肛门、会阴部常有发达的臭腺 ···································· 10
　　趾行性，具典型可伸缩的锐爪，为皮肤褶的爪鞘所保护；头骨圆而高，前颚部短，裂齿有高度切割性能，仅具一枚小上白齿；肛门、会阴部无臭腺或不发达 ········ 猫科 Felidae
10. 尾长而蓬松；头骨具眶环，门齿孔两个，副枕突低于听室上缘 ········· 獴科 Herpestidae
　　尾毛致密而短；头骨不具眶环，门齿孔 2~3 个，副枕突高于听室上缘 ····················
　　···················· 11. 灵猫科 Viverridae、食蚁狸科 Eupleridae、双斑狸科 Nandiniidae
11. 斑点大，清晰、边界明显，从头到尾或多或少地排列；头体长小于 450 mm，体重小于 1 kg ··· 灵狸科 Prionodontidae
　　多数不具成列的大而清晰的斑点；头体长大于 450 mm，体重大于 1 kg ················
　　························· 灵猫科 Viverridae、食蚁狸科 Eupleridae、双斑狸科 Nandiniidae
12. 有耳廓 ··· 13
　　无耳廓 ·· 海豹科 Phocidae
13. 具长的獠牙 ··· 海象科 Odobenidae
　　不具长的獠牙 ··· 海狮科 Otariidae

8.2.1 犬形亚目 Caniformia

8.2.1.1 陆生种类

　　犬形亚目陆生种类包括犬科、鼬科、臭鼬科、熊科、大熊猫科、小熊猫科和浣熊科，共 7 科 51 属 129 种。在进化上以鼬科最原始，其他 6 科均由鼬科演化而来，后来变为杂食或植食性动物。爪不能伸缩，裂齿逐渐退化，不明显。

1）犬科 Canidae　　颜面部长，鼻突出；鼻腔大，鼻甲骨复杂，嗅觉灵敏。多数种类四肢长，无锁骨，适应迅速奔跑；前足5指，后足4趾。爪钝而不能伸缩，趾行性。肉食性。犬牙发达，裂齿也发达，齿式除豺为 3.1.4.2/3.1.4.2= 40 外，其他均为 3.1.4.2/3.1.4.3= 42。有13属35种，中国有4属6~8种。

中国犬科动物分属、种检索表

1. 通体上下毛色赤棕；下颌臼齿数为2 ·· 豺属，豺 *Cuon alpinus*
   通体上下非赤棕色；下颌臼齿数为3 ··· 2
2. 体型较大，体长超过1 m，头骨最大长超过200 mm，额部鼓胀，额骨气窦发达 ··· 犬属，狼 *Canis lupus*
   体型较小，体长不及1 m，头骨最大长不达200 mm，额部平缓，额骨气窦不发达 ······ 3
3. 颊部有向两侧横生的长毛；头骨之吻部较短，吻端到眶下孔之距离等于横跨臼齿列间之宽度，下颌骨底缘在角突之下方形成圆形的亚角突 ······ 貉属，貉 *Nyctereutis procyonoides*
   颊部无横生长毛；头骨的吻部较长；吻端到眶下孔之距超过横跨臼齿列间之宽度，下颌骨底缘在角突之下方较平缓，不形成圆形的亚角突 ··· 4 狐属 *Vulpes*
4. 体型较小，成兽体长不及60 cm，头骨的颅基长小于120 mm，头骨听泡较大 ··· 沙狐 *V. corsac*
   体型较大，成兽体长超过60 cm，头骨的颅基长超过120 mm，头骨听泡较小 ············· 5
5. 尾及耳均较长，尾长大于体长之半，耳长小于后足之半；耳背上端黑或棕黑与背毛色不同，背部与体侧毛色无明显差异，头骨之吻部较短，其两侧外缘不现内凹；犬牙较短，咬合时上犬牙齿尖不达下颌底缘 ··· 赤狐 *V. vulpes*
   尾及耳均较短，尾长小于体长之半，耳长小于或等于后足之半，耳背上端与背毛色一致；背部橙黄，体侧铅灰有异；头骨吻部狭长，其两侧外缘较现凹入；犬牙甚长，咬合时上犬牙齿尖可超出下颌骨之底缘 ··· 藏狐 *V. ferrilata*

注：亚洲胡狼 *Canis aureus*、孟加拉狐 *Vulpes bengakensis* 在中国藏南地区可能有分布（蒋志刚等，2017），本检索表暂未列入。

（1）犬属 *Canis*　　体型较大，一般在12 kg以上，最大的重达70 kg，这是一类四肢较长、快速奔跑的动物。

狼 *Canis lupus*（图8-5）：为犬属中体型最大者。体重28~40 kg，体长1000~1600 mm，尾长330~550 mm。它是家犬 *C. familiaris* 的祖先。吻部较尖，耳中等长，直立。嘴缘及口须白色，鼻、颊及眼周为灰白色，额和耳为浅黄灰色，颏和喉为白色。尾短粗，其长少于体长的1/3。肩、背、腰、臀及尾基为黄灰色，毛尖黑色。广布于欧洲、亚洲和北美洲。喜栖息于草原、高山草甸草原及高山高寒荒漠草原等空旷而人烟稀少的地方，在茂密的森林中却较少见。中国分布的狼被CITES列入附录Ⅱ。

（2）狐属 *Vulpes*　　体型较小，一般不足10 kg，四肢相对短小；尾长，多毛而蓬松，显得粗大。

赤狐 *Vulpes vulpes*（图8-6）：体重3.6~7 kg，体长500~800 mm，尾长350~450 mm。嘴

狭长，耳尖而直立，体型细长，四肢较长。耳背部黑褐色，与头部毛色明显不同；尾上部为赤褐色，尾端白色。喉为白色。颈背、肩、背、腰和臀部为棕褐色，但毛尖浅淡。分布于丘陵、中低山地区。饲养的银狐（银黑狐）实际上是毛色突变的赤狐，其针毛中部呈银白色，毛根与毛尖黑色。

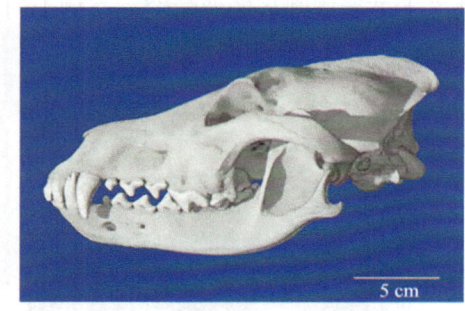

图 8-5　狼及其头骨

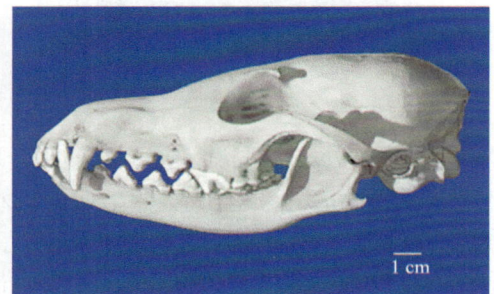

图 8-6　赤狐及其头骨

藏狐　*V. ferrilata*（图 8-7）：较赤狐略小，体重 3.8~4.6 kg，体长 490~650 mm，尾长 250~300 mm。吻鼻部狭小，四肢及耳较之略短，尾亦短，约为体长的一半，尾蓬松。背毛中央毛色棕黄，体侧毛色银灰。嘴缘及颊部灰褐，口须、颊须及眼须为黑色。耳背大部分与体背同色。栖息于海拔 2000~5200 m 的高山草甸、荒漠草原和山地的干旱到半干旱地区。

沙狐（北沙狐）*V. corsac*（图 8-8）：为中国狐属中最小者。体重 1.8~2.8 kg，体长 450~600 mm；尾长 240~350 mm。四肢短，耳大而尖，基部宽，背部呈浅棕灰色或浅红褐色，腹部呈淡白色或淡黄色。为东北地区重要毛皮兽。主要在夜间活动，以鼠类和鼠兔为食。

图 8-7　藏狐　　　　　　　　　　　图 8-8　沙狐

（3）貉属 *Nyctereutes*　　体小而肥壮。头短而吻尖，耳短小，尾粗短，四肢短。仅 1 种。貉毛绒丰厚，是重要的毛皮兽之一。

貉 *Nyctereutes procyonides*（图 8-9）：体重 3~6 kg，体长 450~660 mm，尾长 160~220 mm。两颊具侧生长毛。体色乌棕，四肢乌褐。颊及眼周有黑褐脸斑，呈倒"八"字形。下颌骨底缘在角突之下方形成圆形的亚角突。喜栖于河溪塘库岸边密灌高草丛中。杂食性。仅分布于亚洲。

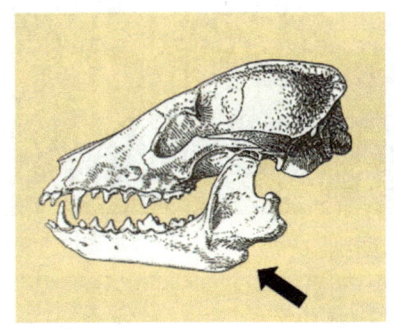

图 8-9　貉及其头骨（箭头示亚角突）

（4）豺属 *Cuon*　　与其他属相比，少一对下臼齿，齿式为：3.1.4.2 / 3.1.4.2 = 40。

豺 *Cuon alpinus*（图 8-10）：体型似犬而小于狼，体重 10~20 kg，体长 880~1130 mm，尾长 400~500 mm。耳短而圆，四肢较短。毛色红棕，尾小于体长的一半，尾尖带黑色。栖于丘陵、山地灌丛及山地疏林中。常集小群活动，捕食鹿、野猪、獾等，偶尔取食少许植物。CITES 列入附录Ⅱ，IUCN 红色名录列为濒危等级（EN），为国家Ⅱ级重点保护动物。

2）熊科 Ursidae　　体型肥壮，头圆而阔，眼眶小，吻长，颈短，尾短，四肢粗壮，前后足皆具 5 指（趾）。跖行性，爪强而利。熊是犬科进化道路上的一个分枝，开始出现于中新世的欧洲。熊科动物已偏离肉食的特性，多数种类已特化成杂食性。牙齿不尖锐，后面白齿齿冠平宽，适于研磨。齿式多为 3.1.4.2/3.1.4.3 = 42，但马来熊为 3.1.3.2/3.1.3.3 = 38。有 4 属 7 种，我国有 2~3 属 3~4 种，除马来熊被列为国家Ⅰ级重点保护动物外，其他均被列为国家Ⅱ级重点保护动物。分布于欧洲、亚洲、南美洲、北美洲。

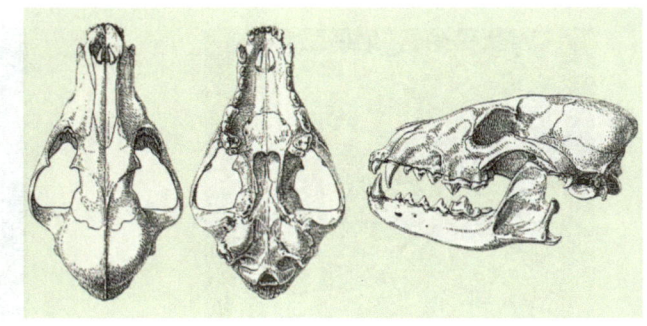

图 8-10　豺及其头骨

第 8 章 食 肉 目

中国熊科分属、种检索表

1. 体型大，体长 1.5 m 以上；头骨较长，颅基长远大于颧宽；前白齿 4/4 ·················· 2
   体型小，体长 1.5 m 以下；头骨宽短，颅基长略大于颧宽；前白齿 3/3 ·················
   ····································· 马来熊属，马来熊 *Helarctos malayanus*
2. 毛被黑色，胸毛短于 4 cm；胸部有白色或黄白色倒"人"字形斑纹；前掌腕垫大，与掌垫相连 ·· 黑熊 *Ursus thibetanus*
   毛色有变异，主要为棕褐色，胸毛长于 10 cm；胸部无白斑或颈部有白斑成白领状，但绝不在胸部呈倒"人"字形；前掌腕垫小，与掌垫分离 ················ 3 棕熊 *Ursus arctos*
   注：懒熊 *Melursus ursinus* 在中国藏南地区可能有分布（蒋志刚等，2017），本检索表暂未列入。

（1）马来熊属 *Helarctos* 仅 1 种，齿式为 3.1.3.2/3.1.3.3 = 38。

马来熊 *Helarctos malayanus*（图 8-11）：又叫太阳熊，是最小的熊类。体重 25~65 kg，体长 1000~1400 mm，尾长 30~70 mm。坐立时如一只黑色胖狗，故名狗熊。前胸通常有一块黄白色的"V"形斑纹。肩部有毛漩两个，胸斑环抱的中央亦有一个毛漩。前肢呈弓状弯曲，脚爪转向内偏，极适攀爬。主要分布在印度尼西亚、马来半岛、缅甸等地。我国仅见于云南、广西，数量稀少。CITES 列入附录Ⅰ，IUCN 红色名录列为易危等级（VU），为国家Ⅰ级重点保护动物。

（2）熊属 *Ursus* 4 种，齿式为 3.1.4.2/3.1.4.3 = 42。

黑熊 *Ursus thibetanus*（图 8-12）：体重 150~250 kg，体长 1500~1900 mm，尾长 70~80 mm。胸部有月牙形白色胸斑。颈侧部毛最长，丛状，胸部毛最短。前足腕垫大，与掌垫相连；爪常为黑色。吻部较短；人字嵴明显，矢状嵴不发达；听泡扁平。视觉较差，但听觉及嗅觉灵敏。有冬眠习性。多栖息于常绿阔叶林或混交林中。我国有 5 个亚种，即指名亚种 *Ursus thibetanus thibetanus*、四川亚种 *U. t. mupinensis*、喜马拉雅亚种 *U. t. laniger*、东北亚种 *U. t.ussuricus* 和台湾亚种 *U. t. formosanus*。CITES 已将其列入附录Ⅰ，IUCN 红色名录列为易危等级（VU），为国家Ⅱ级重点保护动物。

图 8-11 马来熊

棕熊 *U. arctos*：体型大，体重 125~225 kg，体长 1150~1190 mm，尾长 80~130 mm。肩部隆起，毛色多变，由棕黑色至棕红色，通常为棕褐色，四肢近黑色。胸部的毛很长，长于 10 cm。前足腕垫小，与掌垫分离。吻长，眶后突大约在头骨中点位置；矢状嵴发达；听泡扁平。在我国有 4 个亚种：分布于东北和内蒙古的东北棕熊 *U. a. lasiotus*，分布于新疆南部、西部及西藏西部、西南部的喜马拉雅棕熊 *U. a. isabellinus*，分布于新疆北部阿尔泰山的西伯利亚棕熊 *U. a. collaris*，分布于云南西北部、四川西部、西藏、青海、甘肃西部和新疆南部的西藏棕熊 *U. a. pruinosus*。CITES 已将其列入附录Ⅰ，为国家Ⅱ级重点保护动物。其中，西藏棕熊又称为马熊（图 8-13），为我国特产的棕熊亚种。体型比黑熊大；吻长而头宽圆；肩部隆起；胸部白斑常沿肩部往上而在颈背相连。前足腕垫不与掌垫相连。爪多为乳白色。栖息于海拔 2000~4500 m 的高山阔叶林、针阔混交林、针叶林、高山灌丛草原、高山荒漠草原等各种环境。数量稀少。

图 8-12　黑熊

图 8-13　西藏棕熊

北极熊 *U. maritimus*（图 8-14）：体重 350~1000 kg。皮肤黑色，但毛为白色而稍带淡黄色。分布于北极地区。CITES 已将其列入附录Ⅱ，IUCN 红色名录列为易危等级（VU）。

美洲黑熊 *U. americanus*（图 8-15）：体重 40~225 kg。毛色随亚种的不同，体有赤褐、蓝灰和白色者。分布于墨西哥中部、美国阿拉斯加州。

图 8-14　北极熊

图 8-15　美洲黑熊

（3）眼镜熊属 *Tremarctos*　　仅一种，齿式为 3.1.4.2/3.1.4.3 = 42。

眼镜熊 *Tremarctos ornatus*（图 8-16）：也叫安第斯熊，是南美洲特产的一种熊科动物，也是南美唯一的一种熊。体重 35~200 kg。眼镜熊具有黑色的体毛，脸部和前胸部为白色。眼睛周围有一对像眼镜一样的圈，故而被称为眼镜熊。分布于委内瑞拉、玻利维亚的森林中。CITES 已将其列入附录Ⅰ，IUCN 红色名录列为易危等级（VU）。

图 8-16　眼镜熊

图 8-17　懒熊

（4）懒熊属 *Melursus*　仅一种。为中等体型的熊科动物。齿式为 2.1.4.2/3.1.4.3 = 40。不冬眠，主要在夜间活动。特化为食虫性，与此相适应，中央门齿缺如，鼻孔可关闭，前肢有大而弯曲的爪，善于抓开蜜蜂和白蚁等社会性昆虫的巢，然后把白蚁等昆虫吸入口内。

懒熊（印度熊）*Melursus ursinus*（图 8-17）：体重 80~273 kg。全身覆盖着长长的黑毛，前胸点缀着一块白色或淡黄色的"U"形或者"Y"形斑纹。它们口鼻很长，还能灵活移动，嘴唇裸露。上颌门齿 4 枚（不同于其他熊类 6 枚）。分布于印度、斯里兰卡的森林中，在中国藏南可能有分布（蒋志刚等，2017）。CITES 已将其列入附录Ⅰ，IUCN 红色名录列为易危等级（VU）。

3）浣熊科 Procyonidae　体型中等，一般不超过 10 kg，最小的不到 1 kg。体粗，肢短，尾长，有黑白环纹。五趾型，后足跖行性，爪不能收缩或能半收缩。齿式 3.1.4.2/3.1.4.2 = 40。

裂齿失去切割作用，上臼齿宽度超过长度。产于北美洲和中美洲。有 6 属 16 种。

浣熊 *Procyon lotor*（图 8-18）：体重 3.5~9 kg。体灰色或近乎黑色，有的个体带棕色或红色。尾有 5~10 个黑色与灰褐色相间的环纹，多毛。面部有黑色，面宽而吻尖。除尾外与我国产的貉相似。爪不能伸缩，前足、趾相当长，能伸开，较灵活。产于加拿大南部、美国至巴拿马地区。在美国是一种重要的毛皮兽。

浣熊科除浣熊属有 5 种外，还有蓬尾浣熊属 *Bassariscus*，2 种；犬浣熊属 *Bassaricyon*，5 种；南美浣熊属 *Nasua*，2 种；长鼻浣熊属 *Nasuella*，1 种；蜜熊属 *Potos*，1 种；共 16 种。

图 8-18　浣熊

4）小熊猫科 Ailuridae　体为中型，尾长为体长的一半以上（约 2/3），体重约为 5 kg。分布于亚洲东南部。单型属，现仅存一种。

小熊猫 *Ailurus fulgens*（图 8-19）：体重 4~6 kg，体长 500~700 mm，尾长 350~490 mm。四肢粗短为黑褐色，全身为红褐色，爪乳白色；耳缘具长的白色毛，耳背为黑褐色；尾具有大小不同的 9 个棕红及沙白环纹，尾尖为黑褐色；头骨吻部短，矢状嵴低，颧弓显著外展，下颌较短，齿式为 3.1.3.2/3.1.4.2 = 38。国内分布于西藏、四川和云南，为喜马拉雅-横断山脉的特产动物。CITES 将其列入附录Ⅰ，IUCN 红色名录列为易危等级（VU），为我国Ⅱ级重点保护动物。

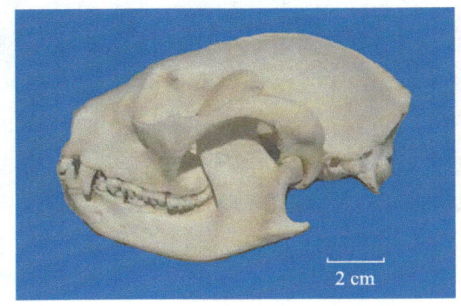

图 8-19　小熊猫及其头骨

5）大熊猫科 Ailuropodidae　　Pocock（1928）首次提出的大熊猫科，特征介于熊科、小熊猫科和浣熊科之间，具体为：鼻端裸出，鼻孔下方具有和熊类并不相像的横沟纹。前足与后足的长度相近。在前足指间垫的最内侧有一"伪拇指"，由桡侧腕骨特化而来（图 8-20），另有一较大足垫，二者共同作用，夹持竹茎以便咀嚼。

大熊猫头骨的吻部显著短；矢状嵴高，具有宽而粗壮的颧弓（图 8-21）。颧弓的前端着生于 M^1 处，较熊类前移。翼间窝与 M^2 后缘等齐，而熊类远居其后（图 8-22）。初生幼仔的尾很长（图 8-23），不像熊类出生时尾很短。Wilson 和 Reeder（2005）将大熊猫归入熊科；亦有人将其与小熊猫合为熊猫科（Schaller，1993）。在争论未完全解决前，暂独立一科为当。

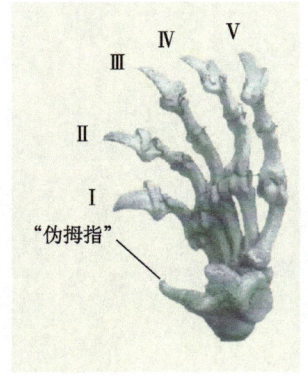

图 8-20　大熊猫的"伪拇指"

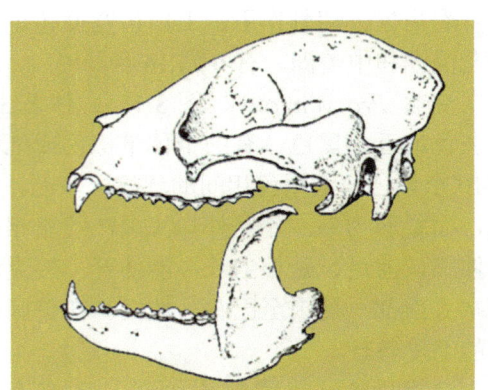

图 8-21　大熊猫头骨（侧面观）

大熊猫 *Ailuropoda melanoleuca*（图 8-24）：体重 63~110 kg，体长 1500~1800 mm，尾长 120~150 mm。鼻端裸露，皮肤为黑色。头部除眼圈和耳为黑色外，概为乳白色。四肢黑色。足底被黑褐色粗毛，前后足各具 5 趾，爪为黄白色。分布于四川、陕西和甘肃。是我国特产

第 8 章 食 肉 目

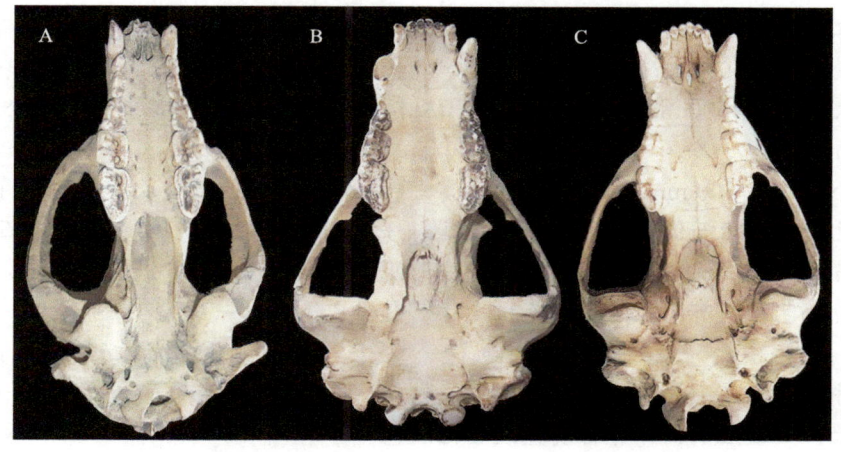

图 8-22 大熊猫（A）、马熊（B）和黑熊（C）头骨的比较

珍稀兽类，CITES 将其列入附录Ⅰ，为国家Ⅰ级重点保护野生动物。鉴于近年来我国在保护大熊猫方面做出的卓越成效，大熊猫的受胁等级已由之前的濒危等级（EN）降为了易危等级（VU）（IUCN，2016）。

6）鼬科 Mustelidae 中小型食肉兽。体型多细长，头略圆，颈长，耳小而横宽。四肢短，尾较长。五趾型，跖行性或半跖行性。大多数肛门附近有臭腺，其分泌物可自卫。前臼齿各属有差异（4~3/4~3），但臼齿全是 1/2。上臼齿横列，内叶较外叶宽。生活方式多样，有树栖（貂）、半水栖（水獭）、穴居（獾）。全世界有 22 属 57 种，我国有 9 属 19 种。列为国家Ⅰ级重点保护的有紫貂 *Martes zibellina* 和貂熊 *Gulo gulo*，Ⅱ级的有石貂 *M. foina*、黄喉貂 *M. flavigula*、水獭 *Lutra lutra*、江獭 *lutrogale perspicillata* 和小爪水獭 *Aonyx cinerea* 共 5 种。

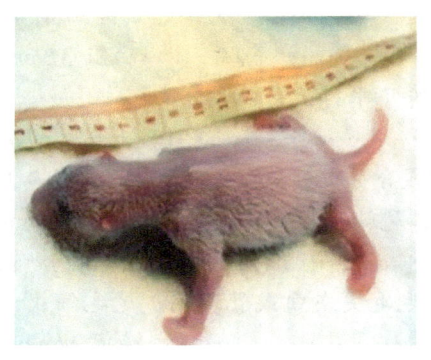

图 8-23 大熊猫幼仔

图 8-24 大熊猫

中国鼬科分属、种检索表

1. 体型较粗大，体长约 680 mm，颅基长约 133 mm；被毛较长；自颈部到体侧具浅色宽形半环状带 ·· 貂熊属 *Gulo*，貂熊 *G. gulo*
   体型中等，体长小于 540 mm，颅基长不及 98 mm；被毛较短；体侧无异色环带 ········ 2

2. 体型较大；喉、胸部具明显块状斑；前白齿 4/4 ·· 3 貂属 *Martes*
   体型较小；喉、胸部无斑；前白齿 3/3 ··· 5

3. 体型较大，体长 500 mm 以上；尾长几达体长的 2/3；体色鲜艳多样；颅全长一般超过 90 mm ··· 黄喉貂 *M. flavigula*
   体型较小，体长 500 mm 以下；尾长短于或等于体长之半；颅全长不超过 90 mm ········· 4

4. 喉斑白色；听泡短而低平，彼此距离较远 ··· 石貂 *M. foina*
   喉斑茧黄橙色或浅淡不显；听泡长凸，彼此距离靠近 ····································· 紫貂 *M. zibellina*

5. 体背面黄褐色，间有明显的黄白色斑点；下裂齿内缘具有一小尖 ·· 虎鼬属 *Vormela*，虎鼬 *V. peregusna*
   体背无异色斑点；下裂齿内缘无小尖 ··· 6

6. 体型细长，四肢短小；体背棕黄色或其他颜色 ··· 鼬属 *Musteal*
   体型粗短，四肢较长；体背呈浅灰色 ··· 13

7. 背脊具白色细纹；脚掌裸露；眶后突发达，尖形 ··································· 背纹鼬 *M. strigidorsa*
   无背脊纹；脚掌被毛；眶后突不发达，钝形 ··· 8

8. 背腹、四肢和尾通体棕黄色 ··· 9
   通体异色 ·· 10

9. 体型较大，体长 342~420 mm；体侧无分界线 ·· 黄鼬 *M. sibirica*
   体型较小，体长 105~270 mm；体侧略具分界线 ······································· 香鼬 *M. altaica*

10. 背毛黄色，四肢黑色；体长 375~460 mm，颅全长 62~72 mm ········ 艾鼬 *M. eversmannii*
    背毛褐色，四肢不为黑色；体长小于 350 mm，颅全长小于 60 mm ···························· 11

11. 体背咖啡褐色，腹金黄色或橘黄色；脚掌被稀疏的毛 ······················· 黄腹鼬 *M. kathiah*
    体背深褐，腹从淡黄至锈红色带锈红斑块；冬毛全为白色 ·· 12

12. 尾端毛色与体色同；尾长不及体长之 1/4 ··· 伶鼬 *M. nivalis*
    尾端毛色终年黑色；尾长大于体长之 1/4 ··· 白鼬 *M. erminea*

13. 额部至背脊有一条白色纵纹；爪直而长；头骨颧嵴几平行；前白齿 4/4 ·· 14 鼬獾属 *Melogale*
    额部至背脊无白色纵纹；爪短而弯曲；颧嵴不明显或合并成矢状嵴；前白齿 4/3 或 3/3·· 15

14. 体背深棕色；针毛无白色毛尖；尾毛粗硬而蓬松，尾端呈扫帚状；PM^4 长度为 7 mm，M^1 长度为 8 mm ··· 缅甸鼬獾 *Melogale personata*
    体背毛色变异较大，由灰褐、暗紫灰到棕褐；针毛毛尖灰白或乳黄色；尾毛细软，尾端圆形；PM^4 长度小于 7 mm，M^1 长度小于 8 mm ··· 鼬獾 *M.moschata*

15. 趾间具蹼；前白齿 4/3 ··· 16
    趾间无蹼；前白齿 3/3 ··· 18

16. 趾与爪较大；上颌前白齿 4 枚；鼻吻部上缘几成直线或"W"形 ···································· 17
    趾与爪细弱；上颌前白齿 3 枚；鼻吻部上缘呈弧形 ·· 小爪水獭属 *Amblonyx*，小爪水獭 *A. cinerea*

17. 体型较大，趾爪甚小；鼻垫上缘裸露部分与被毛交界处几乎成一直线横过；体针毛和绒毛短；头骨之鼻骨和额骨不扁平而明显倾斜，眶间部平行边颇长

....江獭 *Lutrogale perspicillata*

体型较小，趾爪较大；鼻垫上缘裸露部分与被毛交界处呈"W"形；体针毛长而具光泽；
头骨扁平，眶间部平行边甚短..水獭 *Lutra.lutra*

18. 喉部黑棕色；鼻垫与上唇间被毛；上白齿几成方形；爪褐色..................................
....狗獾属 *Meles*，狗獾 *M. leucurus*

喉部白色；鼻垫与上唇间裸露；上白齿斜方形；爪淡黄色..
....猪獾属 *Arctonyx*，猪獾 *A. collaris*

（1）貂熊属 *Gulo* 貂熊（狼獾）*Gulo gulo*（图 8-25）：是最大的鼬科动物。体重 6.5~14 kg，体长 675~780 mm，尾长 180~195 mm。体型较粗大，外形介于熊与貂之间。头大耳小，背部弯曲，四肢短健全身棕褐色，被毛较长，自颈部到体侧具浅色宽形半环状带。我国仅见于内蒙古、黑龙江和新疆。为国家Ⅰ级重点保护动物。

（2）貂属 *Martes* 体型较大；喉、胸部具明显块状斑；前白齿 4/4。

图 8-25 貂熊

紫貂 *Martes zibellina*（图 8-26）：体重 0.4~1.1 kg，体长 340~460 mm，尾长 110~180 mm。身体细长，四肢短健。体色单一，为灰褐色、黄褐色或黑褐色。尾长约为体长的 1/3，尾毛蓬松。喉斑茧黄橙色或浅淡不显；听泡长凸，彼此距离靠近。在我国分布于东北地区和新疆。为国家Ⅰ级重点保护动物。

黄喉貂（青鼬）*M. flavigula*（图 8-27）：貂属中最大的一种。体重 1.2~5.7 kg，体长 510~630 mm，尾长 375~480 mm。身体细长，尾长几达体长的 2/3，为黑色；前肢上部黄褐色，下部为黑色，后肢、尾全为黑色。广布于中国西南部、南部和东部。CITES 已将其列入附录Ⅱ，为国家Ⅱ级重点保护动物。

图 8-26 紫貂

图 8-27 黄喉貂

石貂 *M. foina*（图 8-28）：体重 0.8~1.6 kg，体长 340~480 mm，尾长 220~330 mm。尾长超过体长的 1/2，尾毛蓬松，呈圆筒状。毛色为淡褐色，喉胸部具有鲜明的白斑。听泡短，彼此距离较远。主要栖息于多石的高寒高原灌丛草甸、山林。常在林缘石岩活动。国内分布于内蒙古、河北、山西、陕西、宁夏、甘肃、青海、西藏、四川、新疆、云南等省（自治区）。CITES 已将其列入附录Ⅲ，为国家Ⅱ级重点保护动物。

（3）鼬属 Musteal　　体型较小；喉、胸部无斑；前臼齿 3/3；四肢短小；体背棕黄色或其他颜色；下裂齿内缘无小尖。

黄鼬 Musteal sibirica（图 8-29）：体重 0.5~1.2 kg，体长 342~420 mm，尾 150~250 mm。背腹、四肢和尾通体棕黄色，背腹毛色无明显分界线。身体细长，尾长约为体长的 1/2。鼻周及口角处白色。性二型，雌兽较小，约为雄兽的 1/3。栖息于河谷、土坡、平原、丘陵和村落附近。国内分布于黑龙江、吉林、辽宁、内蒙古、新疆、青海、陕西、山西、河北、河南、山东、西藏、云南、贵州、广西、湖南、湖北、四川、重庆、安徽、江西、浙江、海南、台湾等地。CITES 已将其列入附录Ⅲ。

图 8-28　石貂

图 8-29　黄鼬

香鼬 M. altaica（图 8-30）：体重 80~280 g，体长 105~270 mm，尾长 66~162 mm。尾较黄鼬细，尾长不及体长之半。夏毛背面呈暗棕黄色，腹部淡黄色，界限明显，冬毛界限不显。栖息于山地森林、草原，亦可见于海拔 3000 m 以上的高原灌丛草甸。国内分布于黑龙江、吉林、辽宁、内蒙古、山西、陕西、甘肃、青海、四川、西藏等地。CITES 已将其列入附录Ⅲ。

伶鼬 M. nivalis（图 8-31）：体重 28~70 g，体长 130~190 mm，尾长 20~53 mm。身体细长，尾很短，四肢短。尾毛与背毛一致呈棕褐色，与腹部毛色显然不同；冬毛全白。颏、喉为白色。胸、腹至鼠蹊部为黄白色与背部颜色截然有别。栖于高原的灌丛草甸，在林区栖息于针阔混交林、亚高山或干旱山地针叶林及林缘灌丛。国内分布于黑龙江、吉林、辽宁、内蒙古、河北、新疆、四川等地。

图 8-30　香鼬

图 8-31　伶鼬

黄腹鼬 *M. kathiah*（图 8-32）：体重 160~250 g，体长 205~334 mm，尾长 65~182 mm。腹面和四肢内侧肘部为淡黄色或黄白色，沿体侧具一条明显的毛色分界线。尾长超过体长之半。栖息于山地林缘、河谷、灌丛。国内分布于广东、广西、云南、四川、贵州、陕西、湖北、湖南、江西、安徽、江苏、浙江、海南、台湾等地。CITES 已将其列入附录Ⅲ。

图 8-32　黄腹鼬

图 8-33　艾鼬

艾鼬 *M. eversmannii*（图 8-33）：体重 460~1198 g，体长 315~460 mm，尾长 90~200 mm。毛被蓬松，后背部针毛长，具黑褐色毛尖；胸、鼠蹊部、四肢黑褐色。尾长不及体长之半，黑褐色。耳壳外缘白色。鼻端、两眼周围及眼间具大块棕黑色斑。栖息于海拔 3200 m 以下的山地、草原及灌丛地带。国内分布于黑龙江、吉林、辽宁、内蒙古、河北、江苏、河南、陕西、青海、四川和新疆等地。

（4）鼬獾属 *Melogale*　鼬獾 *Melogale moschata*（图 8-34）：体重 500~1600 g，体长 305~430 mm，尾长 115~215 mm。体型粗短。额部至背脊有一条白色纵纹；爪直而长，为乳白色；头骨颞嵴几平行；前臼齿 4/4，上裂齿近似平行四边形。前额、耳前、耳缘及颊部为白色。广泛分布于平坝、丘陵和中低山。栖息于河谷、田塘、沟渠附近草灌。国内分布于湖南、四川、重庆、湖北、安徽、浙江、江苏、福建、广东、广西、海南、贵州、云南、台湾等地。

（5）狗獾属 *Meles*　狗獾 *Meles leucurus*（图 8-35）：体重 3.5~9 kg，体长 495~700 mm，尾长 130~205 mm。体型较大，形肥壮。口角经颊至颈侧左右各具一白色宽纵纹，从鼻尖至

图 8-34　鼬獾

图 8-35　狗獾

头顶也有一宽白纵纹,三条纵纹之间夹有两条黑棕色宽带。鼻垫与上唇之间被毛,喉部黑褐色。上臼齿几成方形。四肢黑棕色,爪褐色。栖息于盆地、丘陵、中山灌丛。国内除海南和台湾外其他各省(自治区、直辖市)均有分布。

(6)猪獾属 *Arctonyx*　　猪獾 *Arctonyx collaris*(图 8-36):体重 9.7~12.5 kg,体长 580~740 mm,尾长 90~220 mm。喉部及尾白色,四肢黑色;鼻垫与上唇间裸露;爪淡黄色。上臼齿斜方形。分布于中低山、丘陵。国内分布于江苏、浙江、福建、安徽、湖北、湖南、广东、广西、四川、重庆、云南、山西、陕西、甘肃、西藏及河北等地。

(7)水獭属 *Lutra*　　水獭 *Lutra lutra*(图 8-37):体重 2.5~9 kg,体长 490~840 mm,尾长 243~440 mm。头扁,身体细长,四肢短,脚圆形,趾间有蹼,爪长而锐利。尾毛长而密。鼻垫上缘裸露部分与被毛交界处呈"W"形。前臼齿 4/3。栖息于江河湖塘岸边。国内分布于全国各省(自治区、直辖市)。由于猎捕过度,数量已十分稀少,CITES 已将其列入附录Ⅰ,为国家Ⅱ级重点保护动物。

图 8-36　猪獾

图 8-37　水獭

(8)小爪水獭属 *Amblonyx*　　小爪水獭 *Amblonyx cinerea*:体重 2~4 kg,体长 400~610 mm,尾长 290~350 mm。鼻垫裸露区与被毛交界处呈弧形。尾基部宽,向后急剧变细;尾端被毛短而稀少,几乎裸露。趾爪甚小,不突出趾尖。前臼齿 3/3。国内分布于西藏、云南、四川、广东。CITES 已将其列入附录Ⅱ,IUCN 红色名录列为易危等级(VU),为国家Ⅱ级重点保护动物。

7)臭鼬科 Mephitidae　　本科由 Wilson 和 Reeder(2005)从鼬科中分出,体型似鼬,但体色黑白分明。肛周腺特别发达,喷释出的臭气会逼退攻击者。共有 4 属 12 种,在美洲分布的有獾臭鼬属 *Conepatus* 4 种(如墨西哥獾臭鼬 *Conepatus semistriatus*,图 8-38)和斑臭鼬属 *Spilogale* 4 种(如斑臭鼬 *Spilogale putorius*,图 8-39)、臭鼬属 *Mephitis* 2 种;亚洲分布的有东南亚臭鼬属 *Mydaus* 2 种。

第8章 食 肉 目

图 8-38　墨西哥獾臭鼬　　　　　　　图 8-39　斑臭鼬

8.2.1.2 海栖种类——鳍脚类

鳍脚类的四肢已特化成鳍状，5 趾间以蹼相连。尾小夹在后肢间。体为流线型，皮下脂肪层很厚，鼻孔裂状，垂直关闭。眼大，耳小或无外耳壳。外生殖器及乳头等退缩到体表深处。四肢和腰带都高度特化，腰带小，几乎与脊椎平行。股骨宽而扁平。前肢无锁骨。具短而宽的肱骨和股骨及延长的肢骨（图 8-40 和图 8-41）。在海狮和海象中，颈椎、胸椎和肩胛骨扩大以支持主要的肌群，为前肢的推进提供动力；在海豹中，腰椎强大以供肌肉附着，为后肢推进提供动力。

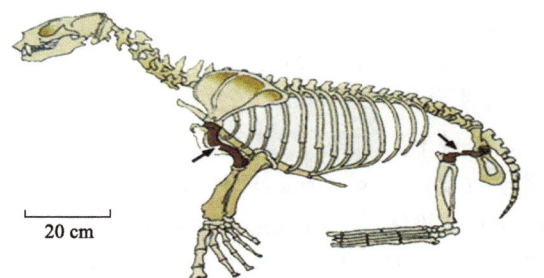
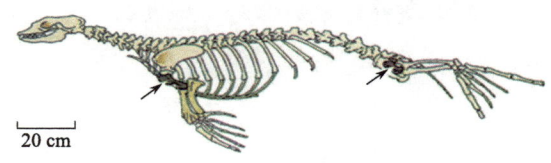

图 8-40　新西兰海狗 *Arctocephalus forsteri* 的骨骼系统（改编自 King, 1983）
箭头示短而宽的肱骨和股骨

图 8-41　西印度僧海豹 *Monachus tropicalis* 的骨骼系统（改编自 King, 1983）
箭头示短而宽的肱骨和股骨

下门牙 1~2 对，犬牙锥形，无裂齿。颊齿 12~24 枚，为同型齿。进食时多整体吞食，少咀嚼。潜水能力很强，可持续 20 min 到 600 m 深处捕鱼，并在生理上也产生了相对的适应。

有 3 科 21 属 36 种，我国有 2 科 4 属 5 种，全列为国家 II 级保护海兽。

1）海狮科（海狗科）Otariidae　　体呈纺锤形，头部有圆锥形的尖耳壳，雄性具阴囊。前肢长于后肢。后肢自踝关节处朝前弯曲，用以支撑身体重量并在陆上行走。头骨具矢状嵴。齿式为 3.1.5~7/2.1.5 = 34~38，上犬齿不像海象，没有延长为獠牙状。有 7 属 16 种，我国 2 属 2 种。

北海狮 *Eumetopias jubatus*（图 8-42）：为本科体型最大者，雄兽体重可达 1120 kg，体长可达 3.3 m；雌兽体重可达 350 kg，体长可达 2.5 m。国内分布于渤海和黄海。

2）海豹科 Phocidae　　本科海兽上陆后，后肢不能转向前，能用腹部做弯曲动作，不具外耳壳。毛被中无绒毛。有 13 属 19 种，我国有 2 属 3 种。

图 8-42　北海狮

图 8-43　髯海豹

斑海豹 *Phoca largha*：体重 85~150 kg，体长 1.5~2.1 m。身体肥壮而浑圆，呈纺锤形。全身生有细密的短毛。背部灰黑色并布有不规则的棕灰色或棕黑色的斑点。国内分布于黄海、渤海、东海和南海。

环斑小头海豹 *P. hispida*：体型较小，体重 45~90 kg，体长多不超过 1.5 m。成体背部深灰，具灰白色环斑，腹面一般银白，无深色斑。国内分布于黄海。

髯海豹 *Erignathus barbatus*（图 8-43）：体重 200~250 kg，体长 2.1~2.3 m。口周围密生直而粗硬的感觉毛。国内分布于东海。

3）海象科 Odobenidae　因犬齿发达似象牙而得名。本科 1 属 1 种。

海象 *Odobenus rosmarus*（图 8-44）：体重 400~1700 kg，雄体长 270~356 cm，雌体长 225~312 cm。分布于北冰洋。IUCN 红色名录列为易危等级（VU）。

图 8-44　海象

以上三个科的动物在形态上有着明显的差异（表 8-1）。

表 8-1　鳍脚类三个科的形态学比较（Feldhamer *et al.*, 2015）

项目	海豹科	海象科	海狮科
外耳廓	无	无	有
睾丸	腹腔内	腹腔内	阴囊中
舌尖有凹缺	是	否	否
后肢转向前	否	是	是
针毛有髓质	否	否	是
下层绒毛	缺乏	缺乏	有
翼蝶骨管	缺乏	有	有
下门齿存在	是	否	是
上门齿具横沟	否	否	是

续表

项目	海豹科	海象科	海狮科
总齿数	26~36	18~24	34~38
下颌齿骨愈合	否	是	否
眶后突	缺乏	缺乏	存在
染色体数	32~34	32	36

8.2.2 猫形亚目 Feliformia

猫形亚目动物的爪多能伸缩，鼓室由内、外鼓骨组成，鼓室腔分为两室。包括7科，分别为灵猫科、食蚁狸科、双斑狸科、獴科、鬣狗科、猫科及灵狸科，其中，灵猫科最原始。

1）灵猫科 Viverridae 体细似猫但较细长，吻部狭长，四肢短，脚掌小而圆，尾长。前后肢各具5指（趾），爪可自由伸缩。齿式为 3.1.4.2/3.1.4.2=40，上臼齿横列，其外叶较内叶宽。有的种类，如大灵猫、小灵猫等的香腺发达，位于肛门与生殖器之间，其分泌物称为"灵猫香"，是一种著名的中药和香料。多为树栖，以果实为食。全球有3亚科13属33种，我国产6属8种。

熊狸 *Arctictis binturong*（图8-45）：体型似小熊，体重9~14 kg，体长522~900 mm，尾长520~890 mm。通体黑褐色，耳有簇毛。尾长接近体长，为旧大陆中唯一尾端具缠绕性（抓握能力）的有胎盘哺乳动物。国内仅见于云南。CITES已将其列入附录III，IUCN红色名录列为易危等级（VU），为国家I级重点保护动物。

图8-45 熊狸

大灵猫 *Viverra zibetha*（图8-46）：体重3.4~9.2 kg，体长500~950 mm，尾长380~590 mm。体型似猫而稍大，吻较尖，耳稍长。尾长超过体长之半，具6个宽的黑褐色环。背脊具黑色鬣毛。颈侧和喉部黑白领纹极显著。

图8-46 大灵猫

图8-47 小灵猫

国内分布于江苏、浙江、福建、江西、广东、广西、湖北、湖南、陕西、云南、贵州、四川、重庆、海南等省（自治区）。数量稀少，CITES 已将其列入附录Ⅲ，为国家Ⅱ级重点保护动物。

小灵猫 *Viverricula indica*（图 8-47）：体重 1.6~4.0 kg，体长 500~610 mm，尾长 280~390 mm。尾长约为体长的 2/3，具有 7~8 个黑棕色与白色或黄白色相间的环。通体呈灰棕色，背脊中央具 3~5 条纵行的黑褐色条纹。国内分布于陕西、江苏、浙江、安徽、江西、福建、台湾、广东、海南、广西、湖南、湖北、贵州、云南、四川、重庆等省（自治区、直辖市）。CITES 已将其列为附录Ⅲ，为我国Ⅱ级重点保护动物。

椰子狸 *Paradoxurus hermaphroditus*：体重 19~33 kg，体长 470~570 mm，尾长 470~560 mm。吻较短，头具白斑。尾略与体等长，无尾环。背部中央有 3~5 条棕黑色纵纹，体侧深色斑点连成断续的纵纹。分布于云南、广西、四川、广东、福建等省（自治区）。CITES 已将其列入附录Ⅲ。

果子狸（花面狸）*Paguma larvata*（图 8-48）：体重 3~7 kg，体长 400~690 mm，尾长 350~600 mm。尾较长，基部粗，尾端黑色。从鼻镜经颜面中央至额顶有一条宽阔的白纹。国内分布于浙江、福建、台湾、广东、广西、湖南、湖北、陕西、河北、云南、四川、重庆、贵州、西藏等省（自治区、直辖市）。CITES 已将其列入附录Ⅲ。

图 8-48 果子狸

2）食蚁狸科 Eupleridae　全分布于马达加斯加岛，共 7 属 8 种：环尾獴属 *Galidia* 1 种，宽尾獴属 *Galidictis* 2 种，窄纹獴属 *Mungotictis* 1 种，纯色獴属 *Salanoia* 1 种，马岛獴属 *Cryptoprocta* 1 种，食蚁狸属 *Eupleres* 1 种，马岛灵猫属 *Fossa* 1 种（马岛灵猫 *Fossa fossana*，图 8-49，已列入 CITES 附录Ⅱ）。

3）双斑狸科 Nandiniidae　毛发直立粗糙。尾强而有力，长度与躯长相等。四肢短小有力，耳小。眼黄绿色。背具两条斑纹。仅 1 属 1 种。

非洲椰子狸（双斑狸）*Nandinia binotata*（图 8-50）：分布于非洲。

4）獴科 Herpestidae　吻部突出。耳短，无耳囊，另生两个耳瓣，能关闭耳腔。尾毛蓬松，基部粗大，逐渐尖细。四肢短，足垫不发达。爪长而不具伸缩性，适于挖掘。没有芳香腺，肛门腺（anal sacs）发达。全球包括 15 属 34 种。主要分布于非洲、中东和亚洲。我国仅 1 属 2~3 种。

第8章 食 肉 目

图 8-49　马岛灵猫

图 8-50　非洲椰子狸

红颊獴（爪哇獴）*Herpestes javanicus*（图 8-51）：体型小而纤细。体重 0.6~1.2 kg，体长 250~370 mm，尾长 240~270 mm。两颊红棕色；背毛为棕褐色，腹毛略浅。头骨狭长；矢状嵴、人字嵴均发达，眶后突通常形成一个眶后环。分布于海南、广东、广西、贵州、云南和香港。CITES 已将其列入附录Ⅲ。

食蟹獴 *H. urva*：体重 1.0~2.3 kg，体长 360~520 mm，尾长 240~336 mm。吻尖长，耳短小，颈短粗。尾基部粗大，向尾末端逐渐尖细。四肢

图 8-51　红颊獴

短矮，各具 5 趾，趾间有蹼。具一对肛门腺。自口角、颊部、颈侧向后到肩部各有一条白色纵纹。四肢暗褐色。国内分布于广东、广西、海南、福建、浙江、江苏、香港、台湾、四川、云南、重庆、湖南、湖北等省（自治区、直辖市）。CITES 已将其列入附录Ⅲ。

此外，灰獴 *H. edwardsii* 可能在中国藏南地区有分布（蒋志刚等，2017）。

5）鬣狗科 Hyaenidae　　背脊处有长的鬣毛。分布于非洲和亚洲西南的干旱草原到沙漠地区。食肉、腐肉或食虫。全球包括 2 亚科 3 属 4 种。

（1）土狼亚科 Protelinae　　背具长鬣毛，身上有条纹。尾毛蓬松。前足 5 趾，后足 4 趾。齿式 3.1.3.1/2.1.2~1.1.2 = 28~32，除犬齿外，均较小，颊齿为锥状。以蚂蚁、白蚁和昆虫幼虫为主食。仅 1 属 1 种。

土狼 *Proteles cristatus*（图 8-52）：分布于非洲东南部。

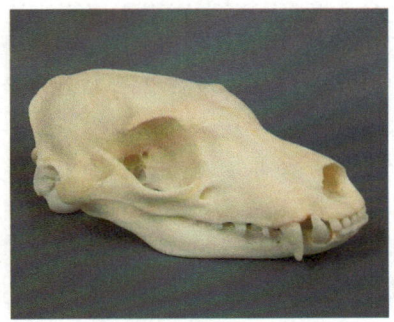

图 8-52　土狼及其头骨

图 8-53 斑鬣狗

（2）鬣狗亚科 Hyaeninae 体格结实，前肢长于后肢，前后各具4趾，有钝爪不能收缩，趾行性，头骨及牙齿结实。齿式：3.1.4.1/3.1.3.1=34。裂齿发达，颊齿齿冠牢固，适于磨碎骨头。以斑马、角马等大型有蹄类为食，或驱赶猎豹抢其猎物，或捡食狮子等大型食肉类吃剩的腐肉。有2属3种。

斑鬣狗 *Crocuta crocuta*（图 8-53）：分布于撒哈拉以南的非洲地区。

褐鬣狗 *Hyaena brunnea*：分布于南非至津巴布韦。

条纹鬣狗 *H. hyaena*：分布于塞内加尔、坦桑尼亚、土耳其和印度。

6）猫科 Felidae 包括大、中型兽类，头圆、颜面部短，眼睛朝前。前肢5指，后肢4趾，具弯曲的爪，能伸缩，趾行性。舌面有厚的角质钩状突起（有舔刮骨骼上肌肉的功能）。以伏击方式猎捕其他动物，大多数能攀缘上树。齿式为 3.1.2~3.1/3.1.2.1= 28 或 30，裂齿和犬齿均很发达。全球包括14属40种，我国产8属12~13种。

中国猫科分属、种检索表

1. 体型大，体长 1.2 m 以上；舌骨骨化不完全 ················· 2 豹亚科 Pantherinae
   体型小，体长多在 1 m 以下；舌骨骨化完全 ·································· 4
2. 体色棕黄，具黑斑或黑纹；头骨的鼻骨较狭长 ···················· 3 豹属 *Panthera*
   体色灰，具黑斑；头骨的鼻骨较短宽 ············· 雪豹属 *Uncia*，雪豹 *U. uncia*
3. 体型大，体长超过 1.5 m；体色无黑斑或环圈，具黑色横纹 ············· 虎 *P. tigris*
   体型较小，体长不超过 1.5 m；全体满布黑色斑点或环圈 ············· 豹 *P. pardus*
4. 体背具大型斑块；上犬齿特长 ················· 云豹属 *Neofelis*，云豹 *N. nebulosa*
   体背无大型斑块；上犬齿适中 ································· 5 猫亚科 Felinae
5. 成体上前白齿2枚 ··························· 猞猁属 *Lynx*，猞猁 *L. lynx*
   成体上前白齿3枚 ·· 6
6. 体型大，体长 1 m 左右 ················· 金猫属 *Catopuma*，金猫 *C. temminckii*
   体型小，体长 0.3~0.5 m ··· 7 猫属 *Felis*
7. 耳具簇毛 ·· 8
   耳不具簇毛 ·· 9
8. 耳背黄灰，颊具二纹；体背暗红棕色，并具长峰毛，臀部具暗褐色横纹3~4条 ············· 漠猫 *F. bieti*
   耳背红棕，颊部不具短纹；全身毛色一致，缺乏明显的斑纹 ············· 丛林猫 *F. chaus*
9. 体具隐暗横纹 ·· 10
   体具斑纹或斑点 ··· 11
10. 尾粗短，末端粗钝 ································· 兔狲 *F. manul*
    尾细，为体长 1/2，全体具许多不规则的黑斑横列 ············· 林猫（野猫）*F. silvestris*

11. 体具大理石状斑纹 ·· 纹猫属（云猫属）*Pardofelis*
    体不具斑纹 ·· 豹猫 *P. bengalensis*
    注：渔猫 *Felis viverrinus* 在中国藏南地区可能有分布（蒋志刚等，2017），本检索表暂未列入。

漠猫 *Felis bieti*（图 8-54）：体重 5.5~9 kg，体长 600~850 mm，尾长 290~350 mm。耳尖有短簇毛，耳背黄灰，颊具二棕褐色纹；体背暗红棕色，并具长峰毛；尾末梢部有 5 个黑色半环，尖部黑色。国内分布于青海、甘肃、宁夏、四川、陕西等省（自治区）。CITES 列入附录 II，IUCN 红色名录列为易危等级（VU），为我国 II 级重点保护动物。

图 8-54 漠猫

图 8-55 丛林猫

丛林猫 *F. chaus*（图 8-55）：体重 5~9 kg，体长 580~760 mm，尾长 218~270 mm。耳背红棕，颊部不具短纹；全身毛色一致，缺乏明显的斑纹。国内分布于云南、四川、贵州、西藏。CITES 列入附录 II，为国家 II 级重点保护动物。

林猫（野猫）*F. silvestris*（图 8-56）：体重 3~8 kg，体长 630~700 mm，尾长 230~330 mm。颊部有两条小的褐色条纹。背淡沙黄至浅黄灰色，腹面淡黄灰，全身具许多黑褐色斑块。尾上具 5~7 条黑褐色横纹，尾下白色，尾端黑色。分布于新疆、甘肃、宁夏。CITES 列入附录 II，为国家 II 级重点保护动物。

图 8-56 林猫

图 8-57 兔狲

兔狲 *F. manul*（图 8-57）：体重 1.8~4 kg，体长 460~490 mm，尾长 230~255 mm。额部宽，耳短而宽，尖端圆钝，两耳距离较远。头顶灰色，杂有黑斑。颊部有两条横纹。尾粗圆，尾端圆钝，尾部具 7~8 条细而不明显的黑色环纹，尾尖黑色。国内分布于西藏、四川、青海、甘肃、新疆、内蒙古、河北、黑龙江等省（自治区）。CITES 列入附录Ⅱ，为国家Ⅱ级重点保护动物。

豹猫 Prionailurus bengalensis（图 8-58）：体重 1.5~3.8 kg，体长 400~660 mm，尾长 200~315 mm。额部 4 条暗棕色条纹；背为土黄色，具纵行斑点。国内分布于黑龙江、吉林、辽宁、河北、河南、安徽、江苏、浙江、福建、湖北、湖南、广西、广东、海南、贵州、西藏、台湾、四川、重庆、云南等省（自治区、直辖市）。CITES 列入附录Ⅱ。

图 8-58 豹猫

图 8-59 金猫

金猫 Catopuma temminckii（图 8-59）：俗称"鸡豹子"。体较豹猫大，体重 9~16 kg，体长 710~1050 mm，尾长 400~560 mm。耳背面皆为黑色。两眼内角各有一条白纹，额部具有镶有黑边的灰白色纵纹。面颊两侧各有棕黑色的纹，自眼下方斜伸至耳下部。背色变异较大，主要呈红棕色者叫红椿豹，呈浅麻黑色的叫芝麻豹，密具花斑者称为狸豹。国内分布于陕西、甘肃、湖南、湖北、江西、广东、广西、安徽、四川、云南、浙江、福建、西藏等省（自治区、直辖市）。CITES 已将其列入附录Ⅰ，为我国Ⅱ级重点保护动物。

图 8-60 猞猁

猞猁 Lynx lynx（图 8-60）：体重 18~38 kg，体长 800~1300 mm，尾长 110~250 mm。耳基宽，直立，耳端具黑簇毛，两颊具长而下垂的鬓毛。尾短而钝，四肢长而矫健。吻端为白色，眼周具白色边缘，眼角后上侧有黑色条纹。尾末端 1/3 段为黑色。喉、胸、腹面为白色。栖于高山密林、灌丛草甸、荒漠。国内分布于西藏、四川、云南、新疆、青海、山西、内蒙古、黑龙江、甘肃、吉林等省（自治区）。CITES 列入附录Ⅱ，为我国Ⅱ级重点保护动物。

云豹 Neofelis nebulosa（图 8-61）：俗称"狗豹子"。体重 16~32 kg，体长 700~1080 mm，尾长 550~915 mm。四肢较短，尾较长，体侧具大型云块状斑。唇缘黑色，吻端乳白色，两侧各有 4 条黑色狭纹。尾前半部具数块黑斑，其后具 13~15 个黑色环。喉具 2 个黑色领斑。国内分布于广东、海南、广西、贵州、福建、云南、四川、重庆、安徽、陕西、江西、湖南等省（自治区、直辖市）。CITES 列入附录Ⅰ，IUCN 红色名录列为易危等级（VU），为国家Ⅰ级重点保护动物。

第 8 章 食 肉 目

图 8-61 云豹

图 8-62 豹

豹（金钱豹）*Panthera pardus*（图 8-62）：体重 37~90 kg，体长 1000~1910 mm，尾长 700~1000 mm。体色橙黄，全身布满大小不同的黑斑和古钱状黑环。尾端为黑色具 2~4 个白环。在国内除台湾地区、辽宁、宁夏、新疆、山东外，分布于其他各省（自治区、直辖市）。CITES 列为附录Ⅰ，IUCN 红色名录列为易危等级（VU），为国家Ⅰ级重点保护动物。

虎 *Panthera tigris*（图 8-63）：体重 90~306 kg，体长 910~1100 mm，尾长 234~420 mm。两眼上方各有一白色区，故称"白额虎"。额下眼间有许多零碎黑斑，额部有 3、4 条明显的黑横纹，中部粗几乎相连，似一"王"字。尾部具有 10 余条黑环，靠近基部的三条环为斜形；尾端 4 个环为平行的横环且宽。IUCN 红色名录列为濒危等级（EN），CITES 列入附录Ⅰ，属国家Ⅰ级保护动物。

图 8-63 虎

我国共有 5 个亚种：①指名亚种（孟加拉虎）*P. t. tigris*：分布于西藏、云南；②东北亚种（东北虎）*P. t. altaica*：分布于东北、内蒙古；③中亚亚种（新疆虎）*P. t. virgata*：原分布于新疆，已绝灭；④华南亚种（华南虎）*P. t. amoyensis*：为中国特有亚种，原分布于福建、江西、广东等省，现已处于极危境地；⑤云南亚种（印支虎）*P. t. corbetti*：云南、广西。

狮 *Panthera leo*：大型，体重可达 250 kg，是仅次于虎的猫科动物。头短而圆，面部宽，耳圆。尾的末端有一撮长毛。爪短而有力。雄性头顶具鬃毛。耳背为黑色，基部有黑斑。腹部和四肢内侧色较浅，雄性多为浅黄色，雌性为白色。尾末端为黑色。栖息于草原、旱草原、稀树林、灌丛和半干旱地区。全球共有 13 个亚种，其中 12 个亚种分布于非洲，而亚洲仅 1 个亚种，即印度狮（亚洲狮）*P. l. persica*（图 8-64）。印度狮是所有亚种中体型最小者，较分布于非洲的其他亚种（如西非狮 *P. l. senegalensis*，图 8-65）毛被厚而鬃毛短。印度狮被 CITES 列入附录Ⅰ，非洲的其他亚种被列入附录Ⅱ。

雪豹 *Panthera uncia*（图 8-66）：体重 38~75 kg，体长 1100~1300 mm，尾长 800~1000 mm。耳背大部为黑色，耳内侧白色。全身灰白，颈背部的黑斑大而疏，似成 5 纵行排列。背部、体侧直至臀部有较清晰的不规则黑色环纹。尾背面有 10 余个黑环，尾端黑色。栖息于高原和高山灌丛、草甸、裸岩。IUCN 红色名录列为濒危等级（EN），CITES 列入附录Ⅰ，为国家Ⅰ级重点保护动物。

图 8-64　印度狮

图 8-65　西非狮

7）灵狸科 Prionodontidae（new）　仅 1 属 2 种，主要分布于东南亚，中国有 1 种。

斑灵狸 *Prionodon pardicolor*（图 8-67）：体重 4.1~8 kg，体长 350~400 mm，尾长 300~375 mm。形似黄鼬，吻突出，面狭长无斑纹，耳短圆。体细长，背部为圆形斑和椭圆斑。尾长为圆柱状，占体长的 80%~90%，具 9~11 个黑褐色尾环。国内分布于广东、广西、贵州、云南、四川、重庆等省（自治区、直辖市）。CITES 红色名录列入附录Ⅰ，为国家Ⅱ级重点保护动物。

图 8-66　雪豹

图 8-67　斑灵狸

思　考　题

1. 试述食肉目的主要特征。
2. 试述食肉目各亚目的分科概况。
3. 试述犬形亚目与猫形亚目的区别。
4. 食肉动物主要的捕食策略有哪些？
5. 试比较鳍脚类三个科的区别。

第9章 近有蹄类

近有蹄类 Paenungulata 是一群体型较大的古蹄类，同真蹄类（奇蹄类和偶蹄类）一样，由原始的踝节类演化而来。直到始新世早期，大约5400万年前，近有蹄类在非洲分化出9个目，其中仅有长鼻目、海牛目及蹄兔目的动物残存至今。

（1）钝脚目 Pantodonta，化石，大型原始有蹄类。
（2）恐角兽目 Dinocerata，化石，大型原始有蹄类。
（3）异蹄目 Xenungulata，化石，南美古代有蹄类。
（4）焦齿目 Pyrotheria，化石，南美大型早期有蹄类。
（5）原脚目 Embrithopoda，化石，埃及的重蹄兽。
（6）索齿兽目 Desmostylia，化石，大型海滨有蹄类。
（7）长鼻目 Proboscidea，现存陆栖的大型有蹄类。
（8）蹄兔目 Hyracoidea，现存于非洲的小型有蹄类。
（9）海牛目 Sirenia，现存的海洋有蹄类。

现存三个目的种类有着共同的形态学特征：均没有锁骨，指（趾）端多具蹄状爪（除南美海牛 *Trichechus inunguis* 无）；前肢四指（亚洲象具五指）。雌兽胸部乳头一对（蹄兔的鼠蹊部另外还有两对），双角子宫。雄性的睾丸位于腹腔内，没有阴囊和阴茎骨。均不反刍，为草食性，后肠发酵者。此外，儒艮、海牛及大象的颊齿脱换方式为**水平脱换**（图9-1），而不同于其他动物的**垂直脱换**。

9.1 长鼻目 Proboscidea

长鼻目，大型，为最大的陆兽。皮肤甚厚，毛稀少（猛犸象具长毛，化石）。四肢粗壮呈圆柱状。前肢5指（非洲象4指），后肢4趾（非洲象3趾），指（趾）端有短蹄。鼻和上唇连在一起，延长成长圆筒形的象鼻，肌肉发达，相当灵活。上颌有一对特长的门牙（I^3），称象牙。齿式为 1.0.3.3/0.0.3.3 = 26，但在特定时期内，有机能的颊齿一般不超过2/2，所有的颊齿并不同时出现在粗短的颌骨上，而是随着前面的前臼齿或臼齿磨损脱落，后面发育着的牙齿才逐步前移，最后取而代之。非洲象下颌颊齿的使用间隔是：M_1 是从出生到 2 岁；M_2 是 1.5~5 岁；M_3 是 2~11 岁；M_4 是 5~19 岁；M_5 是 15~60 岁左右；M_6 是 23~60 岁余（图9-1）。颊齿冠具脊状横棱。胃简单，盲肠大，无胆囊。乳头一对，胸位，双角子宫，环状胎盘，雄象无阴囊，睾丸终生留于腹腔内。

全球仅1科1属3种，中国产1种。

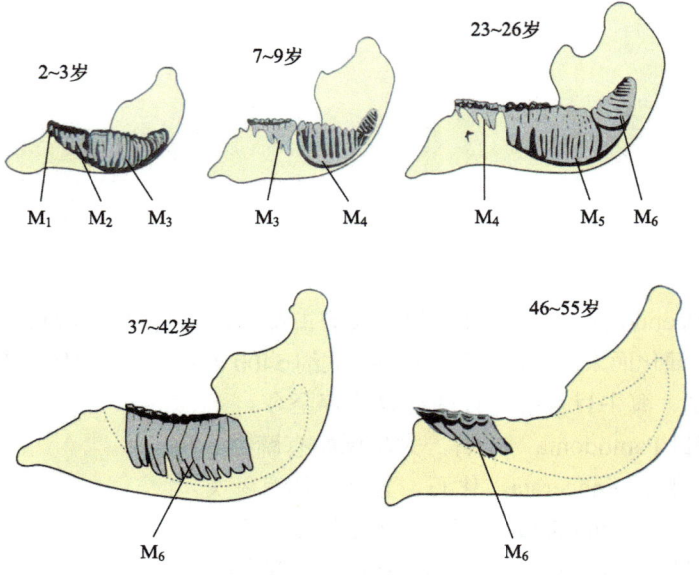

图 9-1　非洲象不同年龄段的下颌颊齿（仿 Kingdon，1997）

$M_1 \sim M_3$ 相当于其他动物的前白齿；$M_4 \sim M_6$ 相当于其他动物的白齿

9.1.1　象科 Elephantidae

亚洲象 *Elephas maximus*（图 9-2）：体重 2.7~5 t，体长 5~6.5 m，肩高 2.1~3.6 m，尾长 1.2~1.5 m。与非洲象相比，有着更大的、球状的头骨；头高大于肩高。背脊中间外凸，呈弓形。象鼻末端仅具一指状突；仅雄兽象牙突出口外，一般不超过 2 m；耳宽处一般不超过 1 m；前足 5 指，后足具 4 趾；颊齿为脊型齿；有 20 对肋骨。我国仅云南南部有，数量不多，列为国家 Ⅰ 级保护动物。国外印度、缅甸至印度尼西亚热带森林均有分布。CITES 列入附录 Ⅰ，IUCN 红色名录列为濒危等级（EN）。

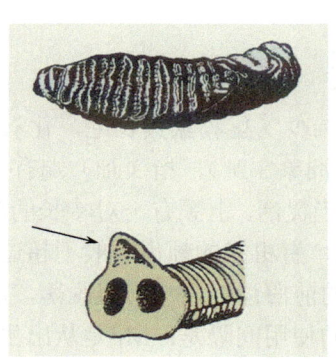

图 9-2　亚洲象

箭头示指突状

非洲象（非洲丛林象）*Loxodonta Africana*（图 9-3）：体重 3~7.3 t，体长 6~7.5 m，肩高 3~4 m，尾长 1~1.3 m。头骨相对较小，肩高大于头高。背脊中央凹陷。鼻端具两个指状突；

两性象牙均突出口外，一般为 2~3 m；耳最宽处接近 2 m；前足 4 指，后足具 3 趾；颊齿具相对的"V"形脊；有 19 对肋骨。分布于非洲撒哈拉沙漠、塞内加尔以西至索马尼亚以东。CITES 列入附录Ⅰ，IUCN 红色名录列为濒危等级（EN）。

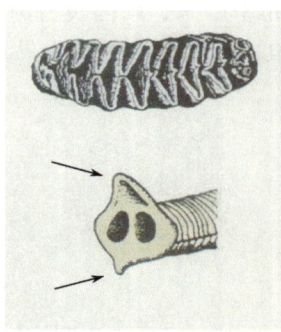

图 9-3　非洲象

箭头示指突状

非洲森林象 *L. cyclotis*（图 9-4）：重约 2.7 t，肩高很少超过 2.5 m。非洲森林象前足 5 指，后足 4 趾（同亚洲象），非洲森林象的下颌骨与普通非洲象相比长而窄。非洲森林象的耳朵比普通非洲象的更圆，没有棱角，故又称圆耳象。非洲森林象的象牙和普通非洲象相比明显向下生长。有 19 对肋骨。主要分布在非洲中、西部水汽充足的热带雨林，尤其是刚果盆地一带。CITES 列入附录Ⅰ，IUCN 红色名录列为濒危等级（EN）。

图 9-4　非洲森林象

9.2　海牛目 Sirenia

海牛目，体呈鱼形，皮厚有稀疏的刚毛。头与身体相比显得特别小；头骨的齿骨特高，肩胛骨叶状（鲸为扇状）。吻短，口小；唇厚，生有刚毛。鼻孔位于前端。耳孔特小，无耳壳。颈短，有缢纹。前肢 5 指，指间连成桨状，指端有蹄状爪的痕迹。后肢退化，仅残存无机能的腰带。尾鳍水平扩展，无背鳍。乳头一对，胸位。双角子宫，环状胎盘。睾丸留在腹腔内。在海洋中生活，常露出圆形头，甚至露出胸部，有"美人鱼"之称。有 2 科 3 属 5 种，我国仅 1 科 1 属 1 种。

9.2.1　儒艮科 Dugongidae

儒艮科，曾有 2 属 2 种，其中特拉斯海牛 *Hydrodamalis gigas*，又名大海牛、巨儒艮，已于近期灭绝。现仅存 1 种。

儒艮 *Dugong dugon*（图 9-5）：体重 230~1000 kg，体长 2.4~4 m。体具稀疏短毛，指端无

蹄状爪。具 7 枚颈椎。齿式理论上为 2.0.3.3/3.1.3.3 = 36，但第一上门齿、所有的下门齿及下犬齿仅能见到残留的齿槽，因此实际见到的齿式常为 1.0.3.3/0.0.3.3 = 26。上门齿在雄兽中形成粗短的獠牙，而在雌兽中并不长出。颊齿呈圆柱形，齿根单一，无珐琅质，只有齿骨质。尾鳍为新月形。常 3~5 只成群。主食海藻。在我国分布于广东、广西及台湾地区南部沿海水域。现列为国家Ⅰ级保护动物，CITES 列入附录Ⅰ，IUCN 红色名录列为易危等级（VU）。

图 9-5　儒艮

图 9-6　北美海牛

9.2.2　海牛科 Trichechidae

海牛科，颈椎 6 枚。无门齿和犬齿，颊齿 5~6 枚，颊齿齿根成双，齿具珐琅质，但无齿骨质，齿冠具 2 横脊。齿水平更换，似长鼻目。鳍肢有小的蹄状爪。尾鳍圆形。以植物为食。喜群居，一般仅 3~4 头，白天有时数十头成群。全球共 1 属 3 种。

北美海牛 *Trichechus manatus*（图 9-6）：分布于墨西哥湾和加勒比海沿岸及其岛屿的河流中。CITES 列入附录Ⅰ，IUCN 红色名录列为易危等级（VU）。

南美海牛 *T. inunguis*：分布于南美亚马孙河。CITES 列入附录Ⅰ，IUCN 红色名录列为易危等级（VU）。

非洲海牛 *T. senegalensis*：分布于西非沿海及河流。CITES 列入附录Ⅱ，IUCN 红色名录列为易危等级（VU）。

9.3　蹄兔目 Hyracoidea

蹄兔目，小型，形似兔。体重 2.5~4.0 kg，体长 40~50 cm。尾小，前足 4 指，后足 3 趾，除第 2 趾有爪外，所有指（趾）端具扁平小蹄。足底蹠腺丰富，保持潮湿，并有肉质凹陷（图 9-7），有吸附作用。蹠行性。单室胃，有盲肠和成对的结肠盲囊（图 9-8），内有微生物，帮助消化纤维素。头骨短，下颌大（图 9-9）。齿式：1.0.4.3/2.0.4.3 = 34。上门牙为续生齿，横断面呈三角形，后表面无珐琅质；下门牙凿状。臼齿似犀齿，具一外脊二横脊，下臼齿具一对"V"形脊。产于非洲。全球有 1 科 3 属 5 种。

9.3.1　蹄兔科 Procaviidae

树蹄兔 *Dendrohyrax dorsalis*（图 9-10）：分布于赞比亚至乌干达。

第9章 近有蹄类

小齿岩蹄兔 *Heterohyrax brucei*：分布于埃及东南至南非德兰士瓦地区。

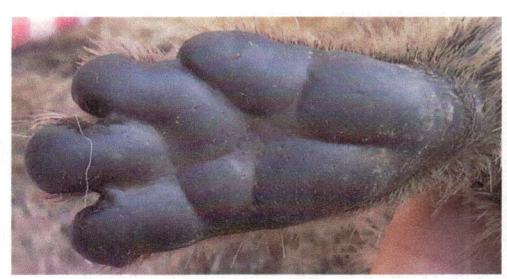

图 9-7 蹄兔的足底

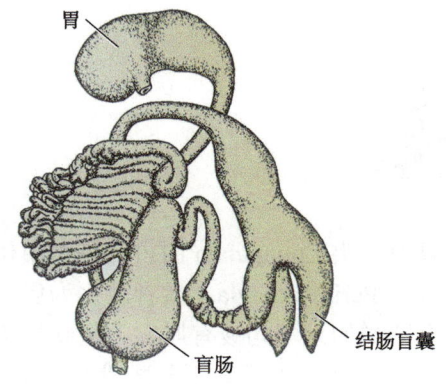

图 9-8 蹄兔特殊的消化道
（改编自 Grzimek，1990）

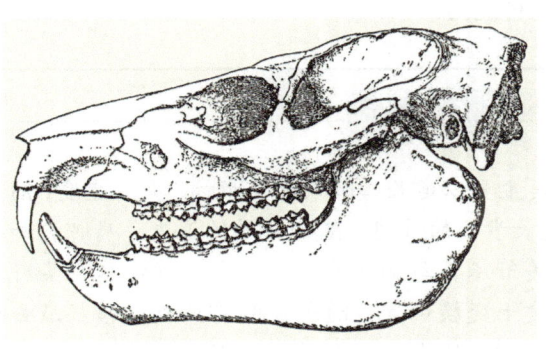

图 9-9 蹄兔的头骨（侧面观）

图 9-10 树蹄兔

思 考 题

1. 简述近有蹄类的共同特征。
2. 以非洲象为例，说明什么是颊齿的水平脱换。
3. 试比较非洲象与亚洲象的区别。
4. 试述海牛目的主要特征及其分科概况。

第10章 奇蹄目和偶蹄目

真有蹄类 Euungulata 由古钝脚类演化而来，古钝脚类分化为单轴类和双轴类，前者演化为奇蹄目 Perissodactyla，后者演化为偶蹄目 Artiodactyla。

有蹄类的趾端均被有厚实、坚硬且角质化的蹄，其行走方式为蹄行性。它们的足趾数通常减少，且延长的跟骨不与腓骨相关节。四肢被限制在单个平面。因而，有蹄类适于奔跑（专栏10.1）。在演化过程中，有两个因素促进有蹄类向快速奔跑方向发展：一是中新世有蹄类占据了开阔的草原，这样的环境条件迫使其向着快速奔跑的方向发展，以逃避捕食者；二是为寻找水源或食物的季节性迁移也有助于发展这种能力。

专栏 10.1　有蹄类对奔跑的适应

1. 骨骼系统对奔跑的适应

动物奔跑的速度取决于步长和频率。有蹄类主要以延长四肢来加大步幅，提高速度（图10-1）。同时，由于锁骨的消失进一步起到了延长步幅的作用。随着锁骨的消失，肩胛骨和肩关节不再与胸骨连接，这样肩胛骨能在某种程度上变换位置，随着前肢前伸或后移，肩关节也相应地向上、向前或向下、向后移动，扩大了步幅（图10-2）。此外，当前跃结束，前脚着地时，由于肩胛骨缚于身体的肌肉间而受到缓冲，使这种冲击力不直接从肩关节通过锁骨转移到中轴骨。事实上脊柱一伸一缩的尺蠖状运动，也起到延长步幅的作用（图10-2）。同方向同时活动的关节数目越多，四肢速度越快。有蹄类的踵部上升，使掌、跖骨分别与指、趾骨之间形成另一关节，有助于提高四肢速度（盛和林等，1985）。

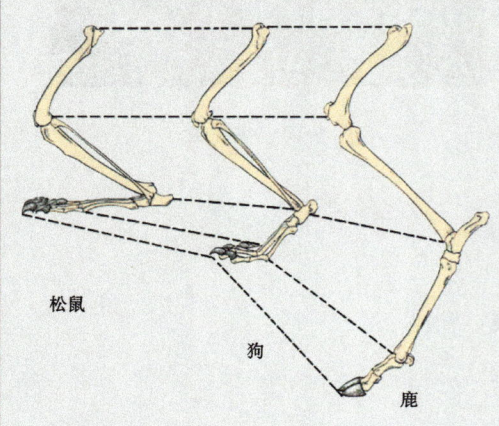

图10-1　哺乳动物后肢的三种类型

另外，有蹄类趾骨的减少、尺骨远端和腓骨显著缩小等与减轻体重有关，前后足的掌骨和跖骨分别愈合为一块骨——炮骨（cannon bone）、肩关节和髂关节只限于前后水平活动等，也有利于提高奔跑速度。

2. 肌肉与韧带对奔跑的适应

有蹄类的四肢近端肌肉发达，远端肌肉减少。前后足具有特殊的弹跳韧带（springing ligament），由延伸至趾部的肌肉演化而来。弹跳韧带起自炮骨近端背面，而远端附着于三、

第 10 章 奇蹄目和偶蹄目

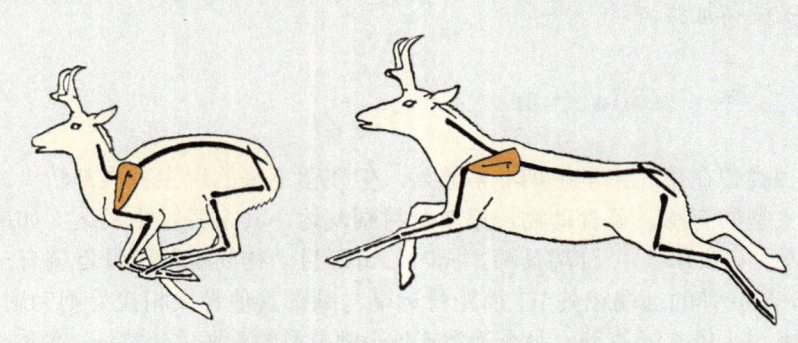

图 10-2 奔跑中叉角羚羊的两种姿态（示脊柱屈伸和肩胛骨位置的变换）（仿 Vaughan，1978）

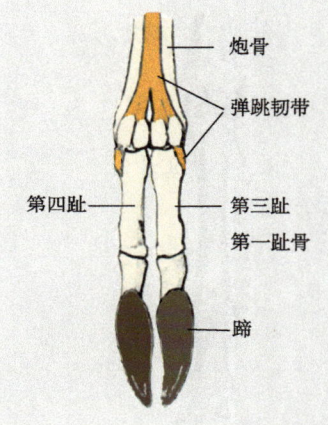

图 10-3 叉角羚左后足（仿 Vaughan，1978）

四趾的第一趾骨外侧（图 10-3）。当足支持体重时，趾骨伸展，弹跳韧带拉长；但当足起步时，弹性韧带回缩，趾便弯曲，大家熟悉的"马足回弹"正是足离开地面时受到弹跳韧带控制的结果。这种回弹在提高速度和推进跨步方面起了决定性作用，这一特化使得有蹄类在提高步速时，无需使用肌肉，减少了能量消耗（盛和林等，1985）。

此外，诸如马、骆驼等头部大而沉重的有蹄类，还具有粗大的颈韧带（向后固着于最前方的一些胸椎棘突上，向前附着于头骨枕部（图 10-4），有助于支持它们的头部，大大减轻抬头时的肌肉负担。

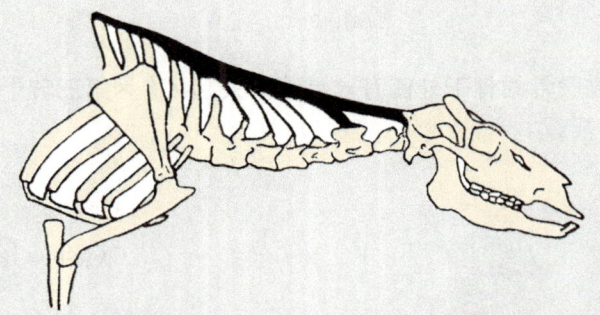

图 10-4 有蹄类颈韧带（黑色部分）模式图（仿 Vaughan，1978）

有蹄类与人类的关系非常密切。从史前开始有蹄类动物就是人类最主要的肉和乳制品来源，是古人类的重要狩猎对象。许多有蹄类先后被引入到世界各地进行驯养，构成了人类畜牧业和农业的重要成分。一些有蹄类还是皮革业的重要来源动物。此外，麝香、鹿茸等都是传统的名贵中药。然而，由于非法捕猎、过度利用及栖息地破坏等因素，许多有蹄类成为了

珍稀动物，保护亟待加强。

10.1　奇蹄目 Perissodactyla

奇蹄目的种类曾在第三纪早中期非常繁盛，但残留下来的现生种类却较少。

本目包括大型的有蹄、草食动物，第 3 趾特别发达，其余各趾不发达（如犀牛、貘）或完全退化（如马）（图 10-5），趾端具蹄。同时，奇蹄目动物的踝部距骨近端有一个双重突起的滑车形的面，与胫骨的远端相关节，而距骨远端与踝部其他骨块相接处则为扁平的关节面，称为单滑车距骨（图 10-6）。这两点是奇蹄类超越于踝节类的重要进步特征，使得奇蹄类动物能够更加快速地奔跑以避敌。

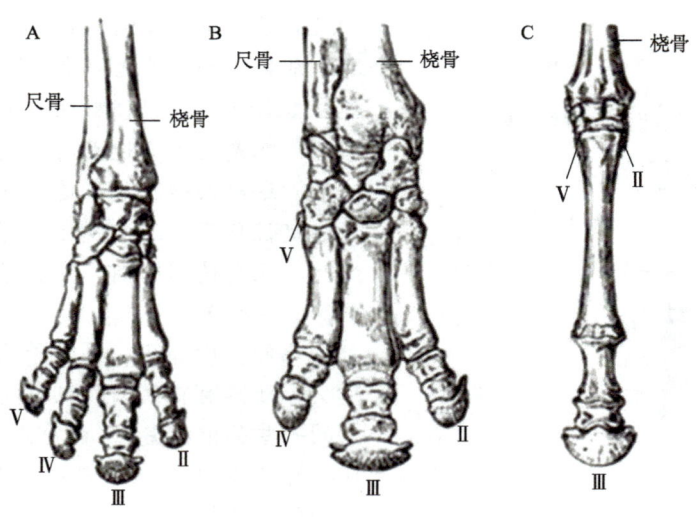

图 10-5　奇蹄目动物的前足
A. 貘；B. 犀；C. 马

此外，奇蹄类动物股骨的骨干外侧有一显著的突起，称为**第三转子**（third trochanter）（图 10-7），为其鉴别性特征。

图 10-6　马的距骨（单滑车）

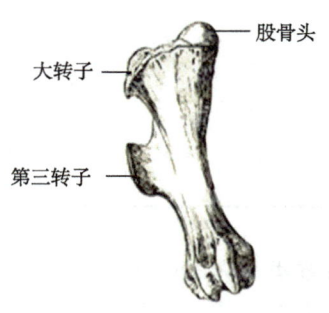

图 10-7　犀牛的右股骨

第10章 奇蹄目和偶蹄目

奇蹄类在进化过程中牙齿齿冠逐渐增高，前臼齿趋于臼齿化，有复杂的棱脊，这是对在干旱草原生活中食用多纤维的硬草、干草的一种适应；上、下门牙多存在，适于切草，但在犀牛中上门齿减少或缺乏。犬牙存在或退化。胃为单室，盲肠发达。头部除犀科动物有纤维角外，貘科和马科动物均不具角。

目前，奇蹄类在全世界共有3科6属17种，中国历史上有2科3属6种，现仅1科（马科）1属3种，均列为国家Ⅰ级保护动物。

10.1.1 马科 Equidae

马科动物是奔跑速度最快的食草奇蹄类。体格匀称，四肢长。头骨鼻面长而深（图10-8）。齿式：3.0~1.3~4.3/ 3.0~1.3.3 = 36~42，高冠齿，齿冠咬合面有复杂的釉质齿脊。四肢仅第三趾有机能，近端关节限于同一水平活动，足部延长，具蹄。以草为食。分布于中亚和非洲。现存的种类包括1属7种，我国产3种。

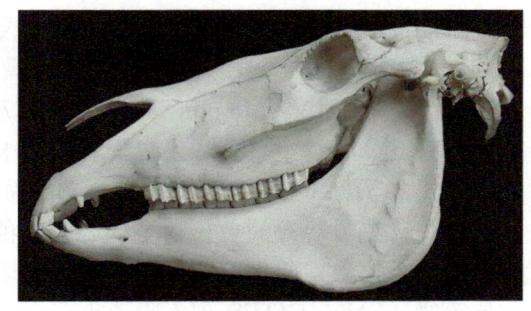

图10-8 马头骨（侧面观）

藏野驴 *Equus kiang*（图10-9）：体重250~400 kg，体长1820~2200 mm，肩高1320~1420 mm，耳长185~220 mm。体红褐色。颈鬃毛短，未延伸到耳基前沿。尾部的长毛生于尾的后半段或1/3段。蹄窄而高。背腹毛色的分界线位于体侧的中上部。具明显较窄的棕褐色或黑褐色脊纹。齿式：3.1.3~4.3/3.1.3.3= 40~42。是青藏高原的特有种。CITES列入附录Ⅱ。国内分布于西藏、青海、四川和甘肃等地。

蒙古野驴 *E. hemionus*（图10-10）：体重200~260 kg，体长2000~2200 mm，肩高1260~1300 mm，耳长172~230 mm。体色沙褐色，背腹分界位于体侧的下部。齿式：3.1.3~4.3/3.1.3.3= 40~42。IUCN红色名录将其列为濒危等级（EN）。指名亚种 *E. h. hemionus* 分布于中国的内蒙古、新疆北部和甘肃北部，并延伸至蒙古，被CITES列入附录Ⅰ。

图10-9 藏野驴

图10-10 蒙古野驴

非洲野驴 *E. africanus*（图10-11）：为家驴 *E. asinus* 的祖先。体型比亚洲野驴小，但耳朵更长，有黑边。背呈浅灰色至淡黄褐色，腹部白色。蹄小，四肢细。鬃毛较短而直。生活于半荒漠地带，行动敏捷，善于爬山。分布于埃塞俄比亚和索马里。野生种群数量十分稀少。

图10-11 非洲野驴

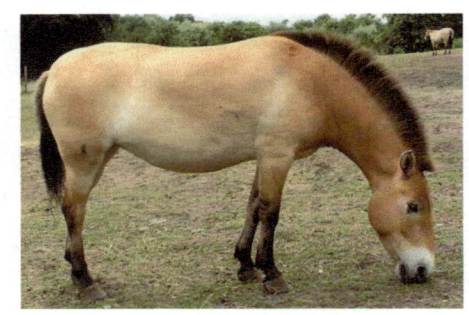
图10-12 普氏野马

野马 *E. ferus*：现代有3个亚种，即普氏野马 *E. ferus przewalskii*（图10-12）、家马 *E. ferus caballus* 及太盘马 *E. ferus ferus*。其中，普氏野马较家马小，体重200~350 kg，体长1800~2800 mm，肩高120~146 mm，耳长140~170 mm。与家马的明显区别是额部无长毛，颈背鬃毛短而直立，腰背中央有一条黑褐色的脊中线；自尾基部开始长毛，上半部毛短，下半部毛长。齿式：3.1.3.3/3.1.3.3 = 40。曾分布于蒙古和我国的甘肃、新疆北部，已于20世纪60~70年代野外灭绝。现存的普氏野马均为圈养种群。自1985年以来，我国已在甘肃和新疆建立了普氏野马饲养繁殖中心，开展实施了普氏野马的野外放归计划。IUCN红色名录将其列为濒危等级（EN），CITES列入附录Ⅰ。太盘马原栖息于欧洲和西亚，为史前人类的重要食物来源，已在20世纪初灭绝。

细纹斑马 *E. grevyi*（图10-13A）：全身斑纹较细。IUCN红色名录将其列为濒危等级（EN），CITES列入附录Ⅰ。分布于肯尼亚、索马里亚和埃塞俄比亚南部。

图10-13 几种斑马

A. 细纹斑马；B. 山斑马；C. 平原斑马；D. 斑驴

山斑马 *E. zebra*（图 10-13B）：除臀部为宽纹外，余部为细纹。IUCN 红色名录将其列为易危等级（VU），CITES 列入附录 II。现仅分布于非洲西南部。

平原斑马 *E. quagga chapmani*（图 10-13C）：过去称普通斑马 *E. burchellii*，现已证实它与近期灭绝的斑驴 *E. quagga quagga*（图 10-13D）为同种的不同亚种。身体后部的斑纹较粗，而身体前部的斑纹较细。广泛分布于非洲东部和南部。

10.1.2 貘科 Tapiridae

貘科动物体型笨重，外形似猪，最重可达 300 kg。皮厚、四肢短、眼和耳均小。鼻与上唇延长，能自由伸缩，似短的象鼻。尾极短。齿式 3.1.4.3/3.1.4.3 = 44，前臼齿为臼齿型，低冠齿，齿具两个简单横棱。虽然各种貘成体的体色有较大的差异，但幼貘均具花斑，非常相似。貘科动物常栖息于热带潮湿的森林中，主要以多汁的植物茎叶为食。多独居或成对生活，夜行性。分布于中、南美洲热带地区和东南亚，共 1 属 5 种，全为珍稀种。

亚洲貘（马来貘、印度貘）*Tapirus indicus*（图 10-14A）：体型较大。体重 180~300 kg。身体黑白两色。分布于东南亚，从缅甸、泰国南部经马来半岛到苏门答腊岛。CITES 列入附录 I，IUCN 红色名录列为濒危等级（EN）。近年来的研究表明，亚洲貘的染色体 $2n = 52$，不同于美洲的几种貘（$2n = 76$ 或 80），同时在分子水平上也与其他貘有较大的分歧，故有学者将其单列为一属 *Acrocodia*（Groves and Grubb，2011）。

中美貘 *T. bairdii*（图 10-14B）：体重 200~260 kg，是拉丁美洲现存体型最大的陆生动物。分布于墨西哥南至厄瓜多尔。CITES 列入附录 I，IUCN 红色名录列为濒危等级（EN）。有学者根据分子生物学的研究结果，将其单列为一属 *Tapirella*（Groves and Grubb，2011）。

山貘 *T. pinchaque*：体型较小，毛长而略卷曲，比较适应山区的寒冷环境。分布于哥伦比亚、厄瓜多尔。CITES 列入附录 I，IUCN 红色名录列为濒危等级（EN）。

低地貘（巴西貘、南美貘）*T. terrestris*：外形接近中美貘而略小，是现存貘中分布最广、数量最多的一种。分布于哥伦比亚、巴西南部。CITES 列入附录 I，IUCN 红色名录列为易危等级（VU）。

卡波马尼貘（小黑貘）*T. kabomani*：为近年来发现的新种（Cozzuol *et al.*，2013）。是现存的最小的貘科动物。分布于巴西和哥伦比亚。

图 10-14　两种貘

A. 亚洲貘；B. 中美貘

10.1.3 犀科 Rhinocerotidae

犀科动物体型大而笨重，重达 1~3 t。厚皮，全身有盔甲。前足 3~4 指，后足 3 趾。头骨的鼻骨增厚、扩大，超过上颌骨以支持犀角。双角犀的两个角前后排列，前角位于鼻骨上，后角着生在额骨上。齿式 0~2.0.3~4.3/0~1.0~1.3~4.3 = 24~34，颊齿齿冠较马的简单。犀科动物栖息于热带和亚热带草原、灌丛、森林和沼泽地区。除白犀属 *Ceratotherium* 的种类常三五成群外，其他属的种类均独栖或成对生活。有 4 属 5 种，其中非洲 2 种，亚洲 3 种。我国曾记录有 2 属 3 种。

爪哇犀（小独角犀）*Rhinoceros sondaicus*（图 10-15A）：体重约 1.5 t，肩高 1.5 m。具单个角，雄性的角长约 25 cm，雌性的角只剩一点痕迹。皮肤灰色。身上有三条厚的皮肤褶。下门齿两对。曾分布于中国（云南、西藏）、马来西亚和印度，现仅存于越南及印度尼西亚的爪哇岛。CITES 列入附录Ⅰ，IUCN 红色名录列为极危等级（CR）。

大独角犀（印度犀）*R. unicornis*：体型大。体重约 2 t，肩高约 1.8 m。外形似爪哇犀，但体型更大。仅雄性有角。下门齿两对。国内曾记录于西藏和云南，现已绝迹。国外分布于印度、孟加拉国、不丹、缅甸、印度尼西亚、巴基斯坦和尼泊尔。CITES 列入附录Ⅰ，IUCN 红色名录列为易危等级（VU）。

苏门双角犀 *Dicerorhinus sumatrensis*（图 10-15B）：是现存最小的犀牛。体重约 1 t，肩高约 1.35 m。有两只角，前角（鼻角）较大，通常为 15~25 cm，后角（额角）较小，通常少于 10 cm；角的颜色呈黑灰色或黑色，雄性的角大于雌性的。是现存的几种犀中唯一被有毛发的种类。下门齿仅一对。国内曾记录于西藏和云南，现已绝迹。国外分布于印度尼西亚、印度、缅甸、泰国和马来西亚。CITES 列入附录Ⅰ，IUCN 红色名录列为极危等级（CR）。

图 10-15 两种犀

A. 爪哇犀；B. 苏门双角犀

白犀 *Ceratotherium simum*：体型大。体重 2~3 t，肩高 1.8~2.0 m。具两只角，前角长 60~90 cm，后角长约 50 cm。上唇方形。无下门齿。分布于非洲的乌干达、苏丹等地。是现存数量最多的一种犀牛。CITES 列入附录Ⅱ，IUCN 红色名录列为近危等级（near threatened，NR）。

黑犀 *Diceros bicornis*：体型较白犀小。体重约 1.5 t，肩高约 1.7 m。上唇长且能伸缩卷曲。无下门齿。前角长 70~90 cm，后角长不足 40 cm。分布于非洲撒哈拉以南。CITES 列入附录Ⅰ，IUCN 红色名录列为极危等级（CR）。

披毛犀 *Coelodonta antiquitalis*：化石种类。大型，体被浓厚的毛发，具鼻角和额角。披毛犀曾是旧石器时代人类的狩猎对象，它的灭绝年代至今只有 1 万年，是最晚灭绝的史前犀。上更新世时期曾分布于四川阿坝地区。

10.2 偶蹄目 Artiodactyla

偶蹄目动物为大中型兽类。是现代最重要的类群之一。本目最突出的特征是第一趾缺失，侧趾（第二、第五趾）退化，第三、第四趾同样发达，并以此负重。猪科、西猯科 Tayassuidae、河马科 Hippopotamidae 和鼷鹿科 Tragulidae 前足的四趾有机能，西猯科的后足由中趾支持；骆驼科、牛科（部分）、叉角羚科和长颈鹿科的动物仅具第三、第四趾；部分鹿科和牛科动物还保留着不完全的侧趾（图 10-16）。

此外，偶蹄目动物的股骨上没有第三转子（在奇蹄目中有）；鼻骨后部不宽；没有翼蝶骨窝；前臼齿小于臼齿（史密斯和解焱，2009）。

偶蹄目动物原始的齿式是 3.1.4.3/3.1.4.3 = 44，但在进化过程中，上门齿往往退化或消失，而代之以角质垫；犬齿在多数长角的种类中退化，而在无角的种类中高度发达。多数种类为严格的植食性，善于奔跑，营社会性生活。

偶蹄目动物由古新世的踝节目动物进化而来，在始新世就已出现。偶蹄目在出现早期虽然有些较成功的类群，但总体上并不是很繁盛，直到新生代第三纪以后地位才日趋显著，到现代则占据了压倒性的绝对优势，无论在种类、数量还是分布上，均远远超过现存其他有蹄类。

偶蹄目动物比奇蹄目动物更有竞争力的原因主要有两点。首先，偶蹄目动物的距骨完全不同于只有一个滑车的奇蹄目动物的距骨，这种双滑车距骨使其前后肢能在很大程度上进行弯曲和伸展（图 10-17）。正是借助于距骨的这一特点，大多数偶蹄类动物具有非凡的奔跑能力。其次，多数偶蹄类拥有特殊的消化系统，胃复杂，通常由**瘤胃**（rumen）、**网胃**（reticulum）、**瓣胃**（omasum）和**皱胃**（abomasum）组成（图 10-18）。在取食过程中，植物性的食物在被咬碎、切断后首先进入瘤胃和网胃，食物在胃内细菌的作用下被消化成软块，然后这些软块又被重新返回口内咀嚼。这一过程就是**反刍**（rumination）。重新入口的食块经充分咀嚼成小食物块后，再进入瓣胃和皱胃，被进一步消化。偶蹄目动物的这一特点在开阔草原范围不断扩大的新生代晚期具有明显的竞争优势。因为在草原上，偶蹄目动物和奇蹄目动物虽然都取得了快速奔跑的能力，但凶猛的食肉动物同样也可以快速地进行追捕，然而偶蹄目动物能在逃跑之前迅速进食，这为它们在与奇蹄目动物的生存竞争中取得绝对的胜利奠定了基础。

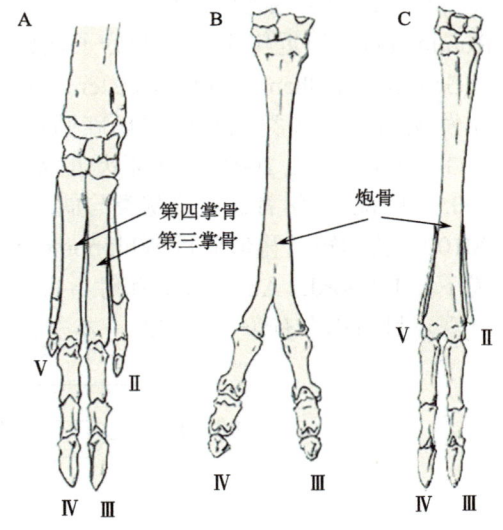

图 10-16　偶蹄目动物的前足骨骼
A. 野猪；B. 骆驼；C. 鹿

哺乳动物学

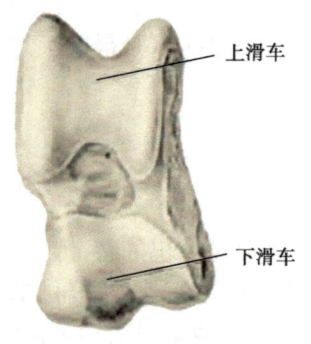

图 10-17　偶蹄类动物的双滑车距骨

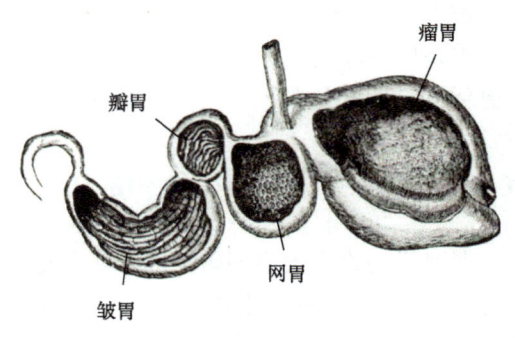

图 10-18　羊胃的剖面

传统的分类认为偶蹄目分 3 个亚目，即猪形亚目 Suina、胼足亚目 Tylopoda 和反刍亚目 Ruminantia。但近年来，新的分子证据表明鲸类与偶蹄目河马科动物有着很近的亲缘关系（Geisler and Uhen, 2005；Geisler et al., 2007；O'Leary and Gatesy, 2008）（图 10-19）。同时，新发现的早期鲸类化石证据也表明：它们与现代偶蹄目动物具有相同的双滑车距骨结构（Gingerich et al., 2001），在牙齿上也与某些化石偶蹄目动物存在相似性（Theodor and Foss, 2005），因此，有学者建议将鲸类与偶蹄类动物同置于鲸偶蹄目 Cetartiodactyla 中（Robert et al., 2010），新增鲸河马形亚目 Whippomorpha，而将互为姐妹群的河马科动物和鲸类分别称为凹齿下目 Infraorder Ancodonta 和鲸下目 Infraorder Cetacea（Grove and Grubb, 2011）。但由于这一观点目前尚存有争议，因此，本书仍然按照传统的分类来进行描述。

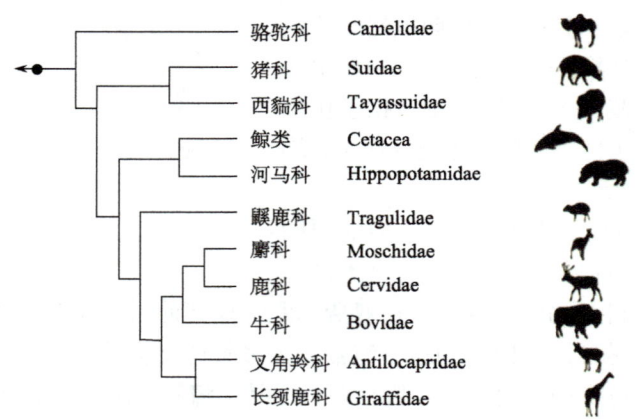

图 10-19　偶蹄目各科及其与鲸类间的系统进化关系

10.2.1　猪形亚目（不反刍亚目）Suina

猪形亚目，胃简单，一室或三室，无反刍机能。头部无角。皮下有厚的脂肪层。四肢各为四指（趾）。多有上门齿，犬牙獠牙状，臼齿丘齿型。乳头在腹部，散布状胎盘。本亚目包括三个科。

10.2.1.1 猪科 Suidae

猪是东半球的动物，分布于欧亚东部及非洲撒哈拉南部。头骨长，枕区高。除了荒漠疣猪 *Phacochoerus aethiopicus* 无上门齿外，其余种类均具上门齿；犬齿大而能不断生长，上犬齿獠牙状，突出于唇外，并上翘。臼齿丘齿型，最后臼齿常延长，而多齿尖，形成复杂的咀嚼面。前后足均为4指（趾）。全球有6属17种（Meijaard *et al.*, 2011）或20种（Grove and Grubb, 2011），我国仅1属1种。

野猪 *Sus scrofa*：体重 50~200 kg，体长 900~1800 mm，尾长 200~300 mm。为家猪的祖先。鼻盘明显，吻部长而突出，面部斜直，头骨明显狭长，上下獠牙上翘露出唇外（图 10-20）。齿式为 3.1.4.3/3.1.4.3= 44。耳小而直立，四肢较短。尾细，尾端扁平。鬃毛和针毛发达，无绒毛或很稀疏，鬃毛与针毛的毛尖大都分叉。全身以黑色为主，毛尖淡褐。尾尖为黑色。颏、喉为黑色，胸腹部较背部毛尖稍淡。四肢黑色。广布于欧洲、亚洲和非洲。

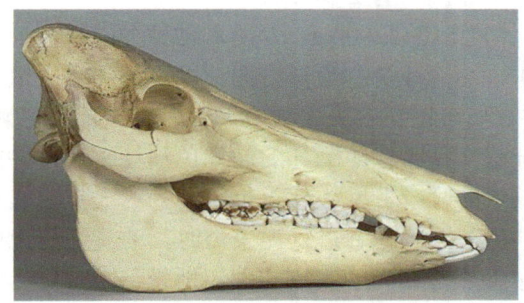

图 10-20　野猪的头骨

图 10-21　鹿豚

鹿豚（东南亚疣猪）*Babyrousa babyrussa*（图 10-21）：体重 43~100 kg，体长不超过 1100 mm，尾长 270~320 mm。皮厚、体毛稀疏，上犬齿突破皮肉从口鼻顶部伸出，然后向后弯曲；下犬齿也向上生长，好似四角。列入 CITES 附录Ⅰ。为印度尼西亚的特有动物。分布于苏拉威西岛及汤加岛等地的热带雨林和阔叶林中。

10.2.1.2 西貒科 Tayassuidae

西貒科动物体型小，形似野猪，体重不超过 30 kg。足较瘦小，前足 4 趾，侧趾为悬蹄，后足 3 趾。胃较复杂，分 3 室，但不反刍，无胆囊。头骨的颧弓很粗壮。齿式 2.1.3.3/3.1.3.3 = 38，犬牙微向外伸，但上犬牙绝不上翻（图 10-22）。臼齿为方形，具 4 齿尖，不具复杂的皱褶。分布于美洲，从美国西南至阿根廷。全球有 3 属 3 种。

草原西貒 *Catagonus wagneri*（图 10-22）：为珍稀种，IUCN 红色名录列为濒危等级（EN）。分布于巴拉圭、阿根廷和玻利维亚的草原。

10.2.1.3 河马科 Hippopotamidae

河马科动物体型大，体重 275~3200 kg。头大肢短，躯体庞大。四肢粗，足 4 趾。足底有坚实的结缔组织垫，半蹄行性。尾很短。皮厚毛稀。头骨特化，眼眶高突，上下颌巨大。

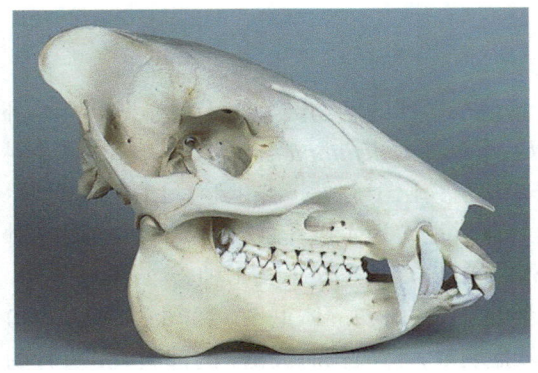

图 10-22　草原西貒及其头骨

主要以水生植物为食。齿式 2~3.1.4.3/1~3.1.4.3 = 38~44，门牙、犬牙为獠牙状，臼齿具 4 尖，为丘型齿。善游泳和潜水，能在水下步行。分布于非洲，有 2 属 2 种。

河马 *Hippopotamus amphibius*（图 10-23）：体重 510~3200 kg，为淡水物种中的最大型杂食性哺乳类动物。大部分时间生活在水中。群居，性情残暴。善于游泳。以草类和水生植物为食。河马的眼睛、耳朵和鼻孔都在头顶，这使它们可以花费大多数时间在水中乘凉、防晒。河马的皮肤没有汗腺，但却有其他腺体，能够分泌一种类似防晒乳的微红色油性物质，并能防止昆虫叮咬。和所有厚皮动物一样，河马对蚊虫的叮咬非常敏感。也正因为这一点，它将各种食虫鸟奉为上宾，并与它们保持着友好的共生关系。在它进行泥浆浴时，沾到它身上的泥会形成一个厚壳，也能够防止蚊虫叮咬。分布于热带非洲的河流和湖沼地带。

矮河马 *Hexaprotodon liberiensis*（图 10-24）：体型较小，体重 180~275 kg。头较短圆。双眼也不像河马那样长在头顶而且并不突出，所以矮河马对水中生活的适应性不如河马。矮河马的背部呈拱形，不像河马那么平，这有利于它们在密林中穿行。矮河马的脚比较窄，但脚趾分得很开，脚趾间连接的皮肤少，适合在泥泞的雨林中行走。分布在西非热带雨林里的溪流和沼泽地带。

图 10-23　河马　　　　　　　　　　　　图 10-24　矮河马

10.2.2　胼足亚目（圆足亚目、驼亚目）Tylopoda

驼亚目动物第 3、第 4 趾着地，蹄下面有胼胝状肉垫，适于沙漠行走（图 10-25）。胃分三室（缺瓣胃），反刍。在瘤胃和网胃上附有许多囊，一次大量饮水后，可将多余的水于贮存于囊中（图 10-26）。无角。上下颌均有门牙和犬牙；臼齿为月型齿。第 1、第 2、第 5 趾缺失，仅余第 3、第 4 趾，且掌（跖）骨愈合成炮骨。仅一科。

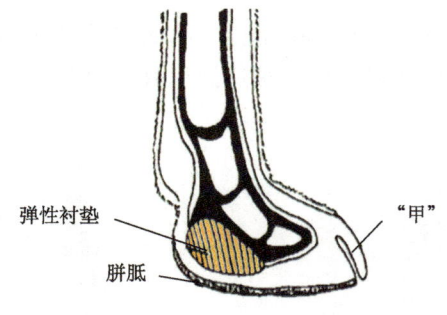

图 10-25　骆驼的足

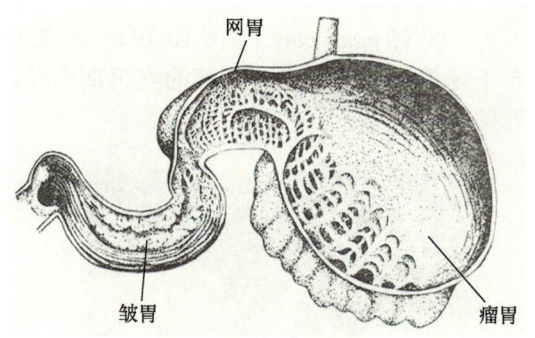

图 10-26　单峰驼胃的剖面（仿盛和林等，1985）

10.2.2.1　骆驼科 Camelidae

骆驼科动物体型大，重者可达 680 kg。头小，吻鼻长，上唇中纵裂，颈和四肢长，趾短，趾垫宽大而无典型蹄，仅为扁的甲状蹄。齿式 1.1.3~2.3/3.1.3~2.3 = 32 或 34。产于干旱、半干旱地区。全球有 3 属 6~7 种，我国仅有双峰驼 1 种。

双峰驼 *Camelus bactrianus*（图 10-27A）：体重 450~680 kg，体长 3200~3500 mm，肩高 1600~1800 mm。齿式为 1.1.3.3/3.1.2.3 = 34。背上有两个驼峰。有学者认为，家养的双峰驼 *Camelus bactrianus* 与野生双峰驼 *Camelus ferus* 应分别为两个独立的种（Grove and Grubb, 2011；Franklin, 2011）。野生双峰驼比家养的体型较小而轻捷，驼峰显著地小且更接近圆锥形，毛被也较薄。野生双峰驼在我国新疆、甘肃及蒙古国尚有分布，但已十分濒危，现已列为国家 I 级保护动物。

图 10-27　两种骆驼
A. 双峰驼；B. 单峰驼

单峰驼 *C. dromedarius*（图 10-27B）：体重 300~600 kg，体长 2250~3450 mm，肩高 1700~2000 mm。背上有单个驼峰。比双峰驼略高，躯体也较双峰驼细瘦，腿更细长。齿式同双峰驼。原产西亚，已无野生种。

羊驼 *Lama glama*（图10-28）：体型较骆驼小。体重130~155 kg，肩高约1200 mm。齿式：1.1.2.3/3.1.2.3 = 32。原产于南美的安第斯山脉一带，已无野生种。现已被引入北美洲、欧洲和澳大利亚等地。

小羊驼 *Vicugna pacos*（图10-29）：体重55~65 kg，肩高约1000 mm。与羊驼的齿式相同。分布于秘鲁至阿根廷中、南部的安第斯山脉。因其毛质优良，现已被广泛引种至世界各地进行养殖。

图10-28　羊驼

图10-29　小羊驼

10.2.3　反刍亚目 Ruminantia

反刍亚目动物胃四室，反刍，多数具角。通常上颌缺少门牙和犬牙。臼齿为月型齿。全球有6科。

10.2.3.1　鼷鹿科 Tragulidae

鼷鹿科动物体型小，体重0.7~16 kg。两性均无角，亦无泪窝（图10-30）。第2、第5趾退化，仅附于炮骨。齿式0.1.3.3/3.1.3.3 = 34。两性均有延长的犬牙，尤以雄性上犬牙更发达，呈獠牙状。独栖或成对生活。主要为夜行性食果动物。分布于非洲的西部和中部、东南亚及中国。全球有3属10种，其中鼷鹿 *Tragulus javanicus* 为偶蹄类中最小的动物。我国产1种。

威氏小鼷鹿 *Tragulus williamsoni*（图10-30）：体重1.5~2 kg，体长390~450 mm，尾长70~85 mm。尾短。四肢细长，主蹄尖窄；后足长于前足，适于跳跃。背毛赭褐色，喉部有白色纵行条纹，腹部为白色。目前尚不能确定分布于中国云南南部的小鼷鹿 *Tragulus* sp.是否为该种（蒋志刚等，2017）。国外分布于泰国。

10.2.3.2　麝科 Moschidae

麝科，中型，体重6~17 kg。雌雄均无角，亦无泪窝。前肢短，臀高大于肩高。具炮骨；炮骨留有愈合的痕迹。第2、第5趾退化，仅附于炮骨。齿式0.1.3.3/3.1.3.3 = 34，雄兽上犬牙呈獠牙状。有胆囊，无面腺和足腺，雄兽在脐部与生殖器之间具有麝香腺，其分泌的麝香对香料工业和中国传统医药均有极高的价值。分布于东亚森林和高山灌丛中。全球有1属7

种，均被 CITES 列入附录Ⅱ。我国有 6 种。

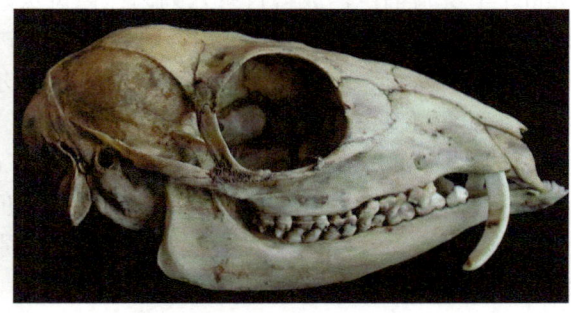

图 10-30　威氏小鼷鹿及其头骨

林麝 *Moschus berezvskii*（图 10-31A）：体重 6~9 kg，体长 630~800 mm，肩高小于 500 mm，尾长 30~40 mm。吻短于颅全长之半，泪骨宽大于长，前颌骨的腭支多呈纺锤形。毛粗硬，波状弯曲，脆而易脱落。从两颊向下至前胸有一条白色或淡黄色的链形颈纹。颈纹的前上方有一弯曲的棕褐色纹，并围绕头后两侧形成一块状白斑。耳内毛发和眉毛白色；耳尖黑色，基部橙褐色。幼年个体具斑点。多栖息于阔叶林、针阔混交林和针叶林。国内分布于陕西、湖北、湖南、河南、四川、重庆、安徽、广东、广西、贵州、云南、西藏、青海、甘肃等省（自治区、直辖市）。国外仅分布于越南。IUCN 红色名录列为濒危等级（EN），为我国 I 级重点保护动物。

图 10-31　两种麝
A. 林麝；B. 马麝

马麝（高山麝）*M. chrysogaster*（图 10-31B）：较林麝大，体重 9.6~15 kg，体长 800~900 mm，肩高 500~600 mm，尾长 40~70 mm。头骨狭长，吻长超过颅全长之半，泪骨长大于宽。通体沙黄色，颈纹不显，臀部与背部毛色基本一致。栖息于海拔 3000~4000 m 一带与针叶林镶嵌的草甸及草原灌丛、裸岩、靠山脊的灌丛或草丛等地。国内分布于甘肃、青海、宁夏、云南、四川、西藏等省（自治区）。国外分布于不丹、尼泊尔和印度。是青藏高原特有动物。IUCN 红色名录列为濒危等级（EN），为我国 I 级重点保护动物。

原麝 *M. moschiferus*：体重 8~12 kg，体长 650~900 mm，肩高 560~610 mm，尾长 40~60 mm。全身暗褐色，成兽背有六列肉桂色斑点，有颈纹。泪骨的长小于宽，吻长约等于颅全长之半。国内分布于内蒙古、山西、新疆、辽宁、吉林和黑龙江。国外分布于哈萨克斯坦、朝鲜、韩国、蒙古、俄罗斯、印度、缅甸及尼泊尔。IUCN 红色名录列为易危等级（VU），为我国 I 级重点保护动物。

安徽麝 *M. anhuiensis*：体重 7.1~9.7 kg，体长 696~765 mm，肩高小于 500 mm，尾长 18~32 mm。体灰褐色；后肢下部近于黑色；耳缘白色，耳背黑色；有颈纹；成体体侧有斑点。仅分布在我国安徽、湖北及河南三省相邻接的大别山区，为中国特有种。IUCN 红色名录列为濒危等级（EN），为我国 I 级重点保护动物。

黑麝 *M. fuscus*：体重 8~12 kg，体长 730~800 mm，肩高小于 500 mm，尾长 25~32 mm。全身为纯黑色，无颈纹。栖息于针叶林和高山砾石带。国内分布于西藏及云南高黎贡山和碧罗雪山 3200~4600 m 地带。国外分布于不丹、尼泊尔、缅甸和印度。IUCN 红色名录列为濒危等级（EN），为我国 I 级重点保护动物。

喜马拉雅麝（白腹麝）*M. leucogaster*：体重 11~16 kg，体长 860~1000 mm，肩高 510~530 mm，尾长 40~60 mm。毛色比马麝和林麝深，背部及体侧棕褐色，臀部为鲜艳的黄白色，无颈纹。颅全长、颧宽、脑颅宽、上下齿列长均大于林麝。分布于西藏西南。国外分布于不丹、尼泊尔和印度。IUCN 红色名录列为濒危等级（EN），为我国 I 级重点保护动物。

克什米尔麝 *M. cupreus*：濒危种。IUCN 红色名录列为濒危等级（EN）。分布于印度、巴基斯坦和阿富汗。

10.2.3.3 鹿科 Cervidae

鹿科动物被毛短而粗，四肢长而细，主蹄大，侧蹄小，善跳跃和奔跑。头较尖细，耳大而直立，听觉极为敏锐。鼻端除驯鹿外均有鼻镜。嗅觉发达。除驼鹿和驯鹿外，幼鹿身体都有斑点，某些种类的成体也有斑点。除獐的两性均无角、驯鹿的两性都有角外，通常雄鹿额后生有角桩，并在此基础上长出鹿角。刚长出不久的角（幼角）外被带茸毛的皮肤，质地柔软，称为茸角（鹿茸）；以后骨化，茸皮脱落，成为分叉的骨质角；翌年脱落而成枯角，再由角桩重长。角的形状和分叉常为分类和年龄鉴定的依据。头骨具有两个鼻泪沟孔，泪骨表面有浅窝（泪窝）。颞嵴分离，不形成矢状嵴。鼻骨、额骨、泪骨和上颌骨间具裂隙或成规则的孔。齿式 0.0~1.3.3/3.1.3.3 = 32~34。小型种或无角的种类常具上犬齿，尤以雄性的最为发达，呈马刀状的獠牙。颊齿为低冠齿。每颗前臼齿具 2 个、臼齿具 4 个新月形珐琅质齿突。下颌犬牙门牙化，成为切牙。具有眶下腺、额腺、蹄腺、跗腺等特殊的腺体，各种腺体着生的部位和构造特点也是分类依据之一（专栏 10.2）。雌鹿有乳头 2 对，鼠蹊位。分布于欧洲、亚洲和美洲。

专栏 10.2　鹿科动物的气味腺

鹿科动物主要的气味腺有下列 6 种（表 10-1）。

1. 眶下腺（preorbital gland）

眶下腺又称为泪窝腺，位于鹿眼前方的一个小凹陷。眶下腺受肌肉控制。通常在这几

种情况下，眶下腺会张开：①当母鹿在接近它们的孩子的时候；②当发情的公鹿要向其他公鹿发起攻击的时候；③雌鹿之间相互威胁和攻击时。因此，有人认为：张开这个腺体可能只是一种视觉展示，而不是嗅觉展示。但也有研究表明，一些鹿科动物（如黑尾鹿 *Odocoileus hemionus*）常用眶下腺来进行领域或优势等级的标记（Müller-Schwarze，1987）。

2. 跗腺（tarsal gland）

跗腺位于后足跗部内侧，对许多鹿来说是最重要的腺体。腺区覆盖一丛长长的毛。腺体分泌一种似油脂的脂肪物质，黏附在长毛上。所有的鹿都撒尿在这个腺体上，这种行为叫擦尿（rub-urination）。尿流过跗腺时会留在腺体上，腺体分泌到毛发上的脂肪物质混合物与尿、空气在细菌的作用下发生非常复杂的反应过程，释放出强烈而具特殊气味的气体。母鹿还可通过幼仔跗腺发出的气味来识别自己的孩子。同时，发情的雄鹿可用这个腺体向其他雄鹿和雌鹿表示它的地位及繁殖状态。

3. 蹄腺（interdigital gland）

蹄腺又称趾间腺，位于两个大蹄趾之间皮肤的袋状凹陷处，覆盖有稀疏毛发。在这些袋状凹陷里通常能发现一些微黄色、干酪样的物质。这些物质是脱落细胞和腺体分泌物混合的结果。这些物质通常有一种腐臭的气味。鹿每走一步可使这些气味留在它的踪迹里。处于优势地位的成年雄性（或称鹿王）常用蹄在地上刨挖，研究表明，自蹄腺释放出的46种挥发性物质中有5种在鹿王中产生相当大的浓度。由此推测在刨挖的地点可能会留下占优势地位雄鹿的特殊气味。

4. 蹠腺（metatarsus gland）

蹠腺位于鹿的后足蹠部外侧。这个黑色坚硬腺区覆盖有冠状白色长毛，这个腺体覆盖的冠毛在梅花鹿、白唇鹿等后肢的蹠部外侧较明显，容易观察到。目前对于该腺体的作用

表 10-1　中国鹿科动物各属主要的气味腺

属名	眶下腺	跗腺	蹄腺	蹠腺	额腺	尾腺
獐属 *Hydropotes*	+	−	+	−	−	−
毛冠鹿属 *Elaphodus*	+	−	+	+	−	−
麂属 *Muntiacus*	+	−	+	−	+	−
鹿属 *Cervus*	+	+	+	+	+	+
水鹿属 *Rusa*	+	+	+	+	−	+
花鹿属 *Axis*	+	+	+	+	−	+
坡鹿属 *Panolia*	+	+	+	+	−	+
白唇鹿属 *Przewalskium*	+	+	+	+	−	+
麋鹿属 *Elaphurus*	+	+	−	+	−	+
狍属 *Capreolus*	−	−	+	+	+	−
驼鹿属 *Alces*	+	+	+	−	−	−
驯鹿属 *Rangifer*	+	+	+	−	−	+

注："+"表示有；"−"表示无；改编自盛和林（1992）。

尚不清楚。有人认为这个腺体是一种警告信息素的源头，这种信息素可以警告周围其他鹿危险已经出现。

5. 额腺（forehead gland）

额腺位于鹿角基部和眼睛之间的区域，是一些鹿非常重要的腺体。腺体隐蔽于皮毛下，肉眼不易观察到。前额区的皮肤包含大量的叫做顶浆腺的分泌腺。这些腺体在发情季节里变得很活跃，但占优势地位的雄鹿产生量最大。同时，额腺还有标记领域的作用。

6. 尾腺（caudal gland）

尾腺通常位于尾的基部腹面。对驯鹿 Rangifer tarandus 的行为观察表明，尾腺在同种间的识别、发情期主雄对后宫雌鹿间关系的维系、母鹿对幼鹿的辨识，以及报警信号的发出等方面发挥着重要的作用（Müller-Schwarze et al., 1977）。

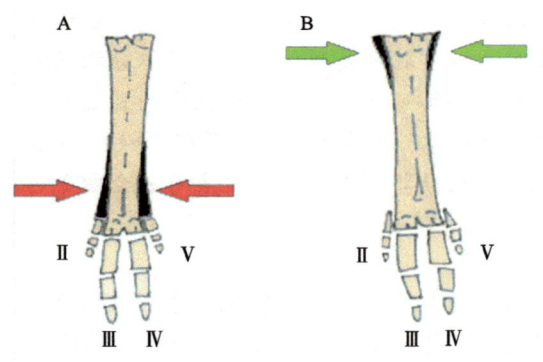

图 10-32　鹿类保留的侧掌骨

A. 远端侧掌骨；B. 近端侧掌骨

历史上，鹿科曾分为4个亚科18属53种。然而近年来根据分子、形态数据重建的鹿科动物系统发生的研究结果表明，鹿科动物可分为两大支，一支称为鹿亚科 Cervinae，又称**近端掌骨类**（plesiometacarpalian）；另一支称为狍亚科 Capreolinae，又称**远端掌骨类**（telemetacarpalian）（图 10-32）。鹿亚科包括 2 个族：麂族 Muntiacini 和鹿族 Cervini，共 8~10 个属；狍亚科包括三个族——美洲鹿族 Odocoileini、狍族 Capreolini 和驼鹿族 Alceini，共 10 属（图 10-33），合计 18~20 属。近年来，一些学者根据遗传、形态及核型等特征，将许多亚种提升为种，这样鹿科动物的种数大约达到了 117 种（Groves and Grubb，2011），但目前尚存有争议，下面仍按照传统的分类进行种的统计和描述。我国有 2 个亚科，5 族 12 属 20 种。

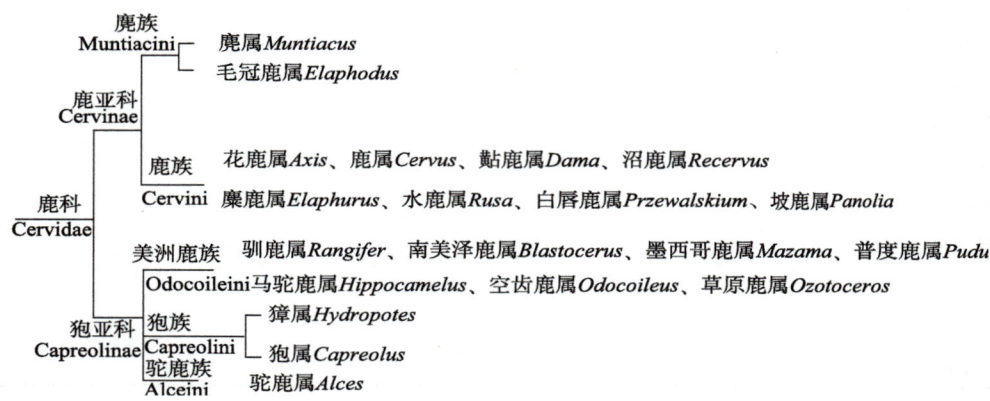

图 10-33　鹿科各亚科及族的系统进化关系

第 10 章 奇蹄目和偶蹄目

中国鹿科分亚科、属检索表

1. 两性均有角，或两性均无角，或仅雄性有角，但无眉叉，角形不规则；多数种类的吻部被毛 ·· 2 狍亚科 Capreolinae
   仅雄性有角，眉叉正常或退化，角形规则；吻裸露 ·················· 5 鹿亚科 Cervinae
2. 雌雄均无角；雄性上犬齿长 ······················· 獐属 Hydropotes（单型属）
   两性均有角，或仅雄性有角；雄性上犬齿缺失到长 ·· 3
3. 体型大，成兽体长在 1.4 m 以上，体重超过 30 kg ·· 4
   体型小，成兽体长在 1.4 m 以下，体重不超过 30 kg ············· 狍属 Capreolus
4. 成兽体高不达 1.7 m；两性均具角，角向后弯，不呈掌状；吻端全被毛 ··· 驯鹿属 Rangifer（单型属）
   成兽体高超过 1.7 m；仅雄兽具角，角侧扁呈掌状；吻端部分被毛，留有一个三角形裸区 ··· 驼鹿属 Alces
5. 角简单，或仅角干基有短梗；雄兽上犬牙为獠牙状 ·· 6
   雄兽角至少分 3 叉；雄兽无或具上犬牙，但不呈獠牙状 ······································· 7
6. 角短，隐于额部毛冠中，不分叉；角基沿额骨两侧不突出成棱状脊；泪窝直径约等于眼窝直径；无额腺 ····························· 毛冠鹿属 Elaphodus（单型属）
   角露出于额毛之外很显著，最多有 3 个分叉；角基沿额骨两侧突起成棱状脊；泪窝小，其直径明显小于眼窝直径；有额腺 ················· 麂属 Muntiacus
7. 体型大，成兽体长超过 1.3 m；颅全长大于 250 mm；有上犬牙 ····························· 8
   体型小，成兽体长不及 1.3 m；颅全长不及 250 mm；无上犬牙 ······ 花鹿属 Axis
8. 角有眉叉，角干至少分叉一次，为 3~10 枝；尾长不超过踝关节 ··························· 9
   角无眉叉，角干分前后两枝，通常前枝再分二小枝，后枝一般不再分；尾长超过踝关节 ·· 麋鹿属 Elaphurus（单型属）
9. 角分三枝；眉叉与主干成锐角 ································ 水鹿属 Rusa
   角分三枝以上；眉叉与主干成钝角或直角 ·· 10
10. 角的眉叉与主干成钝角，主干向后上方呈弧形弯曲 ············· 坡鹿属 Panolia
    角的眉叉与主干大致成直角，主干后倾，不呈弧形 ·· 11
11. 鼻侧和下唇白色 ·························· 白唇鹿属 Przewalskium（单型属）
    鼻侧和下唇不为白色 ·· 鹿属 Cervus

注：有学者将水鹿、白唇鹿归入鹿属中（Grove and Grubb, 2011）。

1）鹿亚科 Cervinae　鹿亚科动物仅雄性有角，眉叉正常或退化，角形规则。可分为以下两个族。

（1）麂族 Muntiacini　小型鹿，体重 15~30 kg。具小型鹿角。雄鹿上犬牙呈獠牙状，部分种类有额腺（麂属）。齿式均为 0.1.3.3/3.1.3.3 = 34。分布于东亚。全球有 2 属 13 种，我国有 2 属 7 种。

毛冠鹿 *Elaphodus cephalophus*（图 10-34）：体重 17~30 kg，体长 1100~1400 mm，肩高 500~720 mm，尾长 90~150 mm。毛青灰色，俗称"青鹿子"。额具马蹄形黑色毛冠，雄性具

不分叉小角隐于毛冠。上犬齿露出唇外。眶下腺显著，不具额腺。耳内侧有纵行白毛。尾背部黑色，腹部白色。栖息于海拔 1000~4000 m 的各种阔叶林、针阔混交林、针叶林或杜鹃林、山地灌丛。独栖，晨昏活动。国内分布于西藏、云南、贵州、四川、重庆、青海、甘肃、陕西、湖北、湖南、江西、福建、安徽、浙江、广东、广西等省（自治区、直辖市）。

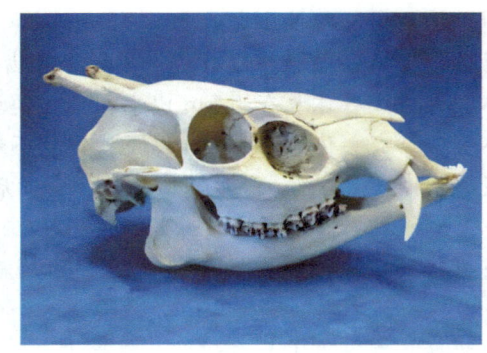

图 10-34　毛冠鹿及其头骨

中国麂属常见种的检索表

1. 体型较小，体长 640~900 mm；颅基长不及 170 mm；颈背具黑脊纹 …… 小麂 *M. reevesi*
   体型较大，体长 800~1200 mm；颅基长超过 170 mm；颈背无黑色脊纹 …………… 2
2. 身体背面黑褐色到黑色 …………………………………………………………… 3
   身体背面红褐色 …………………………………………………………… 赤麂 *M. muntjak*
3. 额上具橙黄色丛毛 …………………………………………………… 黑麂 *M. crinifrons*
   额上无丛毛 ………………………………………………… 贡山麂 *M. gongshanensis*

小麂 *Muntiacus reevesi*（图 10-35）：为体型最小的麂。体重 12~16 kg，体长 640~900 mm，肩高 406~484 mm，尾长 86~130 mm。体毛黄棕色，俗称"黄麂子"。雄鹿角柄长约 40 mm，角冠长约 70 mm。颈背与体背具一条棕褐色纹。前颌骨与鼻骨分离。鼻部毛细短，面部色较深，呈暗棕色。额部两侧各具一条较宽的黑纹。国内分布于云南、四川、重庆、贵州、江苏、浙江、安徽、江西、湖南、湖北、福建、广东、广西、台湾等地。

图 10-35　小麂及其头骨

第 10 章 奇蹄目和偶蹄目

黑麂 *M. crinifrons*：体重 16.5~28.5 kg，体长 815~1100 mm，肩高 620~780 mm，尾长 165~240 mm。体深黑褐色，额部有橙黄色丛毛，耳内侧白色。尾长而黑，与白色的尾下形成鲜明对比。栖于海拔 1000 m 左右的林区。为中国特有种，分布于浙江、安徽及其毗邻地区。CITES 将其列入附录Ⅰ，属国家Ⅰ级重点保护动物。

赤麂 *M. muntjak*：体重 17~40 kg，体长 980~1200 mm，肩高 500~720 mm，尾长 170~200 mm。体色赤红或赭褐。额无明显丛毛。泪窝较其他麂小。国内分布于云南、四川、贵州、广西、广东等省（自治区）。有学者将我国有分布的赤麂海南亚种 *M. m. nigripes*、赤麂孟加拉亚种 *M. m. vaginalis* 及赤麂指名亚种 *M. m. muntjak* 均提升为种（Groves and Grubb，2011）。

贡山麂 *M. gongshanensis*：体重 16~24 kg，体长 950~1045 mm，肩高 550~570 mm，尾长 88~162 mm。体深褐色，头部橙色，与黑麂相似。但体型较小，色较浅，蹄较长，尾较短，角柄较短，额无丛毛，在脚上具白色环纹。为濒危种。分布于云南西北及缅甸北部。

菲氏麂（林麂）*M. feae*：体重 21~30 kg，体长 1000~1040 mm，肩高 590~680 mm，尾长 150~225 mm。额具暗黑和棕黄相杂短的簇毛；泪窝大。为濒危种。国内分布于西藏东南部和云南西北部。国外见于泰国和缅甸。

叶麂 *M. putaoensis*：是世界上最小的麂类。体重约 12 kg。国内分布于云南西部。国外见于缅甸和印度。

（2）鹿族 Cervini　体型较大，体重一般在 50 kg 以上。鹿角分支在 3 叉以上。无额腺，但眶下腺很发达。主要分布在亚洲，马鹿可分布至欧洲和北美洲。全球有 8 属 18 种，我国有 6 属 7 种。其中白唇鹿、坡鹿、梅花鹿、豚鹿和麋鹿等为国家Ⅰ级重点保护动物，马鹿和水鹿列为国家Ⅱ级重点保护动物。

水鹿 *Rusa unicolor*（图 10-36）：体重 125~315 kg，体长 1800~2000 mm，肩高 1400~1600 mm，尾长 250~280 mm。体毛较粗，背及体侧为栗棕色，背中有一条黑棕色脊纹。颈具长而蓬松的鬣毛，毛色深褐。尾长，密生长而蓬松的黑色长毛。雄鹿有角，眉叉与主干成锐角，主干远端分出第 2 枝，共 3 叉。泪窝长径大于眼窝长径。齿式：0.1.3.3/3.1.3.3 = 34。有学者将我国分布的亚种 *Rusa unicolor equinus* 提升为种，称为马来水鹿（Grove and Grubb，2011）。国内分布于西藏、青海、云南、四川、贵州、湖南、江西、广西、浙江、安徽、广东、海南、台湾等地。

梅花鹿 *Cervus nippon*（图 10-37）：中型鹿。体重 81~155 kg，体长 1420~1700 mm，肩高 885~1005 mm，尾长 130~180 mm。雄鹿角一般分 4 叉，偶分 5 叉，眉枝在近基部向前伸出，第二枝位置较高。主干再分两小叉。门齿孔小于眼窝直径。夏毛棕黄，有鲜明白斑；冬毛无斑点或很模糊。背有暗褐色脊纹。齿式：0.1.3.3/3.1.3.3 = 34。国内分布于四川、甘肃、吉林、江西、安徽和台湾地区。我国现存的梅花鹿分为 4 个亚种，分别为东北梅花鹿 *C. n. hortulorum*、四川梅花鹿 *C. n. sichuanicus*、华南梅花鹿 *C. n. pseudaxis* 和台湾梅花鹿 *C. n. taiouanus*。也有学者将这几个亚种分别独立为种（Groves and Grubb，2011）。

图 10-36　水鹿

图 10-37　四川梅花鹿

马鹿 *Cervus elaphus*（图 10-38）：体型大。体重 154~245 kg，体长 1570~2260 mm，肩高 1200~1400 mm，尾长 76~147 mm。雄性有角，一般分为 6 叉，最多 8 个叉，角的第二叉紧靠于眉叉。齿式：0.1.3.3/3.1.3.3 = 34。我国的马鹿分为 5 个亚种，分别为：阿拉善亚种 *C. e. alashanicus*、川西亚种 *C. e. macneilli*、西藏亚种 *C. e. wallichii*、东北亚种 *C. e. xanthopygus* 和塔里木亚种 *C. e. yarkandensis*。目前，也有学者将这几个亚种分别独立为种（Groves and Grubb，2011），但尚存在争议。其中马鹿川西亚种因其臀部有一显著的白色臀斑，故又称为白臀鹿。马鹿在国内分布于新疆、西藏、内蒙古、黑龙江、吉林、四川、甘肃和宁夏等省（自治区）。

白唇鹿 *Przewalskium albirostris*（图 10-39）：体型大。体重 162~230 kg，体长 1100~2270 mm，肩高 1130~1400 mm，尾长 80~110 mm。眉叉与主干呈直角或钝角；第 2 叉与眉叉相距较远，分叉处特别宽扁；第 3 叉最长，第 4 叉之上分 2 小叉。唇端、鼻缘、颏至喉毛色纯白。泪窝大小几乎是马鹿的 2 倍。齿式：0.1.3.3/3.1.3.3 = 34。栖息于海拔 3500~5000 m 的森林灌丛、灌丛草甸及高山草甸草原。国内分布于青海、甘肃、西藏、新疆、四川、云南等省（自治区）。是我国特有种。IUCN 红色名录将其列为易危等级（VU）。

图 10-38　马鹿

图 10-39　白唇鹿

豚鹿 *Axis porcinus*（图 10-40）：体重 36~50 kg，体长 1050~1500 mm，肩高 600~720 mm，尾长 175~210 mm。角细长分 3 叉，有眉叉，角干分前、后两支。尾长而显露。齿式：0.0.3.3/3.1.3.3 = 32。

第 10 章 奇蹄目和偶蹄目

国内仅分布于云南，为印支亚种 *Axis porcinus annamiticu*，CITES 将其列入附录Ⅰ，IUCN 红色名录将其列为濒危等级（EN）。国外分布于孟加拉国、印度、尼泊尔、巴基斯坦、泰国及斯里兰卡等国。

坡鹿 *Panolia eldi*（图 10-41）：体重 64~100 kg，体长 1500~1700 mm，肩高 1200~1300 mm，尾长 220~250 mm。角分 5~7 叉，眉叉与主干成一弧形，各支均有一小分叉。全身褐色，背有黑褐色脊纹，夏季有白色斑点。齿式：0.0.3.3/3.1.3.3 = 32。国内分布于海南岛，为坡鹿泰国亚种 *Rucervus eldi siamensis*，也有学者将其提升为种 *Panolia siamensis*（Groves and Grubb, 2011）。CITES 将其列入附录Ⅰ，IUCN 红色名录将其列为濒危等级（EN）。

图 10-40　豚鹿　　　　　　图 10-41　坡鹿　　　　　　图 10-42　麋鹿

麋鹿 *Elaphurus davidianus*（图 10-42）：俗称为"四不像"。体重 150~200 kg，体长 1500~2000 mm，肩高 1140~1370 mm，尾长 600~750 mm。角二歧分支，无眉叉，每支分叉较多。尾特长；蹄宽大。齿式：0.1.3.3/3.1.3.3 = 34。通过重引入的方式，麋鹿已在我国的北京、江苏、湖北和湖南等地建立了种群。IUCN 红色名录将其列为野外灭绝等级（Extinct in the Wild, EW），为国家Ⅰ级重点保护动物。

黇鹿 *Dama dama*：体重 40~70 kg，体长 1300~1600 mm，肩高 750~1000 mm，尾长 150~230 mm。黇鹿的皮毛夏天呈棕黄色，有白色斑点，似梅花鹿；冬天全部变成有黑色斑纹的灰色。下腹部为白色。角的上部扁平或呈掌状。广泛分布于欧洲南部至伊朗南部。

此外，国外尚有几种珍稀鹿类。

泽鹿 *Rucervus duvaucelii*：IUCN 红色名录列为易危等级（VU）。分布于印度及尼泊尔西南。

鬣鹿（爪哇水鹿）*Rusa timorensis*：IUCN 红色名录列为易危等级（VU）。分布于爪哇、巴厘岛、伊里安查亚和加里曼丹。

菲律宾水鹿 *Rusa alfredi*：IUCN 红色名录列为濒危等级（EN）。分布于菲律宾。

2）狍亚科 Capreolinae（美洲鹿亚科、空齿鹿亚科 Odocoileinae）　本亚科动物两性均有角，或两性均无角，或仅雄性有角，但无眉叉，角形不规则。包括 3 个族。

（1）狍族 Capreolini　狍族包括獐属（单型属）和狍属 2 种。

獐（河麂、牙獐）*Hydropotes inermis*（图 10-43）：小型。体重 14~17 kg，体长 890~

1030 mm，肩高 450~570 mm，尾长 60~70 mm。雌雄均无角。全身枯草黄色，毛厚密，尾短。犬牙发达呈獠牙状；泪骨上有小而深的孔；腭骨后缘呈"V"形。齿式：0.1.3.3/3.1.3.3 = 34。国内分布于安徽、江西和浙江（舟山）。国外分布于朝鲜。IUCN 红色名录列为易危等级（VU），我国已将其列为Ⅱ级保护动物。

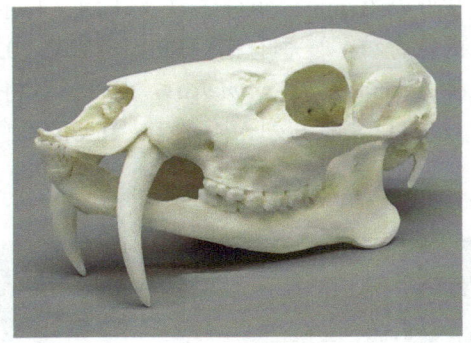

图 10-43　獐及其头骨

西伯利亚狍 *Capreolus pygargus*（图 10-44）：体重 20.5~60.4 kg，体长 1030~1270 mm，肩高 650~950 mm，尾长 25~30 mm。雄性具角，无眉叉，分为向前、向上和向后三枝，角干上多节突。有眶下腺。鼻端裸露，鼻部有黑色髭纹。尾极短，隐于毛下。齿式：0.0.3.3/3.1.3.3 = 32。栖息于海拔 2000~4000 m 的高山、中山草甸灌丛中。国内分布于黑龙江、吉林、辽宁、河北、河南、山西、内蒙古、新疆、陕西、甘肃、宁夏、青海、重庆、四川、湖北等省（自治区、直辖市）。

狍（欧洲狍）*Capreolus capreolus*：体重 15~35 kg，体长 950~1350 mm，肩高 650~750 mm，尾长 20~30 mm。体型较西伯利亚狍小。体色泛红，面部灰色。主要分布于欧洲大陆。

（2）美洲鹿族 Odocoileini　　全世界共有 7 个属，中国仅 1 属，即驯鹿属 *Rangifer*，为单型属。

图 10-44　西伯利亚狍　　　　图 10-45　驯鹿

驯鹿 *R. tarandus*（图 10-45）：体重 100~140 kg，体长 1000~1170 mm，肩高 947~1644 mm，尾长 170~185 mm。雌雄皆有角，角的分枝繁复，前叉长而平伸，常为掌状。驯鹿头长而直，嘴粗，唇发达，眼较大，眼眶突出，鼻孔大，颈粗短，吻端全被毛，无鼻镜。背腹分界明显：

背褐灰色，腹部白色。主蹄大而阔，中央裂线很深，悬蹄大，掌面宽阔，是鹿类中最大的。齿式：0.1.3.3/3.1.3.3 = 34。驯鹿主要分布于北半球的环北极地区，包括在欧亚大陆和北美洲北部及一些大型岛屿。在中国驯鹿只见于大兴安岭东北部林区。

（3）驼鹿族 Alceini   驼鹿族动物头骨偏狭长，鼻骨短，上颌骨窄，额骨宽中间凹陷。齿式：0.0.3.3/3.1.3.3 = 32。全世界有1属2种，中国仅1种。

驼鹿 *Alces alces*（图10-46A）：体重275~450 kg，体长2000~2900 mm，肩高1700~2100 mm，尾长70~100 mm。背毛红褐色，体侧和腹部冬季较灰，夏季较褐。角大呈扁平铲状。鼻部隆厚，上唇肥大，肩峰高出，体型似驼，故而得名。喉部有肉柱。分布于新疆（阿尔泰）和东北大、小兴安岭一带，延伸至西伯利亚和斯堪的纳维亚。为国家Ⅱ级重点保护动物。

美洲驼鹿 *A. americanus*（图10-46B）：体型较欧亚驼鹿稍大。体重270~600 kg，体长2400~3100 mm，肩高1700~2200 mm，尾长80~120 mm。体背黑棕色，具有更为突出的颈部流苏。分布于东北大兴安岭和小兴安岭一带，延伸至西伯利亚东部、阿拉斯加和加拿大。

图10-46 两种驼鹿

A. 欧亚驼鹿；B. 美洲驼鹿

10.2.3.4 长颈鹿科 Giraffidae

长颈鹿科，高大型，身体高度一般超过5 m，体重约900 kg。具不脱换的瘤角。四肢细长，第2、第5指（趾）极小。齿式：0.0.3.2/3.1.3.3 = 32。颊齿低冠，多皱。鼻骨后端和额骨前缘中间有个突起。分布于非洲，有2属2种。

长颈鹿 *Giraffa camelopardalis*（图10-47）：站立时可达6~8 m，是最高的兽。雄鹿最重可达1820 kg。颈背有一行鬃毛。四肢高而强健，前肢略长于后肢，蹄阔。尾短小，尾端具黑色簇毛。牙齿为原始的低冠齿。栖息于热带、亚热带稀树草原、灌丛，以金合欢 *Acacia farnesiana* 及其他豆科树上嫩叶为食。饮水时两脚支开，行走奔跑时用头和长颈的摆动来调节。步法不甚灵活，奔跑的时速不超过55 km/h。常成5~10头的小群活动。分布于非洲撒哈拉以南。

霍加狓 *Okapia johnstoni*（图10-48）：较长颈鹿小，肩高约1.5 m，头顶及地约2 m高。仅雄性具短角。多居于森林深处，独栖或双栖，以树叶和果实为食。分布于刚果民主共和国东部和北部的热带雨林。

图 10-47 长颈鹿

图 10-48 霍加狓

图 10-49 叉角羚

10.2.3.5 叉角羚科 Antilocapridae

叉角羚科动物形似羚羊，美国称它为马羚羊。体长 1~1.3 m，高 810~1050 mm。角介于鹿科与牛科之间，角心骨质，外有分叉脱换的角质鞘。眼大，位偏高。臀斑白色。四肢细长，第 2、第 5 指（趾）极度退化。群栖于开阔沙漠及草原，冬季集群可达 100 余头。分布于美国中西部至墨西哥北部，仅 1 属 1 种，为叉角羚 *Antilocapra Americana*（图 10-49）。

10.2.3.6 牛科 Bovidae

牛科为偶蹄类中最大的一个科，传统的分类中曾记录有 140 余种（Wilson and Reeder，2005），后来 Wilson 和 Mittermeier（2012）将许多亚种提升为种，计有 279 种。由于后者目前尚存在争议，因此下面各族中种的统计和描述主要参考前者。牛科过去分为 8 个亚科，近年来，综合考虑分子遗传数据、角的结构、牙齿和骨骼特征、行为特点及取食策略等因素，将牛科分为 2 个亚科，12 族 54 属（表 10-2）。

表 10-2 牛科中亚科、族和属的分类

亚科名	族名	属数	属名
1.牛亚科 Bovinae	牛族 Bovini	4	牛属 *Bos*，水牛属 *Bubalus*，中南大羚属 *Pseudoryx*，非洲水牛属 *Syncerus*
	蓝牛羚族 Boselaphini	2	蓝牛羚属 *Boselaphus*，四角羚属 *Tetracerus*
	薮羚族 Tragelaphini	5	小林羚属 *Ammelaphus*，安氏林羚属 *Nyala*，弯角羚属 *Strepsiceros*，旋角大羚羊属 *Taurotragus*，林羚属 *Tragelaphus*
2.羚羊亚科 Antilopinae	新小羚族 Neotragini	1	新小羚属（岛羚属）*Neotragus*
	高角羚族 Aepycerotini	1	黑斑羚属 *Aepyceros*

第 10 章　奇蹄目和偶蹄目

续表

亚科名	族名	属数	属名
2.羚羊亚科 Antilopinae	羚羊族 Antilopini	13	沙羚属 *Ammodorcas*, 跳羚属 *Antidorcas*,印度羚属 *Antilope*, 大耳羚属 *Dorcatragus*, 瞪羚属 *Eudorcas*, 羚羊属 *Gazella*, 长颈羚属 *Litocranius*, 犬羚属 *Madoqua*, 鹿瞪羚属 *Nanger*, 侏羚属 *Ourebia*, 原羚属 *Procapra*, 小岩羚属 *Raphicerus*, 高鼻羚羊属 *Saiga*
	苇羚族 Reduncini	3	水羚属 *Kobus*, 短角羚属 *Pelea*, 小苇羚属 *Redunca*
	马羚族 Hippotragini	3	旋角羚属 *Addax*, 弯角羚属 *Hippotragus*, 大羚羊属 *Oryx*
	狷羚族 Alcelaphini	4	麋羚属 *Alcelaphus*, 亨氏牛羚属 *Beatragus*, 角马属 *Connochaetes*, 南非大羚羊属 *Damaliscus*
	羊族 Caprini	14	鬣羊属 *Ammotragus*,阿拉伯塔尔羊属 *Arabitragus*, 扭角羚属 *Budorcas*, 山羊属 *Capra*, 鬣羚属 *Capricornis*, 塔尔羊属 *Hemitragus*, 斑羚属 *Naemorhedus*, 尼尔吉里塔尔羊属 *Nilgiritragus*, 石山羊属 *Oreamnos*, 麝牛属 *Ovibos*, 盘羊属 *Ovis*,藏羚属 *Pantholops*, 岩羊属 *Pseudois*,岩羚属（臆羚属）*Rupicapra*
	麂羚族 Cephalophini	3	小羚羊属（麂羚属）*Cephalophus*, 沃尔特小羚羊属 *Philantomba*, 普通小羚羊属 *Sylvicapra*
	山羚族 Oreotragini	1	山羚属 *Oreotragus*
合计	12	54	

注：分类依据 Groves and Leslie（2011）。

　　牛科大多数种类两性均有洞角；成、幼体均不具斑点；头骨的泪骨完整，多无泪窝，与鼻骨、额骨间无空隙。齿式：0.0.3.3/3.1.3.3 = 32。前臼齿具一对月型脊，臼齿具两对。下犬牙紧靠门牙，犬牙门齿化，中间牙外缘略呈凹角。$M_{1\sim2}$ 窄，为高冠齿；M_3 后缘多具一小的后叶。具炮骨。乳头 1~2 对，鼠蹊位。广泛分布于欧亚大陆、北非和北美大陆。我国产 2 亚科 13 属 24 种。

中国牛科分亚科、属检索表

1. 四肢粗壮；尾长，末端有簇毛；吻鼻部裸露；角表光滑而无明显的横脊；无眶下腺、趾腺和鼠蹊腺 ·· 2 牛亚科 Bovinae，牛族 Bovini
　四肢细或稍粗壮；尾短，末端无簇毛；吻鼻部被毛；角表具明显的横脊、皱纹或纵棱；多数有眶下腺、趾腺和鼠蹊腺 ································· 3 羚羊亚科 Antilopinae
2. 角横断面圆形 ··· 牛属 *Bos*
　角粗大而扁，横断面不为圆形 ··· 水牛属 *Bubalus*
3. 蹄形尖细；吻鼻部正常；仅雄兽有角，角长、较直立，部分向前或向内弯曲；颈细长 ·· 4 羚羊族 Antilopini
　蹄形显宽或宽钝；吻鼻部有凹槽或鼓胀；两性均有角，若仅雄性具角者，则其角形几近

笔直，角短到长，常常先向后弯再转向外；颈较短·················· 5 羊族 Caprini
4. 尾短于 120 mm；鼻骨内、外缘不平行，前端狭细；泪窝不显，听泡小
·· 原羚属 Procapra
尾长于 120 mm；鼻骨内、外缘几乎平行，前端宽，具明显缺刻；泪窝显著，听泡大···
·· 羚羊属 Gazella
5. 角形笔直，末端稍向前弯，雌兽无角；吻鼻部宽阔，鼻腔明显的膨胀；成体上下颌前白齿为 2 枚·· 6
角形不笔直，末端不向前弯；两性均具角；吻鼻部正常或稍宽，鼻腔正常；成体上下颌前白齿为 3 枚··· 7
6. 角长不及 400 mm，琥珀色；有眶下腺、趾腺及腕腺·············· 高鼻羚羊属 Saiga
角长超过 400 mm，不呈琥珀色；无眶下腺、趾腺及腕腺············· 藏羚属 Pantholops
7. 雌、雄角同形，大小亦相近似·· 8
雌、雄角异形，雄体角巨大，雌体角小·· 11
8. 角形特殊，角表面具纵行沟或龙骨状突起······································ 9
角形正常，角表面靠近基部一段具环棱·· 10
9. 体型大，体长最长接近 2000 mm；角从头顶伸出后，即向外扭转，然后折向后方，尖端略内弯；角表面具纵行沟纹························· 扭角羚属 Budorcas
体型小，体长 1600 mm 以下；角至头顶生出后，往上外方作弧形向后弯，角前缘有明显龙骨状纵棱··· 塔尔羊属 Hemitragus
10. 体型较大，通常超过 1300 mm；颈鬣发达；眶下腺显著；颅轴在腭部略转弯；泪骨有深窝，且与鼻骨相连······························· 鬣羚属 Capricornis
体型较小，一般小于 1200 mm；无颈鬣；眶下腺很小；颅轴在腭部显著转弯；泪骨平坦，不与鼻骨相连，两者为一空隙所隔······················ 斑羚属 Naemorhedus
11. 眶下腺显著；雄兽角呈螺旋状弯曲；泪骨具凹窝················· 盘羊属 Ovis
眶下腺缺失；雄兽角略呈弧形向两外侧伸展，角尖微向内弯曲；泪骨无凹窝······· 12
12. 雄兽颌下有须；具黑色背纹；角的表面有大的横脊，其横切面呈长方形······ 山羊属 Capra
雄兽颌下无须；无黑色背纹；角的表面有小的横脊，其横切面近似三角形··· 岩羊属 Pseudois

1）牛亚科 Bovinae

（1）牛族 Bovini　　牛族为牛科的大型者。两性均有角。分布于欧洲、亚洲和美洲。共 4 属 14 种，我国有 2 属 5 种。

印度野牛 *Bos gaurus*（图 10-50）：体重 1500~2000 kg，体长 2600~3300 mm，肩高 1650~2130 mm，尾长 850~880 mm。肩部显著隆起，高于臀高。体毛短，棕褐色，膝以下为白色，故称"白袜子"。尾细长而少毛。国内分布于云南和西藏。国外分布于孟加拉国、不丹、柬埔寨、印度、老挝、缅甸、尼泊尔、马来西亚、泰国和越南。CITES 列入附录Ⅰ，IUCN 红色名录列为易危等级（VU），为国家Ⅰ级重点保护动物。

大额牛 *B. frontalis*：较印度野牛稍小。体重 600~800 kg，体长 1700~2200 mm，肩高

1400~1600 mm，尾长 700~1050 mm。肩额部宽阔，近乎方形，角形直，呈锥状向侧方伸展，角基圆形，尖端绝不内弯。肩部不隆起，不高于臀部。尾端毛长而蓬松。体色与印度野牛相似，四肢下半段也为白色。国内产于云南西北的高黎贡山。国外分布于老挝、缅甸、越南、印度、尼泊尔和印度尼西亚。

爪哇野牛 *B. javanicus*（图 10-51）：体重 600~1000 kg，体长 1800~2000 mm，肩高 1500~1700 mm，尾长约 600 mm。角较短小。具有两块白色臀斑，尾特细长，下垂超过膝部。国内仅见于云南思茅、勐腊地区。国外分布于柬埔寨、印度尼西亚、老挝、马来西亚、缅甸、越南和泰国。IUCN 红色名录列为濒危等级（EN）。

图 10-50　印度野牛

图 10-51　爪哇野牛

野牦牛 *B. mutus*（图 10-52）：体重 306~1000 kg，体长 2500~3300 mm，肩高 1600~2200 mm，尾长 600~1000 mm。两性均具角，角距较宽，微具环棱。颈短，颈下无肉垂，具长毛。肩部高耸，中央有凸起的隆肉，故肩高大于臀高。尾长，端有簇毛。尾为纯黑色。国内分布于新疆、青海、甘肃、四川和西藏等省（自治区）。国外仅分布于印度。野牦牛是青藏高原的特有动物，家牦牛的祖先。CITES 列入附录Ⅰ，IUCN 红色名录列为易危等级（VU），为国家Ⅰ级重点保护动物。

图 10-52　野牦牛

图 10-53　野水牛

野水牛 *Bubalus arnee*（图 10-53）：体重 700~1200 kg，体长 2400~3000 mm，肩高 1500~1900 mm，尾长 600~1000 mm。体格粗壮，被毛稀疏，多为灰黑色；角粗大而扁，并向后方弯曲；皮厚、汗腺极不发达；耳廓较短小；头额部狭长；背中线毛被前向。国内仅分布于西藏。国外分布于不丹、柬埔寨、印度、缅甸、尼泊尔和泰国。IUCN 红色名录列为濒危等级（EN）。

此外，家养黄牛由原牛 *Bos primigenius* 驯化而来；家养水牛则是由野水牛驯化而来。

（2）蓝牛羚族 Boselaphini　蓝牛羚族共 2 属 2 种。我国无分布。

蓝牛羚 *Boselaphus tragocamelus*（图 10-54）：体重 100~288 kg。雄性较雌性大。雄性独具蓝灰色皮毛；雌性的皮毛则为红褐色。不论雄雌，腹部会有一条白色条纹。雄性的头顶长有圆锥形的短角，长度可达 20~25 cm。它是印度中部及北部和巴基斯坦东部最为普遍的野生动物；是亚洲最大的羚羊，成年的公羚似牛。

四角羚 *Tetracerus quadricornis*（图 10-55）：体重 17~22 kg。雄性有角，一般有 2 对，一对在耳朵之间，另一对在前额上。分布于印度。

图 10-54　蓝牛羚

图 10-55　四角羚

（3）薮羚族 Tragelaphini　大型羚羊，多数仅雄羚有角。角呈螺旋状扭曲，角的棱缘亦随之旋转。两性间体色差异大。全分布于非洲。有 5 属 12 种，其中有 5 种为珍稀种。

山地旋角羚 *Tragelaphus buxtoni*（图 10-56）：体重 150~300 kg。分布于埃塞俄比亚山地森林草原。

林羚 *Tragelaphus spekii*（图 10-57）：体重 24~119 kg。雄性较雌性大。分布于撒哈拉以南非洲沼泽草原。

图 10-56　山地旋角羚

图 10-57　林羚

2）羚羊亚科 Antilopinae

（1）新小羚族 Neotragini　新小羚族，小型。为本科最小的羚羊，体重 1.8~3.1 kg，肩高仅 250~300 mm。雄羚有角，长约 30 mm，略短于耳长。雄羚略大于雌羚。分布于非洲。有 1 属 3 种，如倭新小羚 *Neotragus pygmaeus*（图 10-58）。

图 10-58　倭新小羚　　　　　　　　　图 10-59　黑斑羚

（2）高角羚族 Aepycerotini　　高角羚族，雄性有角，角先向后弯，再向上弯。仅 1 属 1 种。

黑斑羚（高角羚）*Aepyceros melampus*（图 10-59）：分布于安哥拉南至南非。有学者将其两个亚种 *A. m. melampus* 和 *A. m. petersi* 分别独立为种（Groves and Grubb，2011）。

（3）羚羊族 Antilopini　　羚羊族，中小型，体重 15~85 kg。体及四肢都相对细长，体多皮肤腺。两性仅雄羚有角，有环棱断面呈圆形，两性同色。栖息于荒漠、半荒漠、矮草草原和稀树灌丛草原。主要分布于非洲，少数分布于亚洲西南。全球有 13 属 34 种，我国产 3 属 5 种。

鹅喉羚 *Gazella subgutturosa*（图 10-60）：体重 26~42 kg，体长 880~1160 mm，肩高 600~700 mm，尾长 120~175 mm。雄羚在生殖季节喉部肿胀（甲状腺肿）。角左右分开明显，稍向后弯，近尖端处略向上；角干具粗的环棱。分布于我国西北地区。有学者将其 4 个亚种提升

图 10-60　鹅喉羚　　　　　　　　　图 10-61　蒙古原羚

为种，如分布于中国和蒙古的 G. s. yarkandensis 被提升为塔里木鹅喉羚 G. yarkandensis（Groves and Grubb，2011）。为国家Ⅱ级重点保护动物。

蒙古原羚（黄羊）Procapra gutturosa（图10-61）：体重25~45 kg，体长980~1180 mm，肩高600~840 mm，尾长90~160 mm。雄性角尖端光滑，向后向内弯曲向上。背部毛色棕黄，臀斑小。栖息于北方草原。为国家Ⅱ级重点保护动物。

藏原羚 P. picticaudata（图10-62）：体重13~16 kg，体长910~1050 mm，肩高540~650 mm，尾长80~100 mm。角细长，两角从额部几乎平行上升，角向上弯曲，近角尖又呈弧形向上弯，角干基部2/3段具多而窄的环棱；末端1/3光滑。体型矫健，尾短，四肢纤细。臀部有一明显的白色臀斑。国内分布于青海、四川和西藏。是青藏高原特产动物，为国家Ⅱ级重点保护动物。

图10-62　藏原羚

普氏原羚 P. przewalskii（图10-63）：体重17~32 kg，体长1090~1600 mm，肩高500~700 mm，尾长70~120 mm。角长约30 cm，表面有横棱，近基部的1/2段较粗壮，角尖内弯。尾短于110 cm。为中国特有种，曾记载分布于内蒙古、甘肃、宁夏、青海等省（自治区），目前仅见于青海湖地区。IUCN红色名录列为濒危等级（EN），为国家Ⅰ级重点保护动物。

高鼻羚羊（赛加羚羊）Saiga tatarica（图10-64）：体重26~69 kg，体长1000~1400 mm，肩高600~800 mm，尾长60~120 mm。鼻部延长，并呈肿胀鼓起。眼、耳均较小。角有环棱，药用羚羊角即此角鞘。我国见于新疆北部，甘肃为重引入地。国外分布于蒙古、俄罗斯、乌克兰。IUCN红色名录列为极危等级（CR），CITES列入附录Ⅱ，为国家Ⅰ级重点保护动物。

图10-63　普氏原羚

图10-64　高鼻羚羊

（4）苇羚族 Reduncini　苇羚族，大中型，体长115~220 cm，重20~250 kg。其中型者如狍，大型者如马鹿。仅雄性具直角，其角尖向前倾，基段多具横棱。分布于非洲，栖于水边、高苇丛或小山丘。全球有3属10种，如赞比亚水羚 Kobus leche（图10-65）。

（5）马羚族 Hippotragini　　马羚族，大型，大小似马。两性均具长角，角尖形，直伸，或后弯。有颈鬃或背脊线。分布于非洲。全球有 3 属 8 种，如马羚 *Hippotragus equinus*（图 10-66）。

图 10-65　赞比亚水羚

图 10-66　马羚

（6）狷羚族 Alcelaphini　　狷羚族，大型。两性具中或大型角，角呈"S"形，并具环棱。有眶下腺和蹄腺。两性间毛色相似。分布于非洲。全球有 4 属 8 种，如麋羚 *Alcelaphus buselaphus*（图 10-67）。

（7）羊族 Caprini　　羊族，大中型，体重 25~300 kg。两性均具角，但雄羊大于雌羊，角多扁平，断面略呈三角形，表面有环棱隆起，角尖向后弯曲或向两侧作螺旋状扭曲。吻部被毛，眶下腺很小或缺如。部分有蹄腺。高冠齿。

主要分布于亚洲，少数分布于北美、北非和北欧。全世界有 14 属 37 种，我国产 8 属 14 种。

藏羚 *Pantholops hodgsonii*（图 10-68）：体重 24~42 kg，体长 1000~1400 mm，肩高 790~940 mm，尾长 130~140 mm。吻鼻宽阔，鼻腔两侧膨胀呈半圆形，鼻孔几乎垂直向下，鼻端

图 10-67　麋羚

图 10-68　藏羚

被毛。无眶下腺，头形宽大。雄具长角，几乎平行垂直向上，角尖微向内弯曲，远处侧视似为一角，角具明显环棱。尾短小，尾端尖细。四肢匀称。毛直，毛被底绒极为丰厚。国内分布于新疆、青海、甘肃、四川和西藏，是青藏高原特产动物。IUCN 红色名录列为濒危等级（EN），CITES 列入附录Ⅰ，为国家Ⅰ级重点保护动物。

中华鬣羚 *Capricornis milneedwardsii*（图 10-69）：体重 85~140 kg，体长 1400~1700 mm，肩高 900~1000 mm，尾长 115~160 mm。两性均有一对短而尖的角，除角尖外，有狭窄的横棱。耳长似驴，颈背有鬣毛。尾短小。国内分布于陕西、甘肃、青海、西藏、云南、贵州、四川、重庆、广东、广西等省（自治区、直辖市）。国外分布于泰国、越南和老挝。本种主要分布于我国。CITES 列入附录Ⅰ，为我国Ⅱ级重点保护动物。

中华斑羚 *Naemorhedus griseus*（图 10-70）：体重 22~32 kg，体长 880~1180 mm，肩高 610~680 mm，尾长 115~200 mm。除角尖外，横棱较鬣羚更显著。毛很短，尾较短。喉白色，具浅赭黄色边缘。国内分布于青海、甘肃和陕西、四川、重庆、云南、贵州及华中各省区。国外分布于缅甸、泰国和越南。IUCN 红色名录列为易危等级（VU），CITES 列入附录Ⅰ，为我国Ⅱ级重点保护动物。

 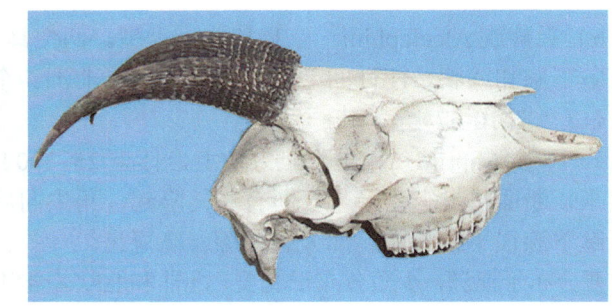

图 10-69　中华鬣羚及其头骨

 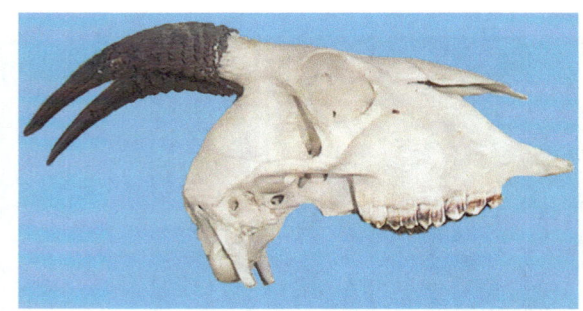

图 10-70　中华斑羚及其头骨

扭角羚（牛羚）*Budorcas taxicolor*（图 10-71）：体重 250~600 kg，体长 1700~2200 mm，肩高 1070~1400 mm，尾长 100~216 mm。吻鼻部裸露，鼻腔隆突，脸形宽，前额隆起显著。颈、四肢显粗壮。肩高大于臀高，尾短而不显。角长出后，先扭转后转向外然后转向后，角尖再向内。为喜马拉雅-横断山脉特产动物。有 4 个亚种，即秦岭亚种 *B. t. bedfordi*、四川亚种 *B. t. tibetana*、不丹亚种 *B. t. whitei* 和指名亚种 *B. t. taxicolor*，在中国均有分布，其中前两个亚种为中国特产。目前，已有学者将这几个亚种分别独立为种（Groves and Grubb，2011）。扭角羚在我国主要分布于西藏、云南、甘肃、陕西和四川等地。IUCN 红色名录列为易危等级（VU），CITES 列入附录Ⅰ，为我国Ⅰ级重点保护动物。

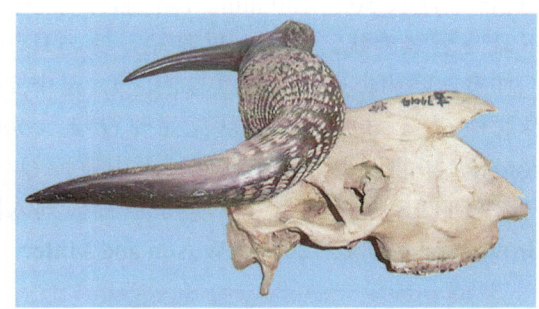

图 10-71　扭角羚及其头骨

岩羊 *Pseudois nayaur*（图 10-72）：体重 35~70 kg，体长 1100~1225 mm，肩高 590~890 mm，尾长 126~195 mm。形似绵羊，雄体较雌羊大。头狭长，颌下无须。两性均具角，雄羊角粗大似牛，向两侧稍下弯，角尖微向后然后向上微弯。毛色灰蓝带棕色，四肢前面及腹侧具黑纹。我国为其主要分布区，见于内蒙古、新疆、陕西、甘肃、宁夏、青海、西藏、云南等省（自治区）。国外分布于印度、尼泊尔、巴基斯坦和塔吉克斯坦。为国家Ⅱ级重点保护动物。

图 10-72　岩羊　　　　　　　　　图 10-73　矮岩羊

矮岩羊 *P. schaeferi*（图 10-73）：体重 17~65 kg，体长 1090~1600 mm，肩高 500~800 mm，尾长 70~120 mm。雄角粗而较直，自额顶略向两侧伸出，角尖向后上微弯曲；角的内侧具一明显较直的纵棱向前稍转，直至角尖 4/5 处才消失（岩羊角较弯曲，纵棱较低，弯曲较大，几呈长"S"形）。雌羊角短小较直，纵棱几乎不向外扭转。在四川、西藏和云南的金沙江河谷有分布。为我国特产动物。IUCN 红色名录列为濒危等级（EN）。近年来，关于其分类地位的争议不断，多数研究认为矮岩羊可能不是一个有效种（曹丽荣等，2003；周材权等，2003；Zeng et al.，2008；Peng et al.，2012）。

塔尔羊 *Hemitragus jemlahicus*（图 10-74）：体重 50~108 kg，体长 1300~1700 mm，肩高 620~1060 mm，尾长 90~120 mm。颈部和肩部生有长而蓬松的颈毛，向下延至膝部。角较小，

正面观呈倒"八"字形,角基部特别宽大,角后段逐渐变窄,角前缘有明显的纵棱。全体红棕色或红褐色。国内见于西藏,为国家Ⅰ级重点保护动物。国外分布于印度和尼泊尔。

盘羊 *Ovis ammon*(图 10-75):大型羊。体重 68~140 kg,体长 1407~1706 mm,肩高 750~1250 mm,尾长 50.5~180 mm。雌性较雄性小很多,体重约为雄性的 1/3。体健壮,角粗大,向下盘曲呈螺旋状。耳小,尾甚短,约与耳等长。颔无须。国内分布于新疆、内蒙古、青海、甘肃、四川、西藏等省(自治区)。是中亚特产动物。盘羊在我国有 7 个亚种,分别是阿尔泰亚种 *O. a. ammon*、哈萨克亚种 *O. a. collium*、蒙古亚种 *O. a. darwini*、西藏亚种 *O. a. hodgsoni*、华北亚种 *O. a. jubata*、天山亚种 *O. a. karelini* 和帕米尔亚种 *O. a. polii*,其中西藏亚种被 CITES 列入附录Ⅰ,其余亚种被列入附录Ⅱ。也有学者将以上亚种分别独立为种(Groves and Grubb,2011;Wilson and Mittermeier,2012)。为我国Ⅱ级重点保护动物。

图 10-74　塔尔羊

图 10-75　盘羊

北山羊 *Capra sibirica*(图 10-76):体大型。体重 30~100 kg,体长 1100~1700 mm,肩高 650~1050 mm,尾长 100~200 mm。具有向后弯曲的大型角。毛被淡褐色,腹面色浅,沿背中线有一黑色纵纹,前肢具深褐色条纹。雄性有长须,雌性须短。分布于我国西北部,如新疆、甘肃和内蒙古。为我国Ⅰ级重点保护动物。

麝牛 *Ovibos moschatus*(图 10-77):体重 180~410 kg,体长 1350~2500 mm,肩高 1100~1500 mm,尾长约 100 mm。雌雄都有角,两角基相靠形成巨大的角座,角向下弯,角尖伸向两侧。麝牛并无麝香腺,但雄兽在发情季节,面腺能释放麝香气味,故有麝牛之称。分布于北极圈内,随着人类在北极活动的增加,数量已急剧减少。

图 10-76　北山羊

图 10-77　麝牛

第 10 章　奇蹄目和偶蹄目

（8）麂羚族 Cephalophini　　麂羚族，小型，一般肩高不超过 850 mm。两性均具小角，短不及耳长，常被额部毛簇所盖。具裂缝状眶下腺，多数有蹄腺。一般雄羚大于雌羚。林栖，分布于非洲。全球有 3 属 20 余种，如蓝小羚 *Cephalophus monticola*（图 10-78）。

（9）山羚族 Oreotragini　　山羚族仅 1 属 1 种，即山羚 *Oreotragus oreotragus*（图 10-79）：体重 8~18 kg，肩高 430~600 mm。雄性具短小角，长 75~90 mm；有时雌性亦有角。栖息于多岩石地区，善于攀爬。分布于非洲北部。

图 10-78　蓝小羚

图 10-79　山羚

思 考 题

1. 简述有蹄类对奔跑的适应特征。
2. 简述奇蹄目的主要特征。
3. 试述奇蹄目的分类概况。
4. 为什么偶蹄类比奇蹄类更有竞争力？
5. 简述偶蹄目的主要特征。
6. 试比较猪科、牛科、鹿科和麝科的异同。
7. 试述鹿科动物气味腺的种类、位置及其功能。

第11章 鲸目

鲸类 Cetacea 是由古兽类于始新世直接演化成始新鲸而完全适应水生生活的类群。鲸类在胎儿时期全身被毛，成体少毛，也表明它们在演化过程中是由陆地转入水栖的。因与食肉目的鳍脚类、海獭及海牛目的种类一样，多数鲸类生活在海洋中，故常将它们统称为**海兽**。鲸类为大型的哺乳动物。其中蓝鲸 *Balaenoptera musculus* 是现存哺乳类中体型最大者，体重可达 180 t，体长可达 31 m。

鲸类全身都是宝，具有极高的经济价值。故全球商业化捕鲸的历史也比较早，最早始于16世纪的欧洲。随着18世纪工业革命的到来，捕鲸技术得到了极大的改进，捕鲸业日趋繁荣。到了20世纪，研究发现正是由于人类的滥捕导致了鲸类数量的下降，为此，主要的捕鲸国家在1946年签署了《国际捕鲸公约》，对鲸鱼的种类、捕鲸的区域等都进行了规范，并成立了国际捕鲸委员会（The International Whaling Commission，IWC）。1986年国际捕鲸委员会宣布无限期中止商业性捕鲸。

过去人们对鲸类的了解较少，主要源于其相对不易获得，而且鲸类个体的活动范围很大。直到近年来，随着新技术手段及分子遗传学的发展，科学家们才得以在鲸类的生理学、系统发生、行为、声音通讯、社会关系及繁殖等方面深入开展研究。

11.1 对水栖生活的适应

11.1.1 形态与结构

鲸类具有适应水栖生活的形态与结构特征：体型似鱼，颈部不显。无汗腺，毛退化，仅嘴边有少数感觉毛，以厚厚的鲸脂起隔热作用。脊椎骨的分化不明显，椎棘发达；缺锁骨。前肢特化成鳍状，近端部缩短，远端有未伸出的指或爪，远端关节不能活动，由于有更多的指骨而使鳍肢手部延长；后肢退化，不与中轴骨相连（图 11-1）。尾末端形成一以致密纤维质支持的水平尾鳍，通过上下运动推进身体快速前进。多数种类的背部中央有一皮肤变形的脂肪性肉质背鳍，起平衡作用，防止身体左右摇摆（潘清华等，2007）。除早期类型外，鲸的鼻骨后移至头顶，前颌骨与上颌骨延长，形成口顶的大部分，枕骨形成头骨的背面（图 11-2）。外鼻孔一个或两个，开在头顶，又名"喷水孔"，有鼻瓣。齿鲸类多具同型齿；须鲸类则无齿，但在口盖上有**鲸须**（baleen），能从水中过滤浮游生物。无耳壳，耳孔小。嗅叶消失，无嗅觉。雌鲸乳头一对，位于褶沟内；雄鲸无阴囊，睾丸留在腹腔内。

此外，多数鲸类能在水中发出超声波或不同频率的震动波互相传递信息。齿鲸类的头骨结构，特别是内鼻孔周围骨块的不对称性可能与其回声定位和运动有关（图 11-3）。

第 11 章 鲸 目

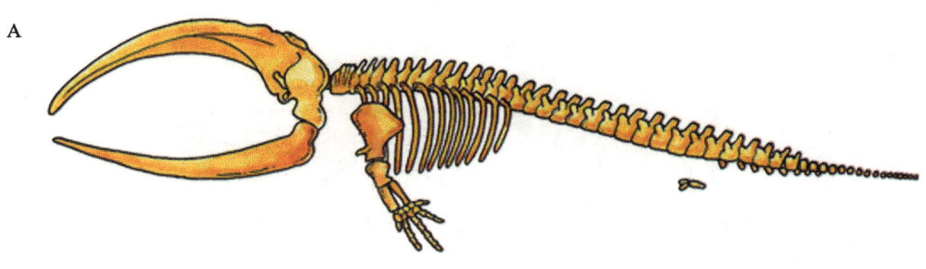

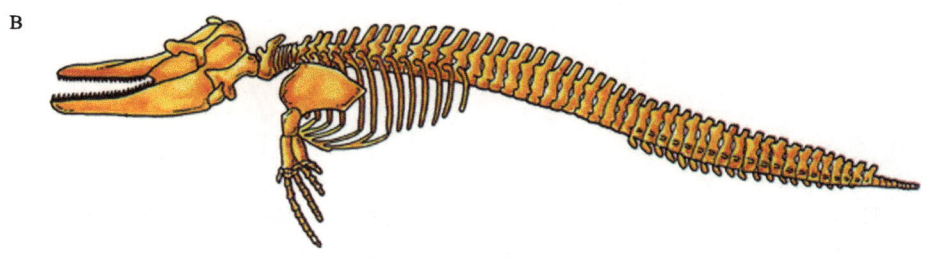

图 11-1 鲸的骨骼
A. 须鲸；B. 齿鲸

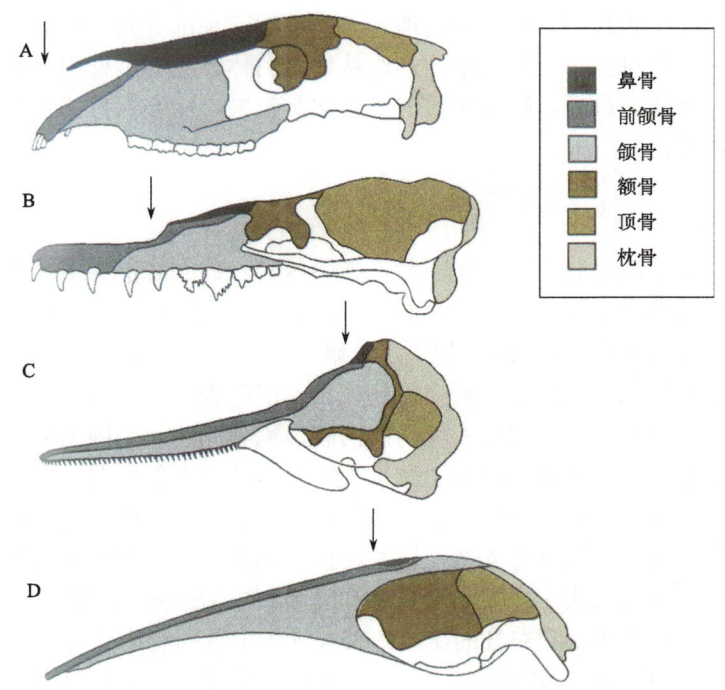

图 11-2 现代鲸类套叠的头骨（仿 Slijper, 1979；箭头示鼻骨的后移）
A. 马；B. 古鲸；C. 现代齿鲸；D. 现代须鲸

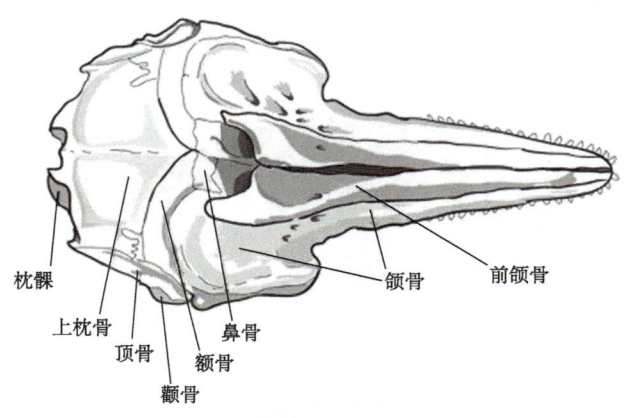

图 11-3 宽吻海豚头骨（背面观）

11.1.2 体温调节

由于水具有良好的传导性，其导热性大约是空气的 27 倍，因此如何在水中维持恒定的体温是鲸类必须解决的问题。不像陆生动物，鲸类没有保温的皮毛，以及掘洞、筑巢等辅助体温调节的行为，但鲸类进化出维持体温的多条途径。首先，鲸类的个体较大，因此鲸类有着有利的表面积/体积比率，即个体体积越大，相对表面积越小，散热也就相对较少。其次，鲸类皮下脂肪很厚（5~50 cm），起着绝热的作用。再次，鲸类还有发育良好的逆流热交换系统。这一系统主要位于脂肪和肌肉均少的地方，如肢端、头部等处。在这些区域，主要的动脉均被严密的静脉网所包围。当动脉中的热血从体内向体表流动过程中，热量传递给了相邻的返回心脏的静脉系统。最后，鲸类生活的水体通常较大，能够保持相对恒定的温度，这有利于鲸类的体温调节。

11.1.3 适应潜水的生理特征

大多数小型齿鲸是浅层潜游者，而一些大型齿鲸和一些须鲸能深潜。鲸深潜时，每深沉 10 m，在鲸体上便增加一个大气压力。我们人类深潜时，保留在体腔内的气体由于受到同样的压力，更多地进入到血液和组织中，如果迅速解压，这些气体就会以气泡的形式进入血液，阻塞微血管，导致对组织的损伤，甚至会引起死亡。但鲸类能够长时间地停留在深水中，并能迅速上浮到水面，而不发生出现在人体内的问题，究其原因，是因为鲸类具有适应深潜的一系列特征。①肋骨无胸骨附着，或连肋骨也没有；②肺位于斜膈背上方，这些结构可使肺泡萎缩而不受损害；③气管短而直径大，气管软骨环近于完全，细支气管长度缩短，且自肺泡起，整个支气管系统都有软骨环支持，这些结构有助于容纳和调节潜水期的肺内空气，部分气体可能进入耳鼓区的气窦中；④肺泡管壁和隔膜有丰富的弹性纤维，肺泡间的隔膜有两层微血管，可使肺部的气体得到充分的交换，吸入气体中氧的利用率可达 12%，而一般陆生哺乳动物仅有 4%；⑤与陆生动物相比，鲸在同体积的血液中红细胞要多 1 倍，在肌肉中，有相当于陆生动物 2~9 倍的肌球蛋白（与氧的贮藏和释放入组织有关）；⑥深潜时，心率下降，大致相当于在水面时心率的一半，而血管仍能将血液输入一定的肌肉组织。

11.2 鲸目的分类

全世界现有鲸类 84 种，分属两个亚目，即齿鲸亚目 Odontoceti 和须鲸亚目 Mysticeti，13 或 14 科（包括白鱀豚科 Lipotidae）40 属，鲸类各科间的亲缘关系见图 11-4。我国有 10 科 26 属 38 种。除白鱀豚 *Lipotes vexillifer* 和中华白海豚 *Sousa chinensis* 为国家 I 级重点保护动物外，其他 36 种鲸类多为国家 II 级重点保护动物。

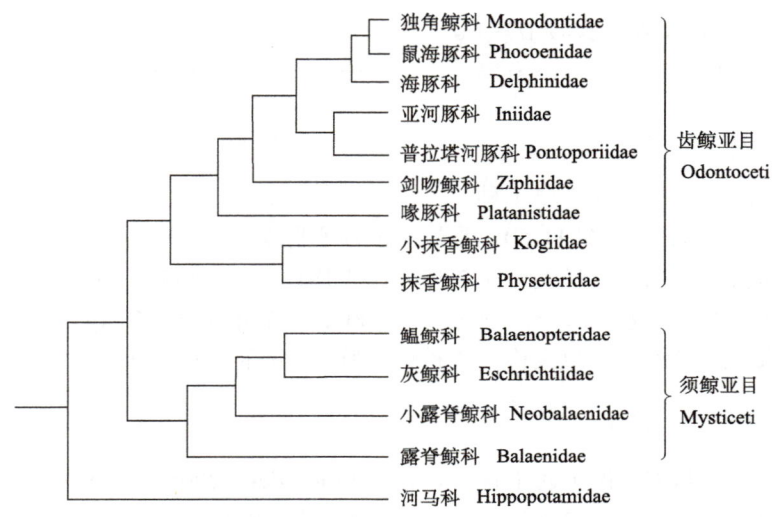

图 11-4　鲸类各科间的系统进化关系（仿 Feldhamer *et al*., 2015）

11.2.1 齿鲸亚目 Odontoceti

齿鲸亚目动物上下颌均具很多同型齿，不脱换，且为一个齿根。鳍肢五指。头顶具喷水孔一个。前额拥有一个复杂的鼻囊系统和一块叫**额隆**（melon）的脂肪组织（图 11-5），头骨左右不对称，这些特征与其回声定位功能有关。胸骨大。无盲肠。全球有 9 科 34 属 71 种，我国有 7 科 22 属 29 种。

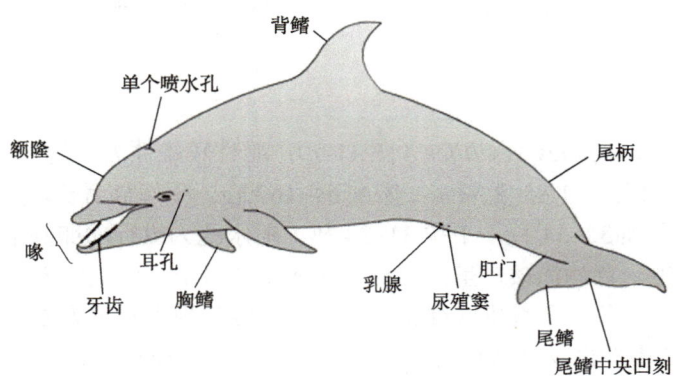

图 11-5　齿鲸的外形

中国齿鲸亚目分科检索表

1. 上颌无齿，仅下颌具机能性齿 ……………………………………………………………………… 2
   上下颌均具齿（灰海豚例外，仅下颌具齿）……………………………………………………… 3
2. 头部无喙，但头部前缘突出，长于下颌；喉部无"V"形沟 …… 抹香鲸科 Physeteridae
   头部具明显的喙；喉部具"V"形沟 ……………………………………… 剑吻鲸科 Ziphiidae
3. 头部无明显的喙；牙齿侧扁呈铲状 …………………………………… 鼠海豚科 Phocoenidae
   头部有明显的喙；牙齿为锥形齿 ……………………………………………………………… 4
4. 喙狭长呈锥状，其长为体长的 1/7~1/6 …………………………………… 白鱀豚科 Lipotidae
   喙长不及体长的 1/10 ……………………………………………………… 海豚科 Delphinidae

11.2.1.1 亚河豚科 Iniidae

亚河豚科为淡水豚类。仅 1 属 1 种。

亚河豚 *Inia geoffrensis*（图 11-6）：是最大的淡水豚类。存在明显的性二型，雄性较雌性大。雄性平均体长约 2.32 m，最大可达 2.55 m；平均体重约 154 kg，最重可达 185 kg。雌性平均体长约 2 m，最大可达 2.15 m；平均体重 100 kg，最重可达 150 kg。吻部粗，其上布有稀疏毛，许多成体呈粉红色，故又称为"粉色河豚"。分布于亚马孙河上游。

11.2.1.2 白鱀豚科 Lipotidae

白鱀豚科为淡水豚类。仅 1 属 1 种。Wilson 和 Reeder（2005）将其列入亚河豚科中，周开亚（2002）和 Jefferson 等（2015）认为应该独立成一个科。

图 11-6　亚河豚

图 11-7　白鱀豚

白鱀豚（白鳍豚）*Lipotes vexillifer*（图 11-7）：雌性较雄性大。雄性体长 1.41~2.16 m，体重 42~160 kg；雌性体长 1.85~2.53 m，体重 64~167 kg。吻部窄而长，尖端略向上翘。牙齿为一致的锥形齿，上颌 32~34 枚，下颌 31~34 枚。喷水孔为纵行的卵圆形，偏于头的左侧。鳍肢短宽，末端圆钝。背鳍低矮，呈三角形；尾鳍呈弯月形，中央凹入。背部浅蓝色或泛白色；腹部及鳍肢下方白色。全身皮肤裸露无毛。白鱀豚的视力几乎为零，依靠回声定位了解环境变化的情况。是中新世及上新世延存至今的古老孑遗物种（距今已有 2500 万年），有"水中大熊猫"之称。为中国特有种。曾分布于长江中下游，也见于洞庭湖、鄱阳湖和钱塘江。IUCN 红色名录将其列为极危等级（CR），CITES 列为附录 I，为我国 I 级重点保护动物。

20 世纪 80 年代初估计有 400 头，90 年代初估计有 200 头，但由于受到过度捕猎、电站大坝修建、船只的碰撞及工业污染等多种因素的影响，目前已属功能性灭绝，即因个体数量特别少而丧失了种群繁衍的能力。

11.2.1.3　喙豚科 Platanistidae

淡水豚类。体长 2~3 m，体重 51~59 kg。喙长。1 属 2 种。

恒河豚 *Platanista gangetica*（图 11-8）：分布于印度、孟加拉国、尼泊尔及中国藏南地区（蒋志刚等，2017）。

印度河喙豚 *P. minor*（图 11-9）：分布于印度和巴基斯坦。

图 11-8　恒河豚

图 11-9　印度河喙豚

11.2.1.4　普拉塔河豚科 Pontoporiidae（new）

普拉塔河豚科仅 1 属 1 种。属淡水豚类。

普拉塔河豚 *Pontoporia blainvillei*（图 11-10）：较小的河豚之一，雌鲸平均体长约 1.58 m，雄鲸约 1.36 m。群体最大为 15 只，常独栖或成对活动。分布于巴西、乌拉圭、阿根廷的咸水河口和近海岸区域。

图 11-10　普拉塔河豚

11.2.1.5　独角鲸科 Monodontidae

独角鲸科动物体重 700~2000 kg，体长 3~4.6 m。无喙，无背鳍。本科仅 2 属 2 种，均分布于北冰洋，我国无。

一角鲸 *Monodon monoceros*（图 11-11）：仅上颌具一对齿，雄兽左侧的牙齿为一螺旋状生长的长齿，可超过 1 m，故称一角；雌兽具很小的一对齿。CITES 列入附录 II。

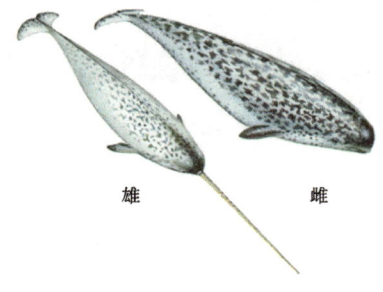
图 11-11　一角鲸

图 11-12　白鲸

白鲸 *Delphinapterus leucas*（图 11-12）：上下颌两侧各有 8~11 枚小于 5 cm 的牙齿。额头向外隆起且圆滑，嘴喙很短，唇线宽阔。身体颜色非常淡，为独特的白色。CITES 列入附录Ⅱ。

11.2.1.6 鼠海豚科 Phocoenidae

鼠海豚科为小型鲸，体重 120~125 kg。无明显喙。齿数为 60~120 枚。全球有 3 属 7 种。我国产 2 种。

窄脊江豚 *Neophocaena asiaeorientalis*（图 11-13）：为我国最小的鲸类，体长一般在 1.2 m 左右。全身铅灰色或灰白色。头部钝圆，额部隆起稍向前凸起。上下颌几乎一样长，吻较短阔。无背鳍，取而代之的是背部中央的一道背脊，背脊前段的区域有部分小突起颗粒[脊粒或结节区（tubercled patch）]，这一区域称为脊粒带。窄脊江豚的脊粒带的最宽处（0.2~2.4 cm）比印太江豚的（4~10 cm）要窄得多，因此得名窄脊江豚。窄脊江豚又分为两个亚种——长江江豚 *N. a. asiaeorientalis* 与东亚江豚 *N. a. sunameri*。长江江豚仅分布于长江中下游、洞庭湖、鄱阳湖，是我国特有的一个亚种，数量稀少，IUCN 红色名录将其列为极危等级（CR）；东亚江豚分布于渤海、黄海、东海及台湾海峡，IUCN 红色名录将其列为易危等级（VU）。为国家Ⅱ级重点保护动物。CITES 列入附录Ⅰ。

印太江豚 *N. phocaenoides*：分布于东海、南海和台湾海峡。IUCN 红色名录将其列为易危等级（VU），CITES 列入附录Ⅰ。为国家Ⅱ级重点保护动物。

11.2.1.7 海豚科 Delphinidae

体重 50~7000 kg，体长 1.39~9.8 m。多数种类有喙。灰海豚 *Grampus griseus* 的齿数最少仅 2~7 对，长吻原海豚 *Stenella longirostris* 的齿数最多达 120 余对。钩状的背鳍位于背部中央，尾中央分叉点上有缺刻。有 17~19 属 36 种，我国记录有 13 属 16 种（蒋志刚等，2017），其中中华白海豚被列为国家Ⅰ级保护兽类，其余 15 种全列为国家Ⅱ级重点保护动物。

中华白海豚（图 11-14）：背鳍突出，位于近中央处，呈后倾的三角形。喙与额部之间被一道"V"形沟明显地隔开。全身都呈象牙色或乳白色。在我国主要分布在东南沿海。CITES 列入附录Ⅰ。

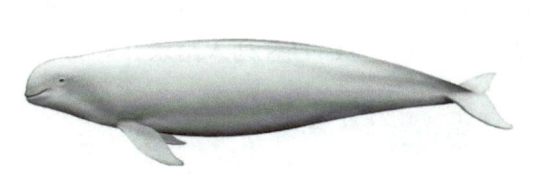

图 11-13　窄脊江豚

图 11-14　中华白海豚

中国海豚科常见属检索表

1. 上颌无齿；无喙 ·· 灰海豚属 *Grampus*（1 种）
   上下颌均具齿；多无喙 ··· 2

2. 无明显的喙；齿较少，每侧少于 15 枚 ·· 3
   有明显的喙；齿较多，每侧多于 15 枚 ·· 5
3. 背鳍很高，可达体长的 1/4；鳍肢椭圆形；眼后有白斑 ·············· 虎鲸属 *Orcinus*（1 种）
   背鳍中等高；鳍肢末端尖；眼后无白斑 ·· 4
4. 全身黑色，无淡色斑，体长于 5 m；齿较少，齿式 8~11/8~11，脊椎骨约 50 枚 ············
   ··· 伪虎鲸属 *Pseudorca*（1 种）
   全身黑或黑灰色，具淡色斑，体长小于 5 m；齿较多，齿式 21~22/21~24，脊椎骨约
   80 枚 ··· 瓜头鲸属 *Peponocephala*（1 种）
5. 背鳍中央有三角形淡色区，上颌骨颚部左右有一深纵沟 ······ 真海豚属 *Delphinus*（1 种）
   无上述特征 ·· 6
6. 头骨短宽，头骨长小于头骨宽的 2 倍 ·· 7
   头骨较长，头骨长等于或大于头骨宽的 2 倍 ·· 8
7. 喙长等于其宽的 2 倍；背鳍后缘几成弧形 ············· 短吻海豚属 *Lagenorhynchus*（1 种）
   喙长小于其宽的 2 倍；背鳍近似等边三角形 ··········· 坛喙海豚属 *Lagenodelphis*（1 种）
8. 喙狭长，其长大于宽的 3.1 倍；齿冠有纵行的细皱状隆起 ······ 糙齿海豚属 *Steno*（1 种）
   喙不狭长，其长小于宽的 3.1 倍；齿冠部无上述特征 ·· 9
9. 齿较少，上、下颌每侧少于 26 枚；额部显著隆起 ············· 宽吻海豚属 *Tursiops*（2 种）
   齿较多，上、下颌每侧多于 26 枚；额部不显著隆起 ·· 10
10. 体被银灰色或象牙色，体侧无深色带 ································ 白海豚属 *Sousa*（1 种）
    背部深蓝或黑色，体侧多具深色带 ································ 原海豚属 *Stenella*（3 种）
    注：除了检索表中所列出的 11 属 14 种外，中国还有小虎鲸 *Feresa attenuata* 和短肢领航
    鲸 *Globicephala macrorhynchus*。

本科在世界范围内还有下列珍稀的种类：

白海豚 *Sotalia fluviatilis*：分布于巴拿马至巴西南部，CITES 列入附录Ⅰ。

大西洋原海豚 *Stenella clymene*：分布于大西洋，CITES 列入附录Ⅱ。

古氏原海豚 *S. frontalis*：分布于大西洋，CITES 列入附录Ⅱ。

长吻原海豚（飞旋原海豚）*S. longirostris*：分布于热带海域，我国海域有记载。CITES 列入附录Ⅱ。

黑海豚 *Cephalorhynchus eutropia*：分布于智利，CITES 列入附录Ⅱ。

郝氏海豚 *C. heavisidii*：分布于南非，CITES 列入附录Ⅱ。

伊海豚 *Orcaella brevirostris*：分布于澳大利亚北部，CITES 列入附录Ⅱ。

长肢领航鲸 *Globicephala melas*：分布于大西洋，CITES 列入附录Ⅱ。

11.2.1.8　剑吻鲸科 Ziphiidae

剑吻鲸科为中型鲸，体长 6.1~7.0 m，体重 2.45~2.95 t。喙明显，体呈纺锤形。咽喉部有"V"形沟。鳍肢小而纵长。背鳍位于中后，后缘的缺刻甚浅或呈直线或略外突。全世界有

6 属 21 种，我国有 4 属 6 种。

中国剑吻鲸科分属检索表

1. 仅成年雄鲸下颌具一对外露的牙齿 ·· 2
   无论雌雄，成体下颌均具 2 对牙齿 ············ 槌鲸属 *Berardius*，1 种，贝氏喙鲸 *B. bairdii*
2. 下颌在中段形成明显的拱起 ···
   ·· 中喙鲸属 *Mesoplodon*，3 种，银杏齿中喙鲸 *M. ginkgodens*、柏氏中喙鲸 *M. densirostris*（图 11-15）、小中喙鲸 *M. peruvianus*
   下颌在中段不形成明显的拱起 ·· 3
3. 齿圆锥形 ·· 剑吻鲸属 *Ziphius*，1 种，鹅喙鲸 *Z. cavirostris*（图 11-16）
   齿略微扁平，横截面呈椭圆形 ········ 印太喙鲸属 *Indopacetus*，1 种，郎氏喙鲸 *I. pacificus*

图 11-15　柏氏中喙鲸

图 11-16　鹅喙鲸

除记录的 6 种为我国保护的海兽外，在世界范围还有以下珍稀物种。

塔鲸 *Tasmacetus shepherdi*：分布于新西兰、南美，CITES 列入附录Ⅱ。

南槌鲸 *Berardius arnuxii*：分布于南半球，CITES 列入附录Ⅰ。

印太喙鲸 *Indopacetus pacificus*：分布于澳大利亚昆士兰、索马尼亚，CITES 列入附录Ⅱ。

鲍氏长喙鲸 *Mesoplodon bowdoini*：分布于太平洋西南、印度洋，CITES 列入附录Ⅱ。

卡氏喙鲸 *M. carlhubbsi*：分布于北太平洋暖温带海域，CITES 列入附录Ⅱ。

斯氏喙鲸 *M. stejnegeri*：分布于北太平洋温带海域，CITES 列入附录Ⅱ。

北胆鼻鲸 *Hyperoodon ampullatus*：分布于北冰洋、北大西洋，CITES 列入附录Ⅰ。

南胆鼻鲸 *H. planifrons*：分布于南大西洋、印度洋和南太平洋，CITES 列入附录Ⅰ。

11.2.1.9　小抹香鲸科 Kogiidae（new）

小抹香鲸科包括 1 属 2 种。

小抹香鲸 *Kogia breviceps*（图 11-17）：体长可达 4 m，头较小，约为体长的 1/6。分布于我国黄海、东海、南海和台湾海域。CITES 列入附录Ⅱ，为国家Ⅱ级重点保护动物。

矮抹香鲸 *Kogia simus*（图 11-18）：比小抹香鲸还小，体长 2.1~2.7 m，体重小于 300 kg。分布于我国黄海、东海、南海和台湾海域。CITES 列入附录Ⅱ，为国家Ⅱ级重点保护动物。

第 11 章 鲸　目

图 11-17　小抹香鲸　　　　　　　　图 11-18　矮抹香鲸

11.2.1.10　抹香鲸科 Physeteridae

抹香鲸科仅 1 属 1 种。

抹香鲸 *Physeter catodan*（图 11-19）：体型很大，雄性最大体长达 18 m，是最大的齿鲸。体呈圆锥形，头部约占体长的 1/3。由于其头部特别巨大，故又有"巨头鲸"之称。头骨前端钝，上颌齿残余，不起作用，仅下颌齿有作用。著名的龙涎香（肠内异物）最大的有 60 kg，是名贵的香料定香剂，也有医疗功能。我国北部沿海少见，东海、南海多见，尤以台湾地区以南较多。CITES 列入附录 I，IUCN 红色名录列为易危等级（VU），为国家 II 级保护动物。

11.2.2　须鲸亚目 Mysticeti

须鲸亚目动物上下颌无齿（胎儿期有齿），有鲸须，呈梳状（图 11-20）；口大；有两个喷水孔；头部特别大，有的可占体长的 1/3，左右对称；胸骨较小，仅 1~2 对肋骨与胸骨相连；鳍肢一般四指；有盲肠。不具备回声定位系统，但它们能发出复杂的声音，这与它们复杂的社群行为有关。以浮游动物、小鱼和甲壳类为食。这些食物在海洋中丰富，使身体朝向巨型发展。全球有 4 科 6 属 13 种。我国有 3 科 4 属 9 种。除大村鲸 *Balaenoptera omurai* 为后来记录的种类，尚未定级外，其余 8 种全为国家 II 级保护动物。

图 11-19　抹香鲸

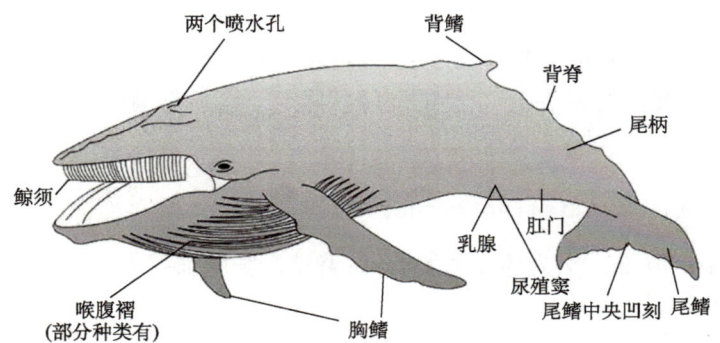

图 11-20　须鲸的外形

中国须鲸亚目分科、属、种检索表

1. 胸腹部无褶沟或纵沟，上颌前伸呈拱形；须板狭长 ·················· 露脊鲸科 Balaenidae
   （仅1属1种，真露脊鲸属 *Eubalaena*，北太平洋露脊鲸 *E. japonica*）
   胸腹部有褶沟或纵沟，上颌前伸不呈拱形；须板短宽 ·· 2
2. 胸部仅2~4条纵沟；无背鳍 ·· 灰鲸科 Eschrichtiidae
   （仅1属1种，灰鲸属 *Eschrichtius*，灰鲸 *E. robustus*）
   胸部具褶沟，多于14条；有背鳍 ··· 3 须鲸科 Balaenopteridae
3. 胸部褶沟多于20条，背鳍高，鳍肢短于体长的1/3，后缘无波状缺刻 ·························
   ·· 4 须鲸属 *Balaenoptera*
   胸部有20条很宽的纵沟，背鳍低，鳍肢极长，可达体长的1/3，后缘有波状缺刻 ·········
   ································· 座头鲸属，仅1种，座头鲸（大翅鲸）*Megaptera novaeangliae*
4. 鲸须黑或灰色，体长大于10 m ·· 5
   鲸须黄白色，体长一般不超过10 m，鳍肢上面有一白色横带 ···
   ·· 小鳁鲸（小须鲸）*B. acutorostrata*
5. 左右侧鲸须板颜色不对称，右侧的前1/4为黄白色 ··· 6
   左右侧鲸须板颜色对称 ··· 7
6. 腹褶有74条，向前伸达脐部 ··· 大村鲸 *B. omurai*
   腹褶30~60条，向前止于两鳍肢之间 ··· 长须鲸 *B. physalus*
7. 上颌很宽且上突呈弧形；背鳍小，其高不达体长的1.5%。除胸部有白斑外，全体淡蓝到鼠灰色 ··· 蓝鲸 *B. musculus*
   上颌向末端平缓的渐狭；背鳍大，呈镰刀形。腹面白色 ·· 8
8. 须板白色，须毛白而细软，表面无淡色肉刺，须板长大于宽的2倍 ···································
   ·· 鳁鲸（塞鲸）*B. borealis*
   须板、须毛都是瓦灰色，须毛粗糙，表面有许多肉刺，须板宽，其长小于宽的2倍 ·········
   ·· 埃氏鳁鲸（布氏鲸）*B. edeni*

11.2.2.1　灰鲸科 Eschrichtiidae

灰鲸科全球仅1种。

灰鲸 *Eschrichtius robustus*（图11-21）：体重20~37 t，体长13~15 m。体色为暗灰色，胸部具2~4条纵沟，尾部背面有7~15个小的驼峰状隆起。无背鳍。洄游时经过我国沿海。CITES 列入附录Ⅰ。

11.2.2.2　鳁鲸科（须鲸科）Balaenopteridae

鳁鲸科体长10~30 m，头为体长的1/4，有背鳍，胸腹部褶沟多于14条。全球有2属7种，我国有2属6种。

蓝鲸 *Balaenoptera musculus*（图11-22）：为现存最大的哺乳动物。最大的个体长约31 m，体重约180 t。全身淡蓝到鼠灰色，胸部有白斑。部分可进入我国海域活动。CITES 列入附录Ⅰ。

图 11-21　灰鲸　　　　　　　图 11-22　蓝鲸

长须鲸 *Balaenoptera physalus*（图 11-23）：头部颜色不对称，背鳍小，头上有纵脊，头部后方有灰白色的人字纹。腹部有 56~100 条褶沟。背部黑褐色到腹部逐渐为白色。我国所捕记录，雌体最大 20.3 m，雄体最大 18.4 m。我国近海曾较多，现已十分稀少。CITES 列入附录Ⅰ。

小鳁鲸（小须鲸）*Balaenoptera acutorostrata*：鲸须黄白色，鳍肢上有一白色横带。我国在黄海、渤海有捕过该鲸的记录，体重平均 2.2 t，最重 4.3 t；体长平均 6.93 m，最长可达 8.6 m。CITES 列入附录Ⅰ。

鳁鲸（大须鲸）*B. borealis*：最大雄鲸体长 18.5 m，雌体 20 m。体长为 16.2 m 的个体，体重就有 24.75 t。广泛分布于北太平洋、北大西洋等世界各大洋中，我国沿海偶有，但数量不多。CITES 列入附录Ⅰ。

埃氏鳁鲸（鳀鲸）*B. edeni*：雌鲸平均体长为 13 m，雄鲸为 12 m。分布限于北太平洋、中太平洋、南大西洋及印度洋等。我国沿海也有分布。CITES 列入附录Ⅰ。

座头鲸 *Megaptera novaeangliae*（图 11-24）：雌鲸体长 19 m，雄鲸 17.5 m。鳍前缘具不规则的瘤状突如锯齿状。每年 5~6 月进入我国海域附近。CITES 列入附录Ⅰ。

图 11-23　长须鲸　　　　　　　图 11-24　座头鲸

11.2.2.3　露脊鲸科 Balaenidae

露脊鲸科因无背鳍而得名。成体体长平均 15~17 m，成体体重平均 50~80 t。口裂弯曲，须板长。头骨长与体长之比，随个体增大而增大，至成体多达体长的 1/4 以上。全球有 2 属 4 种，我国记录有 1 属 1 种。

北太平洋露脊鲸 *Eubalaena japonica*：体长 17.1 m 的雄体重 69 t。我国黄海北部捕获最大雌鲸体长达 18 m。幼体灰蓝，成体变为蓝灰或黑色。分布于我国的黄海、东海及台湾海域。

CITES 列入附录Ⅰ，IUCN 红色名录列为濒危等级（EN）。

北大西洋露脊鲸 *Eubalaena glacialis*（图 11-25）：分布于北大西洋海域中，CITES 列入附录Ⅰ。

图 11-25　北大西洋露脊鲸

图 11-26　北极露脊鲸

北极露脊鲸 *Balaena mysticetus*（图 11-26）：濒危种。最大体长为 21.4 m。全身蓝灰，颏和下颌前端白色。分布于北冰洋。CITES 列入附录Ⅰ。

11.2.2.4　小露脊鲸科 Neobalaenidae

图 11-27　小露脊鲸

Walker's Mammals of the World（1999）将小露脊鲸科从露脊鲸科分出独立为科，仅 1 属 1 种。体长 547~645 cm，体重 2.85 t。

小露脊鲸 *Caperea marginata*（图 11-27）：有背鳍。据记录最大雌性体长 6.37 m，是须鲸类中最小的一种。仅分布于南半球，我国不曾有过记录。CITES 列入附录Ⅰ。

思　考　题

1. 试述鲸类适应水栖生活的特征。
2. 试述齿鲸亚目与须鲸亚目的区别。
3. 简述我国鲸类的分类概况。

第12章 啮齿类

啮齿类 Glires 包括啮齿目 Rodentia 和兔形目 Lagomorpha。它们共同的特点是：门齿发达呈凿状，为续生齿，许多种类的颊齿亦是续生齿，无犬牙，门齿和颊齿间有宽的齿间隙，称为虚位。每侧鼻腔内的鼻甲骨各有 4 个（筛骨鼻甲骨、颌骨鼻甲骨、额骨鼻甲骨和鼻骨鼻甲骨）形成 35 个涡。胸椎 12 枚，腰椎 7 枚。具双子宫、盘状蜕膜胎盘。由于它们均以门齿啃啮食物，故统称为啮齿类。

啮齿类动物是哺乳动物中种属和个体数量最多，又是与人类关系最为密切的一大动物类群（郑智民等，2012），因此，深入学习和了解啮齿类的形态、分类、分布等基础知识，有助于生物多样性的保护、开发利用及鼠害防治。

12.1 啮齿目 Rodentia

啮齿目是脊椎动物进化上最成功的一支，其种类约占哺乳动物总数的 42%，为哺乳类中最大的一个目。啮齿目种类为世界性分布，除了南极洲、新西兰和一些海洋岛屿外，各地均有土著种。它们成功地适应各种生境，常与人类伴生。同时，它们也表现出多样的运动适应，有善于奔跑的、游泳的、掘地的、跳跃的和滑翔的。多数的啮齿目动物个体都很小，体重 20~100 g。最大的是水豚 *Hydrochoerus hydrochaeris*，体重可达 50 kg。

尽管啮齿目种类众多，但它们在形态特征上有着惊人的一致性：上、下颌均只有一对门牙，且齿根开放，能终身生长；同时，由于门牙仅唇面具双层珐琅质，因此，门齿唇侧磨损较慢，而舌侧磨损较快，故门齿常呈凿状；啮齿目动物的门牙和颊齿间虚位的存在有助于最大化地利用门齿来处理食物，无犬牙，臼齿咀嚼面宽，齿尖变化大，呈二纵列、三纵列或交错的三角形，为分类的重要依据。雄性具阴茎骨，睾丸仅在繁殖季节下降至阴囊中。雌性具双子宫，繁殖力强，性成熟早，一年能产多窝，窝仔数也多。

根据啮齿目咀嚼肌的特化程度，可分为 4 种类型（图 12-1）。①**山河狸型模式**（protrogomorphous condition）：为最原始的类型，咀嚼肌全部起自颧弓下缘，前端未达吻部；②**松鼠型模式**（sciuromorphous condition）：侧面咀嚼肌（masseter lateralis）达眼前缘，**中层咀嚼肌**（masseter medialis）起自颧弓下；③**鼠型模式**（myomorphous condition）：中层咀嚼肌穿过较大的**眶前孔**（infraorbital foramen）达吻部，侧面咀嚼肌也达眼前缘；④**豪猪型模式**（hystricomorphous condition）：中层咀嚼肌肌穿过很大的眶前孔达吻部，侧面咀嚼肌起自颧弓。

所有的啮齿目动物仅有两种类型的下颌。一种称为松鼠型，下颌骨角突与下门齿齿槽在同一垂直平面，冠状突发达，咀嚼肌直接从颊齿列的腹侧插入；另一种称为豪猪型，冠状突

哺乳动物学

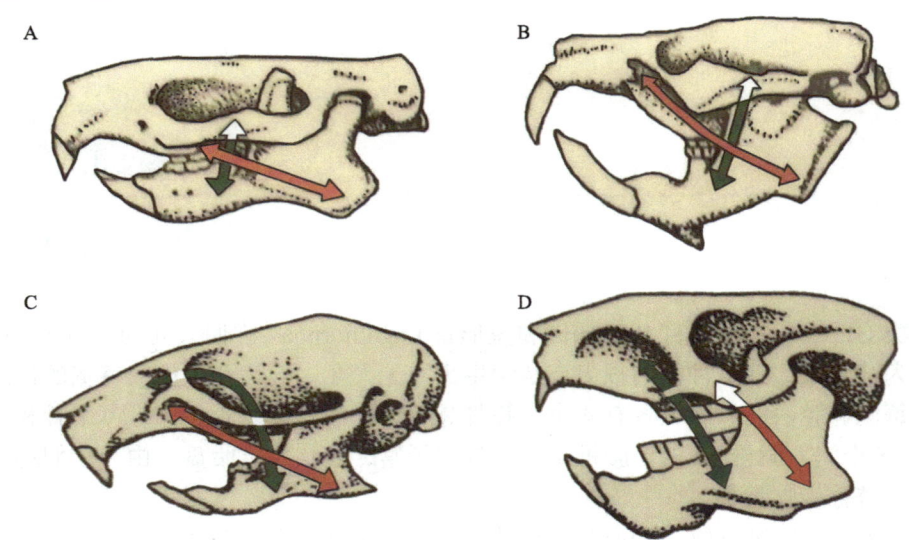

图 12-1 啮齿目动物咀嚼肌的几种模式（改编自 Romer, 1966）
A. 山河狸型模式；B. 松鼠型模式；C. 鼠型模式；D. 豪猪型模式；绿色表示中层咀嚼肌，红色表示侧面咀嚼肌

极度退化，位于下门齿齿槽垂直平面外侧的角突大，呈脊状，便于咀嚼肌从颊齿的腹侧和后方插入（图 12-2）。

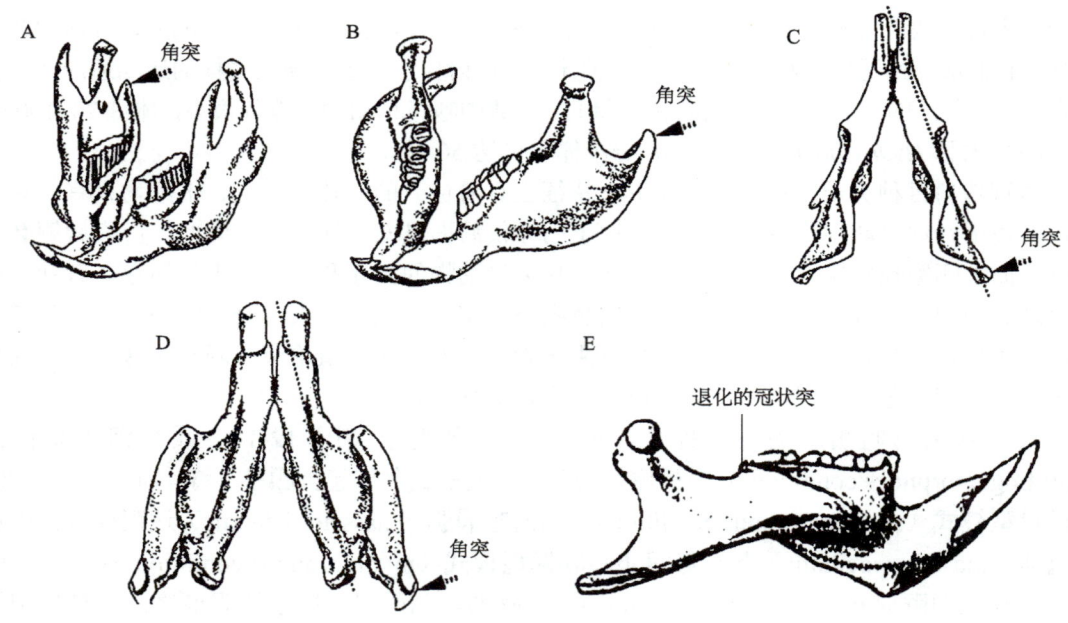

图 12-2 啮齿类两种下颌类型的比较（改编自 Savage, 1986）
松鼠型下颌：A. 背面观；C. 腹面观。豪猪型下颌：B. 背面观；D. 腹面观；E. 侧面观
图中虚线表示下门齿齿槽所在位置，C、D 分别显示了其与角突的关系

第12章 啮齿类

现存的啮齿目动物共分为5个亚目，36科502属2487种，我国有4亚目，11科78属220种（表12-1）。

表 12-1 世界及中国啮齿目亚目、科、属、种统计

亚目、科	全 世 界		中 国	
	属	种	属	种
一、松鼠形亚目 Sciuromorpha	70	322	20	52
1. 山河狸科 Aplodontidae	1	1		
2. 松鼠科 Sciuridae	60	292	18	50
3. 睡鼠科 Gliridae	9	29	2	2
二、河狸形亚目 Castorimorpha	13	109	1	1
4. 囊鼠科 Geomyidae	7	41		
5. 囊跳鼠科 Heteromyidae	5	66		
6. 河狸科 Castoridae	1	2	1	1
三、鳞尾鼯鼠形亚目 Anomaluromorpha	4	9		
7. 鳞尾鼯鼠科 Anomaluridae	3	7		
8. 跳兔科 Pedetidae	1	2		
四、鼠形亚目 Myomorpha	345*	1751*	55	164
9. 仓鼠科 Cricetidae	>140	>700	21	67
10. 丽仓鼠科 Calomyscidae	1	8		
11. 鼹形鼠科 Spalacidae	6	37	4	13
12. 鼠科 Muridae	>150	>730	20	62
13. 刺山鼠科 Platacanthomyidae	2	5	1	4
14. 马岛鼠科 Nesomyidae	21	86		
15. 跳鼠科 Dipodidae	13	35	7	13
16. 蹶鼠科 Sminthidae[new]	1	13	1	4
17. 林跳鼠科 Zapodidae[new]	3	5	1	1
五、豪猪形亚目 Hystricomorpha	70	296	2	3
18. 豪猪科 Hystricidae	3	11	2	3
19. 美洲豪猪科 Erethizontidae	3	17		
20. 豚鼠科 Caviidae	6	20		
21. 长尾豚鼠科 Dinomyidae	1	1		
22. 刺豚鼠科 Dasyproctidae	2	15		
23. 兔豚鼠科 Cuniculidae	1	2		
24. 八齿鼠科 Octodontidae	8	14		
25. 梳鼠科 Ctenomyidae	1	69		
26. 骷鼠科 Abrocomidae	2	10		
27. 丝毛鼠科 Chinchillidae	3	6		
28. 棘鼠科 Echimyidae	21	90		

续表

亚目、科	全世界		中国	
	属	种	属	种
29. 河狸鼠科 Myocastoridae △	1	1		
30. 硬毛鼠科 Capromyidae △	5	13		
31. 蔗鼠科 Thryonomyidae	1	2		
32. 岩鼠科 Petromuridae	1	1		
33. 裸鼹鼠科 Heterocephalidae	1	1		
34. 滨鼠科 Bathyergidae	5	17		
35. 梳趾鼠科 Ctenodactylidae	4	5		
36. 老挝岩鼠科 Diatomyidae[new]	1	1		
合计	502	2487	78	220

注：△ 表示这两个科在一些分类系统中被归属于棘鼠科；*表示数据来自 Handbook of the Mammals of the World, Volume 7: Rodents II（Wilson et al., 2017）。

中国啮齿目分亚目、科检索表

1. 颧骨构成颧弓的前半部；齿式 1.0.1~2.3/1.0.2.3 = 22~24 ··· 2
   颧骨构成颧弓的中间或偏后；齿数少于 22 枚 ·· 3
2. 颊齿 5/4；后足无蹼，尾被毛，不呈扁平状 ·············· 松鼠形亚目，松鼠科 Sciuridae
   颊齿 4/4；后足有蹼，尾大而扁平，无毛有鳞 ·············· 河狸形亚目，河狸科 Castoridae
3. 颧骨较大，构成颧弓中部；齿式 1.0.1.3/1.0.1.3 = 20 ·········· 4 豪猪形亚目 Hystricomorpha
   颧骨小，位于颧弓中间偏后；齿式 1.0.0~1.3/1.0.0.3 = 16~18 ······ 5 鼠形亚目 Myomorpha
4. 体具硬长棘刺；尾亦多刺 ··· 豪猪科 Hystricidae
   体毛正常；尾不显 ··· 豚鼠科 Caviidae
5. 齿式为 1.0.1.3/1.0.1.3 = 20 ·· 睡鼠科 Gliridae
   上下颌齿少于 20 枚 ··· 6
6. 齿式为 1.0.1.3/1.0.0.3 = 18 ··· 7
   齿式为 1.0.0.3/1.0.0.3 = 16 ··· 9
7. 后肢长与前肢长接近相等；后足长小于头骨颅全长 ·················· 蹶鼠科 Sicistidae
   后肢长明显超过前肢长；后足长也明显超过头骨颅全长 ·················· 8
8. 后肢长为前肢长的 2~2.5 倍；中跖骨不合并；尾端无毛束 ·············· 林跳鼠科 Zapodidae
   后肢为前肢长的 3~4 倍，后足侧趾退化或缺如；中跖骨互相合并；尾端常有毛束 ······
   ··· 跳鼠科 Dipodinae
9. 体型粗壮，头宽、颈短，眼极小，被皮毛所遮盖；头骨短粗 ·············· 鼹形鼠科 Spalacidae
   体型细长，头、颈、眼正常；头骨较细长 ·· 10
10. 尾毛稀疏而长，尤以尾端毛长可达 10 mm；在腭骨上齿列旁有 2~3 对纵裂的小孔；白齿棱脊斜列 ·································· 刺山鼠科（猪尾鼠科）Platacanthomyidae
    尾毛密而短；在腭骨上齿列旁无小孔；白齿咀嚼面横列 ····················· 11

11. M^1 和 M^2 咀嚼面呈表面平坦的菱形珐琅质齿环，或齿尖排成三纵列，或被珐琅质分割成横裂的板状 ·· 鼠科 Muridae

   M^1 和 M^2 咀嚼面的齿尖排成二纵列或形成三角形珐琅质齿环 ············ 仓鼠科 Cricetidae

12.1.1 松鼠形亚目 Sciuromorpha

松鼠形亚目是原始的类群，咀嚼肌少特化，颧骨构成颧弓的前半部。有小的眶前孔，但无咀嚼肌通过。齿式 1.0.1~2.3/1.0.1.3= 20~22。有 3 科 70 属 322 种，我国产 2 科 20 属 52 种。

12.1.1.1 山河狸科 Aplodontidae

山河狸科是现存啮齿类中最原始的种类。为单型科，仅 1 属 1 种。

山河狸 *Aplodontia rufa*（图 12-3）。重约 1.5 kg，大小似兔，体型粗壮。山河狸的咀嚼肌均附于颧弓上，未达吻部。耳短。尾短，不外显。头骨扁平，背面呈三角形，听泡呈瓶状。颊齿有特殊的突起（图 12-3）。仅分布于美国西北部雨林，这部分缘于其肾脏原始，尚不能产生浓缩尿。

 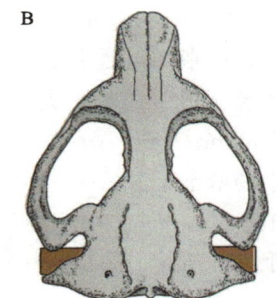 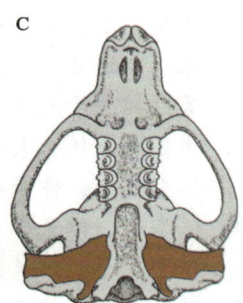

图 12-3　山河狸及其头骨
A. 山河狸；B. 背面观；C. 腹面观；示听泡

12.1.1.2 松鼠科 Sciuridae

松鼠科动物中型，体细长或肥胖，除地松鼠类外，尾长而多毛，四肢强健，趾端有锐爪。颧骨在前，颧弓前部扁平，形成**颧板**（zygomatic plate），侧面咀嚼肌止于此；头骨眶上突发达，呈三角形（图 12-4）。齿式 1.0.1~2.3/1.0.1.3＝20 或 22，颊齿具封闭型齿根，有突出的齿尖或脊。

松鼠科是一个大而多样的类群，共有 51 属 278 种。传统上，将松鼠科分为 2 个亚科，即松鼠亚科 Sciurinae（包括树松鼠和地松鼠）及鼯鼠亚科 Petauristinae。Thorington 和 Hoffmann（2005）根据分子生物学的研究成果，将其分为 5 个亚科：松鼠亚科 Sciurinae（20 属），巨松鼠亚科 Ratufinae（仅 1 属，*Ratufa*），南美侏格米松鼠亚科 Sciurillinae（仅 1 属，*Sciurillus*），丽松鼠亚科 Callosciurinae（14 属），亚非地松鼠亚科 Xerinae（15 属）。我国有 4 个亚科 18 属 50 种（蒋志刚等，2017）。

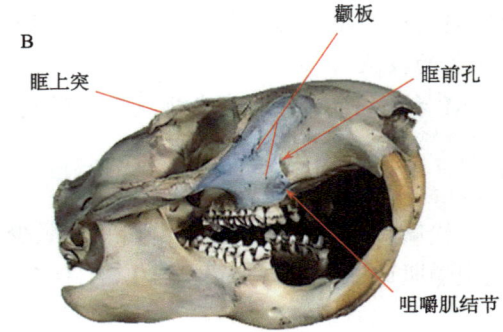

图 12-4 松鼠科动物的头骨

A. 腹面观；B. 侧面观

中国松鼠科分亚科、属检索表

1. 体型巨大，体长大于 270 mm；颅全长大于 65 mm；PM^1 缺失，上颌仅 4 枚颊齿 ·· 巨松鼠亚科 Ratufinae（仅 1 属，*Ratufa*）
   体型较小，体长小于 270 mm；颅全长小于 65 mm；上颌 5 枚颊齿 ·················· 2
2. 尾短，通常小于体长，一般不甚蓬松；陆栖 ················ 3 亚非地松鼠亚科 Xerinae
   尾通常大于或等于体长，通常蓬松；大多数树栖 ·· 7
3. 体型大，体长大于 350 mm ··· 旱獭属 *Marmota*
   体型较小，体长小于 300 mm ·· 4
4. 体型小，体长小于 165 mm ··· 花鼠属 *Tamias*
   体型稍大，体长大于 165 mm ·· 5
5. 尾毛短，不浓密 ··· 黄鼠属 *Spermophilus*
   尾毛长，浓密 ·· 6
6. 体侧有纵行的淡色细纹；头骨上颌每侧仅 4 枚颊齿 ············· 侧纹岩松鼠 *Rupestes*
   体侧无纵行的淡色细纹；头骨上颌每侧有 5 枚颊齿 ············ 岩松鼠属 *Sciurotamias*
7. 尾平展或圆，四肢间明显有皮膜，或有蓬松的尾，有显著的耳簇毛 ························· ··· 8 松鼠亚科 Sciurinae
   尾适度蓬松，没有耳簇毛或皮膜 ························· 15 丽松鼠亚科 Callosciurinae
8. 前后足之间具被毛的飞膜 ·· 9 鼯鼠族 Pteromyini
   前后足间无飞膜 ·· 松鼠族 Sciurini 松鼠属 *Sciurus*
9. 耳基部前、后具细长的黑毛簇 ·· 10
   耳基部前、后具无黑色长毛簇 ·· 11
10. 体型较小，体长不及 250 mm，后足长不及 40 mm；眶上突短，其基部的前方无缺刻····· ··· 毛耳飞鼠属 *Belomys*
    体型较大，体长超过 250 mm，后足长超过 40 mm；眶上突长，其基部的前方有缺刻····· ··· 复齿鼯鼠属 *Trogopterus*
11. 尾较短，小于体长的 80%；体背部被毛短而厚密，多绒毛 ············· 绒毛鼯鼠属 *Eupetaurus*

尾较长，接近或超过体长；体背部被毛较长而稀疏，绒毛少 ………………………………… 12
12. 体型小，全长不及 500 mm；颅全长不超过 50 mm；白齿结构较规则，具整齐排列的齿脊
    …………………………………………………………………………………………………… 13
    体型较大，全长超过 500 mm；颅全长在 50mm 以上；白齿结构复杂，具曲折崎岖的齿脊
    或齿尖 ……………………………………………………………………………………………… 14
13. 体色较浅，皮膜以灰色或棕色为主；乳头 8 个；M^3 前后缘间具 2 横脊 …… 飞鼠属 Pteromys
    体色较暗，皮膜以黑色为主；乳头 6 个；M^3 前后缘仅具 1 横脊 ………………………………
    ……………………………………………………………………… 黑白飞鼠属（箭尾飞鼠属）Hylopetes
14. 上门牙较宽，唇侧具纵沟；尾形粗大或近乎平扁 ………………………… 沟牙鼯鼠属 Aeretes
    上门牙狭窄，唇侧不具纵沟；尾形细长呈圆柱形 ………………………………… 鼯鼠属 Petaurista
15. 背部有黑或白色条纹 ……………………………………………………………………………… 16
    背部无黑或白色条纹 ……………………………………………………………………………… 17
16. 体长大于 150 mm；鼻骨长，其长大于眶间宽；下颌冠状突不发达 ……………………………
    …………………………………………………………………………………… 条纹松鼠属 Menetes
    体长小于 150 mm；鼻骨短，其长小于眶间宽；下颌冠状突发达 ………… 花松鼠属 Tamiops
17. 背部皮毛橄榄灰色；尾基部和股部无锈红色或橘黄色臀斑；2 对乳头；鼻骨短，鼻骨长小
    于眶间宽 ………………………………………………………………………… 丽松鼠属 Callosciurus
    背部皮毛暗，常有环纹；尾基部和股部具锈红色或橘黄色臀斑；3 对乳头；鼻骨长，其长
    大于眶间宽 ……………………………………………………………………… 长吻松鼠属 Dremomys

　　1）巨松鼠亚科 Ratufinae　　仅 1 属 4 种，我国有 1 种。
　　巨松鼠 *Ratufa bicolor*（图 12-5A）：体重 1300~2300 g，体长 360~430 mm，尾长 400~510 mm，后足长 84~91mm，耳长 30~38 mm。尾黑色，尾毛蓬松，尾长超过体长的 1/4；耳有簇毛，鼻、吻部白色；背毛乌黑发亮，腹毛枯黄色；眼圈锈黄色。齿式：1.0.1.3/1.0.1.3 = 20。国内分布于云南、广西、海南、西藏。数量不多，为国家 II 级重点保护动物；CITES 列入附录 II。
　　2）丽松鼠亚科 Callosciurinae　　全世界 14 属 64 种，我国有 4 属 15 种。
　　赤腹丽松鼠 *Callosciurus erythraeus*（图 12-5B）：体重 280~420 g，体长 175~240 mm，尾长 146~267 mm，后足长 41~55 mm，耳长 18~23 mm。背腹色界限明显，腹面为一致的栗红色。无耳簇毛。头骨脑颅部膨大而突出，眶上突尖锐而发达。颧弓平直，枕骨突出，听泡小。齿式：1.0.2.3/1.0.1.3 = 22。上门齿扁窄，PM^3 小，位于 PM^4 之内侧。国内分布于湖北、湖南、西藏、云南、四川、重庆、安徽、广西、广东、福建、江苏、浙江、台湾、海南等地，为林区优势种。
　　隐纹花松鼠 *Tamiops swinhoei*（图 12-5C）：小型松鼠。体重：67~90 g，体长 140~164 mm，尾长 67~116 mm，后足长 28~35 mm，耳长 9~16 mm。耳端具白色簇毛丛。尾短于体长，尾毛稀疏，不甚蓬松。眼周具淡黄色眼圈。背面中部有 5 条黑棕色与 4 条淡黄白色相间的条纹。栖息于亚高山针叶林或灌丛。国内分布于南方各省，北至甘肃、河北一带，为常见种。
　　珀氏长吻松鼠 *Dremomys pernyi*：体重 160~225 g，体长 170~230 mm，尾长 156~180 mm，

后足长 43~54 mm，耳长 19~28 mm。眼周具淡棕色眼圈，外耳棕黄色，耳后具锈红色耳斑。尾基及肛周有鲜明的锈红色斑块。头骨吻部较赤腹丽松鼠长而尖；颧弓亦不若其平直，略斜向前上方，中部较扩大；听泡小。国内分布于福建、海南、广西、云南、贵州、湖北、陕西、浙江、安徽、四川、重庆，较常见。

红腿长吻松鼠 *D. pyrrhomerus*：体重 240~295 g，体长 194~215 mm，尾长 138~162 mm，后足长 47~55 mm，耳长 23~26 mm。颊及颈部具不显著的锈红色，股部及臀部两侧至膝下具显著的红褐色区。腹部淡黄白色。国内分布于云南、贵州、海南、广东、安徽、广西、湖北、四川、重庆等地，较常见。

红颊长吻松鼠 *D. rufigenis*：体重 210~335 g，体长 170~228 mm，尾长 130~180 mm，后足长 44~54 mm，耳长 23~25 mm。自吻至两颊、股部和尾下面都是锈红色，腹毛灰白色。国内分布于云南、广西、安徽、湖南，较常见。

条纹松鼠（线松鼠）*Menetes berdmorei*：体重 180~213 g，体长 162~210 mm，尾长 130~175 mm，后足长 40~47 mm，耳长 18~22 mm。体暗色，背部有黑褐色和淡黄色短条纹，腹毛浅黄白色。颅骨狭窄，鼻骨长略大于眶间宽，眶后突短小，下颌骨冠状突短钝。国内仅分布于云南西双版纳地区，为稀有种。

3）松鼠亚科 Sciurinae　全世界共 20 属 81 种，中国有 8 属 20 种。松鼠亚科分 2 族，即松鼠族 Sciurus 和鼯鼠族 Pteromyini。中国的松鼠族仅 1 种，即松鼠 *Sciurus vulgaris*，其余的均属鼯鼠族。

松鼠（红松鼠）（图 12-5D）：体重 200~480 g，体长 178~260 mm，尾长 159~215 mm，后足长 25~70 mm，耳长 33~36 mm。冬季背毛灰或褐色，夏季背毛黑褐色；腹毛白色。冬季有显著的耳簇毛，夏季耳无簇毛。分布于东北、内蒙古、新疆和华北。

图 12-5　树松鼠类代表动物

A. 巨松鼠；B. 赤腹丽松鼠；C. 隐纹花松鼠；D. 松鼠

第12章 啮齿类

鼯鼠类具飞膜，自颈侧与体侧和四肢连成一片，终于尾基，能滑翔，故称飞鼠。尾较长，尾毛发达。齿式 1.0.2.3/1.0.1.3=22。毛皮薄脆。其粪便称"五灵脂"，可作药用。分布于欧洲、亚洲和北美洲。我国有 8 属 20 种（蒋志刚等，2017）。

复齿鼯鼠 *Trogopterus xanthipes*：中型鼯鼠。体重 370~575 g，体长 244~300 mm，尾长 245~297 mm，后足长 54~60 mm，耳长 30~37 mm。耳基周围有细丝状的黑色簇毛；头顶棕黄色，口鼻周围锈棕色，黑色的髭毛长；眼周具黑褐色环；耳赤黄色，额部灰色；飞膜侧缘亮灰色；吻短；前后足背面鲜黄褐色；尾末端黑褐色。PM^4 齿冠明显大于 M^1，PM^3 极小，隐于 PM^4 之前内角，咀嚼面釉质突构造复杂；眶间部凹陷；眶上突发达而尖锐；颧弓平直。是中国特有种，分布于河北、山西、陕西、云南、贵州、西藏、湖北、四川和重庆等地。

红白鼯鼠 *Petaurista alborufus*（图 12-6A）：大型鼯鼠。体重约 1500 g，体长 350~580 mm，尾长 430~615 mm，后足长 78~90 mm，耳长 47~59 mm。耳基周围无细微丝状黑色簇毛；眼圈赤褐色；口鼻部、颊部、喉部均为白色；背部后方、尾基前有一淡黄色区域；沿飞膜两侧直至尾基及肛周均为明亮的橙色区；四足背黑棕色。鼻骨宽；头骨坚实，有十分发达的三角形眶后突，与脑轴线呈直角。上门齿窄，唇侧表面中央无沟。PM^4 齿冠略小于 M^1；PM^3 很粗壮，齿列外侧可见；M^3 齿冠与 M^1 和 M^2 的等同。为中国特有种，分布于四川、云南、广东、广西、台湾、陕西、湖南、湖北、贵州等地。

灰头小鼯鼠（棕足鼯鼠）*P. caniceps*（图 12-6B）：中型鼯鼠。体重约 576 g，体长 300~370 mm，尾长 360~400 mm，后足长 61~67 mm，耳长 45~50 mm。背毛棕灰色；耳背后基部有棕红色斑；足背棕红色；腹毛灰白棕色；喉纯白色；耳基灰棕色；吻、鼻口缘及颏部为棕红色；头顶、颈及肩为灰色；尾灰色，尾梢黑色。国内分布于四川、陕西、贵州、西藏等省（自治区）。

图 12-6 鼯鼠类代表动物（王酉之和胡锦矗，1999）
A. 红白鼯鼠；B. 灰头小鼯鼠；C. 小飞鼠

灰鼯鼠（高地鼯鼠、黄耳鼯鼠）*P. xanthotis*：大型鼯鼠。体重 700~1200 g，体长 325~440 mm，尾长 294~350 mm，后足长 65~80 mm，耳长 43~50 mm。耳尖黑色，耳后有橙色斑；体背面自头顶直至尾基为灰黄色；喉部白色；飞膜外缘橘黄色；前足背棕色，后足背黑色；尾等于或略超过体长。鼻骨较宽；眶上突呈三角形，突起前具一不明显的缺刻。为中国特有种，分布于云南、陕西、甘肃、青海、西藏、四川等地。

红背鼯鼠（大鼯鼠）*P. petaurista*：大型鼯鼠。体重 1596~2450 g，体长 398~520 mm，尾

长 375~630 mm，后足长 63~100 mm，耳长 35~50 mm。体色鲜红，背毛黄褐色，毛尖白色。眼具暗棕色眼圈，耳薄而几呈光裸。体背自枕部至尾基为一致的赤褐色。四足同体背色，但较体背为深。鼻骨宽，眶后突特发达，呈三角形，与脑轴线呈直角，突起前有缺刻；腭骨深凹。门齿孔小，其后缘与前颌骨后缘相平。栖息于常绿阔叶林或针阔混交林。为稀有种。国内分布于云南、四川、福建、台湾、广西等地。

白斑小鼯鼠 *P. elegans*：中型鼯鼠。体重 1138~1362 g，体长 296~375 mm，尾长 347~405 mm，后足长 59~68 mm，耳长 44~45 mm。头部为亮灰色；耳后具一簇棕色毛丛；皮膜侧缘到足背暗赤褐色；腹毛亮橘黄色；尾端为黑色；飞膜为红褐色；背毛带有大白斑点。国内仅分布于云南和广西。

沟牙鼯鼠 *Aeretes melanopterus*：大型鼯鼠。体重约 950 g，体长 275~355 mm，尾长 275~362 mm，后足长 47~63 mm，耳长 21~40 mm。尾粗，近乎扁平，尾毛发达且向两侧分列生长，尾背面灰棕色，尾长接近体长；背毛浅棕色或暗棕色；腹面为一致的黄白色；颌下具一栗色小斑；尾棕色；足黑色。眶间部较窄，眶后突强大，其后有颞嵴。上门齿宽，红棕色，其唇面 1/3 处具一纵行细沟；M^3 齿冠小于 M^1 和 M^2。为中国特有种，分布于四川、甘肃和河北。

小飞鼠 *Pteromys volans*（图 12-6C）：小型鼯鼠。体重 75~130 g，体长 156~198 mm，尾长 100~122 mm，后足长 31~37 mm，耳长 15~16 mm。体长加上尾长小于 500 mm，颅全长小于 52 mm。尾扁平呈羽状。乳头 4 对。齿式 1.0.2.3/1.0.1.3 = 22。PM^4 类似于 M^1 和 M^2，齿冠由 1 个内纵脊和 3 个外横脊组成；M^3 大小同 M^1 和 M^2，但在前后缘之间仅有 2 横脊；门齿孔长，其长大于或等于翼间孔的宽。国内分布于黑龙江、吉林、辽宁、北京、内蒙古、河北、河南、陕西、山西、甘肃、宁夏、青海、四川和新疆。

毛耳飞鼠 *Belomys pearsonii*：小型鼯鼠。体重约 150 g，体长 160~260 mm，尾长 102~158 mm，后足长 31~47 mm，耳长 31~40 mm。体长加上尾长小于 500 mm，颅全长小于 52 mm。乳头 3 对。耳基周围有细丝状黑色簇毛；尾毛浓密，不扁平。门齿孔小，较翼间窝明显狭窄；上下臼齿齿系结构复杂，显示不规则的齿突。国内分布于河南、云南、贵州、广西、广东、海南和台湾。

黑白飞鼠（黑白林飞鼠、箭尾黑白飞鼠）*Hylopetes alboniger*：小型鼯鼠。体重 200~300 g，体长 175~247 mm，尾长 172~227 mm，后足长 36~45 mm，耳长 27~36 mm。体长加上尾长小于 500 mm，颅全长小于 52 mm。尾扁平呈羽状。乳头 3 对。喉白色；飞膜上面外侧缘自腕部至臀部为黑色，在腕部的后面尚具一约 30 mm 的窄白色边缘；背毛暗灰；腹毛灰白色；四足暗灰色，趾白色；尾端部 1/2 暗黑色。M^3 前后缘有一横齿脊；门齿孔短，其长明显小于翼间孔的宽。国内分布于四川、重庆、贵州、云南、西藏、江西、海南、福建和浙江。

4）亚非地松鼠亚科 Xerinae　全世界 15 属 128 种，我国有 5 属 14 种（含有争议的长尾黄鼠 *Spermophilus parryii*）。

岩松鼠 *Sciurotamias davidianus*（图 12-7A）：体重 218~305 g，体长 190~250 mm，尾长 125~200 mm，后足长 45~59 mm，耳长 20~29 mm。吻部及两颊黄色较重；眼周具淡黄色眼圈；四肢与体背同色。上颌第三前臼齿退化，极小。齿式 1.0.2.3/1.0.1.3 = 22。眶间宽小于吻长；眶上突小，不发达；颧弓平直。为中国特有种。分布于四川、辽宁、湖北、重庆、贵州、河北、陕西、山西、安徽、广西等地。

侧纹岩松鼠（白喉岩松鼠）*S. forresti*：体重约 202 g，体长 180~250 mm，尾长 115~180 mm，后足长 45~54 mm，耳长 18~27 mm。体侧面从肩至臀部有一条狭长白纹，在白纹下方为一条黑纹；腹面淡黄色，但自颏下至前胸有一明显白色区；尾端部黑色。头骨狭长、低平，吻长；牙齿无小前臼齿，齿式 1.0.1.3/1.0.1.3＝20；眶上突短而钝；鼻骨后缘超过前颌骨后缘。为中国特有种，仅分布于云南。

西伯利亚花鼠 *Tamias sibiricus*（图 12-7B）：体重 78~102 g，体长 120~165 mm，尾长 90~130 mm，后足长 28~40 mm，耳长 13~20 mm。耳上无簇毛；体背自耳后起，直至臀部具 5 条黑色纵走条纹，各条纹间为四条淡黄色条纹相间隔；吻较长；具颊囊。眶后突较发达，颧弓自中部起向前略斜向上。齿式：1.0.2.3/1.0.2.3＝22。国内分布于黑龙江、吉林、辽宁、河北、山西、河南、陕西、甘肃、新疆、四川等地。

喜马拉雅旱獭 *Marmota himalayana*（图 12-7C）：大型。体重 4000~9215 g，体长 475~670 mm，尾长 125~150 mm，后足长 76~100 mm，耳长 23~30 mm。体型粗壮而肥胖，尾短。口周为淡黄色，鼻侧锈棕色，鼻上部有纵行黑色区，至两眼间逐渐扩大直至耳基。齿式：1.0.2.3/1.0.2.3＝22。栖于海拔 3000 m 以上高原的高寒草原草甸区域。国内分布于甘肃、青海、四川、内蒙古、新疆、西藏。

达乌尔黄鼠（草原黄鼠）*Spermophilus dauricus*（图 12-7D）：体重 154~264 g，体长 165~268 mm，尾长 40~75 mm，后足长 30~39 mm，耳长 5~10 mm。体背毛色深黄，体侧和前肢侧为沙黄色；尾短，是体长的 1/5~1/3，尾端淡黄色，尾端前部有一鲜明的黑棕色带。齿式：1.0.2.3/1.0.2.3＝22。栖息于干旱的沙质草地，是典型的草原地栖鼠类。国内广泛分布于东北和华北地区。

图 12-7　地松鼠类代表动物

A. 岩松鼠；B. 西伯利亚花鼠；C. 喜马拉雅旱獭；D. 达乌尔黄鼠

12.1.1.3 睡鼠科 Gliridae

睡鼠科是一个古老的科。小型，体重 30~100 g。尾长多毛。吻短，眼大。四肢和趾较短，爪弯曲，利于爬树。齿式：1.0.1.3/1.0.1.3 = 20。颧弓发达，无眶后突。主要栖息于森林，分布于欧洲、亚洲和非洲。全球有 3 亚科 9 属 29 种，我国有 2 属 2 种。四川为该科全球最南分布区。

林睡鼠 *Dryomys nitedula*（图 12-8）：体重 36~61 g，体长 85~120 mm，尾长 75~115 mm，后足长 19~24 mm，耳长 13~19 mm。面部有黑色面具似的黑斑；尾毛呈两列；门齿孔短。国内仅分布于新疆。国外主要分布于中亚及欧洲大陆。

四川毛尾睡鼠 *Chaetocauda sichuanensis*：体重 24~36 g，体长 90~91 mm，尾长 92~102 mm，后足长 18~19 mm，耳长 17~19 mm。眼圈深栗色；耳较长，前折达眼部；尾较粗，端部呈棒形，被以密毛。门齿孔长，其后缘超过 M^1 的中部；上门齿表面中间有深沟，在切割边上形成一"V"形的凹口。1985 年发现于四川王朗国家级自然保护区。数量稀少，为中国特有种，仅分布于四川北部。

图 12-8　林睡鼠

图 12-9　河狸

12.1.2　河狸形亚目 Castorimorpha

河狸形亚目包括河狸科、囊鼠科及囊跳鼠科，尽管这三个科存在很少的形态学相似，但分子水平的研究结果支持这一分支。

12.1.2.1　河狸科 Castoridae

河狸科动物体型大，最重可达 35 kg。适于水栖生活：毛被长而致密、有光泽，后足有蹼；眼小，有瞬膜；耳有瓣膜，潜水时关闭；尾大而扁平，无毛被鳞。齿式：1.0.1.3/1.0.1.3=20，为开放型齿根的续生齿。科名源于雌雄均有的一对河狸香囊（castor sacs）和一对肛门腺，它们能够产生强烈的信息素，排放在原木上或泥团中以标记其领域。河狸香（河狸香囊的分泌物）是名贵的香料。全球有 1 属 2 种，均分布于北半球，我国仅 1 种。

河狸 *Castor fiber*（图 12-9）：体重 17~30 kg，体长 600~1000 mm，尾长 215~300 mm，后足长 160~170 mm，耳长 35~40 mm。国内仅分布于新疆北部，野生种已处于濒危状态，现列

为国家Ⅰ级重点保护动物。国外分布于白俄罗斯、法国、德国、哈萨克斯坦、卢森堡、蒙古、挪威和俄罗斯。

美洲河狸 *C. canadensis*：分布于北美地区。

12.1.2.2 囊鼠科 Geomyidae

囊鼠科，小型。眼小，耳小，尾不长。有颊囊。分布于南、北美洲。有 7 属 41 种，其中有 8 种列为珍稀种，如下所述。

东南囊鼠 *Geomys pinetis*：分布于美国亚拉巴马至佛罗里达。

热带囊鼠 *G. tropicalis*：分布于墨西哥东部。

麦帘囊鼠 *Pappogeomys merriami*：分布于墨西哥中部。

克雷塔罗囊鼠 *P. neglectus*：分布于墨西哥中部克雷塔罗。

泰勒囊鼠 *P. tylorhinus*：分布于墨西哥中部。

隧囊鼠 *Orthogeomys cuniculus*：分布于墨西哥。

猛囊鼠 *O. lanius*：分布于墨西哥。

裸尾囊鼠 *Zygogeomys trichopus*：分布于墨西哥西南部。

12.1.2.3 囊跳鼠科（更格卢鼠科）Heteromyidae

小型。营沙漠和半干燥生活，后肢长，尾细长，有簇毛。分布于北美。有 5 属 66 种，其中珍稀的有 13 种，如下所述。

菲氏囊跳鼠 *Dipodomys phillipsi*：分布于墨西哥中部。

海氏囊跳鼠 *D. heermanni*：分布于美国加利福尼亚州。

得州囊跳鼠 *D. elator*：分布于美国得克萨斯州北部。

大耳囊跳鼠 *D. elephantinus*：分布于美国加利福尼亚州西部及中部。

大囊跳鼠 *D. ingens*：分布于美国加利福尼亚州南部。

岛屿囊跳鼠 *D. insularis*：分布于美国加利福尼亚州。

珍珠囊跳鼠 *D. margaritae*：分布于美国加利福尼亚州。

凿齿囊跳鼠 *D. microps*：分布于美国内华达州至墨西哥中部。

弗雷斯诺囊跳鼠 *D. nitratoides*：分布于加利福尼亚州中部。

奥氏囊跳鼠 *D. ordii*：分布于加利福尼亚州南部。

史氏囊跳鼠 *D. stephensi*：分布于加利福尼亚州南部。

林棘鼠 *Heteromys desmarestianus*：分布于墨西哥南部至哥伦比亚。

纳氏林棘鼠 *H. nelsoni*：分布于墨西哥南部。

12.1.3 鳞尾鼯鼠形亚目 Anomaluromorpha

鳞尾鼯鼠形亚目包括鳞尾鼯鼠科 Anomaluridae 和跳兔科 Pedetidae。头骨似豪猪形亚目的种类，有大的眶前孔，并为咀嚼肌的通道；但下颌为松鼠形亚目的结构。因此，它们也被称为**豪猪形松鼠** Hystricomorphous sciurognaths。

12.1.3.1 鳞尾鼯鼠科 Anomaluridae

鳞尾鼯鼠科动物外形似鼯鼠，尾基部有棱鳞，尾端有簇毛。脚趾有利爪。分布于非洲中部和西部热带、亚热带的林栖动物。有 3 属 7 种，其中 2 种为珍稀种，如下所述。

喀麦隆小鳞尾鼯鼠 *Idiurus zenkeri*：分布于喀麦隆、扎伊尔。

异尾鼯鼠 *Zenkerella insignis*：分布于喀麦隆。

图 12-10　跳兔

12.1.3.2 跳兔科 Pedetidae

跳兔科动物大小似兔，耳长，尾长多毛，前肢短，后肢长。分布于中非及南非半干旱草原。全球仅 1 属 2 种。

跳兔 *Pedetes capensis*（图 12-10）：分布于南非至肯尼亚。

12.1.4 鼠形亚目 Myomorpha

鼠形亚目动物颧骨小，位于颧弓中间偏后。浅层咀嚼肌（浅咬肌）起自吻部，中层咀嚼肌（中咬肌）通过眶下孔起自吻部，侧咬肌的前部起自颧弓前方。颧弓不形成颧板。齿式：1.0.0.3/1.0.0.3 = 16。全球有 7 科 345 属 1751 种，我国有 7 科 55 属 164 种。

12.1.4.1 跳鼠总科 Dipodoidea

1）蹶鼠科 Sminthidae（new）　　过去蹶鼠是作为跳鼠科中的一个亚科 Sicistinae，现已独立成科。全球有 1 属 13 种，我国有 4 种。

中华蹶鼠 *Sicista concolor*：体型小，似小家鼠。体重 5~8 g，体长 51~76 mm，尾长 86~109 mm，后足长 17~18 mm，耳长 11~14 mm。髭毛短。尾特长、具缠绕性，约为体长的 150% 以上；吻及上唇污白；体毛暗褐色，腹毛灰白，背腹间色泽无明显分界；尾上下两色，上面同体背色，下面污灰色调；后足正常，不延长，四足背面白色。上门齿唇面棕色，无纵沟，下门齿白色，齿式：1.0.1.3/1.0.0.3 = 18。顶间骨宽为其长的 2 倍左右；腭骨后缘中部突出，远超过臼齿后缘之后。栖于海拔 2100~4000 m 的温带潮湿山地森林及高山、亚高山灌丛，以植物为食。为稀有种。国内分布于云南、四川、陕西、甘肃、青海等地。国外分布于巴基斯坦和印度。

2）林跳鼠科 Zapodidae（new）　　过去林跳鼠是作为跳鼠科的一个亚科 Zapodinae，现已独立成科。体长 60~80 mm，体重 10~25 g。毛色鲜艳，背面红棕色或鲜黄色，腹面白色。尾特别长，超过体长，尾端无毛簇。后肢长而强。齿式：1.0.0~1.3/1.0.0.3 = 16~18，臼齿为低冠或半低冠齿。栖息于北美和欧亚大陆北部森林和草原。全球有 3 属 5 种，我国有 1 属 1 种。

四川林跳鼠 *Eozapus setchuanus*（图 12-11）：体重 15~20 g，体长 70~100 mm，尾长 115~144 mm，后足长 26~31 mm，耳长 11~15 mm。后肢长，尾长为体长的 150% 以上。口鼻部为淡褐色，鼻垫以上具棕黄色环；体背为明亮的锈棕色，体背中央部自前额经两眼至眼下，两耳之间直至尾基有一宽约 8 mm 的纵走暗褐黄色区；腹面纯白，背腹间色泽有明显分界；尾上下两色，上面暗褐，下面基段 1/5 为淡橘黄色，余为纯白色；四足纯白色。吻部细长；颧板宽，处于眶前孔之下位，眶前孔扩大；颧弓前部与颧板相连，后部纤细；眶间部、间顶骨均宽。听泡小。门齿孔宽，呈梨形，后缘达 M^1。齿式：1.0.0.3/1.0.0.3 = 16。上门齿橘红色，中央偏外具一明显深凹沟。PM^1 圆形，臼齿自前至后依次减小。分布于高山林区。在四川捕获于海拔 3000~4000 m 的森林及林缘草地。为中国特有的稀有物种，分布于四川、陕西、青海、甘肃、宁夏、云南等地。

图 12-11 四川林跳鼠（王酉之和胡锦矗，1999）

图 12-12 三趾跳鼠

3）跳鼠科 Dipodidae 前肢较短，后肢较长，适于跳跃。尾长大于体长，有平衡和支撑身体的作用。齿式：1.0.0~1.3/1.0.0.3 = 16~18。全球有 5 亚科 13 属 35 种，我国有 4 亚科，7 属 13 种。

（1）跳鼠亚科 Dipodinae 前肢极小，仅用于挖掘和摄食。后肢特长，后足也长，两侧趾退化或缺失；中间 3 趾的跖骨愈合成炮骨，以利跳跃前进。尾多数甚长，被密毛。尾端由黑白两色长毛构成毛穗，有平稳和支撑身体的作用。头圆，吻短而宽，眼大，耳呈管状。背毛通常为沙白色。齿式：1.0.0~1.3/1.0.0.3 = 16~18。广泛分布于古北界的荒漠、半荒漠和草原地带。全球有 5 属 9 种，我国有 2 属 3 种。

三趾跳鼠 *Dipus sagitta*（图 12-12）：体重 56~117 g，体长 101~155 mm，尾长 145~190 mm，后足长 52~67 mm，耳长 13~24 mm。后肢约为前肢的 3 倍，具 3 趾，各趾下被有梳状硬毛。尾上下两色，背方为纯沙黄色，腹方白色，尾末端有黑褐色和白色毛相间而成的毛束，但其黑褐色环在腹方为白毛隔断。国内分布于黑龙江、吉林、辽宁、内蒙古、陕西、宁夏、甘肃、青海和新疆。

（2）五趾跳鼠亚科 Allactaginae 是跳鼠科中体型最大的种类。耳较长，其长超过颅全长。后肢长为前肢的 3~4 倍，前肢纤细，尾长为体长的 1.5 倍，尾端具毛穗，毛穗上段毛黑色，末端白色。后足 5 趾，第 1 与第 5 趾退化，其趾端不达于其他 3 趾的基部。体背毛和头部灰棕色，腹部及四肢内侧纯白色。有一枚小的前臼齿，齿式：1.0.1.3/1.0.0.3 = 18。全球有 3 属 16 种，我国有 2 属 6 种（含有争议的大五趾跳鼠 *Allactaga major*）。

五趾跳鼠 *Allactaga sibirica*：体重 82~140 g，体长 130~170 mm，尾长 180~230 mm，后足长 67~76 mm，耳长 41~57 mm。头圆，眼、耳大，背部灰色，腹部纯白色。后足 5 趾，第 1 和第 5 趾趾端不达中间 3 趾基部。尾长约为体长的 1.5 倍，末端具黑白长毛形成的毛束。国内分布于黑龙江、吉林、辽宁、内蒙古、河北、陕西、山西、甘肃、宁夏、青海和新疆。

(3) 心颅跳鼠亚科 Cardiocraniinae　　为跳鼠科中分化最为特殊、体型最小的一个亚科。体长通常不超过 70 mm，耳壳短小，基部为管状；尾长超过体长，尾基部经常由于脂肪的积累而增粗，尾覆以稀疏的长毛，尾端无毛穗；后足具 3 趾或 5 趾；头骨听泡巨大而扁平；顶间骨狭小或完全退化消失；门齿唇面具沟或无沟。齿式：1.0.1.3/1.0.0.3 = 18。心颅跳鼠亚科在世界上的分布基本以中亚为中心。全球有 2 属 8 种，我国有 2 属 3 种。

五趾心颅跳鼠 *Cardiocranius paradoxus*：体重 7~12 g，体长 45~60 mm，尾长 59~78 mm，后足长 22~27 mm，耳长 5~6 mm。头大，眼小；耳短，管状；尾基有厚的脂肪层，尾长不及体长的 1.5 倍；后足 5 趾。国内分布于内蒙古、甘肃、宁夏和新疆。

(4) 长耳跳鼠亚科 Euchoreutinae　　有 1 属 1 种。

长耳跳鼠 *Euchoreutes naso*：体重 24~38 g，体长 80~95 mm，尾长 144~185 mm，后足长 41~49 mm，耳长 37~47 mm。耳长。靠长而有力的后腿跳跃行进。由于长耳跳鼠生活在沙漠地区而被誉为"沙漠中的米老鼠"。主要分布于我国内蒙古西部、甘肃北部、青海的柴达木盆地及新疆的东部和南部。国外仅见于蒙古国的外阿尔泰地区。目前长耳跳鼠已列为全球 100 种最濒危物种之一，IUCN 红色名录将其列为濒危等级（EN）。

(5) 梳趾跳鼠亚科 Paradipodinae　　仅 1 属 1 种，即梳趾跳鼠 *Paradipus ctenodactylus*，分布于中亚的哈萨克斯坦、土库曼斯坦、乌兹别克斯坦等地。

12.1.4.2　鼠总科 Muroidea

1) 刺山鼠科（猪尾鼠科）Platacanthomyidae　　小型，毛稀疏。体长 7~9 cm，尾长超过体长，尾梢部松散呈毛簇。臼齿冠的齿嵴斜列。树栖。全世界有 2 属 5 种，我国有 1 属 4 种（蒋志刚等，2017）。

图 12-13　猪尾鼠

（武夷山）猪尾鼠 *Typhlomys cinereus*（图 12-13）：小型鼠。体重 15~32 g，体长 67~90 mm，尾长 100~138 mm，后足长 19~23 mm，耳长 14~17 mm。眼极小。耳大而薄，被以短毛。体背被以细密绒毛。唇白或灰白色，耳暗棕色，体背为一致的暗褐色；腹面毛色为灰白微染黄色毛尖；尾暗棕色，端部白色；四肢灰白色，后足较细长。尾长约为体长的 1.5 倍；自尾端部 1/3 起具逐渐变长的细毛直至尾端；尾端毛最长为 9~13 mm，呈笔簇状，颇似猪尾。门齿细小，唇面橘红色；上颌两列间的腭骨上具小孔 3 对；臼齿冠面方形，第一上臼齿最大，直至第 3 枚依次减小；臼齿均具 4 条板状斜行横嵴，唯 M^3 的第一个显著退化。鼻骨较长；颧较宽；眶间宽亦宽；脑颅部膨大；听泡较小。栖于海拔 1300 m 的河谷、石穴附近。稀有种。仅分布于中国的福建、江西、浙江和安徽等地，为中国特有种。

2) 鼹形鼠科 Spalacidae　　体型粗壮，吻钝，眼和耳极小，尾短。四肢短，爪很发达，营地下生活。全球包括 4 亚科 6 属 37 种，我国有 2 亚科 4 属 12~13 种。

（1）鼢鼠亚科 Myospalacinae　　地下穴居是适应地下生活的啮齿类，尾短，眼睛很小，视力差，外耳退化，仅具小的皮褶（小于 3 mm）。鼻骨超出前颌骨。门齿厚而大；臼齿无齿根，能持续生长。前足强健，中间的 3 个爪比后足爪长 3 倍或更多。栖息于草原或开阔地带。分布于东亚，共 2 属 7~8 种，我国均有。其中凸颅鼢鼠属（中华鼢鼠属）*Eospalax* 的 4 种，均为我国特有种。

中国鼢鼠亚科属种检索表

1. 头骨的枕部向后斜伸 ……………………………………… 2 凸颅鼢鼠属（中华鼢鼠属）*Eospalax*
   头骨的枕部呈截切状 …………………………………………… 5 平颅鼢鼠属（鼢鼠属）*Myospalax*
2. 老年个体头骨的左右额骨嵴在中线处不靠近，不合并 ………………………………………… 3
   老年个体头骨的左右额骨嵴在中线处极靠近或合并 ……………………………………… 4
3. 体型较小，成体体长多在 185 mm 以下；尾多短于 40 mm；前足爪明显细弱 …………
   ………………………………………………………………………………… 罗氏鼢鼠 *E. rothschildi*
   体型较大，成体体长 185 mm 以上；尾长于 40 mm；前足爪强大 ………………………
   …………………………………………………………………………………… 中华鼢鼠 *E. fontanierii*
4. 雄性老年个体左右额骨嵴在前部中线处合并，但在左右顶嵴间处仍有较大的距离，形成近似正三角形的图形；鼻骨后缘横向；额部具白斑 ……………… 斯氏鼢鼠 *E. smithii*
   雄性老年个体的顶嵴和额骨嵴在中线处靠近或合并，不形成近似三角形的图形；鼻骨后缘有缺刻；额部无白斑 …………………………………………… 秦岭鼢鼠 *E. rufescens*
5. M^1 舌侧只有 1 个深凹角；门齿孔 1/2~3/4 被前颌骨包围 ………… 草原鼢鼠 *M. aspalax*
   M^1 舌侧有 2 个深凹角；门齿孔全包围于前颌骨中 ……………………………………… 6
6. 尾及后足有浓密的短毛 ………………………………………………… 阿尔泰鼢鼠 *M. myospalax*
   尾和后足几乎裸露 …………………………………………………………… 东北鼢鼠 *M. psilurus*
   注：甘肃鼢鼠 *M. cansus* 是否为有效种尚存争议（蒋志刚等，2017），本表暂未列入。

中华鼢鼠 *Eospalax fontanierii*（图 12-14A 和 B）：体重 150~620 g，体长 155~245 mm，尾长 40~62 mm，后足长 25~38 mm。体背灰褐色，带有锈红色；腹毛灰黑色带有浅红色毛尖。前额上有一块显著的白斑；尾几乎裸露。头骨平阔，鼻骨后缘有缺刻；眶前孔大，下部较宽，呈三角形；眶上嵴发达，向后方延伸，与额骨嵴和顶嵴结成二平行纵嵴；人字嵴发达；头骨枕部向后倾斜；听泡小而低平。为中国特有种，分布于内蒙古、河北、北京、山东、山西、河南、陕西、宁夏、甘肃、青海和四川。

东北鼢鼠 *Myospalax psilurus*（图 12-14C 和 D）：体重 185~400 g，体长 200~270 mm，尾长 35~55 mm，后足长 25~37 mm。体背褐红色，腹部灰色；额中央常有一白斑；尾和后足几乎裸露。头骨枕部宽而高，呈截切状。国内分布于东北、内蒙古、河北、天津、北京、山东、河南和安徽。国外分布于蒙古和俄罗斯。

（2）竹鼠亚科 Rhizomyinae　　地下穴居的鼠类。体型粗壮，重 1~2 kg。眼小。耳小，但大于 7 mm。尾短，无毛或仅有稀毛。四肢短，门齿极强大，M 内褶仅一个。鼻骨不超出前颌骨。眶上嵴、人字嵴发达。颧弓粗壮。听泡扁平。栖息于亚热带山坡芒丛或竹林下，食竹、芒的秆和地下茎。全球有 2 属 5 种，其中小竹鼠属 1 种，竹鼠属 4 种。我国均有分布。

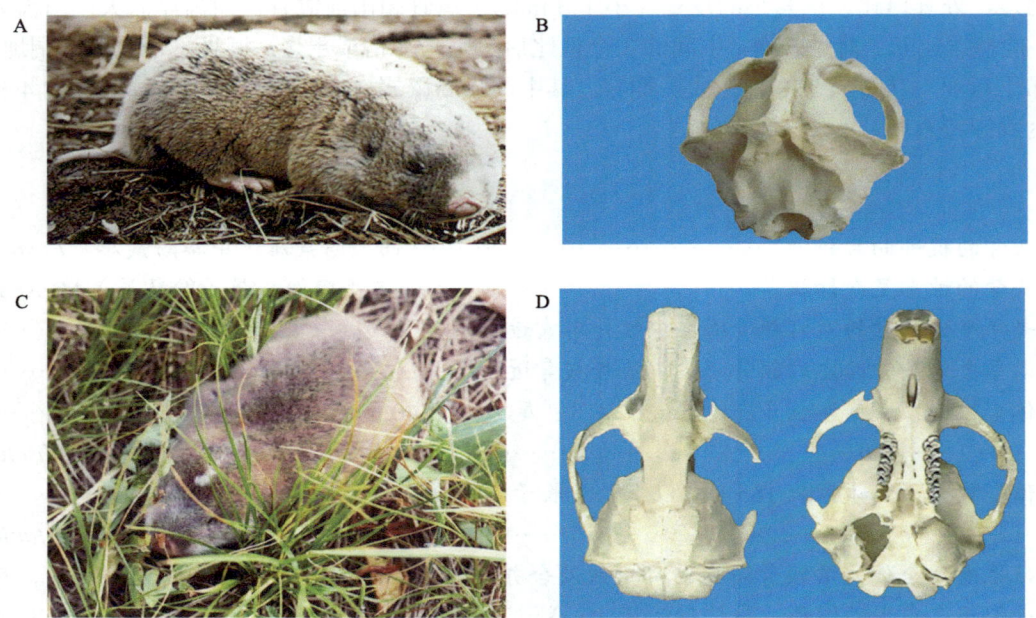

图 12-14　两种鼢鼠及其头骨

A 和 B. 中华鼢鼠；C 和 D. 东北鼢鼠

中国竹鼠亚科分属、种检索表

1. 体型小，体长不及 280 mm，后足长小于 40 mm；齿隙达到或超过枕鼻长的 40% ……………………………………………………………………小竹鼠属 Cannomys，小竹鼠 C. badius
2. 体型较大，体长超过 280 mm，后足长等于或超过 40 mm；齿隙不及枕鼻长的 40% ……………………………………………………………………………………竹鼠属 Rhizomys
3. 成体体长大于 380 mm；耳长大于 20 mm；颊部及眼周红棕色……大竹鼠 R. sumatrensis
   成体体长不超过 380 mm；耳长小于 20 mm；颊及眼周无红棕色……………………… 4
4. 背毛色灰褐，有许多带银灰色毛尖的长针毛；尾几乎裸露…………银星竹鼠 R. pruinosus
   背毛不为灰褐，也不具有带银灰色毛尖的长针毛；尾被稀毛……………………………… 5
5. 背毛棕灰；枕高大于枕鼻长 1/4 ……………………………………中华竹鼠 R. sinensis
   背毛暗烟褐色；枕高大于枕鼻长 1/3 ………………………………暗褐竹鼠 R. wardi

① 小竹鼠属 Cannomys　为单型属。

小竹鼠 Cannomys badius：体重 210~340 g，体长 175~215 mm，尾长 54~67 mm，后足长 27~32 mm，耳长 5~11 mm。尾短，尾基被稀毛，余部近乎裸出；耳微露于毛被之外；后足足垫无毛；体背纯栗褐色，颏至喉处有一小白斑。齿隙在竹鼠中最长，达到或超过枕鼻长的 40%。

② 竹鼠属 Rhizomys　中华竹鼠（普通竹鼠）Rhizomys sinensis（图 12-15）：体重 1875~1950 g，体长 216~380 mm，尾长 50~96 mm，后足长 38~60 mm，耳长 15~19 mm。皮毛柔软，

背部和体侧浅棕灰色，缺少突出的针毛。枕骨高斜，上门齿几乎与上颌骨垂直，不前倾；颧弓较薄，接近三角形；有矢状嵴，但不及大竹鼠的高。国内分布于四川、云南、贵州、重庆、湖北、湖南、江西、浙江、安徽、广东、广西、甘肃和陕西。国外分布于缅甸和云南。

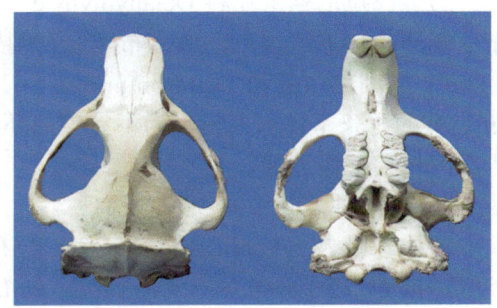

图12-15 中华竹鼠及其头骨

银星竹鼠（白花竹鼠）*R. pruinosus*：体重1500~2500 g，体长240~345 mm，尾长90~130 mm，后足长40~50 mm，耳长13~20 mm。皮毛浅棕灰色，背面比腹面色深；背部有许多带银灰色毛尖的长针毛；尾几乎裸露。吻宽，颧弓大而宽；枕髁突出；矢状嵴为七弦琴形。国内分布于四川、云南、贵州、江西、湖南、广西、广东和福建。国外分布于印度及东南亚一带。

大竹鼠 *R. sumatrensis*：体重2150~4000 g，体长381~480 mm，尾长141~192 mm，后足长50~68 mm，耳长25~28 mm。背毛淡棕色，带有长而粗糙的针毛。头顶和颊部浅红色；淡黑色的毛在额部形成一个三角形；尾长，裸露，尾梢粉红色；足大，具强健的长爪。矢状嵴发达，颧弓粗大。国内仅分布于云南西双版纳，国外分布于缅甸、柬埔寨、老挝、泰国、越南、马来西亚和印度尼西亚。

暗褐竹鼠 *R. vestitus*：体重约1500 g，体长340~380 mm，尾长80~100 mm，后足长51~60 mm，耳长12~18 mm。体色在几种竹鼠中最为深暗。矢状嵴和人字嵴为竹鼠属中最发达者。枕部高而倾斜。为中国的特有种。分布于四川、陕西、甘肃、重庆、湖北、云南、安徽、河南和湖南。

（3）鼹形鼠亚科 Spalacinae　　鼹形，头钝，眼退化，耳小，尾退化。足不发达，爪钝。以大门牙掘土，头向外推土。分布于地中海东部和欧洲东南部。有1属13种，其中有2种为珍稀种。

大鼹形鼠 *Spalax giganteus*：分布于黑海北部。

俄罗斯鼹形鼠 *S. microphthalmus*：分布于俄罗斯东部。

（4）非洲鼹形鼠亚科 Tachyoryctinae　　仅1属，即非洲鼹鼠属 *Tachyoryctes*，共13种，全分布于非洲。

3）丽仓鼠科 Calomyscidae　　分布于伊朗、阿富汗和巴基斯坦。由仓鼠科分出，仅1属8种。其中有2种列为珍稀种类。

丽仓鼠 *Calomyscus bailwardi*：分布于伊朗、阿富汗。

4）马岛鼠科 Nesomyidae　　分布于非洲大陆和马达加斯加岛，也是马达加斯加岛的唯一啮齿类类群。全球包括6亚科21属61种。

（1）马岛鼠亚科 Nesomyinae 有9属23种。

马岛仓鼠 *Hypogeomys antimena*：分布于马达加斯加岛西部。

（2）德拉尼攀鼠亚科 Delanymyinae 有1属1种，德拉尼攀鼠 *Delanymys brooksi*：分布于非洲的乌干达、卢旺达、布隆迪及刚果民主共和国。

（3）非洲攀鼠亚科 Dendromurinae 多为小型鼠类，体长6~12 mm。尾较短，仅4~5 mm。有的尾长于体长。臼齿为不完整的环状齿嵴。主食植物种子和谷物，也吃昆虫。栖息于非洲雨林和干燥地区。

有6属24种，其中有5种珍稀种：

卡乌兹攀鼠 *Dendromus kahuziensis*：分布于扎伊尔东部。

树攀鼠 *Dendroprionomys rouseloti*：分布于刚果民主共和国。

溜攀鼠 *Leimacomys buettneri*：分布于西非多哥共和国。

杰氏肥鼠 *Steatomys jacksoni*：分布于加纳、尼日利亚西部。

道氏攀鼠 *Prionomys batesi*：分布于喀麦隆、中非。

（4）非洲巨鼠亚科 Cricetomyinae 形似家鼠，但大的可超过1 kg。有颊囊，结构与习性似仓鼠。臼齿结构似鼠具横嵴，磨损后呈环状。栖息于南非草原和森林。全球有3属8种。

长尾巨鼠 *Beamys hindei*：分布于肯尼亚和坦桑尼亚。

南非囊鼠 *Saccostomus campestris*：主要分布于非洲南部。

（5）岩攀鼠亚科 Petromyscinae 有1属4种，如巴氏小岩攀鼠 *Petromyscus barbouri*，仅分布于南非。

（6）白尾鼠亚科 Mystromyinae 有1属1种，即白尾鼠 *Mystromys albicaudatus*，分布于南非和斯威士兰的热带稀树草原。

5）仓鼠科 Cricetidae 体型一般较小。前肢多4指，后肢5趾。尾上有毛而无鳞，有些尾末端有簇毛。臼齿齿尖排成两纵列或呈三角形的齿叶。臼齿多样，从有齿根的低冠齿到无齿根的高冠齿，臼齿咬合面形状各异。全球包括6个亚科140属700余种，为啮齿目中的第二大科。我国有2亚科21属67种（蒋志刚等，2017）。

（1）仓鼠亚科 Cricetinae 体略粗短。尾较短，覆毛很密，无鳞。有颊囊。臼齿有齿根，齿冠咬合面两列齿尖相对。听泡较大。穴居。有7属18种，我国有6属10种。

中国仓鼠亚科分属检索表

1. 体型甚大，成体体长超过250 mm；腹毛墨黑色 ················· 原仓鼠属 *Cricetus*，单型属
   体型甚小，成体体长不及250 mm；腹毛不为墨黑色 ··· 2
2. 尾较长，超过体长之半；头骨具发达的颞嵴 ··· 3
   尾较短，尾长小于体长之半；头骨无颞嵴 ··· 4
3. 耳后具白色毛斑；尾具纤细的长毛；头骨的眶间部较窄 ······················ 甘肃仓鼠属 *Cansumys*
   耳后不具白色毛斑；尾不具纤细的长毛；头骨的眶间宽而平坦 ············· 大仓鼠属 *Tscherskia*
4. 尾长明显短于后足长；后足掌全被白色细毛，看不见掌垫 ·················· 毛足鼠属 *Phodopus*
   尾长等于或超过后足长，后足仅跟部被毛，前部裸露，掌垫清晰可见 ······························· 5

5. 尾短，呈楔形，尾长约与后足等长；头骨顶间骨狭缩，其宽为长的 4~5 倍 ··· 短尾仓鼠属 *Allocricetulus*

尾较长，不呈楔形，尾长约为后足长的 2 倍；头骨顶间骨正常，其宽小于长的 4 倍 ··· 仓鼠属 *Cricetulus*

长尾仓鼠（搬仓）*Cricetulus longicaudatus*（图 12-16）：小型。体重 15~50 g，体长 80~135 mm，尾长 35~48 mm，后足长 15~21 mm，耳长 15~20 mm。尾较长，约占体长的 1/3 以上。耳较长，与后足长相近。尾上下两色，尾腹面污白色，尾背与体背同色。无眶上嵴；门齿孔长达 M^1 前缘；翼间孔深，前端达 M^3。栖息于海拔 3000 m 左右的高原草原地带。以草、草籽等为食。国内分布于四川、青海、甘肃、宁夏、北京、天津、河北、内蒙古、陕西、山西、新疆和河南等地。

图 12-16　长尾仓鼠

(2) 水䶄亚科（田鼠亚科）Arvicolinae　以小型鼠类居多，中等者有麝鼠、水䶄及中国绒鼠。体型粗笨，毛被多蓬松。吻鼻短钝，耳短小，无颊囊。尾和四肢短小，多数尾长不及体长之半，爪正常。臼齿为左右交错的三角形齿环，多数种类无齿根，为续生齿。对森林、牧场和农田有一定危害。广泛分布于欧亚大陆和北美大陆，有些种可延伸至非洲北部和南美洲。全球有 28 属 151 种，我国有 15 属 57 种（不含麝鼠）。

中国水䶄亚科分属检索表

1. 体型大，成体后足长超过 65 mm；尾侧扁被鳞片；后足趾间具半蹼 ··· 麝鼠属 *Ondatra*（引入种）

   中、小体型，成体后足长不及 35 mm；尾圆被毛；后足趾间无蹼 ·· 2
2. 体型较大，成兽体长不小于 150 mm，后足长不小于 30 mm；颅基长超过 32 mm ··· 水䶄属 *Arvicola*

   体型较小，成兽体长小于 150 mm，后足长不及 30 mm；颅基长一般小于 32 mm ············· 3
3. 耳壳退化，不外显于毛被外；上门牙显著前倾，露于唇外，其唇面珐琅质白色 ··· 鼹形田鼠属 *Ellobius*

   耳壳发育正常，外显于毛被外；上门牙几近垂直，不露于唇外，其唇面珐琅质浅黄橙色 ·· 4
4. 前肢内侧第一趾的爪大而扁平；颧弓显著外凸；M^3 咀嚼面具 4 个横棱叶 ··· 林旅鼠属 *Myopus*（单型属）

   前肢内侧第一趾的爪小而尖；颧弓不太外凸；M^3 咀嚼面只有 1 个横棱叶 ·· 5
5. 尾极短，小于后足长；后足掌全部覆盖密毛 ·· 6

   尾较长，超过后足长；后足掌心裸露无毛 ·· 7
6. 体长小于 100 mm；身体背脊部有一条明显的黑纹 ························ 兔尾鼠属 *Lagurus*

   体长大于 100 mm；身体背脊部无黑纹 ························ 黄兔尾鼠属 *Eolagurus*

7. 腭骨后缘弯曲，有骨桥·· 8
   腭骨后缘为一简单的横骨板，无骨桥··· 13
8. M_1咀嚼面后横叶前的第4与第5个三角形齿环彼此相连··· 9
   M_1咀嚼面后横叶前的第4与第5个三角形齿环彼此不相连·· 10
9. 上门齿斜向前伸出；M_1外侧具3个角突，如有第4个，则极不明显··
   ··白尾松田鼠属 Phaiomys
   上门齿垂直向下生长，不向前倾斜；M_1外侧具4个或更多的角突···
   ··亚洲松田鼠属 Neodon
10. 上门齿宽，其上有明显的纵行齿沟；眶间宽明显大于颅全长之半···
    ···沟牙田鼠属 Proedromys
    上门齿不宽，其上无明显的纵行齿沟（若有门齿沟，则头骨窄，眶间宽仅为颅全长之半）
    ··· 11
11. 同时具备尾长超过体长的1/2，头骨背面眶间部光滑无任何隆嵴··········川田鼠属 Volemys
    或尾短，尾长小于体长的1/2，或头骨背面眶间部有隆起的骨嵴··· 12
12. M^3上白齿内侧有3个角突；脚掌生有浓密的毛，遮盖住脚底···
    ···毛足田鼠属 Lasiopodomys
    M^3上白齿内侧有4个或4个以上的角突；脚底大部分裸露··················田鼠属 Microtus
13. 体背部毛色以灰色为主；唇须很长，远超过头长；M^3有一很浅的第一唇褶和一延长的后
    跟···高山䶄属 Alticola
    体背部毛色多为红棕色或褐色；唇须较短，等于或仅略超过头长；M^3有一很深的第一唇
    褶，后跟不特别细长·· 14
14. M_1左右两侧的三角形齿环排列工整，一一对应，彼此相通··············绒鼠属 Eothenomys
    M_1左右两侧的三角形齿交错排列，彼此不相通··· 15
15. 身体被毛较短；成体白齿具齿根，白齿三角突圆，没有角·························䶄属 Myodes
    身体被毛较长；终生白齿无齿根，白齿三角突尖，不圆······················绒䶄属 Caryomys

代表性的属如下所述。

① 绒䶄属 Caryomys　　腭骨后缘在后鼻孔与翼突的基部截然中断（无骨桥，图12-17B），白齿无齿根，能终生生长，M_1左右对应的三角形齿环交错排列（图12-18）。中国有两个特有种。

洮州绒鼠 Caryomys eva：仅分布于我国的湖北、陕西、甘肃、四川、重庆等地。

苛岚绒鼠 C. inez：仅分布于我国的陕西、山西、四川、重庆等地。

② 绒鼠属 Eothenomys　　眶间部较宽，眶后嵴不甚发达，不具骨桥（图12-17B）。白齿通常无齿根，能终生生长。M_1左右对应的三角齿环趋向于相对汇合（图12-18）。背部毛色深，多呈黑褐色；白齿三角形齿环较钝圆，内凹较窄。我国有12种。

黑腹绒鼠 Eothenomys melanogaster：体型较小。体重18~46.5 g，体长87~108 mm，尾长21~42 mm，后足长15~17 mm，耳长10~12 mm。棕褐色，口鼻部棕色。体背棕褐，毛基黑灰色，毛尖赭色。背中部由于散在黑毛较多故色泽略深。腹面自颏下至尾基均为暗灰色泽，

第12章 啮齿类

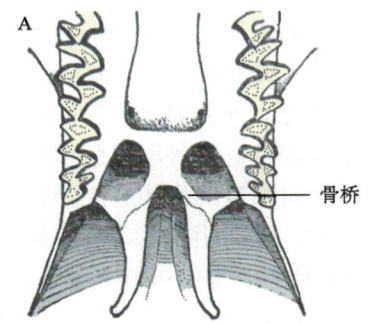
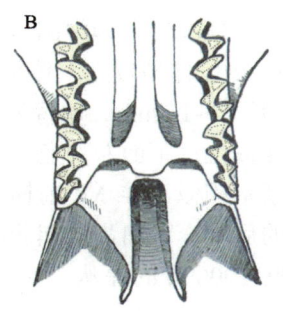

图 12-17 田鼠类两种腭骨的比较（仿四川资源动物志编委会，1984）
A. 有骨桥；B. 无骨桥

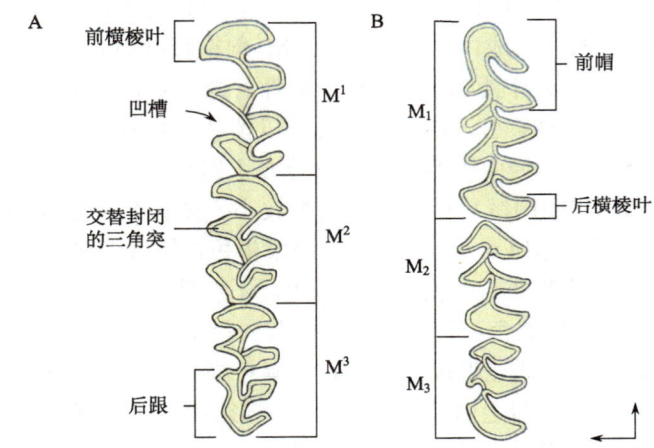

图 12-18 典型田鼠类臼齿咬合面模式（仿史密斯和解焱，2009）
A. 上臼齿；B. 下臼齿

中央部微染以肉黄色泽。尾较短，为体长的 40%。尾上面色深，下面色泽较淡。四足黑棕色，老年个体背色呈赤褐。体型略粗壮，呈地下生活型。头骨侧面观较平，眶间部较宽，眶后嵴不甚发达。鼻骨后端为前颌骨后端所超越。M^1 具 3 外 4 内凸出角，前横棱后具 2 内 1 外交替并闭合的三角形齿环，第 2、第 3 齿环时有通连之趋势，最后齿环相互通连。M^2 内外侧三角形齿环对称具后内侧三角凸，前横棱后有两对相对称并通连的三角形齿环。M^3 与 M^2 基本相似，唯后端延长成后跟。第一下臼齿后横棱叶前具 4 外 5 内角突，两侧几近对称，最前形成一个三角帽形小叶。栖于海拔 500~3000 m 的农田、灌丛、草地。喜食草类、大豆的根茎。危害农作物，传播钩体病。国内分布于四川、陕西、甘肃、宁夏、云南、福建、贵州、重庆、西藏、安徽、浙江、广东、广西、湖北、湖南、江西和台湾等地。

昭通绒鼠 *E. olitor*：体型较小。体重约 30 g，体长 80~94 mm，尾长 29~41 mm，后足长 14~17 mm，耳长 9~11 mm。体背色泽与黑腹绒鼠相近，唯偏于灰棕色，尤以体侧为然。腹面棕色，毛尖微染以肉黄色泽。尾背面深褐，下面色泽较淡。头骨侧面观顶部微凸，眶间距较窄，小于 4 mm，眶上嵴不发达。M^1 前横棱叶外侧有一深凹陷，内外侧各具 4 个角突，并具一较长的后跟。M^3 具 4 内 4 外凸出角。栖于海拔 2000~3000 m 的灌丛、农田。危害农、林业，但数量少，危害程度轻。为中国特有种，仅分布于云南和贵州。

大绒鼠 *E. miletus*：体型较大。体重 30~60 g，体长 110~120 mm，尾长 40~50 mm，后足长 18~21 mm，耳长 12~15 mm。体背为一致的赤褐色，两侧略灰。腹面暗灰色，毛尖染以肉黄色泽。尾背面深褐色，下面灰白色。四足背面淡灰色。头骨与黑腹绒鼠比较略呈坚实感。牙齿与黑腹绒鼠基本相似，唯 M^3 前横棱叶后有两对相对的齿环广泛融合，最后具一有内后角的三角形小叶的后跟。下臼齿与黑腹绒鼠相一致。眶间距较宽，有明显的眶上嵴，颧弓粗壮。栖于海拔 800~2000 m 的灌丛、农田。危害农林业。为中国特有种，仅分布于云南。

中国绒鼠（中华绒鼠）*E. chinensis*：体型较大。体重 28~47.5 g，体长 101~125 mm，尾长 55~74 mm，后足长 19~24 mm，耳长 12~15 mm。体背自头前至尾基为灰棕色。腹面包括颔下、喉及四肢为一致的灰蓝色，毛尖微染以淡肉红色。尾较长，为体长的 55%~70%。尾上面深褐，下面灰白色。四足背面同体背色。头骨大而薄。M^1 前横棱叶后具 4 个交替排列且不相通连的闭合的三角形齿环，形成内 2 外 3 角突。M^2 前横棱叶后具 3 个交错、闭合的三角形齿环。M^3 在舌侧有 4 个褶。头骨具 2 纵嵴，起于鼻骨后缘，止于颅骨前缘，延至眶间部两侧。栖于海拔 800~2800 m 的山地灌丛、草坡及林地。以植物、草籽、嫩树皮为食。冬季缺食季节环剥食树皮。为营林害兽。为中国特有种，仅分布于四川。

西南绒鼠 *E. custos*：与中国绒鼠相似，但体型较小。体长 81~105 mm，尾长 35~59 mm，后足长 16.5~20 mm，耳长 12~14 mm。口鼻部为淡栗褐色，体背中深栗褐色。腹面呈暗灰色，毛基灰蓝，毛尖灰白色，且微染肉黄色毛尖。尾短，不及体长之半。尾上下两色，上面棕黑色，下面灰白色。四足背面棕黑色，其中杂以少数灰白色毛。M^2 第 1 横棱后的第 3 个三角形齿环内侧凸较为发达，并相互通连形成一不对称的斜行横棱。M^3 第 1 横棱外侧凹陷较深，外侧第 2 角突为钝角；该臼齿最后之内侧凸发达，内侧形成明显的 5 角突及 4 个深凹陷。栖于海拔 2000~3000 m 的亚高山森林及灌丛。以植物为食，对林业有一定危害。为中国特有种，仅分布于四川和云南。

玉龙绒鼠 *E. proditor*：体型较大。体重 22~43 g，体长 105~115 mm，尾长 26~34 mm，后足长 17~20 mm，耳长 12~13 mm。体背为一致的黄棕色至赤褐色。腹面灰色，毛尖微染肉黄色。尾与体背同色，唯下面色泽较淡。四足背面暗棕色。中等体型的绒鼠。头骨较大，略粗壮，眶间距较宽。M^1 前横棱叶后有 2 对相互交错融合的三角形齿环，形成 3 外 2 内角突。M^3 前横棱外侧具一凹陷，其后内侧具 2 方形的深凹陷，形成 4 外 3 内角突，并具一较长的后跟。M_1 的前三角形小叶具 2 内角突，其后有 2 对相互完全融合的三角形齿环。栖于海拔 2000~3000 m 的高山林缘草地或灌丛区。数量较少。为中国特有种，仅分布于云南、四川。

③ 田鼠属 *Microtus*　　具有骨桥（图 12-17A）。M_1 通常有 4 个舌侧褶和 3 个唇侧褶，前、后横棱叶之间有 4~5 个封闭的三角形齿环（图 12-18）。在欧亚大陆、美洲北部分布较广。全球有 50 种，我国有 6 种。

④ *Alexandromys*　　原为田鼠属 *Microtus* 的一个亚属，现被提升为属（Liu et al., 2017）。全球 12 种，中国有 5 种。

东方田鼠 *Alexandromys fortis*：体长 120~139 mm，尾长 48~69 mm，后足长 17~30 mm，耳长 12~18 mm。体型较大，尾相对较长；体背暗棕褐色，腹部污白色，尾背黑褐色。栖息于潮湿河边、林中苔藓地、农田、森林、灌丛。春夏繁殖，每胎产 2~14 仔。国内分布于内蒙古、陕西、湖北、湖南、安徽、江西、福建、广西、甘肃、贵州、宁夏和山东等省（自治区）。

普通田鼠 A. arvalis：体重 35~50 g，体长 102~132 mm，尾长 32~40 mm，后足长 14~19 mm，耳长 14~15 mm。集群穴居，是典型的草原鼠类。体黄褐色至深棕色，腹部灰白。主食禾本科和豆科植物绿色部分。冬季储藏干草，但不冬眠，年产 4~5 胎。国内仅分布于新疆。

根田鼠 A. oeconomus（图 12-19）：体长 102~122 mm，尾长 32~49 mm，后足长 16~18 mm，耳长 12~16 mm。体背呈灰棕色。腹面为蓝灰色，毛尖染以淡棕黄色。尾上面棕黑，下面灰白。四足背淡棕色。头骨与松田鼠比较略呈坚实感。腭骨形成骨桥。M^1、M^2 与松田鼠无异，唯 M^3 前横棱叶后具 2 外及 1 内大三角形齿环，继之为一新月形后跟，故呈 3 外 4 内角突。M_1 后横棱叶前具 2 外小及 2 内大交替闭合的三角形齿环，第 5 个三角形齿环倾向内侧，并与前帽形新月形小叶相通连。栖于海拔 3000~4500 m 的草原地带。以植物为食。数量较多，对草原危害较大。国内仅分布于新疆。

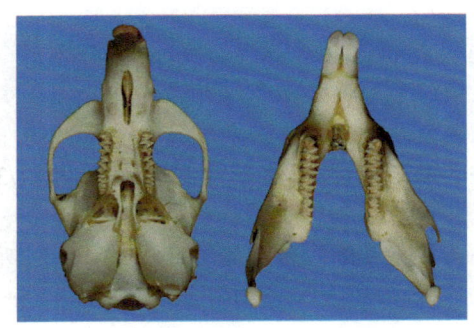

图 12-19　根田鼠及其头骨

⑤ 松田鼠属 Neodon　　腭骨厚，形成骨桥（图 12-17A）。M_1 前叶和后横棱叶之间只有三个封闭的三角形齿环。我国有 10 种。

锡金松田鼠 Neodon sikimensis：体型中等。体长 97~119 mm，尾长 30~52 mm，后足长 17~22 mm，耳长 11~16 mm。耳较大，黑褐色。体背为一致的棕褐色，腹面灰白微染淡肉黄色。尾上下两色，上面黑褐，下面淡褐或污白色。四足背淡黄褐色。头骨粗壮而宽大，鼻骨较长，腭骨厚形成骨桥。M^1 前横棱叶后具外 2 内 2 角突。M^2 前横棱后具 2 交替闭合的三角形齿环，后叶外侧的齿凸显著，内侧的小齿凸常不发达或退化。M^3 的前横棱叶后外侧具 2 角突，内侧具 2~3 角突，故呈外 3 内 3~4 角突。M_1 后横棱叶前具 3 个交替闭合的三角形齿环，第 4、5 个相互融合并与前三角形小叶相通连，故呈内 5 角突。眶间的中部颞嵴显著，眶后突明显，颧弓外展，听泡较小。栖于海拔 3000~4000 m 的高原草原地带。数量较少。国内仅分布于西藏。

高原松田鼠 N. irene：体型较小。体重 23~34 g，体长 80~108 mm，尾长 22~40 mm，后足长 15~19 mm，耳长 11~13 mm。体背自吻端至尾基为灰棕色。腹面淡棕色，毛尖染以肉黄色泽。尾上下两色，上面棕色，下面灰白色。四足背淡棕色。颧骨后形成骨桥。M^1 前横棱叶后有 4 个交替闭合的三角形齿环，形成内外各 3 个角突。M^2 前横棱叶后有 3 个闭合的三角形齿环，形成 3 外 2 内角突。M^3 前横棱叶后具内外各 1 闭合的三角形齿环，其后的三角形小叶中央部延长成指状凸跟部。M_1 后横棱叶前具 3 闭合三角形齿环，前 2 个相互融合并与前帽形小叶相通连，第 4、第 5 齿环相互融合。M_2 有 4 个交替闭合的三角形齿环。M_3 为 3 个横棱叶。栖于海拔 3000~4000 m 以上的草地，以植物为食。数量较少。国内分布于云南、青海、甘肃、四川和西藏等地。

6）鼠科 Muridae　　小型或中型鼠类。尾较长，尾毛稀疏，生有鳞片。臼齿具三纵形齿尖，磨平后形成横嵴。多数为地面生活，少数树栖。繁殖和适应力强。数量大，种类多，分布广。包括 5 亚科 150 属 730 种，为哺乳动物中最大的科。我国有 2 亚科 20 属 62 种。

（1）沙鼠亚科 Gerbillinae　　四肢较长适于在地面奔跑和跳跃。尾长而多毛，听泡大，听觉灵敏。颅骨宽，吻窄；鼻骨伸出门齿上前方；颧板向前突；腭骨两对孔，前面一对大，后面一对小，位于齿列之间。泪骨扩展，在眼眶前缘之上形成一横脊。下颌骨的冠状突很短；角突狭窄，偏向侧旁；中翼骨窝狭窄，呈"V"形；上门齿唇面有纵沟。栖息于沙漠和干草原。分布于亚洲中西部及非洲。全球有 16 属 103 种，我国 3 属 6 种。

中国沙鼠亚科分属检索表

1. 上颌门牙外侧具两条纵行齿沟·································大沙鼠属 Rhombomys（单型属）
   上颌门牙外侧仅具一条纵行齿沟··2
2. 耳甚短，其长约为后足（连爪）之 1/3；听泡前部略仅膨大，整个听泡略呈椭圆形
   ···短耳沙鼠属 Brachiones（单型属）
   耳正常，其长约为后足（连爪）之半；听泡前部甚膨大，整个听泡略呈三角形··········
   ··沙鼠属 Meriones（共 4 种）

红尾沙鼠 Meriones libycus（图 12-20）：中型沙鼠。体重 56~155 g，体长 100~180 mm，尾长 108~180 mm，后足长 31~38 mm，耳长 11~22 mm。尾长等于或超过体长。尾上被密毛，尾端长毛成"毛束"，尾毛棕红色。体色灰棕，腹部沙黄。眶上嵴发达。听泡大，为颅全长的 33%~35%。国内分布于新疆半荒漠地带。

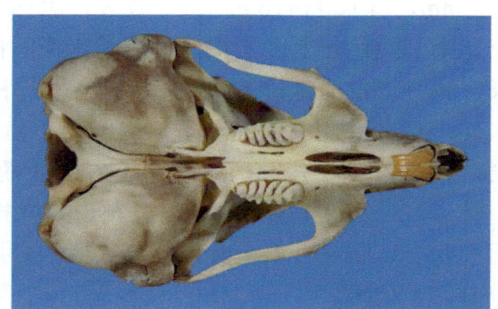

图 12-20　红尾沙鼠及其头骨

大沙鼠 Rhombomys opimus：大型沙鼠。体重 169~275 g，体长 150~185 mm，尾长 130~160 mm，后足长 36~47 mm，耳长 12~19 mm。耳短小。尾粗大，接近体长，其上被密毛，中段以后的毛较长。爪为暗黑色。头和体背呈淡黄色，腹面污白色。上门齿唇面有两个小的纵沟。生活于沙质荒漠。国内分布于内蒙古、甘肃和新疆等地。

短耳沙鼠 *Brachiones przewalskii*：小型沙鼠。体重 12~42 g，体长 67~103 mm，尾长 56~78 mm，后足长 22~24 mm，耳长 6~9 mm。尾长短于体长，被密毛，末端毛略长。耳短，不及后足（连爪）之半。体色淡灰棕，腹毛纯白色。为中国特有种，生活在新疆、甘肃、内蒙古的荒漠地区。

在世界范围内，本亚科有 6 种为珍稀种：

何氏小沙鼠 *Gerbillus hoogstraali*：分布于摩洛哥。

大短尾小沙鼠 *G. maghrebi*：分布于摩洛哥。

毛里塔尼亚小沙鼠 *G. mauritaniae*：分布于毛里塔尼亚。

凹地小沙鼠 *G. occiduus*：分布于摩洛哥。

短尾小沙鼠 *G. simoni*：分布于阿尔及利亚至埃及。

索马里沙鼠 *Microdillus peeli*：分布于索马里。

（2）鼠亚科 Murinae　　上臼齿具有纵行齿尖，每三个并列形成齿嵴（图 12-21），但亚科内齿脊的形态变化较多。泪骨不扩展，在眼眶前缘之上不形成一横脊；中翼骨窝宽，呈"U"形；下颌骨角突不偏向侧旁。食物主要是植物种子，有些兼食动物性，或为杂食性。适应性和繁殖力强，不少种与人类伴生。广泛分布于欧洲、亚洲、非洲和澳大利亚的森林、草原及耕作区域。全球有 126 属 561 种，我国有 17 属 56 种（蒋志刚等，2017）。

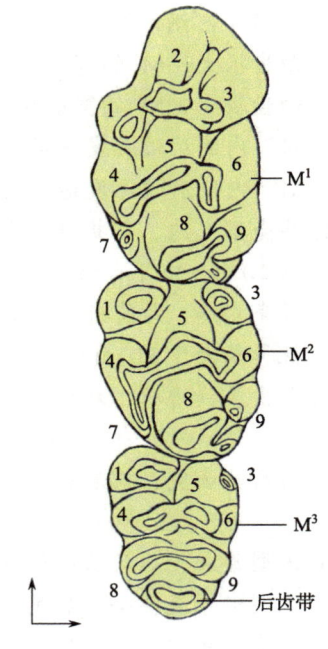

图 12-21　典型鼠科动物上臼齿列
（仿史密斯和解焱，2009）

中国鼠亚科分属检索表

1. 白齿不具齿尖，由板状横脊构成；上门齿向前斜伸出；颅基长约等于枕鼻长………… 2

   白齿冠具三纵列齿尖；上门齿直向下；颅基长小于枕鼻长………………………………… 3

2. 尾长常大于体长的 3/4；白齿冠幼体有齿尖痕迹；腭孔正常，其长度不小于 7 mm ………
   ………………………………………………………………………………… 板齿鼠属 *Bandicota*

   尾长不及体长的 3/4；白齿冠不出现齿尖痕迹；腭孔细小，不及 7 mm ……地鼠属 *Nesokia*

3. 前足第 1 指具扁甲，并能与其他指对握……………………………………………………… 4

   前足第 1 指具尖爪，不具扁甲，不能与其他指对握………………………………………… 8

4. 体型较大，体长大于 120 mm，头骨鼻枕长超过 30 mm……………………………………… 5

   体型较小，体长小于 120 mm，头骨鼻枕长小于 30 mm……………………………………… 6

5. 成体尾长小于 200 mm；体被毛柔软，无刺毛；尾端有稀疏长毛…………猕鼠属 *Hapalomys*

   成体尾长大于 200 mm；体被有刺毛；尾端无稀疏长毛……………费氏树鼠属 *Chiromyscus*

6. 前足第 5 指具扁甲；上门齿唇面具纵行浅齿沟……………………长尾攀鼠属 *Vandeleuria*

   前足第 5 指具爪；上门齿唇面无任何纵行齿沟……………………………………………… 7

7. 尾端具笔状长毛簇；后足第 1 趾具扁甲………………………………笔尾树鼠属 *Chiropodomys*

   尾端无笔状长毛簇；后足第 1 趾具小而扁平的爪………………………………攀鼠属 *Vernaya*

8. 上门牙内侧具明显缺刻……………………………………………………………小鼠属 *Mus*

上门牙内侧无缺刻 ··· 9
9. 白齿很大，M^1的宽大于 3 mm；上白齿列长大于 11 mm ···················· 大齿鼠属 *Dacnomys*
　　白齿较小，M^1的宽小于 3 mm；上白齿列长小于 11 mm ·· 10
10. M^{1-2}内侧后端具发达齿突 ··· 11
　　M^{1-2}内侧后端无发达齿突 ··· 13
11. 耳壳不发达，前折仅及眼耳间距之半；尾端上面裸出，能卷曲；体型小，成体体长
　　在 10 mm 以下；枕鼻长一般不及 20 mm ······································· 巢鼠属 *Micromys*
　　耳壳发达，向前折可达眼；尾端上面不裸出，不能卷曲；体略大，成体体长大于 10 mm；
　　枕鼻长大于 20 mm ··· 12
12. 白齿呈横嵴状，无齿突；前后肢的第 5 趾极短，仅达第 2、第 3 趾分离处；M^2与M^3等长
　　·· 壮鼠属 *Hadromys*
　　白齿具齿突；前后肢的第 5 趾略长，超过第 2、第 3 趾分离处；M^3短于M^2 ··············
　　·· 姬鼠属 *Apodemus*
13. 体型甚大，后足长超过 45 mm；头骨枕鼻长大于 50 mm ··· 14
　　体型中等或甚小，后足长不及 45 mm；头骨枕鼻长小于 50 mm ·· 15
14. 听泡长等于或小于枕鼻长的 10%，腭长小于枕鼻长的 50%；尾长远超过体长，为体长的
　　125%左右；背面毛色深棕褐色 ·· 小泡巨鼠属 *Leopoldamys*
　　听泡长约为枕鼻长的 11%~15%，腭长超过枕鼻长的 50%；尾长为体长的 105%~110%；背
　　面毛色深灰褐色，具少数白色毛尖 ·· 巨鼠属（青毛鼠属）*Berylmys*
15. 体型较大，体长在 180 mm 以上；后足长在 35 mm 以上 ························ 王鼠属 *Maxomys*
　　体中型，体长在 180 mm 以下；后足长在 35 mm 以下 ·· 15
16. 腹毛灰黑或毛基淡灰而毛尖白色；尾等于或稍短于体长 ················ 鼠属（大鼠属）*Rattus*
　　腹毛黄白或毛尖带黄色调；尾长大于体长 ·· 白腹鼠属 *Niviventer*

　　① 巢鼠属 *Micromys*　　小型，枕鼻长不及 20 mm。耳不发达。尾端上面裸出，能卷曲。M^1内侧具发达的齿尖。广泛生活于农田、草地及河谷的灌木丛中。共 2 种，我国均有分布。

图 12-22　巢鼠

巢鼠 *Micromys minutus*（图 12-22）：体重 5~7 g，体长 55~68 mm，尾长 54~79 mm，后足长 14~16 mm，耳长 6.0~12.5 mm。广泛分布于欧亚大陆。国内分布于东北、内蒙古、陕西、甘肃、河北、四川、贵州、新疆、江苏、安徽、浙江、湖北、湖南、江西、广东、广西、福建、台湾和重庆。

　　② 姬鼠属 *Apodemus*　　姬鼠属较巢鼠大，枕鼻长一般超过 22 mm。耳发达，前折可达眼部。分布于欧亚大陆。本属有 20 种，我国有 9 种（蒋志刚等，2017）。

中国姬鼠属常见种检索表

1. M^3 内侧具 3 齿突，形成 3 叶；耳较大，大于 17 mm ·· 3
   M^3 内侧具 2 齿突，形成 2 叶；耳小于 17 mm ··· 2
2. 背具黑纹 ··· 黑线姬鼠 *A. agrarius*
   背不具黑纹 ··· 高山姬鼠 *A. chevrieri*
3. 耳与头和肩部的颜色同为土黄褐色 ··· 大林姬鼠 *A. peninsulae*
   耳黑褐色，较头部和肩部的颜色深 ·· 4
4. 耳较大，常在 19 mm 以上 ··· 大耳姬鼠 *A. latronum*
   耳较小，耳长仅 17 mm 左右 ··· 5
5. 无眶上嵴 ··· 6
   有明显的眶上嵴 ··· 7
6. 体型较大，颅全长大于 27 mm；尾长小于体长；背部毛色较暗，鼠灰色 ···
   ··· 乌拉尔姬鼠 *A. uralensis*
   体型较小，颅全长小于 27 mm；尾长大于体长；背部浅棕黄到灰褐色 ···
   ··· 喜马拉雅姬鼠 *A. pallipes*
7. 尾较长，通常大于或等于体长；足背踝部毛色较暗 ··· 中华姬鼠 *A. draco*
   尾较短，通常小于或等于体长；足背踝部毛白色 ··· 台湾姬鼠 *A. semotus*

　　黑线姬鼠 *Apodemus agrarius*（图 12-23）：体重 29~38 g，体长 80~113 mm，尾长 72~115 mm，后足长 19~22 mm，耳长 12~15 mm。模式产地在俄罗斯的贝加尔湖畔。尾长较体长略短，体背通常有一显著黑色纵纹。体腹面灰白色，毛基灰色，毛尖白色；尾背面黑褐色，腹面白色；前后足均白色；耳几乎裸露，具稀疏黑色和浅黄色细毛。雌体乳头 4 对（胸部 2 对，腹部 2 对）。有显著的眶上嵴。鼻骨长约为颅长的 36%，其前端超出前颌骨和上门齿，后端中间略尖或稍为向后突出，通常略为前颌骨后端所超出或约在同一水平线上。门齿孔约达 M^1 前缘基部。M^3 内侧仅 2 个齿突（舌叶）；M^2 缺 1 个前外齿突；M^1 外侧仅有 3 个外齿突，M^1 的第 1 外齿突明显地在第 1 内齿突前面（图 12-24A）。

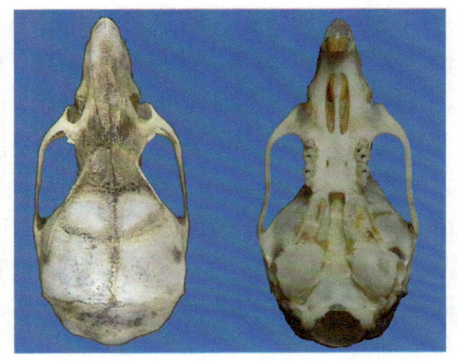

图 12-23　黑线姬鼠及其头骨

高山姬鼠（齐氏姬鼠）*A. chevrieri*：体重 22.5~58.3 g，体长 88~110 mm，尾长 83~105 mm，后足长 22~25 mm，耳长 14~16 mm。模式产地为四川宝兴。尾较光滑细长，但短于体长。体呈深暗黄褐色，黑毛较多，分布均匀，毛基深灰；体腹面污灰白色，毛尖白微带土黄色，毛基灰色；体侧毛色界线不甚明显；耳小，毛色似周围部分；尾背面暗褐色，腹面白色，但腹背界线不清；前、后足背面均呈灰色。雌体乳头 4 对（胸部 2 对，腹部 2 对）。鼻骨较黑线姬鼠的长，而且与颅骨的百分比也较大，约为颅长的 40%（黑线姬鼠仅为 36%左右）。鼻骨前端超出前颌骨前端和上门齿，但其后端平直，中间稍凹入，约与前颌骨后端相齐。门齿孔达 M^1 前缘基部。M^3 内侧具 2 个舌叶。M^2 缺前外齿突，后外齿突退化，仅呈现为 1 个小齿突，内侧有 3 个明显齿突，最前面 1 个内齿突退化。M^1 外侧有 4 个齿突。为中国特有种。分布于四川、陕西、甘肃、湖北、贵州、云南和重庆。

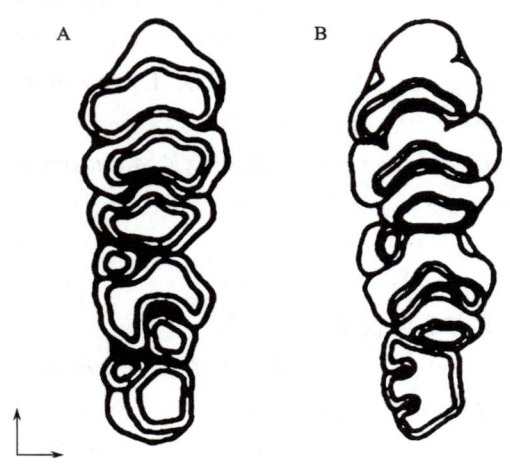

图 12-24　黑线姬鼠（A）与中华姬鼠（B）上臼齿的比较

中华姬鼠（龙姬鼠）*A. draco*：中等体型。体重 17~28 g，体长 87~106 mm，尾长 80~102 mm，后足长 20~23 mm，耳长 15~17 mm。模式产地在福建桂墩。尾长与体长相等或略长于体长。耳较大，向前折一般能达到眼部。颅骨吻部狭长；鼻骨较长，后端通常略被上颌骨后端所超出，眶上嵴相当发达；门齿孔后端几乎达到第一上臼齿前缘水平线；腭骨后缘向后略超出 M^3 后端水平线，并在中间形成一尖突。M^3 具有 3 个内叶（图 12-24B）。雌体乳头 4 对（胸部 2 对，腹部 2 对）。国内分布于四川、重庆、北京、天津、陕西、山西、河北、河南、宁夏、甘肃、云南、西藏、贵州、安徽、浙江、江西、湖北、湖南、广东、广西、福建、上海、台湾等地。国外分布于印度和缅甸。

大林姬鼠（朝鲜姬鼠）*A. peninsulae*：体重 15~33.5 g，体长 80~118 mm，尾长 75~103 mm，后足长 21~23 mm，耳长 14~17 mm。模式产地在韩国首尔东南。体型大小似黑线姬鼠。尾略较体短或略长于体，尾毛稀疏，尾鳞裸露，尾环清晰。耳朵较大，前折可达眼部。耳棕黑色，与颈背部毛色不一致；四肢较黑线姬鼠粗壮，前后足掌垫均有 6 个，前掌中央两个较大，后足较长。M^2 缺少外齿突。雌体乳头 4 对（胸部 2 对，腹部 2 对）。国内分布于东北的黑龙江、吉林、辽宁、内蒙古的大兴安岭、河北、山西、陕西、四川（理塘、若尔盖）、青海及西藏（林芝和米林）等地。国外见于朝鲜、韩国、俄罗斯、日本和哈萨克斯坦。

大耳姬鼠 *A. latronum*：体重 22~44 g，体长 92~107 mm，尾长 100~120 mm，后足长 25~27 mm，耳长 18~21 mm。模式产地在四川康定附近。耳较大，常在 19 mm 以上。耳背具黑色长毛；尾长于体长；背毛灰褐。雌体仅有 3 对乳头（胸部 1 对，腹部 2 对）。主要生活于山地森林、灌丛。国内分布于云南西北部、青海南部、四川西部、西藏东部等地。国外见于印度和缅甸。

③ 鼠属 *Rattus*　　鼠属体中型，体长 130 mm 左右。体色以黑褐或灰褐色为主。头骨吻部较长，腭长为颅全长之半。分布广泛。本属共有 66 种，我国有 8 种。

中国鼠属常见种的检索表

1. 尾长显著短于体长；头骨颞嵴几乎平行 ·· 褐家鼠 R. norvegicus
   尾长接近或超过体长；头骨颞嵴弯曲呈弧形 ·· 2
2. 腹毛毛尖灰黄或棕黄色；前足背有一大块褐色毛斑 ································ 黄胸鼠 R. tanezumi
   腹毛毛尖污白色或暗灰色；四足背单一灰白色 ·· 3
3. 鼻骨相对较长，占枕鼻长的 40%；后足长平均 35 mm ······························ 大足鼠 R. nitidus
   鼻骨相对较短，占枕鼻长的 37% 以下；后足长短于 35 mm ·· 4
4. 体较小，颅全长平均 36 mm；听泡较大，占枕鼻长 19% 左右；门齿孔较长，其后缘超过左右 M^1 连线 ··· 黄毛鼠 R. losea
   体较大，颅全长平均 36 mm 以上；听泡较小，占枕鼻长 16%；门齿孔略短，其后缘不超过左右 M^1 连线 ·· 5
5. 头骨腭孔较长，鼻骨较长而宽，其后端达前颌骨与额骨接缝之水平线；尾背面毛色明显比腹面暗 ··· 拟家鼠 R. pyctoris
   头骨腭孔较短，鼻骨较短而窄，其后端显著不达前颌骨与额骨接缝之水平线；尾单色，呈黑褐色 ··· 东亚屋顶鼠 R. brunneusculus

褐家鼠 *Rattus norvegicus*（图 12-25）：体型大。体重 230~500 g，体长 205~260 mm，尾长 190~250 mm，后足长 38~50 mm，耳长 19~26 mm。模式产地为英国和爱尔兰。尾长比体长短 20%~30%。耳短而厚，向前翻不达眼部。后足粗大，趾间有一些锥形的蹼。体背灰褐色，老年个体通常呈赤褐色；体腹面灰白色，毛基部灰色；足白色；尾背面带黑色，腹面浅淡，有时腹背两色差异不甚明显，几乎全为暗褐色。偶尔有全身白化或黑化现象。医学实验常用到的大白鼠即是由褐家鼠白化个体培育而来。脑颅较狭窄，颧弓较粗壮，眶上嵴发达。左右颞嵴向后平行延伸而不向外扩展。门齿孔较短，后缘接近白齿前缘连接线。听泡较小。雌体有 6 对乳头（胸部 2 对，腹部 1 对，鼠鼷部 3 对）。广泛分布于欧亚大陆。

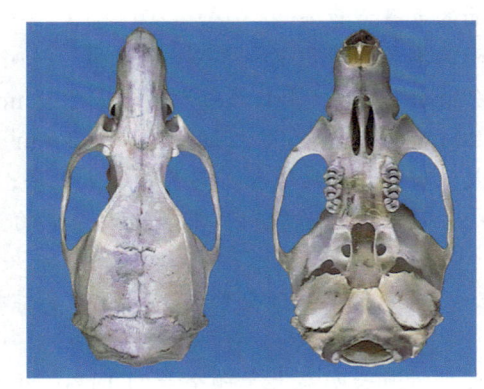

图 12-25　褐家鼠及其头骨

黄胸鼠 *R. tanezumi*：体型中等。体重 81~141 g，体长 105~215 mm，尾长 120~230 mm，后足长 26~35 mm，耳长 17~23 mm。模式产地为四川宝兴。尾细长，超过体长，被有环状鳞片。耳壳薄，几近裸露，向前折可盖住眼睛。前足背具灰褐色纹；后足细长，足背为白色。

眶上嵴很发达，向眶后延伸呈弧形。门齿孔后端明显越过第 1 上臼齿基部前缘水平线。口盖后缘中间无突起。雌体有 5 对乳头。国内广泛分布于华南、华北、华中、西南等区域。

大足鼠 *R. nitidus*：体型中等。体重 114~136 g，体长 148~180 mm，尾长 135~206 mm，后足长 32~37 mm，耳长 21~28 mm。尾短于体长，上下色一致。后足细长，一般在 35 mm 以上，四足覆以白色闪光的硬刚毛。国内分布于四川、贵州、云南、西藏、安徽、江苏、上海、浙江、湖南、江西、广东、海南、福建、甘肃、陕西和重庆。

黄毛鼠 *R. losea*：体型较小。体重 22~90 g，体长 120~185 mm，尾长 128~175 mm，后足长 24~32 mm，耳长 18~21 mm。模式产地为四川宝兴。尾等于或稍长于体长，上下色泽略有差别，腹面略浅。耳小而薄，向前折不达眼部。体背毛黄褐色或棕褐色，腹部白色，腹毛尖端白色，基部灰色，背腹部没有明显的界线。尾上下色近似，上部呈深褐色，下部略浅。四足背被白色毛，后足短小，一般在 28 mm 左右。雌体有 6 对乳头（胸部和鼠鼷部各 3 对）。眶上嵴甚为显著，但到顶骨两侧不甚发达。腭骨后缘中间有尖突。门齿孔较长，后端超过第 1 上臼齿前缘基部水平。国内分布于贵州、安徽、福建、海南、浙江、江西、湖北、湖南、广东、广西、云南、台湾和香港地区。

拟家鼠 *R. pyctoris*：体型较小。体长 140~165 mm，尾长 135~178 mm，后足长 32~34 mm，耳长 20~25 mm。背毛为暗淡的浅灰棕色，体侧转淡，腹毛米黄色；尾几乎等于或略长于体长，上面深棕色，下面淡棕色。后足背面暗白色。雌体有乳头 6 对。国内分布于四川、云南和西藏。

④ 白腹鼠属 *Niviventer* 中型。背毛鲜艳，毛柔软或具刺毛。腹毛纯白，毛尖灰白或稍染麦秆色调。尾细长，其长为体长的 130%~150%。腭骨相对较短，约为颅全长之半。腭孔相对细长，为颅全长 16% 左右。腭桥后缘略超过颊齿列。听泡小，不超过颅全长 15%。栖息于热带、亚热带林区。主要分布于东南亚、亚洲南部及岛屿。过去将其列入鼠属，现把它另列为白腹鼠属。本属共有 17 种，我国有 13 种（蒋志刚等，2017）。

中国白腹鼠属常见种的检索表

1. 身体腹面的毛基灰色 ·· 灰腹鼠 *N. eha*
   身体腹面的毛基白色 ··· 2
2. 腭长在 20 mm 以上；第 1 上臼齿宽不小于 2 mm ·· 3
   腭长在 20 mm 以下；第 1 上臼齿宽小于 2 mm ··· 4
3. 体型较大，顶间骨前后较长，其长接近宽之半；眶上嵴较发达 ··· 安氏白腹鼠 *N. andersoni*
   体型较小，顶间骨前后较短，其长略大于宽的 1/3；眶上嵴不发达 ···························
   ··· 川西白腹鼠 *N. excelsior*
4. 听泡较小，听泡长不及颅全长的 13%；背毛棕褐，多刺毛；尾端部毛色不白 ···············
   ··· 针毛鼠 *N. fulvescens*
   听泡较大，听泡长明显大于颅全长的 13%；背毛灰褐，不具或具少量刺毛（夏季）；尾端部有较长的白色毛区 ··· 北社鼠 *N. confucianus*

安氏白腹鼠 *Niviventer andersoni*：体长 150~198 mm，尾长 194~269 mm，后足长 31~40 mm，耳长 22~28 mm。腹毛纯白，背毛长而柔软，暗棕灰色，背中线混杂有黑毛，沿颊、颈侧和身体呈亮赭棕色。尾长约为全长的 56%，尾端部 1/10~1/3 为白色。颅骨呈长椭圆形，吻相当长，约为颅全长的32%；鼻骨长，后端狭尖，略超出前颌骨后端；眶上嵴发达，延伸至顶骨；门齿孔很短，其后端远离M^1基部前缘水平线；腭骨后缘约与M^3后缘在同一水平线上。听泡小，长约为颅全长的13%。为中国特有种，分布于四川、云南、西藏、重庆、贵州、陕西和甘肃。

川西白腹鼠 *N. excelsior*：体长127~175 mm，尾长190~213 mm，后足长31~33 mm，耳长22~27 mm。尾长超过体长之半，尾端约1/3为白色。为中国特有种，分布于四川、云南和西藏。

北社鼠 *N. confucianus*（图12-26）：体长116~195 mm，尾长154~255 mm，后足长28~32 mm，耳长21~25 mm。背毛棕褐色，夏毛杂有很多白色的硬毛。腹面硫黄色。尾长超过体长。尾背面为棕褐色，腹面及尾端（1/4以下）为白色。模式产地在四川宝兴。国内广泛分布于西南、华南、华中及华北地区。

针毛鼠 *N. fulvescens*（图12-27）：体长131~172 mm，尾长160~221 mm，后足长27~32 mm，耳长17~20 mm。尾长超过体长，背面黑褐色，腹面纯白色。背毛为鲜艳的铁锈色，并杂有刺状针毛；针毛基部白色，毛尖黑色，背中央多。腹及前后足背为白色。国内分布于四川、云南、西藏、贵州、重庆、湖北、湖南、广东、广西、海南和江西。

图12-26 北社鼠（王酉之和胡锦矗，1999）

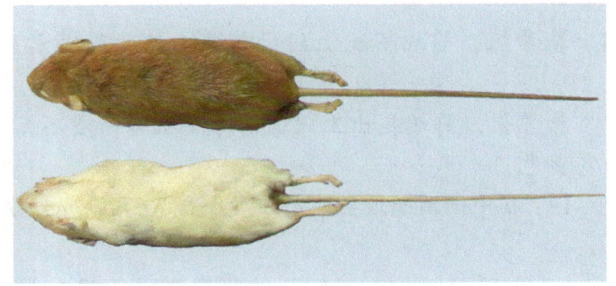
图12-27 针毛鼠

⑤ 巨鼠属 *Berylmys* 巨鼠属动物大型，体长200 mm以上，枕鼻长大于50 mm。齿隙长，占枕鼻长的31%。听泡长为枕鼻长的11%~15%。腭长超过枕鼻长50%。尾长为体长的105%~110%。背毛深灰褐色，具少许白毛。分布于东南亚。本属共有4种，我国有3种。

青毛巨鼠 *Berylmys bowersi*：体重可达420 g，体长236~285 mm，尾长249~292 mm，后足长48~61 mm，耳长32~36 mm。耳黑棕色；体背毛基灰色，毛尖青灰色；腹毛纯白色，背腹分界明显；足背中央灰黑色，两侧及趾白色；尾黑褐色，有时尾端全为白色，稍长于体长。国内分布于四川、云南、贵州、湖南、湖北、广东、广西、西藏、浙江、福建、安徽和江西。

⑥ 小泡巨鼠属 *Leopoldamys* 小泡巨鼠属动物大型，体长180~275 mm，体重200~495 g。后足长超过45 mm，尾长超过体长为其125%左右。听泡小或等于枕鼻长的10%。腭长小于枕鼻长之50%。背毛棕褐色，夏季有少量白色、毛尖为黑色的刺毛。分布于中国、印度和泰国。本属有6种，我国有2种。

小泡巨鼠（白腹巨鼠、长尾巨鼠）*Leopoldamys edwardsi*：大型鼠类。体重230~480 g，体长210~290 mm，尾长264~315 mm，后足长42~58 mm，耳长28~32 mm。尾粗而长，其长度超过体长。耳大而薄，向前折能遮住眼部。体背面毛暗褐色，腹面纯白色。前后足背面中间暗褐色，足侧及趾端白色。尾背面黑褐色，腹面白色，尾端有时全为白色。乳头胸部2对，腹部2对。模式产地在福建西部山区。国内分布于云南、西藏、甘肃、贵州、广东、广西、海南、福建、浙江、重庆、湖北、湖南、四川、安徽、江西和陕西。

⑦ 小鼠属 Mus　　小鼠属动物小型，颅全长不及28 mm，后足长小于23 mm。M^1、M^2内侧后无发达的齿尖。M^1齿冠长大于M^2与M^3之和。上门牙后端具明显的缺刻（图12-19）。雌体具5对乳头。分布于东南亚。本属共有38种，我国有6种。

中国小鼠属种的检索表

1. 眶间距小于4 mm；体背无硬刺毛···2
   眶间距大于4 mm；体背具硬刺毛··锡金小鼠 M. pahari
2. 上门齿明显向后弯···3
   上门齿不明显向后弯···4
3. 无眶上嵴；门齿孔较长，后缘达到M^1的中部；吻部短厚；背暗灰褐，毛较粗············
   ··小家鼠 M. musculus
   有眶上嵴；门齿孔较短，后缘位于M^1的前缘水平线上；吻部狭长；背淡棕灰，毛较细
   ··丛林小鼠 M. cookii
4. 鼻骨短，前端不及上门齿前缘（从背面可看见门齿）；尾长接近体长；上门齿深橘黄色
   ···卡氏小鼠 M. caroli
   鼻骨长，前端超出上门齿前缘（从背面看不见门齿）；尾长小于体长；上门齿淡橘黄色或黄色··仔鹿小鼠 M. cervicolor

注：在中国藏南地区还有印度小鼠 M. booduga 分布（蒋志刚等，2017），检索表中暂未列入。

小家鼠 Mus musculus：小型鼠类。体重7~20 g，体长50~100 mm，尾长36~87 mm，后足长12~19 mm，耳长10~16 mm。尾背面为棕褐色，尾腹面为白色。四足背为暗褐或灰白色。体色由灰褐至黑褐色。腹毛白色带灰黄，毛基灰色或白色。吻短。门齿孔长，其后缘可达M^1的中部；上颌门齿弯向后方，后缘具缺刻（图12-28）。小家鼠的白化型被选育为实验小鼠，俗称小白鼠，为重要的医学实验动物模型。

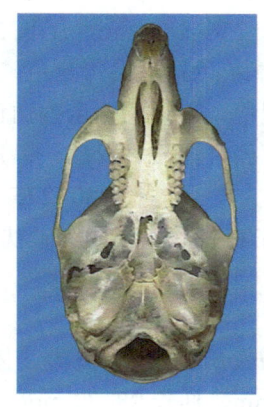
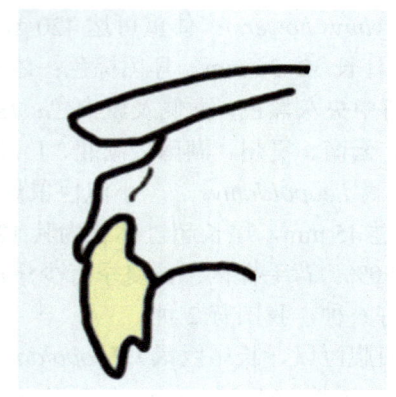

图12-28　小家鼠的头骨及门齿（示缺刻）

⑧ 板齿鼠属 *Bandicota*　　板齿鼠属动物成年臼齿不具齿突，横突呈板状（幼年有齿突痕迹）。腭骨长大于齿列长。眶间宽较窄，有眶上嵴，与颞嵴相接，两颞嵴平行向后延伸至鳞骨。腭孔长不小于 7 mm。尾长大于体长。分布于东南亚。有 3 种，我国有 2 种。

板齿鼠 *Bandicota indica*（图 12-29）：大型鼠类。体重 500~1000 g，体长 188~328 mm，尾长 190~280 mm，后足长 46~60 mm，耳长 25~33 mm。体背面黑褐色或黄褐色；体腹面较体背淡，呈褐色带白色或灰青色，毛基灰褐色，毛尖棕黄色。尾呈黑褐色，足暗褐色。眶上嵴很发达。颞嵴间距离较窄。颧弓后部明显比前部宽。顶间骨甚小。门齿孔狭长，长大于齿虚位长的 1/2，约有 3/4 位于上颌骨范围内，其后端超过 M^1 基部前缘水平线。腭骨后缘弧形，约在第 3 上白齿后缘水平。上门齿宽而坚硬，具有细小纵行皱纹；臼齿形态与鼠属有所区别。上臼齿瘤状齿突不明显，形成横叶状。M^1 具 3 横叶，第 2 和第 3 上臼齿各具 2 横叶。雌体有 6 对乳头（1 对胸位、2 对腋下、1 对腹位、2 对鼠蹊部）。模式产地在印度。国内分布于四川、贵州、云南、广西、广东、福建、台湾及香港地区。

图 12-29　板齿鼠

⑨ 滇攀鼠属 *Vernaya*　　小型。前足第 1 趾具扁甲，后足仍为尖爪。尾长不具丛毛。林栖。单型属，仅 1 种。

滇攀鼠 *Vernaya fulva*：国内分布于四川、云南、甘肃和陕西，国外仅分布于缅甸。

⑩ 猕鼠属 *Hapalomys*　　有 2 种，我国均有。

小猕鼠 *Hapalomys delacouri*：国内分布于广西、云南和海南。

长尾猕鼠 *H. longicaudatus*：国内仅分布于云南。

⑪ 长尾攀鼠属 *Vandeleuria*　　有 3 种，我国仅 1 种。

长尾攀鼠 *Vandeleuria oleracea*：国内仅分布于云南和西藏。

⑫ 笔尾树鼠属 *Chiropodomys*　　有 3 种，我国仅 1 种。

笔尾树鼠 *Chiropodomys gliroides*：国内分布于云南、广西和海南。

⑬ 费氏树鼠属 *Chiromyscus*　　尾无丛毛，不同于笔尾树鼠。仅 1 种，我国有分布。

费氏树鼠 *Chiromyscus chiropus*：国内仅分布于云南。

⑭ 王鼠属 *Maxomys*　　有 18 种，我国 1 种。

红毛王鼠 *Maxomys surifer*：国内仅分布于云南。

⑮ 壮鼠属 *Hadromys*　　有 3 种，我国仅 1 种。

云南壮鼠 *Hadromys yunanensis*：为中国特有种，仅分布于云南。

⑯ 大齿鼠属 *Dacnomys*　　有1种，我国有分布。
大齿鼠 *Dacnomys millardi*：国内仅分布于云南。
⑰ 地鼠属 *Nesokia*　　有2种，我国1种。
印度地鼠 *Nesokia indica*：国内仅分布于新疆。

12.1.5　豪猪形亚目 Hystrimorpha

颧骨较大，构成颧弓中部。中层咀嚼肌起至眶下孔，其他咀嚼肌起自颧弓。颞肌缩小。齿式：1.0.1.3/1.0.1.3＝20。有两下目，17科70属296种，我国1科2属3种。

12.1.5.1　梳趾鼠下目 Ctenodactylomorphi

1）梳趾鼠科 Ctenodactylidae　　小型，体长160~200 mm。尾短，仅10~40 mm，多毛。体型粗短，被毛柔软，耳小而圆，眼大。四肢短，前后足均4指（趾）；后足内侧趾具硬的白色栉毛，爪上部有一排角质梳状刺（有时其他趾爪也有）。齿式1.0.1~2.3/1.0.1~2.3＝20~24，续生齿。分布于北非干旱或半干旱地区。有4属5种。

梳趾鼠 *Ctenodactylus gundi*（图12-30）：分布于摩洛哥至利比亚西北部。

2）老挝岩鼠科 Diatomyidae（new）　　仅1属1种。

老挝岩鼠 *Laonastes aenigmamus*（图12-31）：这种动物被认为是早已灭绝的、距今约有110万年的原始啮齿类动物，而在2005年4月，美国佛罗里达州立大学和泰国的生物学家们却在老挝发现了它们的踪迹。下颌关节突与颅骨的关节窝联结比较松弛，既可前后移动，又能左右错动，既能压碎食物，又能碾磨植物纤维。听泡较发达，盲肠较粗大。喜在多岩石地方活动，故名岩鼠。体型类似于地松鼠，而习性颇似岩蹄兔，群居性，由一个成员负责放哨。主要以果实和种子为食。

图12-30　梳趾鼠

图12-31　老挝岩鼠

12.1.5.2　豪猪下目 Hystricognathi

1）豪猪科 Hystricidae　　体型粗壮。体表具长的棘刺，尾也有刺或硬毛；前后足都有5趾，无长爪。鼻腔大，额骨大于顶骨，枕嵴明显；下颌骨角突不向外斜或在枕髁后面；听泡小。臼齿齿冠平，珐琅质横褶围绕着齿质岛。陆生、穴居。夜行性，植食性。分布于非洲大部分地区、古北界南部和东洋界。全球有 3 属 11 种，我国 2 属 3 种。

帚尾豪猪（扫尾豪猪）*Atherurus macrourus*（图 12-32）：俗名响尾豪猪、刺猪、响铃猪。小型豪猪。体重 2~4 kg，体长 345~525 mm，尾长 139~228 mm，后足长 64~75 mm，耳长 30~36 mm。四肢粗壮，耳短阔；有鳞状长尾，尾末端覆有超过 20 cm 的白色棘簇（毛刷），棘的后部有很多"串珠"状的球节；背面的棘刺扁，上面有沟；腹面的棘刺柔软纤细。有两个侧位乳头。鼻骨短窄，短于颅全长的 30%；眶前孔比颞窝小；上臼齿圆形，齿冠具三个外侧深凹褶，磨损后呈岛状。臼齿完全有齿根。齿式：1.0.1.3/1.0.1.3 = 20。国内分布于云南、四川、重庆、贵州、海南、广西等地。

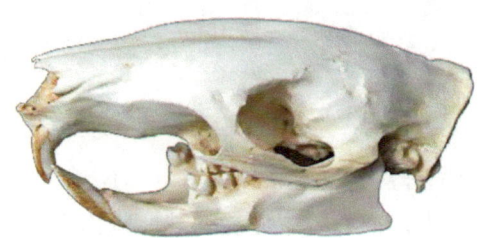

图 12-32　帚尾豪猪（王酉之和胡锦矗，1999）及其头骨

中国豪猪 *Hystrix hodgsoni*（图 12-33）：俗名刺猪、箭猪、蒿猪、山猪。体型比帚尾豪猪大。体重 10~18 kg，体长 558~735 mm，尾长 80~115 mm，后足长 75~93 mm，耳长 25~38 mm。头部黑棕色。耳裸出，其上缘具少量白色短毛。背部前部的棘刺形扁，身体后 1/4 和尾上的刺都是圆形棘刺。有 3 对侧位乳头。头骨粗壮，前部较高，枕部较低。鼻骨宽长，长于颅全长之半，向后延伸到泪骨。鼻骨后部比前颌骨的后缘长 15 mm；眶前孔和眼窝几乎等大。颊齿高冠型。头骨有膨胀充气的腔。听泡小而圆。国内分布于长江流域以南各地。

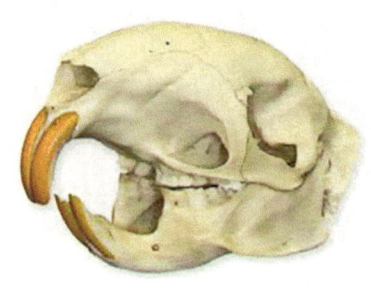

图 12-33　中国豪猪及其头骨

马来豪猪 *H. brachyura*：体重 0.7~2.4 kg，体长 630~725 mm，尾长 60~110 mm。成体鼻骨较短，不及颅全长之半，向后延伸仅达颧弓前突的基部。国内仅分布于云南。国外主要分布于东南亚。

2）蔗鼠科 Thryonomyidae　　中型，体重 4~7 kg，毛皮粗糙呈灰色。吻鼻钝，耳和尾短。

前肢短，有强爪。眶前孔大，上门牙唇面有3条纵行凹槽，颊齿上下每侧为4枚。植食性，危害庄稼和糖蔗。产于非洲撒哈拉沙漠以南。有1属2种，如大蔗鼠 *Thryonomys swinderianus*（图12-34）。

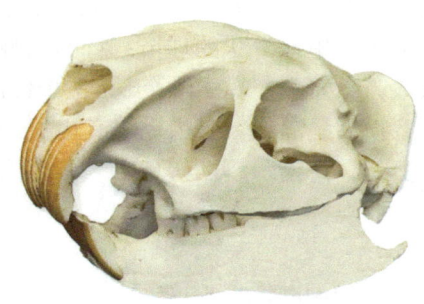

图 12-34　大蔗鼠及其头骨

3）岩鼠科 Petromuridae　小型，形似松鼠，头骨扁平，肋骨柔韧，能进入岩石狭缝。乳房侧生，在石缝中亦能哺乳。颊齿上下每侧各4枚，高冠齿。仅1属1种。

岩鼠 *Petromus typicus*（图12-35）：分布于纳米比亚，安哥拉南部及南非西北部。

4）滨鼠科 Bathyergidae　中小型，形似鼹鼠，体长80~130 mm。眼小，视觉不发达，几乎无耳壳。四肢强，爪长或适中，弯曲，足主要是挖土工具。头骨强，门牙铲状。齿式：1.0.0.2~3/1.0.0.2~3 = 12~28，高冠齿，但具封闭型齿根。植食性。分布于非洲。有5属17种。

南非滨鼠 *Bathyergus suillus*：分布于南非。

5）裸鼹鼠科 Heterocephalidae(new)　仅1属1种。原为滨鼠科下的一个亚科，现独立成科（Wilson et al., 2017）。

裸鼹鼠 *Heterocephalus glaber*（图12-36）：分布于埃塞俄比亚、索马利亚、肯尼亚。

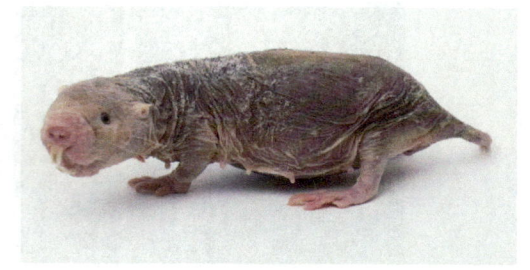

图 12-35　岩鼠　　　　　　　　　　图 12-36　裸鼹鼠

6）美洲豪猪科 Erethizontidae　大型，重可达16 kg，体背毛和刺混生，刺尖有小的倒钩（图12-37），并能自动伸入皮内。广布于美洲，有3属17种，其中3种为珍稀种。

北美豪猪 *Erethizon dorsatum*：分布于阿拉斯加至墨西哥北部。

亚马逊豪猪 *Echinoprocta rufescens*：分布于哥伦比亚。

细刺豪猪 *Chaetomys subspinosus*：分布于巴西东北部。

7）兔豚鼠科 Cuniculidae　体重6.3~12 kg，体长60~795 mm，尾长20~30 mm。头骨

第12章 啮齿类

独特，颧弓部分扩大，有一大的气窦。齿式：1.0.1.3/1.0.1.3 = 20。夜行性、陆生、穴居，食多种植物和水果，对庄稼、植被等有一定的危害。全球有1属2种。

兔豚鼠 *Cuniculus paca*（图 12-38）：分布于南美洲南部的巴塔哥尼亚草原。

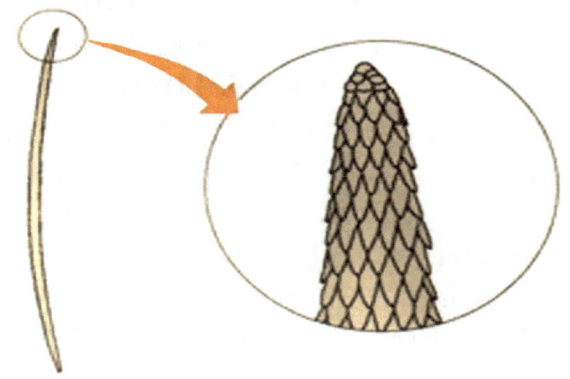

图 12-37　美洲豪猪的刺（改编自 Feldhamer *et al.*, 2003）

图 12-38　兔豚鼠及其头骨

8）豚鼠科 Caviidae　　形似猪，头和耳大，尾短或无。前足4指，后足3趾，指（趾）端具蹄形爪。全球有2亚科5属17种。

豚鼠 *Cavia porcellus*（图 12-39）：俗名荷兰猪。原产于南美洲，在我国为引入种，被广泛当成宠物和实验动物饲养。

长耳豚鼠 *Dolichotis patagonum*（图 12-40）：珍稀种，分布于阿根廷。

图 12-39　豚鼠　　　　　　　　　　图 12-40　长耳豚鼠

图 12-41　水豚

水豚（巴拿马水豚）（图 12-41）：为最大的啮齿类动物。体重 50 kg，体长 1~1.3 m。被毛粗糙；头大，耳短，两眼突出；四肢短而结实；趾间部分有蹼；尾退化，只留下一点痕迹，所以有人叫它"没尾巴的大老鼠"。水栖。分布于南美，较为珍稀。

9) 刺豚鼠科 Dasyproctidae　中型，体重 1~10 kg。猪形体，兔形头，尾很退化。四肢相对短。刺豚鼠的毛很硬，每根毛上都有一种带纹。分布于南美，有 2 属 15 种，其中有 4 种为珍稀种。

魁巴刺豚鼠 *Dasyprocta coibae*：分布于巴拿马科伊瓦利岛。

顶冠刺豚鼠 *D. Prymnolopha*：分布于巴西。

10) 毛丝鼠科（绒毛鼠科）Chinchillidae　中型，体重 0.5~7 kg。体被细密的绒毛，尾长而多毛。分布于南美洲。全球有 3 属 6 种。

平原丝毛鼠 *Lagostomus maximus*：分布于阿根廷。

11) 长尾豚科 Dinomyidae　大型，体长约 750 mm，重达 10~15 kg。尾相对较长，约 200 mm。体色暗棕，具白色纵行条纹和斑点。四肢长具强的爪，适于掘土。仅 1 属 1 种，为珍稀种。

长尾豚 *Dinomys branickii*：分布于委内瑞拉至玻利维亚。

12) 骆鼠科 Abrocomidae　体和毛色似毛丝鼠，体长 150~250 mm，尾长 60~180 mm。体毛长而密，但不成绒丝状。眼、耳较大。四肢短，具短而弱小的扁爪。前足缺拇指。植食性。分布于南美，仅 2 属 10 种。

灰骆鼠 *Abrocoma cinerea*：分布于秘鲁南部至智利北部，阿根廷西北部。

13) 栉鼠科 Ctenomyidae　外形与囊鼠相似，善于掘土。头大而宽，颈短而有力。眼和耳都小，无颊囊。前肢强健，趾端有长爪。后足较大并有强爪。足趾有栉毛，有助于排除土粒。尾短而肥。门牙强大，露出唇外。颊齿的珐琅质内陷成褶，不呈"8"字形。分布于南美秘鲁至巴塔哥尼亚。全球有 1 属 69 种。

塔科栉鼠 *Ctenomys knighti*：分布于阿根廷西部。

14) 八齿鼠科 Octodontidae　小型，体重不足 1 kg。尾较长。趾端有弯曲而尖的爪。颊齿 4 枚。咬合面齿环呈横"8"字形（图 12-33），故有八齿鼠之称。产于南美。全球有 8 属 14 种。

八齿鼠 *Octodon degus*（图 12-42）：分布于秘鲁西部、智利。

15) 棘鼠科 Echimyidae　形似家鼠，体长 80~480 mm。多数体毛中杂有扁而尖且具钩的刺毛。有些种尾长大于体长，尾易断落，断处常在第 5 尾椎纤弱处。拇指缩小。第 1、第 2 趾与其他趾相对，能抓握树枝。植食性。分布于美洲热带区。全球有 21 属 90 种。

长尾地棘鼠 *Proechimys longicaudatus*：分布于巴西西南部。

巴西树棘鼠 *Echimys braziliensis*：分布于巴西东部。

第 12 章 啮齿类

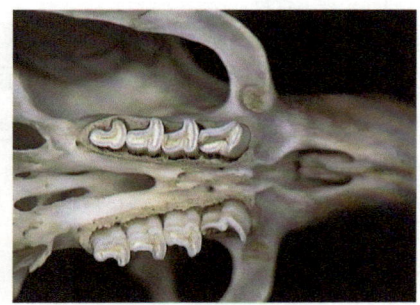

图 12-42 八齿鼠及其牙齿

16）河狸鼠科 Myocastoridae 较硬毛鼠大，体重一般 7~9 kg，偶尔超过 17 kg。体型很像河狸，但尾为圆尾。能潜水，穴居岸边，以植物为食。全球仅 1 属 1 种，原产智利、阿根廷至玻利维亚。现已引种至欧洲、亚洲。

河狸鼠 *Myocastor coypus*（海狸鼠）（图 12-43）：1958 年引进我国饲养。

17）硬毛鼠科 Capromyidae 中型。体重 4~9 kg，体长 300~600 mm。除第 5 趾外，其余 4 趾间都有蹼。上下颊齿各 4 枚，齿冠磨损后形成岛状。分布于南美森林。全球有 5 属 13 种，其中有 10 种为珍稀种。

牙买加硬毛鼠 *Mesocapromys angelcabrerai*：濒危种。分布于牙买加和古巴南部。

18）老挝岩鼠科 Diatomyidae(new) 仅 1 属 1 种，分布于老挝。

图 12-43 河狸鼠

12.2 兔形目 Lagomorpha

过去从化石看，认为它与啮齿目平行发展，是远亲而非近戚。但当前通过分子生物学的研究结果再次认为它们与啮齿目亲缘关系最接近，应归于啮齿类的进化支之内（Douzery and Huchon，2004）。

兔形目动物属中小型的陆生草食动物，它们的上颌有两对前后排列的门牙，前一对较大，后一对较小，呈钉状，故又称重齿类；门齿的唇面和舌面均具单层珐琅质（啮齿目是仅唇面具双层珐琅质）；颊齿和门齿齿根开放，终身生长，颊齿为高冠齿，有两个横向的珐琅质嵴；无犬齿。齿式：2.0.3.2~3/1.0.2.3 = 26~28，有一长的齿隙。因为左右上颊齿列间的距离比左右下颊齿列间的距离宽，因此咀嚼时牙齿左右移动。上唇中纵裂；尾短或无。阴囊位于阴茎前方，无阴茎骨。排两种粪便，具有双重消化的功能，能忍饥受饿。慢步时为跖行性，奔跑时为趾行性。

兔形目的种类广泛分布于除南美的南部、澳大利亚、新西兰及马达加斯加、菲律宾和加勒比海域岛屿外的地区。不过，一些兔科的种类（如欧洲野兔 *Oryctolagus cuniculus*）已被引入到这些地区，成为典型的外来物种。兔形目分为 2 科 12 属 92 种，我国有 2 科 3 属 40~41 种。兔形目的系统关系如图 12-44 所示。

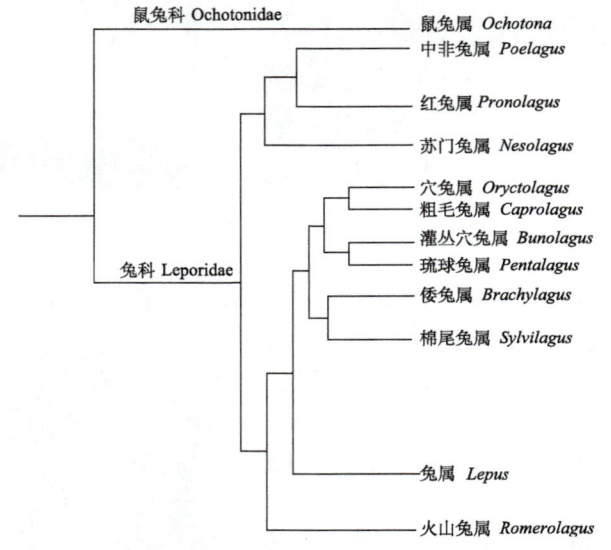

图 12-44　兔形目的系统关系（改编自 Robinson and Matthee，2005）

中国兔形目科、属检索表

1. 体型小，体长小于 285 mm；耳短圆，小于 40 mm；头骨没有眶上突；颊齿 5/5 ············
 ·· 鼠兔科 Ochotonidae，鼠兔属 Ochotona
 体型大，体长大于 300 mm；耳廓长，大于 60 mm；后肢明显长于前肢；尾短但明显；头
 骨具眶上突；颊齿 6/5 ·· 兔科 Leporidae，兔属 Lepus

12.2.1　鼠兔科 Ochotonidae

鼠兔科动物体型较小。前后肢近等长，耳短圆，无尾。头骨无眶上突。前足 5 指，后足 4 趾。第一上门齿齿缘有缺刻（图 12-45A）。鼻骨两侧有大孔。齿式：2.0.3.2/1.0.2.3＝26。

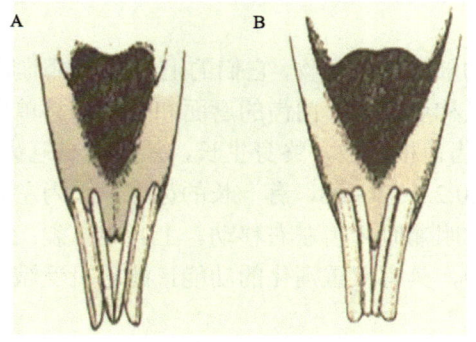

图 12-45　兔形目上门齿前面观（改编自 Deblase and Martin,1981）

A. 鼠兔；B. 兔

栖息于草原或山地岩石间。分布于亚洲中部和北部及美洲的北部和西部。数量较多，危害草原。其粪便亦称"草灵脂"，可作药用。

全世界仅有 1 属 5 亚属 32~34 种，除两种分布于北美外，其余全部分布于亚洲，我国有 1 属 4 亚属（刘少英等，2017）29 种（蒋志刚等，2017）。

<h3 style="text-align:center">中国鼠兔属常见种分种检索表</h3>

1. 具有异耳屏（耳廓前缘上内侧一个密被短毛的耳屏状突出物）；颅骨相对扁平 ············ 2
   不具有异耳屏；颅骨相对较高 ·· 4
2. 耳小，平均为 17 mm 或 17 mm 以下；异耳屏不为三角形 ··· 3
   耳大，平均达 21 mm；异耳屏大，呈三角形，顶端圆形 ······ 黄龙鼠兔 O. huanglongensis
3. 异耳屏阔圆；耳长平均为 17 mm 左右 ································ 扁颅鼠兔 O. flatcalvariam
   异耳屏呈镰刀状；耳长均在 17 mm 以下 ···························· 大巴山鼠兔 O. dabashanensis
4. 头骨门齿孔与腭孔清楚地分开，个别两孔彼此贯通，但前颌骨在门齿孔后部明显收缩 ··
   ·· 5
   头骨门齿孔与腭孔合并成一孔，前颌骨在门齿孔两侧由前往后依次向外扩张 ··········· 13
5. 额骨上没有小的卵圆孔 ·· 6
   额骨上有两个小的卵圆孔 ··· 12
6. 耳小，圆形，平均长小于 23 mm（17~26 mm）··· 7
   耳很发达，平均长大于 23 mm（28~35 mm）·· 10
7. 冬春毛具显著的银色 ·· 宁夏鼠兔 O. argentata*
   冬春毛具棕灰色 ··· 8
8. 眶间区狭窄，其宽度小于鼻骨中部的宽度；耳下颈部有棕或浅红色斑 ·····················
   ··· 帕氏鼠兔（蒙古鼠兔）O. pallasi
   眶间区宽度大于鼻骨中部的宽度；耳下颈部没有任何斑 ·· 9
9. 头骨短圆 ··· 东北鼠兔 O. hyperborea
   头骨粗壮结实，但狭长 ··· 高山鼠兔 O. alpina
10. 毛色淡，夏季背毛沙黄色；耳背侧淡棕色，耳后无浅斑 ········· 拉达克鼠兔 O. ladacensis
    毛色深，夏季背毛浅灰棕色到茶褐色；耳背侧浅灰黑色或铁锈色；耳后有浅斑 ········· 11
11. 吻部到额部毛被铁锈色或亮浅红棕色；耳背侧浅灰黑色；鼻骨前部明显膨胀 ············
    ·· 红鼠兔 O. rutila
    吻部到额部毛被铁锈黄色；耳背侧栗色或橙色；鼻骨前部不膨胀 ···· 木里鼠兔 O. muliensis*
12. 夏季背毛亮红色，与纯白色的腹部形成鲜明对照；头骨吻短宽；鼻骨短 ··················
    ··· 红耳鼠兔 O. erythrotis
    夏季背毛只在吻部、额部和耳背侧呈橙色或淡棕色；头骨吻部狭长；鼻骨长 ············
    ··· 川西鼠兔 O. gloveri
13. 耳大，大于 26 mm ··· 14
    耳小到中等，小于 26 mm ··· 17
14. 体重大于 200 g；仅分布于天山山脉 ··· 伊利鼠兔 O. iliensis

	体重小于 200 g ··· 15

15. 额骨上无小的卵圆孔 ·· 喜马拉雅鼠兔 *O. himalayana**
    额骨上有小的卵圆孔 ··· 16
16. 耳毛浓密，头骨明显呈拱形 ·· 大耳鼠兔 *O. macrotis*
    耳毛稀疏，头骨微呈拱形 ·· 灰鼠兔 *O. roylei*
17. 体长大于 200 mm；头骨明显呈拱形；颧宽 25~27 mm ································ 柯氏鼠兔 *O. koslowi*
    体长小于 200 mm；头骨微呈拱形或扁平；颧宽小于 23 mm ·· 18
18. 头骨适度拱形；趾末端通常隐藏在毛下 ·· 19
    头骨扁平；趾末端裸露 ··· 20
19. 吻周浅黑棕色；听泡小 ·· 黑唇鼠兔 *O. curzoniae*
    吻周暗淡的白色；听泡发达，明显膨胀 ································· 达乌尔鼠兔 *O. dauurica*
20. 门齿孔与腭孔合并，孔缘呈提琴形 ·· 21
    门齿孔与腭孔合并，孔缘呈梨形或棒状 ·· 23
21. 毛被黑色（黑化） ··· 黑鼠兔（片马鼠兔）*O. nigritia*
    毛被深棕色、赤褐棕色 ·· 22
22. 耳背黑色；头和颈呈鲜明的赤褐棕色；背部深棕色延伸到腹部 ·····································
    ·· 高黎贡鼠兔 *O. gaoligongensis**
    耳后有深灰色斑；可能形成背领向上延伸到脸；背毛和腹毛均为浅黑棕色或暗浅红棕色
    ·· 灰颈鼠兔 *O. forresti*
23. 头骨明显狭窄脆弱；听泡延长和突出 ·· 狭颅鼠兔 *O. thomasi*
    头骨扁平，但不狭窄或脆弱；听泡不延长 ·· 24
24. 头骨背侧稍微膨胀 ·· 努布拉鼠兔 *O. nubrica*
    头骨背侧不膨胀 ··· 25
25. 听泡大；头骨梨形 ··· 间颅鼠兔 *O. cansus*
    听泡小；头骨不呈梨形 ·· 藏鼠兔 *O. thibetana*

* 刘少英等（2017）命名了一个新亚属——异耳鼠兔亚属 *Alienauroa* subgen.n. Liu, Jin, Liao, Sun 及 5 个新种：黄龙鼠兔 *O. huanglongensis* sp.n. Liu, Jin, Liao, Sun、扁颅鼠兔 *O. flatcalvariam* sp.n. Liu, Jin, Liao, Sun、大巴山鼠兔 *O. dabashanensis* sp.n. Liu, Jin, Liao, Sun、雅鲁藏布鼠兔 *O. yarlungensis* sp.n. Liu, Jin, Liao, Sun 和邛崃鼠兔 *O. qionglaiensis* sp.n. Liu, Jin, Liao, Sun；建议将峨眉鼠兔 *O. thibetana sacraria*、循化鼠兔 *O.thibetana xuanhuaensis*、锡金鼠兔 *O. hibetana sikimaria*，长白山鼠兔 *O. hyperborea coreana* 分别由原来的亚种提升为种；并认为木里鼠兔应为川西鼠兔的亚种，高黎贡鼠兔应为灰颈鼠兔的亚种，宁夏鼠兔应为蒙古鼠兔的亚种，喜马拉雅鼠兔应为灰鼠兔的亚种，西伯利亚鼠兔 *O. turuchanensis* 为高山鼠兔的同物异名，黄河鼠兔 *O. huangensis* 为达乌尔鼠兔的同物异名。

红耳鼠兔 *Ochotona erythrotis*（图 12-46）：体大型。体重 179~352 g，体长 220~285 mm，耳长 29~39 mm，后足长 34~41 mm。耳壳锈棕色，耳后具淡色毛丛。夏季背毛为一致的红棕色或红褐色，与纯白色的腹部形成鲜明对照；冬季背毛色淡为浅灰色调。四足背纯白，后足掌面直至中趾均覆以淡褐色密毛，趾端毛较长。门齿孔与腭孔分开；额骨较宽，前端具卵圆孔一对；

头骨侧面观顶部凸出，呈弧形弯曲；头骨吻短宽，鼻骨短；听泡大。栖于海拔2000~4000 m的高山和高原草甸、高山砾石和裸岩地带。其粪为中药"草灵脂"。数量较少。为中国特有种，分布于青海、甘肃、四川和云南。

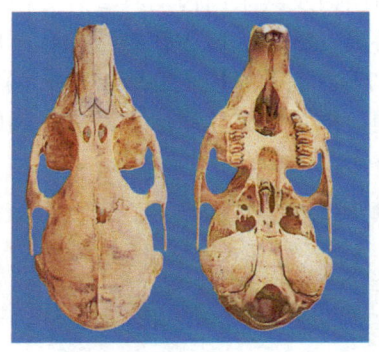

图 12-46　红耳鼠兔及其头骨（背面观及腹面观）

川西鼠兔 Ochotona gloveri：体大型。体重140~300 g，体长160~220 mm，耳长31~39 mm，后足长31~36 mm。口鼻及前额为枯草黄色，髭毛白色，颊部灰色；耳外面栗棕色，内面略呈锈色，前基部具明显白色长毛丛，耳后基为不明显的淡黄色区；体背为棕灰褐色；腹色污白，染以淡黄色毛尖；唯喉部色较深；足覆密毛，足背污黄色，掌面部分为棕色。头骨侧面观呈弧形弯曲；额部具卵圆孔一对；门齿孔与腭孔分离，门齿孔后缘凸出遮盖犁骨，故形成前后两孔；头骨吻部狭长，鼻骨长。栖于海拔3000~4200 m的亚高山林缘草地岩石堆，数量较少。为中国特有种，分布于西藏、青海、云南和四川。

狭颅鼠兔 Ochotona thomasi：体型较小。体重45~110 g，体长105~165 mm，耳长17~22 mm，后足长22~29 mm。夏季背毛黄褐色；下体浅白色或黄色。冬季背面鼠灰色，有明显黑色毛尖。脑颅狭窄，颧宽全部在14.6 mm以下，颧宽/颅全长不超过41.1%；听泡发达，其长约为颅全长的7%；后头宽约为颅全长的39.5%（图12-47）。栖于海拔4000 m左右的草原地带。数量稀少。为中国特有种，仅分布于青海境内（刘少英等，2017）。

间颅鼠兔 Ochotona cancas：体型较小。体重

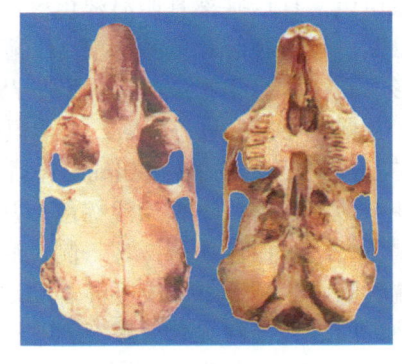

图 12-47　狭颅鼠兔的头骨（背面观及腹面观）

50~99 g，体长116~165 mm，耳长14~24 mm，后足长22~29 mm。体背暗黄褐色，体侧较淡。腹面，喉部多为棕黄，少数为淡黄或污白色，余为暗棕黄或淡棕黄色。腹面中部亦有棕黄色纵条区。四肢同体背色。头骨较藏鼠兔为小，其结构基本一致。头骨外形梨形，额骨低平，上无卵圆孔；颧宽平均15.5 mm，为颅全长的45%左右；后头宽约为颅全长的44.3%；听泡发达，其长约为颅全长的11.4%。为中国特有种，分布于青海、甘肃、四川、陕西和山西。

藏鼠兔 Ochotona thibetana（图12-48）：体型较小。体重72~136 g，体长140~180 mm，耳长17~23 mm，后足长24~32 mm。体背为暗褐色，后部色泽较深暗，体侧色泽较淡；腹面、

颈及颈下污白色，余均为污灰色，毛尖染以黄色；吻、头部及颈侧淡棕色；耳椭圆形，外侧暗褐色，耳缘具一白色窄边，耳前基具一淡色毛丛，耳后有淡色区；四肢外侧与体背同色，内侧与腹色同；全足为淡棕黄色，掌面褐色。前对上门齿冠面具一纵行深沟；第一上前臼齿小，第二上前臼齿及其余臼齿均具 2 外 2 内突出角；头骨背面平直，鼻骨短，末端圆；颧弓平行，末端游离、细弱；门齿孔与腭孔合并成一大孔；听泡相对较小；颧宽约 18.6 mm，约为颅全长的 47%。栖于海拔 1500~3200 m 的亚高山林缘草地及灌丛。以草为食，在栖息草原洞道纵横，洞口很多，破坏草原。其粪便为中药"草灵脂"，可入药。国内分布于云南、四川、甘肃、青海及西藏。

图 12-48　藏鼠兔

图 12-49　黑唇鼠兔

黑唇鼠兔（高原鼠兔）*Ochotona curzoniae*（图 12-49）：体型较大。体重 130~195 g，体长 140~192 mm，耳长 18~26 mm，后足长 28~37 mm。体背自吻部至尾基为沙黄褐色，体侧色泽较淡；腹部沙黄色或浅灰白色；唇、鼻周围黑色；眼周具窄淡棕色眼圈；耳背黑棕色，耳缘白色，耳后基部具明显淡色区；前后足具黑色长爪。头骨侧面观呈弧形；眶前区鼻骨后缘微凹，额骨隆起；脑颅部前 1/3 隆起，后部平坦，具人字嵴；门齿孔与腭孔融合成一个三角形大孔；颧弓粗壮；听泡大而鼓凸。国内分布于甘肃、新疆、青海、西藏和四川。

灰鼠兔 *Ochotona roylei*：大型鼠兔。体重 130~180 g，体长 155~204 mm，耳较大，耳长 26~32 mm，后足长 25~34 mm。体背为深灰褐色；头额部染以锈棕色；颈背具浅灰黄色块斑，某些个体不显著；吻颊为浅棕色，常间有灰色调；腹面污灰色；喉部为土黄色或淡黄色；耳黑褐色，边缘白色显著；耳下侧及肩前部染以浅棕色；后足与耳长相近，四足污灰色。头骨前端膨胀，其后部 2/3 段不显著地逐渐变细，故显宽而直；额骨上具一对卵圆孔；顶骨前部微凸；门齿孔与腭孔合并成一大孔；齿虚隙长稍大于眼眶长径长。雌性乳头 2 对。栖息于海拔 3500~4500 m 的裸岩高原高寒草原地带。国内仅分布于西藏。

黄龙鼠兔 *Ochotona huanglongensis*：脑颅扁平，颅高仅为颅全长的 33.51%；颅面平直；脑颅宽，颅高为颅宽的 65.39%；耳很长，平均达到 21 mm，异耳屏大，呈三角形，顶端圆形，密生灰色短毛；背部毛粗长而无光泽，沙色；腹部毛基黑灰色，毛尖灰白色。分布于岷山和邛崃山（刘少英等，2017）。

12.2.2　兔科 Leporidae

兔科动物体型较大。后肢明显长于前肢，适于跳跃。耳长大，尾短呈簇状。眶上突发达。上颌骨的吻侧部有许多网孔（图 12-50）。上门齿无缺刻（图 12-45B）。齿式：2.0.3.3/1.0.2.3=

28。分布于欧洲、亚洲、非洲、美洲北部和中部，有 11 属 64 种，我国产 2 属，即兔属 *Lepus*（10~11 种）和粗毛兔属 *Caprolagus*（仅 1 种，分布于藏南），共 11~12 种（蒋志刚等，2017）。

12.2.2.1　穴兔属 *Oryctolagus*

穴兔属仅 1 种，即产于地中海的欧洲野兔。家兔 *Oryctolagus cuniculus domesticus* 由它驯化而来。家兔头骨有顶间骨，翼间窝极窄，其两侧壁（翼蝶骨的翼突）向里弯曲，而腭桥却相对较长（图 12-51）。染色体数多为 $2n = 42$。善于挖洞，并且居住在地下的洞穴中。刚出生时候全身裸露无毛，眼睛未睁开，基本没有行动能力，无法自行调节体温。多在黎明活动。一年繁殖多次。

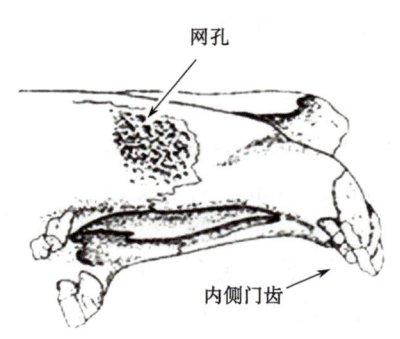

图 12-50　兔头骨吻侧网孔及内侧门齿（改编自 Deblase and Martin，1981）

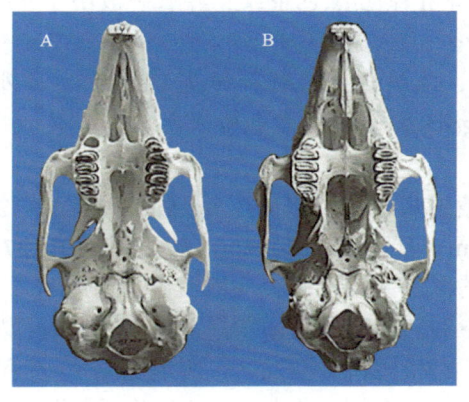

图 12-51　家兔（A）与蒙古兔（B）头骨的比较

12.2.2.2　兔属 *Lepus*

兔属动物的头骨无顶间骨，骨翼间窝相对较宽，腭桥相对较短。染色体数为 $2n = 48$。不挖洞。仔兔一生下就睁眼，有毛。夜间活动。一年仅繁殖一次。全世界共 32 种，我国产 10~11 种。其中，海南兔、塔里木兔和雪兔被列为国家 II 级重点保护动物。

中国兔属分种检索表

1. 耳长小于后足长 ··· 2
   耳长大于或等于后足长 ··· 6
2. 耳长平均小于 100 mm ·· 3
   耳长平均大于 100 mm ·· 4
3. 耳尖有黑色三角斑纹，尾长一般小于 55 mm ·· 华南兔 *Lepus sinensis*
   耳尖无黑色三角斑纹，尾长一般大于 60 mm ·· 高丽兔 *L. coreanus*
4. 背毛深，耳赭石色；眶上突小，腭桥宽，听泡不膨胀 ·· 东北兔 *L. mandschuricus*
   背毛淡，耳尖黑色；眶上突巨大，腭桥窄，听泡膨胀 ··· 5
5. 在夏季和冬季，尾全为白色；眶上突有小的前扩区；冬季毛被白色（耳尖除外） ··
   ··· 雪兔 *L. timidus*

尾背面有款的黑色/深棕色条纹；眶上突很发达；冬季毛被灰棕色…… 中亚兔 *L. tibetanus*
6. 听泡膨胀，呈圆形，宽度大于或等于听泡间距……………………………………………7
   听泡小，宽度小于听泡间距……………………………………………………………8
7. 尾背面有棕色/黑色条纹；耳尖黑色；眶上突三角形，很发达………… 蒙古兔 *Lepus tolai*
   尾烟灰色，没有背纹；耳尖无黑色；眶上突低………………… 塔里木兔 *L. yarkandensis*
8. 毛被厚密、卷曲；吻部狭长；眶上突很发达，呈三角形………… 高原兔 *Lepus oiostolus*
   毛被柔软；吻部宽短；眶上突小而平………………………………………………………9
9. 尾棕色，尾背无明显的条纹；耳长一般大于 95 mm；眶上突低平；上门齿无"Y"形沟
   ………………………………………………………………………… 云南兔 *L. comus*
   尾背有棕色/黑色条纹；耳长一般小于 95 mm；眶上突向上弯翘；上门齿有"Y"形沟…
   ………………………………………………………………………… 海南兔 *L. hainanus*

注：改编自史密斯和解焱（2009）。另外，在中国藏南地区还分布有尼泊尔黑兔 *Lepus nigricollis*，本检索表暂未列入。

蒙古兔（托氏兔）*Lepus tolai*（图 12-52 A）：体型中等。体重 1650~2650 g，体长 400~590 mm，耳长 83~120 mm，后足长 110~127 mm，尾长 72~110 mm。耳尖黑色；尾背面具一较宽的黑色条纹区；腹毛纯白色。上颌第二、第三前臼齿与第一臼齿等大，第三臼齿冠面圆形。下颌白齿有向后倾斜之趋势。鼻骨长而宽，大于眶间距。眶后突发达呈三角形，前缘缺刻浅。腭桥短。听泡发达，听泡宽略宽于两听泡间距。吻部较宽，头骨自上颊齿列的前端向鼻尖不明显变细，鼻尖（吻端）并不太细窄。下颌冠状突向后倾斜。国内分布于辽宁、吉林、黑龙江、河北、山东、山西、陕西、内蒙古、甘肃、新疆、青海、江苏、浙江、四川、重庆等地。国外分布于阿富汗、伊朗、哈萨克斯坦、蒙古、俄罗斯、土库曼斯坦和乌兹别克斯坦。

高原兔（灰尾兔）*L. oiostolus*（图 12-52 B）：体型大。体重 2000~4250 g，体长 400~580 mm，耳长 105~155 mm，后足长 102~140 mm，尾长 65~125 mm。腹面、喉及肩部棕黄褐色，余为纯白色。背腹交界处呈黄色。耳长，耳背与体背同色，尖端较深；内侧沙黄色，前缘尖端色深呈黑褐色。前肢背面及后肢外侧淡黄褐色。尾背面具一较窄而淡的暗灰色区域，尾相对较短。头骨较蒙古兔的大，吻较细长。齿隙长，为颅全长的 30%。上颌门齿沟宽而深，其中具钙质沉淀填充（但煮后往往脱落），余与蒙古兔相似。鼻骨中部较窄，其后略膨大，后部宽大。额骨较平坦，眶上突发达，前缘缺刻深。听泡小而低，听泡宽为两听泡间基枕骨宽的 75%。国内分布于新疆、青海、甘肃、西藏、云南和四川。国外分布于印度和尼泊尔。

华南兔（短耳兔）*L. sinensis*（图 12-52 C）：体型小。体重 1025~1938 g，体长 350~450 mm，耳长 60~82 mm，后足长 81~111 mm，尾长 40~57 mm。耳短，小于后足长。有眼周环纹；背为浅黑棕色或浅灰黄色；耳覆以稀疏的棕黄色短毛，耳尖有黑色三角形斑；颈下浅棕色；腹部浅棕色；尾背面暗棕灰色，腹面同背色但较浅。下颌骨的冠状突垂直竖立；眶上突微小，它的前叉只是很小的前突；听泡小；鼻骨伸长；上门齿沟不明显，没有填满齿骨质。栖于农田、山坡的草灌。国内广泛分布于广西、湖南、上海、江苏、安徽、浙江、江西、广东、贵州、台湾和福建。国外分布于越南。

雪兔 *L. timidus*（图 12-52 D）：体型大。体重 2140~2700 g，体长 452~620 mm，耳长 80~

110 mm，后足长 135~165 mm，尾长 50~75 mm。是寒带和亚寒带森林的代表性动物之一。耳短于后足长，向前折略近鼻端。尾极短，不及后足长的一半。冬季全身纯白，夏毛背为棕褐色或棕黄色，腹为白色。耳尖黑色。国内分布于新疆、黑龙江和内蒙古，为国家Ⅱ级重点保护动物。国外分布于日本、哈萨克斯坦、蒙古及欧洲大部分地区。

图 12-52　我国的几种兔科动物
A. 蒙古兔；B. 高原兔；C. 华南兔；D. 雪兔

海南兔 *L. hainanus*：体型小。体重 1250~1750 g，体长 350~394 mm，耳长 76~98 mm，后足长 76~96 mm，尾长 45~70 mm。耳短，一般小于 95 mm。尾背黑色纵纹宽长，余为纯白色。眶上突小、向上弯翘，上门齿有"Y"形沟。为中国特有种，仅分布于海南。为国家Ⅱ级重点保护动物。

塔里木兔 *L. yarkandensis*：体型较小。体重 1100~1900 g，体长 285~430 mm，耳长 90~110 mm，后足长 90~110 mm，尾长 55~86 mm。背毛黑棕色，腹毛纯白色；耳短，耳尖无黑色；后肢较短；尾短于后足长；尾烟灰色，没有背纹。听泡发达（圆而高），宽度大于或等于听泡间距；鼻骨、腭桥均狭窄；眶上突低；上门齿有"V"形深沟，充满齿骨质。为中国特有种，仅分布于新疆南部的塔里木盆地，是国家Ⅱ级重点保护动物。

东北兔 *L. mandschuricus*：中等体型。体重 1400~2600 g，体长 410~540 mm，耳长 75~118 mm，后足长 110~145 mm，尾长 50~80 mm。耳赭色，耳长约占后足长的 71%，耳前折达鼻尖或超过鼻尖；胸部、胁部和腿部为肉桂色；背毛浅灰黑色到浅黑棕色；腹部浅白色；尾背面黑棕色。眶上突小，前部分支微小；腭桥宽；听泡不膨胀。国内分布于内蒙古、辽宁、吉林和黑龙江。国外分布于俄罗斯。

中亚兔（藏兔）*L. tibetanus*：中等体型。体重 1625~2500 g，体长 401~480 mm，耳长 81~

110 mm，后足长 109~135 mm，尾长 87~109 mm。头相对小。背沙黄色；耳宽阔，前面有毛簇；耳尖黑棕色；尾有黑棕色背纹；眼周有淡色圈；下体淡黄到白色。前颌骨相对长，鼻骨短；眶上突发达、上翘；听泡膨胀；颧弓宽；门齿平伏。国内分布于新疆、甘肃、内蒙古西部。国外分布于阿富汗、蒙古和巴基斯坦。

云南兔 *L. comus*：中等体型。体重 1800~2500 g，体长 322~480 mm，耳长 97~135 mm，后足长 98~130 mm，尾长 95~110 mm。体背面毛暗赭灰色，腹毛白色；尾背面浅棕色，无明显的条纹。耳尖黑色，耳长，为后足长的 103.5%。头骨细长；眶上突低平；鼻骨相对较短，鼻骨后部宽；上门齿磨损时呈"V"形；上门齿的齿沟深，其内面有齿骨质填充。国内分布于云南、贵州、四川。国外分布于缅甸。

高丽兔 *L. coreanus*：中等体型。体重约 1700 g，体长 425~490 mm，耳长 73~79 mm，后足长 108~122 mm，尾长 60~75mm。耳较短。毛被厚密。背毛浅灰黄色，毛尖棕色；头与背同色；尾上面和尾尖浅棕色；下体纯白色。广布于朝鲜半岛，延伸到吉林。该种的有效性尚存在争议（蒋志刚等，2017）。

思 考 题

1. 简述啮齿类动物的共同特征。
2. 试比较啮齿目与兔形目的区别。
3. 简述啮齿目动物咀嚼肌的几种模式及其特点。
4. 简述我国啮齿目各亚目的主要特征。
5. 简述鼠兔科与兔科的主要区别。
6. 简述家兔与蒙古兔的主要区别。

第13章 哺乳动物的起源与演化

哺乳动物的起源与演化是进化生物学中的重要科学问题，也是学术界长期争论的热点。化石是我们研究哺乳动物起源和演化的实物证据。早期的尤其是中生代的哺乳动物化石虽在各大陆均有发现，但大部分都较为破碎。近年来，一些较为完整的中生代哺乳动物化石在中国、蒙古等地陆续被发现，加之分子生物学的迅猛发展，以及学科的相互交叉，使这一领域的研究在最近10年里进入了一个十分活跃的时期。

13.1 起源

羊膜动物 Amniota 是一个单系群，在古生代 Paleozoic 石炭纪 Carboniferous 产生自似两栖类的四足动物。在晚石炭纪，羊膜动物分化为三个世系：下孔亚纲 Synapsids、无孔亚纲 Anapsids 及双孔亚纲 Diapsids（图 13-1）。这些类群的主要区别在于颞窝的数量、大小及位置。其中最原始的是无孔亚纲的杯龙类，其代表为古生代石炭纪和二叠纪的沟齿蜥 *Solenodonsaurus*，由它演化出古今爬行类、鸟类和哺乳类（图 13-2）。

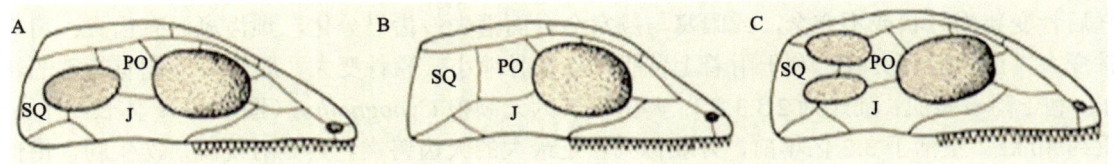

图 13-1 羊膜类三种不同类型的颞窝
A. 下孔亚纲；B. 无孔亚纲；C. 双孔亚纲。PO，眶后骨；SQ，鳞骨；J，颧骨

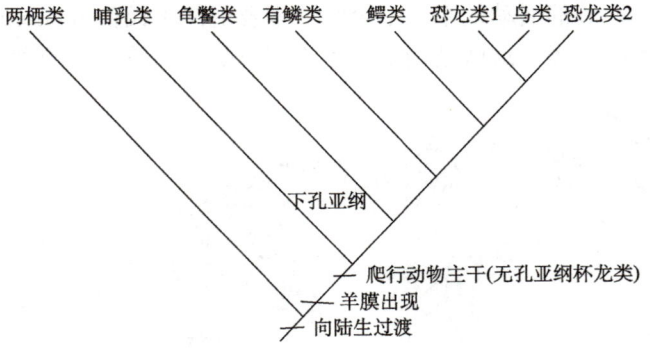

图 13-2 四足动物的系统进化树

下孔亚纲是广泛分布于陆生环境的羊膜动物，首次出现于古生代末期（大约 3.2 亿年前）的北美。它们在陆地上统治了 7000 万年，但随着恐龙的出现，它们走过了进化的高峰。早期的下孔亚纲分化出食草的盘龙类 Pelycosaurs 和食肉的兽孔类 Therapsid。盘龙类是最原始的类群，化石见于北美和非洲南部；兽孔类是较高等的类群，化石见于俄罗斯、非洲南部和中国。

盘龙目最早在上石炭纪的晚期出现，其头骨已有向哺乳类发展的迹象：前部延长，而后部相对增高，形成较深的颈部和较大的脑颅，下颞窝上部为眶后骨和鳞骨，进化到晚期已扩大到了顶骨区。盘龙目的典型代表是蜥龙 Varanosaurus：形似蜥蜴，体长约 40 cm，躯体细长，尾长，四肢纤细，行走为匍匐状态，有椎间盘和腹肋；肉食性，齿开始分化，齿列前端有若干延长和犬牙状的牙。这一目在古生代二叠纪盛行一时，尔后被兽孔目所代替。

兽孔目（兽形目）在二叠纪早期出现，其特点是：颞窝扩大，顶骨形成颞窝的上界，由前颌骨、颌骨、翼骨及腭骨发育成次生腭；下颌齿骨相对增大，而方骨与方轭骨退化；牙齿分化明显，有些属已分化出门齿、犬齿和颊齿；部分种类已具有两个枕髁；四肢能在体下转动，支撑身体离开地面，初步摆脱了匍匐状态。它们在二叠纪进化过程中又辐射分化出异齿兽亚目 Anomodontia 和兽齿亚目 Theriodontia，后者在中生代三叠纪又形成了鼬龙亚目 Ictidosauria。

异齿兽亚目在二叠纪晚期很繁盛，在三叠纪绝灭，是一群古老的食草类群。没有次生腭，齿骨还停留在原有水平，如加里龙 Galepus，其颞窝较小，为同型齿。麝足兽 Moschops 的四肢已能在体下活动，具有哺乳类趾式。二趾兽 Dicynodon 的颞窝已增大。这一亚目不少种类身体巨大，四肢沉重，很特化，它们不可能是兽类的直系祖先。

兽齿亚目是一类与兽类十分相似的肉食性爬行动物，出现在二叠纪中期。二叠纪末期至三叠纪早中期是它们的繁盛时期，其中在三叠纪早期出现了似兽类的分支，兽类很可能由其中的一支或几支演化而来。该亚目的特点：颞窝扩大，上方为顶骨，可附着发达的咀嚼肌；眶后骨变狭为杆状或不完全，或眼窝与颞窝会合而消失；齿已分化，颊齿冠已有齿尖；肩胛骨变大，出现肩胛突峰，利于附着上臂肌，乌喙骨缩小；髂骨变大，股骨头外侧有特殊的转子，利于附着臀肌；趾式为 2.3.3.3.3。典型代表为犬颌兽 Cynognathus（图 13-3）：体长约 1 m，重约 40 kg。生活于 3.2 亿年前，外貌似狗，是最大的犬齿兽类。具一对枕髁，次生腭，槽性分化齿；下颌齿骨发达，四肢位于腹侧，肘关节与膝关节相对。包氏兽 Bauria：颞窝已与眼窝会合，下颌齿骨显著增大，较异齿龙无上隅骨，隅骨和关节骨已显著退化缩小；齿高度分化，颌前咀嚼切割，抛弃了祖先的囫囵吞食；肩胛骨前缘向外，预示着肩胛骨峰的形成；肘膝关节相对，增大了四肢的活动效率。三叠纪云南发现的卞氏兽 Bienotherium 在早期被认为是最接近兽类的一类爬行类。这些结构说明了它们已是一类较灵活的食肉类。

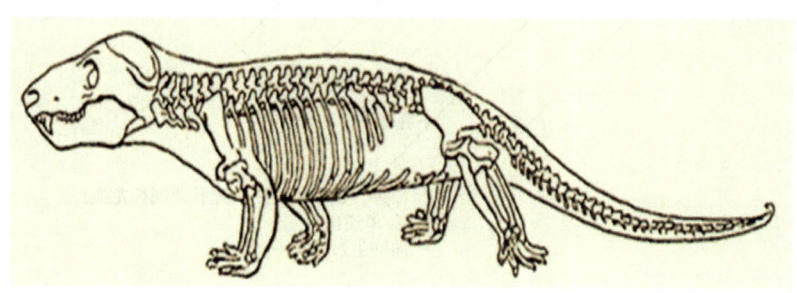

图 13-3　犬颌兽

第13章 哺乳动物的起源与演化

鼬龙亚目是由兽齿亚目在三叠纪初期发展进化而来。代表种有双关节颌兽 *Diarthrognathus*（图13-4）：颞窝很大，与眼眶融合，前后额骨与后眶骨消失，次生腭发育良好，但上颌保留有方骨、下颌有关节骨，仍为爬行类向兽类过渡的中间型，但已偏离了向兽类进化方向而高度特化，并于侏罗纪中期绝迹。

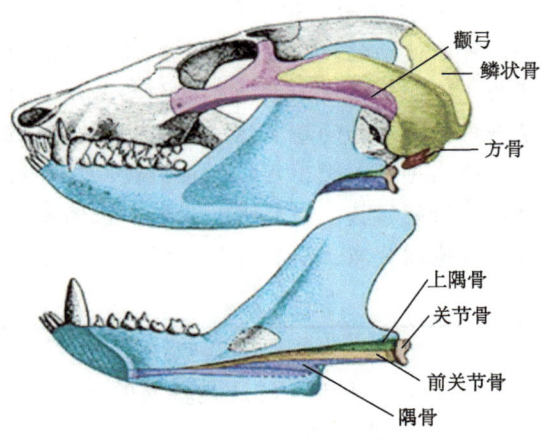

图 13-4　双关节颌兽的头骨

大约在距今2.25亿年前的中生代三叠纪晚期，由进化较好的兽齿类发展成为哺乳类。当时的哺乳类个体大小如鼠，具备初步攀爬的能力，并且为夜行性的，这有利于在大型肉食性恐龙称霸全球的环境条件下获得生机（专栏13.1）。

专栏13.1　恐龙时代的哺乳动物

2014年中国科学院古脊椎动物与古人类研究所的毕顺东等在 *Nature* 上报道了6件在中国发现的1.6亿年前（侏罗纪）的几近完整的哺乳动物化石，并命名了神兽 *Shenshou*、仙兽 *Xianshou* 两个新属的三个新种（图13-5）。这些属种，都属于已经绝灭的摩根兽类

图 13-5　来自侏罗纪的神、仙二兽复原图（Bi *et al.*, 2014）

Morganucodontid 中的真贼兽类 Euharamiyida。真贼兽类和多瘤齿兽类 Multituberculata 形成姐妹群。

　　神兽和仙兽体型不大，类似小的松鼠或家鼠，体重为 40~300 g。虽然仍有原始特征，但它们更多地表现出典型的哺乳动物特征，如具有哺乳动物的中耳结构（有 3 块听小骨）；上下颌以齿骨-鳞骨相关节；明确分化的胸腰椎和胸骨、肋骨等，表明它们已经拥有了哺乳动物胸腔中特有的横膈膜，可以使动物在快速运动中呼吸。它们的头骨、下颌、牙齿（具有两排齿尖，每排 7 个齿尖）及咀嚼方式表明它们的食物是以昆虫、坚果和水果等为主。它们的骨骼纤细，体现了一种灵巧动物的基本结构。同时，它们还具有典型树栖动物的适应特征：都有短的掌骨和长的指（趾）骨，用以抓握树枝；有长的、可以卷曲的尾巴。这些特征表明，神兽和仙兽是灵活的攀援、树栖者。此外，根据最早的哺乳动物及其近亲类群的系统发育关系、时代和古地理分布，研究者认为哺乳动物可能起源于属于劳亚古陆的陆块（Bi et al., 2014）。

　　哺乳动物起源是**单系的**（monophyletic）的还是**多系的**（polyphyletic）？目前存在两种假说。单系起源假说认为原兽亚纲和真兽亚纲源于同一支兽齿类；多系起源假说则认为原兽亚纲和真兽亚纲分别由不同的兽齿类发展而来。目前，多数学者认为哺乳类是一类有着共同祖先的、具有单一齿骨及鳞骨-齿骨关节的类群，即支持单系起源假说。

13.2　演化

13.2.1　中生代哺乳动物的演化

　　中生代哺乳动物经历了一段"爆发式"的演化，哺乳动物的体型、形态出现了巨大变化，分化出了众多适应不同环境和运动方式的种类，并在 2 亿年前至 1.45 亿年前的侏罗纪中期达到顶点（Lee and Beck, 2015）。许多类群在这一时期出现，尔后又大量灭绝。

　　与已知的 547 个恐龙属相比，中生代的哺乳动物并不多，仅有 310 多个属被发现。中生代哺乳类的分化事件主要包括：①从晚三叠纪到早侏罗纪的全球范围，分化出小贼兽类 Haramiyidans 和摩根兽类等类群；②在侏罗纪中期梁齿类 Docodonts 的分化，成为该时期的多样性高峰，同时分化出多个已灭绝的类群；③晚侏罗纪的分化主要发生在劳亚古陆的三尖齿兽类 Eutriconodonts、尖嘴兽类 Spalacotheroids、多瘤齿类 Multituberculates 等类群；④早白垩纪的分化主要发生在冈瓦纳古陆的南楔齿兽类 Austrolosphenidans，真兽类与后兽类的初步分化，以及劳亚古陆三尖齿兽类的分化；⑤晚白垩纪的分化发生在后兽类（包括有袋类）、真兽类（包括有胎盘类），以及北方大陆的多瘤齿类及南方大陆的冈瓦纳古兽类（图 13-6）。

13.2.1.1　早期的原兽亚纲动物

　　摩根兽科 Morganucodontidae 是已知最原始的哺乳类。这个科的成员于晚三叠纪在欧洲就已出现。摩根兽类也许是后来多数类群（包括单孔目动物）的祖先。在中生代，原兽亚纲动物的数量和种类均多。

第 13 章 哺乳动物的起源与演化

摩根兽类有许多哺乳动物的结构特征。例如，尽管方骨、关节骨仍存在，但齿骨与鳞骨形成关节；牙齿分化出门齿、犬齿、前臼齿和臼齿；耳蜗区域相对于头骨较大；两个枕髁；胸、腰椎和骨盆区域也不同于爬行类模式。此外，摩根兽类还有着哺乳类的姿态，四肢位于身体下方，不像爬行类向外展开。同样，脊椎在运动中能弯曲和伸展。这些特征在后来的类群（晚侏罗纪和早白垩纪世系）中继续得到改进。根据牙齿结构和相关的适应性取食类型可将这些后来的类群分为三个目。

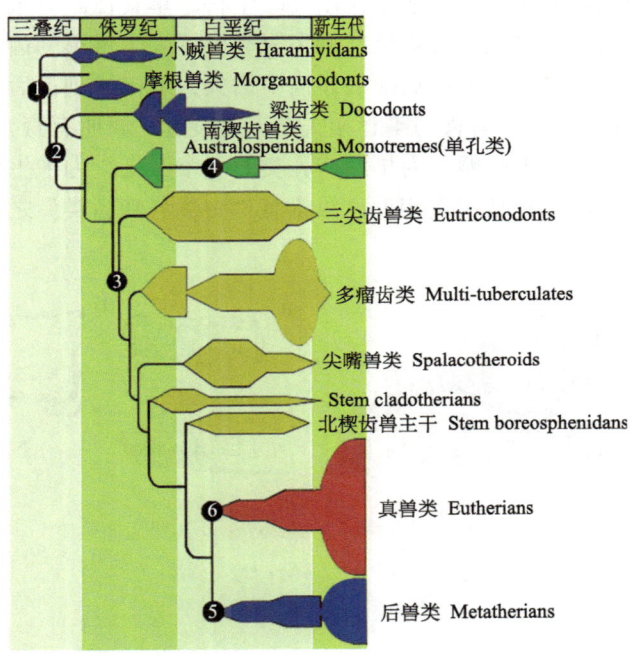

图 13-6　中生代哺乳动物及现存主要类群的的系统发生和分化（仿 Feldhamer et al., 2015）

1）三尖齿目 Tricondonta　　三尖齿兽类是成功的世系，从三叠纪晚期到白垩纪晚期，生存了约 1.2 亿年。三尖齿目的种类多是小型的食肉类动物，大小如鼠；侏罗纪晚期的三尖兽 *Triconodon*，其大小如猫，齿已分化为前臼齿与不脱换的臼齿，齿为成行的三尖齿（图 13-7），齿式：4.1.4.5/4.1.4.5 = 56，幼兽以吮吸母兽乳汁为生。胸腰间有关节，能适应树上活动和地下奔跑。

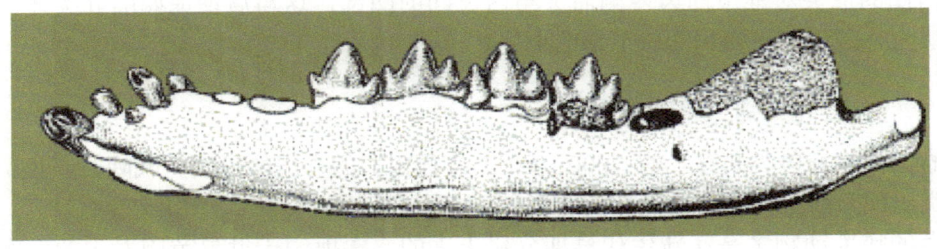

图 13-7　热河兽 *Jeholodens* 的下颌（示三尖齿）

2）梁齿目 Docodonta　　发现于侏罗纪晚期至白垩纪中期，可能来自三尖齿兽类。从牙齿及下颌的描述来看，属于杂食性。下臼齿矩形，有突出的齿尖。这是自侏罗纪以来的化石中最复杂的牙齿，与后来白垩纪的真兽类的牙齿相当。但仍保留着爬行类的下颌与脑颅的连接方式。这表明哺乳类的一系列特征是以不同的速率进化的。这种进步与原始特征在同一生物体内同时存在的现象称为**镶嵌进化**（mosaic evolution）。

3）多瘤齿目 Multituberculata　　从侏罗纪晚期到新生代始新世，生存了大约 1.2 亿年。与显花植物的出现和辐射同步。曾辐射进化出 60 个科。草食性。后来体型发展相当大。上门齿三对；下门齿一对，呈凿状，有虚位；颊齿冠有多达 8 个锥形的齿尖，可磨碾食物；齿尖在前面的臼齿排列呈三角形，但在后面的牙齿中齿尖为纵向排列；后方的下前臼齿通常较大，用于切割食物（图 13-8）。齿骨与鳞骨相关节。有袋骨，表明有育儿袋。产仔通道狭窄，能产重约 1 g 的幼仔，不适于产卵。为早期哺乳类的一个旁支，为中生代最繁盛的哺乳动物类群。因其形态特征与习性和啮齿类相近，故素有"中生代啮齿类"之称。

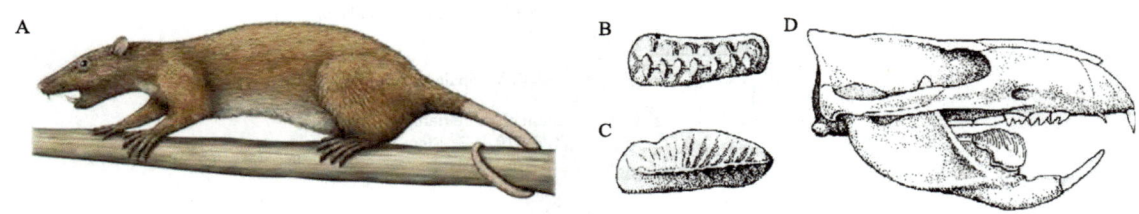

图 13-8　多瘤齿类羽齿兽 *Ptilodus* 及其牙齿、头骨

A. 多瘤齿类羽齿兽；B. 上颊齿；C. 下颊齿；D. 头骨

13.2.1.2　早期的真兽类

早期的真兽类常被称为三瘤齿下纲 Trituberculata 或古兽下纲 Pantotheria，其化石在侏罗纪晚期出现，经白垩纪到第三纪早期绝迹。主要特征是臼齿齿尖排列呈三角形，而不像三尖齿排列成行，包括两个目。

1）对齿目 Symmetrodonta　　代表动物鼹形兽 *Spalacotherium*：齿尖三角形排列，下臼齿无后尖，古兽目就是由它起源的。

2）古兽目 Eupantotheria　　代表动物两栖兽 *Amphitherium*：齿式：4.1.4.7/4.1.4.7= 64，上臼齿内侧的原尖对准下臼齿内侧后尖与内尖间的凹部，这与后期原始哺乳类牙齿构造相似，故认为它是后兽下纲和真兽下纲的祖先。

13.2.2　新生代哺乳类及其辐射适应

多瘤齿类与真兽类共存了约 7000 万年。多瘤齿类的衰退始于新生代晚古新世，最后的多瘤齿类出现于新生代始新世晚期的北美。

现存的哺乳动物多是在新生代早期分化出来的。辐射源于世界范围发生的两个重大事件：一个是陆地区系的统治者恐龙在白垩纪晚期的灭绝，这为哺乳动物的**适应辐射**提供了机

第 13 章　哺乳动物的起源与演化

会；另一个是地球大陆（泛大陆 Pangaea）的解体（发生于新生代早期的大陆漂移），促进了哺乳动物快速的扩张和分化。这样，在新生代第三纪的**始新世**和**渐新世**时，哺乳动物已十分繁盛，称为"**哺乳动物时代**"。在最近的 6500 万年里哺乳类已经成为占优势的陆生脊椎动物。

单孔目起源的时间和地点目前仍不清楚。最早的单孔目化石是发现于澳洲中生代白垩纪晚期的硬齿鸭嘴兽 *Steropodon galmani*，而根据遗传数据推测其起源可能更早。单孔目在新生代没有较大的发展，现存的种类和数量均少，仅分布于澳洲及其邻近岛屿。

后兽下纲是白垩纪中后期由古兽类分化出的一个旁支，在澳洲隔离后平行发展。新生代成为澳洲有袋类的辐射时期。但辐射程度相对较低，未分化出像蝙蝠、鲸类、海豹那样的飞翔与游泳类群。分布除澳大利亚外，在南美洲和北美洲也有代表。除繁殖具双阴道、有育儿袋外，其与有胎盘类十分相似。能与有胎盘类进行竞争，对声音的辨别和应答行为与有胎盘类很相似。胎盘为绒膜卵黄囊胎盘。骨骼特点表现出与早期哺乳类的相似之处：眼眶与颞窝汇合，次生腭后部不完整；听泡主要由翼蝶骨构成，而不是鼓骨；脑颅小；齿为三瘤齿，超过 44 枚。

真兽下纲是白垩纪晚期欧亚大陆与澳大利亚大陆分开时出现的类群，是新生代第四纪最繁盛的哺乳动物。鳞骨与翼蝶骨很发达，脑颅和次生腭发达；由鼓骨形成一发达的听泡；齿为异形、槽生、再出齿，齿数一般不超过 44 枚；有绒膜尿囊胎盘，无袋骨。

思　考　题

1. 怎样判定某一件完整的古生物化石为哺乳动物？
2. 为什么说哺乳动物在中生代侏罗纪经历了一次"爆发式"的演化？
3. 什么原因导致了新生代第三纪"哺乳动物时代"的来临？

第14章 哺乳动物的地理分布

动物地理学（zoogeography）是一门研究古代和现代动物在地球表面的地理分布及其生态地理规律的学科。哺乳动物地理学的基本任务是研究与阐明哺乳动物的分布规律，不同地区或地带哺乳动物的种类和数量组成特征，动物与环境诸要素之间的相互关系，以及动物在时间上和空间上的分布变化等，最终为科学地保护管理和合理地利用兽类资源、防止和控制有害兽类的危害、定向改造兽类区系提供科学依据。

兽类各生态地理群能在一定区域内生存繁衍，主要取决于现代及历史的赖以生存的自然生态条件。因此，现代兽类生态地理群及其区系组成是由历史上不同地区的各类动物群，由于生态环境的变迁，经过扩散、渗透及兽类本身的演化而形成。故只有承认动物界的进化发展，才能圆满地解释现代兽类的分布特点。

动物地理学的研究内容包括以下三个方面。

（1）叙述性动物地理：对全球不同地理区域内多种多样的动物种类进行调查和归纳，尽量精确而完善地叙述其分布，找出每个区域内的代表性和广布性种类、分布型，以及它们之间的分类关系和地理区划。

（2）分析动物地理：分析自然环境、生态条件对动物分布的影响，以确定生态地理群和分布的根本原因。探讨现今动物群落的形成、动态和调节因素，从历史因素阐明动物群落的演化过程对当今动物分布的影响。

（3）应用动物地理：将研究成果应用于生产实践。例如，对经济兽类资源的管理保护与利用；对渐危或濒危兽类的生存采取的有效保护措施；对有危害兽类的有效控制等。引种也是当前应用动物地理学的研究内容。引种时应考虑应用**空生态位**（vacant niche）理论，才能较易引入外来种，让其占领一个适宜而又无竞争的地段。人类对环境的操纵也能改变条件创造出空格生态位。因此，引种时一定要进行动物地理学及生态学研究，搞清被引种动物的生存条件和引种地区的生物地理条件，否则会带来严重后果。例如，引入到澳洲的穴兔、引入到新西兰的马鹿，都使当地植被遭到毁坏。

14.1 哺乳动物分布区的形成、发展与变化

哺乳动物现代分布格局是地球物理历史变迁的结果。据研究，在古生代的石炭纪和二叠纪初期，整个大陆曾一度是单一的巨大陆块或两个大小相似的联合古陆（泛大陆），其周围为泛古洋所包围（图 14-1A）。2亿年前，在潮汐和地球自转离心力的作用下，联合古陆开始发生一系列断裂，到白垩纪（爬行动物时代的末期）开始分成北部的**劳亚古陆**（laurasia land）和南部的**冈瓦纳古陆**（gondwana land）（图 14-1B），在两古陆之间为**古地中海**（tethys），但

第 14 章 哺乳动物的地理分布

有些地方仍然相连。距今约 1.35 亿年前的侏罗纪晚期，两个超级大陆内部发生分裂并发生漂移：劳亚古陆包括现代北美、格陵兰及阿尔卑斯山和喜马拉雅北麓的欧亚大陆，它逐渐向北移动；冈瓦纳古陆即现代的南美、非洲、印度、澳大利亚及南极洲，逐渐向赤道漂移（图 14-1C）。

2 亿年前北美洲原与非洲和欧洲相接，在中生代三叠纪时分开，北美洲和欧洲之间断裂，出现了格陵兰。中生代中期，北美洲西岸与欧亚大陆东岸在白令地区一直保持着连接，直到白令海峡形成时为止。白垩纪末期，南美洲发生旋转完全与非洲分离并向两极漂移，约在上新世时期与北美洲在巴拿马地峡接通。印度在没有和亚洲相接之前曾经发生旋转，离开非洲向北漂移与亚洲相撞时形成喜马拉雅山。非洲发生角度很小的旋转，向北漂移与欧洲相接。澳洲早期附在南极洲上，在向西向南漂移过程中二者一直保持相接，直到始新世（约 5000 万年前）时才完全分开向北漂移。新西兰在白垩纪晚期（8000 万年前）就与南极洲分离。今天的世界地理分布格局是 6500 万年前的大陆（图 14-1D）通过漂移，发生了分离与复合而形成的（图 14-1E）。

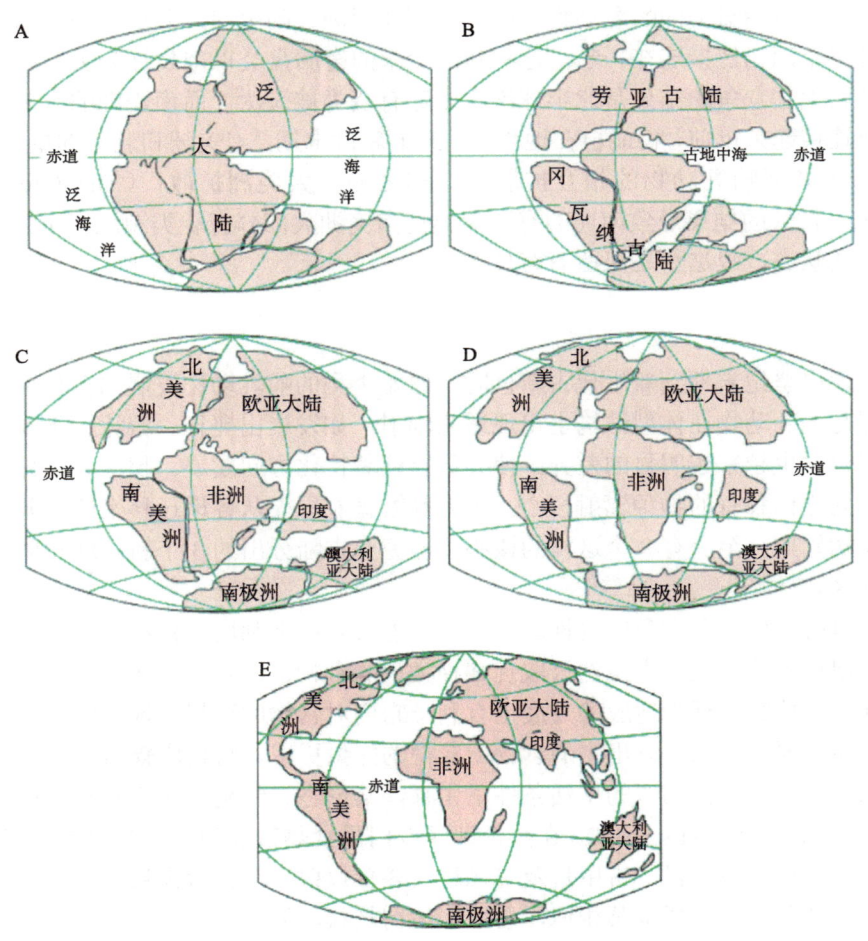

图 14-1　早期及现今大陆板块

A. 二叠纪 2.25 亿年前的地球；B. 三叠纪 2 亿年前的地球；C. 侏罗纪 1.35 亿年前的地球；
D. 白垩纪 6500 万年前的地球；E. 现今的地球

哺乳动物学

大陆漂移过程中有几个特征与哺乳动物的起源和扩散相关：①在第三纪始新世时期，南美洲与南极洲、澳大利亚大陆和南极洲、北美洲与欧洲仍保持连接；②北美洲西北阿拉斯加地区与亚洲东北仍可通过陆桥发生连接；③北美洲与南美洲从白垩纪到晚上新世前没有连续的陆地连接。因此，上述各大陆之间在很长的一段地质年代里有着广泛的联系，陆上的动物可以毫不困难地从一个大陆迁移或扩散到另一个大陆，如从非洲到南美洲。同时，现有研究显示，各大洲两亿年前的各类陆生爬行动物的化石几乎完全相同。

14.1.1 哺乳动物的扩散与大陆漂移的关系

有袋类和有胎盘类哺乳动物的历史可作为大陆漂移和陆生动物迁移之相互关系的例证。无论在欧洲、北美洲和亚洲，都可以在一亿年前的岩层中找到有袋类始祖的化石。在 7000 万~8000 万年前，有袋类曾经一度迅速传播发展成为全球性分布的类群，这说明了当时有袋类在洲际间能自由地迁移。以后随大陆漂移分离而终止迁移，结果各大陆上出现属种不同的有袋类。与此同时，有胎盘类的哺乳动物开始在欧洲和亚洲大陆出现，并迅速地传播到北美洲，这说明当时三个洲仍然接连在一起。这种新演变来的有胎盘类以肉食性为主，而绝大多数的有袋类是植食性，竞争的结果是北半球绝大多数有袋类被淘汰。而南美洲的有袋类直到南、北美洲重新连接起来以前，仍能自在地生活。到上新世末期，南美洲和北美洲重新连接起来，发生了两个大陆间哺乳动物的相互扩散，被称之为**"大美洲扩散"**（The Great American Interchange），扩散的结果导致南迁的有胎盘类把南美洲大部分有袋类淘汰掉了。大洋洲由于一直处于隔离状态，故迄今还保留着有袋类。

14.1.2 哺乳动物进化过程中的多样性

自中生代白垩纪末期到新生代古新世时，原始类型的哺乳动物发展出多种多样的类群，其根本原因是哺乳动物在体型结构上出现**适应辐射**，如发展出捷行、游泳、飞翔等类型。其后代彼此间也发生越来越明显的差异，使其日益朝着特化方向发展。超级大陆分化出来的每一块都能成为它们独有的物种辐射核心，每处都繁育着原先从各地迁移来的变异种。在哺乳动物时代的初始期，至少有 8 个这样的核心，即劳亚古陆分出的 3 个新陆地和冈瓦纳古陆形成的 5 个地区。

在古新世时，许多兽类是广食性的。它们只能低效率地利用植物种类，现存的却很少是广食性的。现代的植食性兽类虽然只取食某种类型的食物，但它们的牙齿结构和消化系统适于更有效地利用植物；行为适应的发展也有利于它们对食物的选择。现代兽类比古新世兽类觅食所耗的能量要少，从分解出来的食物中获得的能量更多。与**适应辐射**相反的情况是原来差别很大的种类，长期在相似的生活条件下生存，其形态、结构等逐渐互相接近，称为**趋同进化**（convergent evolution）。例如，在热带地区专门觅食热带蚁和白蚁的兽类就有好几个目，如鳞甲目、管齿目、披毛目、带甲目及袋鼬目（袋食蚁兽）等。啮齿目、有袋类、偶蹄类和奇蹄类等植物性兽类的门牙极其相似，齿冠都呈切割状，但不同兽类又都有其独特的生态特点，如斑马吃高草，羚羊吃低草，鹿和麋采食嫩枝叶。哺乳类各目的种类有着共同的祖先，因此亲缘关系密切，虽分支以后却仍保存着相似的特点，如食肉目各近缘种多有尖锐的犬牙和裂齿，以便撕裂食物。

14.1.3 哺乳动物的区系演变

14.1.3.1 区系演化

早在三叠纪晚期，大陆上已经出现较原始的哺乳动物，到新生代时取代了爬行类而成为哺乳动物时代，持续至今。哺乳动物除化石外，迄今仍保留 29~30 个目，这与大陆漂移密切相关。它们进化的历史条件和爬行类截然不同。在白垩纪的早中期，大陆之间是相连的，原始的哺乳动物可以自由地栖居于古大陆。在新生代第三纪大陆已趋于完全分离或半隔离状态时，这些早期类群便彼此分离，各自继续演化，最后产生了具有每个大陆特点的动物区系。但是它们在发展初期，由于北方各陆块之间距离并不太大，故欧亚大陆和北美大陆的区系很相似。南方古大陆块分离较早而且完全隔离，因而南美洲、非洲的哺乳动物是单一群的进化，形成许多地方性独特的目。

在第三纪后期，新生大陆之间的联系重新形成。各洲之间通过各陆桥大规模扩散、渗透和替代，形成今日世界六大动物地理区系。北方大陆的哺乳动物进入非洲挤走了一些当地种类，替代或形成新的类型。与此同时，一些非洲哺乳动物进而遍及全球；西半球随着巴拿马地峡的重新上升，发生了南、北美洲两部分动物区系剧烈的迁移。在这过程中有 13 个科的北美种类扩散到南美，使许多典型南美动物绝灭。而这一时期，只有 7 个科相继进入北美，而且扩散程度未超过北纬 25°。澳大利亚大陆由于隔离时间较长，故保留的原始兽类较多。兽类通过扩散、迁移、渗透和替代等方式改变了原有兽类的地理分布而形成混合区系。

14.1.3.2 区系在空间与时间上的分布

在进化过程中，各大陆哺乳动物区系组成在空间与时间上都保持着一定的层次，即一个地区的动物各种类不完全起源于同一地区，而且各种类占领或栖居在一个区域的时间长短也不一致。非洲的动物区系就是非常典型的例子，它由从其他地区迁移扩散来的代表性种类和起源于中生代而独立演化的地方各种类共同组成。例如，马科动物起源于北美洲，在新生代更新世时扩散到非洲，并演化成当今非洲区系中的一个非常引人注目的斑马类群；而起源于北非的猴科动物早在第三纪渐新世就已占领非洲广阔的地区。这个例子说明，旧大陆的猴类先是在非洲有个比较长的历史，是代表非洲早期哺乳动物区系的种类，而马科动物则是组成非洲晚期动物区系的种类。

14.2 世界动物生态地理群

陆地生态系统和水域生态系统是在长期的历史发展过程中形成的。每个系统都有其相适应的生物生态地理群。按生态动物地理观点可称为生态地理群。除水域外，全球陆地动物可分为 8 个生态地理群。

14.2.1 热带森林地带动物群

热带森林地带动物群主要分布在赤道两侧跨南北 5°~10°地区，以南美亚马孙河流域、非

洲的刚果河流域、东南亚岛屿、太平洋的伊里安和澳大利亚大陆东北部为最典型。在大陆迎风的边缘地区，热带森林动物群可以延伸到南北纬 15°~25°地区，如中南半岛、印度西部及我国海南、台湾和云南南部等地。热带森林地处低纬度地区，是热量最丰富、水分最充足、水热状况最好的地带。无明显四季变化，高温多雨，全年无霜，相对湿度平均90%以上。动物的食物丰富；隐蔽和栖息条件优越，是野生动物最理想的生存环境。

动物群兽类组成复杂，在我国有懒猴科、长臂猿科、鞘尾蝠科、鼷鹿科和象科等，其分布界限不超过热带森林的北界。亚洲的长臂猿、猕猴，非洲的大猩猩、黑猩猩、紫羚羊 *Taurotragus eurycerus*、霍加狓，南美洲的树懒等都是热带森林特有的类群。兽类组成虽复杂，但在同一热带森林，数量相差并不悬殊，优势现象极不明显。

该动物群常以树栖攀缘生活的种类占绝对优势。典型树栖的不仅有各种灵长类，还有啮齿目的巨松鼠、鼯鼠、树豪猪 *Sphiggurus*，披毛目的树懒、小食蚁兽，有袋类的树袋熊、树袋鼠 *Dendrolagus* 等。食肉目动物也经常会上树活动，如灵猫、熊狸等。树栖适应性的结构特征首先表现在四肢的结构上，如树懒具有弯曲而锐利的钩爪，灵长目的拇指（趾）与其他四指（趾）相对，跗猴和袋貂的掌上形成发达的足垫，扁颅蝠的趾端具有吸盘等；其次表现在尾的结构上，如负鼠、二趾食蚁兽、长尾穿山甲 *Manis tetradactyla*、树豪猪、卷尾猴等都具有能缠绕的尾，几种非洲飞鼠的尾基腹面还具刺。另外，袋鼯、鼯猴、鼯鼠等体侧前后之间具有飞膜，可借以滑翔。

热带地栖的种类较少，典型的主要是中小型植食性兽类，如鼷鹿、水鹿、西䝟、貘等。也有一些小型食肉兽如鼬獾、豹猫等。大型的如象、犀、河马等大都生活在林缘及稀树的河谷。它们的形态结构对地栖的适应特征是：前肢比后肢短，角不发达，尾短而粗，多营独栖，以躲藏与隐蔽的方式逃避敌害袭击，不善快跑与长跑，食肉兽则采用伏击方式捕食，视觉和嗅觉差，听觉十分灵敏。

14.2.2 热带草原地带动物群

热带草原地带动物群主要分布在非洲东部、南美的巴西高原、澳大利亚东部和北部、亚洲的印度和缅甸，以及北美洲的墨西哥高原等地。

在热带草原以草食性兽类占优势，如非洲的羚羊竟有数百万头之多。小型啮齿类也得到极大发展，不但种类丰富而且数量也特别多，小型啮齿类在种类和个体数量上约占各哺乳动物类群的 2/3，它们所消耗的绿色植物总数高达草原可利用食物的 75%，而且本身又是许多肉食动物的基本食物，在生态系统中占有极其重要的地位。

与热带森林动物群不同，热带草原的地栖兽类占据优势。在非洲热带草原上的狒狒和亚洲草原上的猕猴都是地栖灵长类。啮齿类在草原上几乎没有树栖种。大型的有蹄类种类繁多，如羚羊、斑马、长颈鹿、犀牛及非洲象和澳大利亚草原上的有袋类等。与此相关的肉食性的兽类也很丰富，如狮、猎豹、豺、獛 *Genetta*、獴和蜜獾 *Mellivora capensis* 等。

由于热带草原景观平坦开阔，缺少天然隐蔽条件，所以穴居、善跑型兽类突出。除啮齿类营地下穴居生活外，还有狐獴、大食蚁兽、土豚、跳兔及金毛鼹等也具有很强的挖掘能力。它们体型多呈短圆柱形，具有眼、耳退化，头宽而结实及尾短等特点。在开阔的景观中的一些兽类常具有另一种适应表现，即具有迅速奔跑的能力。例如，非洲羚羊、非洲野水牛和长

第14章　哺乳动物的地理分布

颈鹿全速奔跑时速可分别达到 80 km/h、56 km/h 和 45~50 km/h；体重 90 kg 的大袋鼠，一跃可超过 7 m，奔速可达 50 km/h。肉食动物是采取追击方式捕食，如猎豹平均时速超过 110 km/h，在 0.8 km 的短距离内能捕捉到跑得最快的羚羊。善奔跑兽类的适应特征表现在：趾数减少或愈合；四肢特长，后肢更长，具有发达的大腿肌肉；尾加长加粗，在跳跃时起平衡作用。猎豹脊椎骨特别柔软，能像弹簧一样弯曲，使每一步跳得很远。在行为上，则表现出集群生活方式。有的是同种单一种群，如象群、野水牛群、斑马群等，少则几头、几十头，多则几百头，甚至组成数千头的大群共同活动、觅食和迁移，有利于防御敌害、增进繁殖、保护幼仔；有的由不同种、属的个体组成混合种群，如斑马、羚羊、长颈鹿和鸵鸟等相聚取食，它们和平相处，共同对敌，鸵鸟相对于斑马、羚羊等起警戒作用。肉食的非洲狮、鬣狗也集群捕食，它们嗅觉比较灵敏，听、视觉也很发达。

这个动物群适应干、湿季变化的能力显著。旱季聚集于水源附近，水源枯竭时，只得迁移。迁移时往往是从羚羊、斑马等植食性动物开始，肉食动物尾随其后，雨季来临时又返回故地。

14.2.3　亚热带常绿林地带动物群

亚热带常绿林地带动物群主要分布在中国东南部、美国及澳大利亚的东南部和西南部，以及地中海沿岸和非洲的西南部。

动物群种类组成混杂，且有明显的过渡特征。这种过渡性以我国东南部的亚热带常绿林动物群表现得最明显，其南北分别与热带和温带森林动物相连，其间缺乏限制动物活动的地理障碍，形成了森林动物南北相互渗透的过渡地带。例如，狐蝠科和树鼩科等大致以南亚热带为其分布北限；蹄蝠科、鲮鲤科等基本上以中亚热带北界为分布北限；豪猪科、竹鼠亚科、疣猴亚科等一般以北亚热带的北界为分布的北限。而亚热带常绿林动物群与温带落叶阔叶林动物群所共有的动物，大多数是广泛分布于我国季风区的种类，如翼手类、黑熊。由于四季变化逐渐明显，在本带兽类中还出现了冬眠现象。

大陆西部亚热带常绿阔叶林动物群组成的过渡性也比较明显，如北非荒漠的叟猴（无尾猕猴）*Macaca sylvanus* 和猞分布至本带，欧洲温带森林动物群中的马鹿、棕熊等与本带共有。

人类活动对本带动物群有显著影响，使林栖动物失去栖身场所，大型哺乳动物如华南虎等几乎绝迹，而适应于次生林灌与田野生活的中小型兽类越来越多。典型的常绿林动物群只保留在少数自然保护区内。

在亚洲亚热带常绿阔叶林中，典型树栖的有金丝猴，岩栖、半树栖的有猕猴、藏酋猴和短尾猴，地栖的有穿山甲。在山地及丘陵次生林灌，常见的有蹄类有小鹿、獐和毛冠鹿。典型的林栖啮齿类有赤腹丽松鼠、长吻松鼠、花松鼠等。大型啮齿动物豪猪在本带也较常见。

14.2.4　亚热带和温带荒漠地带动物群

亚热带和温带荒漠地带动物群在北半球面积广大，主要分布在北非的撒哈拉、亚洲的阿拉伯、俄罗斯等中亚大陆、我国西北地区及蒙古高原的大戈壁、美国中部和墨西哥的西北部；在南半球，分布在澳大利亚的中部、非洲的南部和南美洲西部。

哺乳动物学

本带兽类组成种类贫乏、数量少，如瞪羚只能生活在半荒漠地区。在北非撒哈拉沙漠中有58种哺乳动物，真正荒漠动物仅24种，其中包括2种刺猬、2种食肉类、17种啮齿类、1种兔和2种羚羊。这些种类密度都很小，如中亚荒漠上的鹅喉羚常只有3~5只成群活动于戈壁上。本带啮齿类明显占优势，共17种。在我国温带荒漠、半荒漠动物群中，特有的哺乳动物共28种，仅沙鼠和跳鼠类就有18种。

本带兽类在大面积的荒漠地区表现出低密度分布，而在一些点、块状分布的隐域性湿岛又表现为高密度集中。荒漠生态系统单调、脆弱，物种消亡快，内禀增长率大。鼠类等会出现种群爆发。

荒漠动物对不利环境因素具有各种适应能力。它们对高温的适应表现为：多为夜出性，眼和耳壳特别发达，听泡容量加大，以便在黑暗中定向和听察细微声音。为了适应干旱的气候，它们一方面很善于利用新陈代谢的水分维持生命，如沙鼠仅吃含水分不超过10%的种子，更格卢鼠（囊跳鼠）吃的种子含水分仅5%~10%，都无需饮水而能生活和繁殖；另一方面是形成了一系列减少耗水的适应机制，如没有汗腺、大便干结、小便很少。荒漠中的大型有蹄类，如骆驼、瞪羚、野驴等，除具有耐渴、耐饥的特殊机制外，还具有远距离寻找水源的能力。啮齿类等都有夏眠习性，这也是对干旱的一种适应。

由于荒漠景观开阔，本带有蹄类都善于奔跑，如各种瞪羚、赛加羚羊、东非剑羚 *Oryx beisa*、旋角羚、野驴等时速通常可达60 km/h左右。小型啮齿类和跳袋鼠等后肢很长，善于跳跃，并具粗长的尾，以便在跳跃中保持平衡，体色一般具有与环境一致的沙土色作为保护色。五趾跳鼠的后足趾外侧生有坚硬的栉状小毛刷，有利于在松软的沙土上活动；钻洞时，脚上的毛刷和软垫似铲，有利于把已掘出的沙土抛出洞外。骆驼的蹄大而扁平，蹠有很厚的肉垫。这些都是对沙土生活的特殊适应。

14.2.5 温带落叶阔叶地带动物群

温带落叶阔叶地带动物群主要分布在北美大西洋沿岸、西欧和中欧海洋性气候区、亚洲东部温带季风区。

此带动物种类组成混杂，具有明显的过渡性，兼有北方型和南方型的成分。冬季，寒带针叶林大型哺乳动物多出现在本带。夏季，与亚热带无显著差异，有少数热带森林特别繁盛的代表类群可延伸到这里但不再向北发展，如猕猴在我国最北可分布到河北北部兴隆山地。灵猫科分布北限，大致与温带森林北界相符。本带地栖动物的种类和数量都比热带森林多。地栖的许多种过着穴居生活，如北美温带落叶阔叶林中的赤狐、灰狐 *Urocyon cinereoargenteus*、臭鼬、东美花鼠 *Tamias striatus*、美洲河狸、水獭等。树栖的主要有松鼠、飞鼠、蝙蝠和智鲁负鼠等，它们具有多种适应树栖攀缘生活的特征，如松鼠有锐利的爪、负鼠和白足鼠富有缠绕性的尾、飞鼠体侧有皮膜和松鼠具蓬松多毛的尾等。冬季不迁移的动物大都进行蛰伏和冬眠，如蝙蝠、刺猬、獾和棕熊等。本带由于受人类活动影响极大，大型有蹄类和食肉类急剧减少，有的甚至已经绝迹，如欧洲野生的河狸、松貂等濒临绝灭，我国的驯鹿野生种群已经绝迹。一些典型的温带阔叶林动物，只保留在少数自然保护区，而该带的啮齿类动物则得到了发展。

14.2.6　温带草原地带动物群

温带草原地带动物群分布在中纬度地区的大陆内部，在欧亚大陆和北美洲从西向东呈明显的带状分布。南半球面积较小，仅在南美和非洲南部有小片分布。

动物种类组成贫乏，啮齿动物特别繁盛，大多是群聚性动物。有蹄类种类虽少，但数量甚多，肉食类也较丰富。景观开阔，啮齿动物发展了洞穴生活的能力。有蹄类均有迅速奔跑的能力，其集群的生活方式和敏锐的视觉与听觉，都有利于躲避天敌。草原动物的种群数量年度变化很大，对草原的危害"此起彼伏"。冬季高鼻羚羊等有蹄类迁往雪被较少的地区；啮齿类中旱獭、黄鼠等进入冬眠；田鼠、鼠兔等储藏食物以备过冬。

14.2.7　寒温带针叶林地带动物群

寒温带针叶林地带动物群分布在欧亚大陆和北美大陆的北部。本动物群的种类组成贫乏，该带兽类主要是由耐寒性和广适应性种类组成，其中包括大部分苔原带动物，如驯鹿、旅鼠、雪兔、北极狐 *Alopex lagopus* 等，它们在冬季由苔原迁来。动物的空间分布简单，在树冠分布的有松鼠和紫貂，如松鼠巢筑在最密的树枝上，有的在树洞中筑巢如鼯鼠等。附生、藤本和灌木稀少，有蹄类体型大，雄兽具巨角并能迅速奔跑，如驼鹿和驯鹿等。针叶林中雪松果实具有特殊意义，为花鼠、棕背䶄等提供重要食物来源。在果实丰收年代，还有紫貂、棕熊、狐，甚至狼獾等均以之为食。浆果和真菌也是林中动物的基本食物。驼鹿还以针叶树的枝叶和树皮为食。栖居在针叶林中的猫科动物只有猞猁。针叶林中动物的数量很不稳定，常随食物量而产生周期性变化，如松鼠在针叶林种子丰收年代，一年产 3 窝，每窝 7~9 只，并且死亡率很低，其数量可增长 400%；相反，在食物不足年份，仅增加 75%。在冬季，驼鹿、松鼠、紫貂、狼獾、花鼠、长尾黄鼠等营定居生活，有储藏食物或冬眠的习性，或两者相结合。它们所具的特殊适应特征是：大多数动物毛长绒厚；驼鹿的长腿有利于它们在雪上快跑；雪兔、狼獾、猞猁具有宽阔的趾爪，不易陷入松软的雪中；雪兔、白鼬、伶鼬冬毛变白，有利于隐蔽自己，接近猎物。

14.2.8　寒带苔原地带动物群

寒带苔原地带动物群分布于针叶林以北的地区，包括欧亚大陆和北美大陆最北部及北冰洋各岛屿，形成一个大致相连续的地带。在南半球，仅分布在马尔维纳斯群岛、南乔治亚群岛和南奥克尼群岛等岛屿。

苔原动物大都集中在河谷地带，在其他广阔荒凉的苔原上非常贫乏。但它们都具有较高的繁殖力，如北极狐一窝能产 6~12 仔，最高可达 22 只；旅鼠可在雪下繁殖，一个种群繁殖的数量可达数百万头。冬季，较大型的兽类迁到针叶林，只剩下旅鼠和少数北极狐，它们既不冬眠，也不储藏食物，而是积极活动觅食。夏季，驯鹿、旅鼠活跃在广阔的苔原上。苔原的旅鼠、雪兔及以它们为食的北极狐，其数量每隔 3~4 年或 9~10 年波动一次，这种波动比其他任何地区更为突出。苔原动物大多体毛绒密而长，皮下脂肪很厚，耐寒力极强。脚趾构造特殊，如驯鹿的蹄宽阔并能强度分开，利于在沼泽和雪上行走而不致陷入；北极狐脚掌下密被以毛，既可保暖，又可防止在冰上滑动。

哺乳动物学

14.3 我国动物生态地理群

我国陆地环境可分季风区、蒙新高原和青藏高原三大自然区，对动物的影响分别表现为湿润、干旱和高寒的地带性特征。同时，地带性规律也反映在我国陆栖动物地理分布上。

14.3.1 热带森林、林灌、农田动物群

热带森林、林灌、农田动物群分布在西藏、云南、广西、广东和福建的南部，以及海南和台湾地区。天然植被为热带雨林和季雨林常绿阔叶林。动物种类丰富，特有科为树鼩科、长臂猿科、灵猫科和象科。在一定区域的同样生态环境内，通常栖息着多种生活习性相似的种类。以云南南部林区为例，在同一山坡的森林中，通常有红腹松鼠栖息于森林深处，蓝腹松鼠 Callosciurus pygerythrus 和花松鼠到处可见，猕猴、短尾猴、叶猴和蜂猴各在一定范围内活动。林中的大树上，多种动物可相聚取食。在云南西双版纳曾观察到一棵正结果实的榕树上，有赤腹丽松鼠、红颊长吻松鼠、花松鼠和树鼩等同在一起取食。热带森林食物丰富而复杂，有利于狭食和专食性动物的生活，如穿山甲专食白蚁、几种竹鼠专食竹类和山姜子等植物的根。一旦森林砍伐后，改变了生态环境，形成林灌、草地和农田，原树栖的长臂猿、叶猴、蜂猴等几乎绝迹，只有猕猴对次生林灌的适应性较强，常在地上活动，而树栖的赤腹丽松鼠、花松鼠、蓝腹松鼠等转变为半树栖生活。在各生态类型中，动物的种类和数量各不相同，次生高草地对中、小型有蹄类如赤鹿、小鹿和野猪等生活甚为有利；在林灌草地，中、小型食肉动物如豺、豹猫、鼬獾及灵猫科的一些种类数量相当多；次生林灌和草地兽类的生活习性受到人类活动的影响，有些成为农田的危害者，如黄毛鼠、板齿鼠和大足鼠。

14.3.2 亚热带森林、林灌、农田动物群

亚热带森林、林灌、农田动物群分布在云南、广西、广东和福建各省的北部至秦岭、淮河一线的广大地区，是热带和温带之间的过渡地带，发育着常绿阔叶林。境内普遍受到人类经济活动的影响，典型林栖兽类仅保存于少数面积不大的森林中，如在云南西北、四川、贵州和安徽南部等少数山地林区，猕猴、短尾猴、藏酋猴、金丝猴等的数量不多，几乎处于残留状态，目前已受到国家保护。赤腹丽松鼠、长吻松鼠、花松鼠等为林中的优势种。本带西部山地中岩松鼠为林中的常见种。开发的凹地及丘陵次生林灌和草地中常见的有蹄类有小麂、獐、毛冠鹿、野猪等，其中小麂在许多地区成为优势种。野兔数量不少，以蒙古兔和华南兔最普遍。在亚热带茂密竹林中，有竹鼠、穿山甲和豪猪等。食肉兽有华南虎、豹、云豹、豹猫、貉、大灵猫、果子狸等，但华南虎已面临绝迹。在广大的农耕地，以黑线姬鼠、黄胸鼠、黄毛鼠、褐家鼠和小家鼠为优势种，前三种田栖鼠对农作物均有害。

14.3.3 温带荒漠、半荒漠动物群

温带荒漠、半荒漠动物群包括内蒙古西部、新疆的准噶尔盆地和塔里木盆地、河西走廊和柴达木盆地及区内各个山地的山麓地带。降雨量少，气候干燥，为典型的大陆性气候。以啮齿类繁盛为特征，其中无论种类和数量，均以跳鼠和沙鼠为主。跳鼠主要栖息于戈壁（砾

质荒漠），而沙鼠主要栖息于沙质荒漠。其中子午沙鼠 *Meriones meridianus*、长爪沙鼠等大多为群聚性种类，全年活动，只在冬季温度降低时活动减少。跳鼠有 11 种之多，它们的共同特征是：后肢特长适于跳跃；前肢短，仅用于摄食和挖掘，不用于奔跑；尾一般极长，有些种类尾末端具有扁平的长毛束，有利于跳跃中平衡身体。主要食物是植物的嫩叶、种子和昆虫，由于食物条件的限制，它们营非群聚生活，夜间活动觅食。珍贵兽类有野马和野生双峰驼，前者野生种已绝迹，后者趋于濒危。有蹄类中分布最普遍的是鹅喉羚，常三五成群，活动于砾质戈壁与沙质戈壁，与野驴常混在一起活动觅食。食肉兽中最常见的是沙狐、虎鼬 *Vormela peregusna* 和狼。

14.3.4　温带草原动物群

温带草原动物群分布在内蒙古高原东部，东起大兴安岭西麓的山前平原和松辽平原西部，向西一直延伸至鄂尔多斯东部。环境开阔单调，主要是干草原或草甸草原。动物组成单纯，大多是群聚性动物。啮齿动物以黄鼠、鼠兔、鼢鼠、旱獭和田鼠等属中的少数种类为主要成分。东部草原分布着布氏田鼠 *Lasiopodomys brandtii* 和狭颅田鼠 *Microtus gregalis*，其中以布氏田鼠分布广、数量多，成为优势种，其洞穴密集，对草场的破坏极为严重。旱獭主要分布于低山丘陵地区。干旱程度加深，出现荒漠草原代表种，如长爪沙鼠和毛足鼠 *Phodopus roborovskii* 等。有蹄类以蒙古原羚为典型代表，历史上有过数以千计的集群，但现在难遇到大的集群。西部草原分布有鹅喉羚，但数量很少。草原上的肉食动物以黄鼬、沙狐、赤狐、狼、艾鼬、兔狲、虎鼬和香鼬等较为常见。

14.3.5　温带森林、森林草原、农田动物群

温带森林、森林草原、农田动物群分布在我国东北针叶林带以南到秦岭——淮河一线以北的广大温带季风地区。在针阔混交林带，林栖动物相当丰富。在东北的东南部山地森林中，有蹄类动物有狍、马鹿和野猪在林区分布广泛，其数量比其他林栖有蹄类多。食肉动物有东北虎、豹、黑熊、棕熊、貉、黄喉貂、黄鼬、豹猫和紫貂等。林区的小型啮齿类，如松鼠、花鼠、棕背䶄、红背䶄、大林姬鼠等到处可见，为优势种。冬季动物的食物剧减，不少兽类如刺猬、黑熊、棕熊、貉和獾等营冬眠。储藏食物过冬的松鼠、花鼠等很少出洞活动。

华北地区长期农垦，森林仅局部残存。森林动物贫乏，常见的有蹄类，如马鹿、梅花鹿等，在本区已极为稀少或已经绝迹，麝、狍和野猪等尚能常见。此区还有一些与南方共有的种类，如岩松鼠、隐纹花鼠和红背鼯鼠等。此外，还残留有猕猴，它们已适应砍伐后的山地环境。

在广大的黄土高原、华北平原和东北平原，主要为农田生态环境。分布最广泛的是小型啮齿动物，如仓鼠科的灰仓鼠 *Cricetuius migratorius*、长尾仓鼠、大仓鼠 *Tscherskia triton*、黑线仓鼠、东北鼢鼠、中华鼢鼠和食虫类的麝鼹等，这些动物大都栖息于农田及沟谷灌木草丛间，盗食农作物种子，对农业危害较大。缺齿鼹和花鼠在许多地区形成优势种。在北部接近内蒙古草原的边缘地带，某些荒漠草原的典型代表种，如长爪沙鼠和子午沙鼠等也是常见种类。分布广泛的肉食动物有狐、黄鼬、狗獾、猪獾等。

14.3.6 寒温带针叶林动物群

寒温带针叶林动物群分布于东北北部的大兴安岭北部及新疆最北部的阿尔泰山。在大兴安岭北端和俄罗斯西伯利亚的泰加林相连接。森林中的有蹄类如驼鹿、东北马鹿、麝、狍和野猪等分布范围广，其中马鹿、麝和野猪在针叶林带数量较多。马鹿随季节的变化和食物不同其栖息地也不同，驼鹿为泰加林中巨兽，是针叶林带的典型栖居者，在大、小兴安岭北部是优势种，多栖息于混生有杨、桦、柳等阔叶树的林中，以嫩枝叶为食，有集群生活习性。驯鹿分布于俄罗斯泰加林，在我国已无野生种，只有鄂温克族以半散放方式饲养作役用。大兴安岭横贯西伯利亚泰加林的边缘地带，有些栖息于冰沼带及西伯利亚泰加林动物群中的典型种类也分布于此，如狼獾、欧亚驼鹿、雪兔和林旅鼠等，它们是寒温带针叶林的特有种。小型啮齿类中的优势种或常见种，树栖的有松鼠，半树栖的有花鼠，地栖的有大林姬鼠、棕背鼠、红背鼠和小飞鼠等。肉食动物有黄鼬、香鼬、棕熊、紫貂、猞猁、狼獾和伶鼬等，它们的冬毛丰满、底绒丰厚，毛皮最佳。在阿尔泰山针叶林有不少与大兴安岭相似的种类，如有蹄类的麝。肉食类的狼獾和紫貂，啮齿类的松鼠和花鼠最多。另在水域中生活着河狸，是稀有的珍贵毛皮兽。

14.3.7 高地森林草原、草甸、寒漠动物群

高地森林草原、草甸、寒漠动物群分布在青藏高原及其周围毗连高山，包括北部的帕米尔、天山，南部的喜马拉雅山和东部的横断山脉。青藏高原东南部边缘地带，地形复杂，动物主要由横断山脉区系和喜马拉雅山系迁入或就地特化所组成。动物种类丰富多样，是这一地区的特色。一般从东南向西北地势越高，气候越寒冷干旱，动物种类越少，区系起源越新。

高山森林草原生态类型中的有蹄类有白唇鹿、白臀鹿、马麝及狍等，其中白唇鹿和马麝是常见代表种。白臀鹿分布于整个高原的东南部，延伸到喜马拉雅山脉。狍只限于高原东北缘，是北方森林草原伸入高原的种类。草原生态环境中栖居的啮齿类，有高原兔、喜马拉雅旱獭、中华鼢鼠和长尾仓鼠等。在横断山脉北部到祁连山一带，藏鼠兔栖息于高山灌丛；红耳鼠兔除森林外还栖息于多种环境；黑唇鼠兔栖息于草甸草原，可见其分化现象较为显著。肉食动物有狼、狐、猞猁、石貂、马熊、艾鼬和香鼬等，还有分布于季风区的豹猫。在高山草原和高寒荒漠环境中，分布广泛的有蹄类是藏野驴、藏原羚、岩羊和西藏盘羊。高寒荒漠的典型代表种是藏羚和野牦牛，在高原的外围地区比较少见，在羌塘高原上常有数百头牦牛集群活动觅食。在肉食动物中最能适应高寒漠环境的是雪豹。

14.3.8 山地动物群

山地动物群山地由于海拔较高，自然景观随高度增加具有明显的垂直变化，动物组成也相应变化，如长白山、秦岭、岷山、邛崃山、贡嘎山、喜马拉雅山、祁连山及其他一些山地。下面以喜马拉雅山为例进行阐述。

海拔 1600~2500 m，常绿阔叶林带，兽类种类丰富，数量较多。有长尾叶猴和熊猴成群活动于河谷的密林中，有蹄类的赤鹿比较常见。啮齿类中有橙腹长吻松鼠和灰腹鼠等。肉食兽中小熊猫、黄喉貂、丛林猫、豹、黑熊等均活动于常绿阔叶林内。

海拔 2500~3100 m，针阔混交林带，啮齿类有橙腹长吻松鼠、拟家鼠和灰腹鼠，后两种数量较少。生活在阔叶林的种类，如长尾叶猴、小熊猫、黑熊、赤鹿等也栖息于本带。栖息于针叶林的林麝也在本带的上部活动。

海拔 3100~4000 m，针叶林带，肉食兽中黑熊、黄鼬分布较为广泛，有蹄类的林麝为针叶林带的典型代表种。林线上缘还有黑麝和喜马拉雅麝。啮齿类有灰腹鼠、锡金松田鼠及喜马拉雅鼠兔，后者为林中优势种，多栖息于砾石堆中。

海拔 4000~4500 m，个别地段到 4800 m，灌丛草甸带，啮齿类有高原鼢、藏仓鼠 *Cricetulus kamensis*、锡金松田鼠、喜马拉雅鼠兔、松鼠兔和喜马拉雅旱獭，它们都是比较常见的种类。有蹄类中的马麝出没于河谷灌丛，岩羊在岩石陡峻的山坡活动。肉食类则有雪豹出没。

14.4　水域动物生态地理群

水域动物生态地理群包括地球表面 71%以上的广阔海洋及陆地的江、河、湖泊。

在大陆坡深 220 m 以上的浅海沿岸线，水生的哺乳动物比较贫乏，常见的只有海牛、儒艮、海象、海豹、海豚及灰鲸等少数种类。在我国沿海分布的鲸类和鳍脚类比较常见的有海豚、江豚、小鳁鲸、海豹和海狗等。

沿岸线以外的远洋带，浮游动物、各种甲壳类等，无论在种类或数量上都非常多，是许多须鲸类的主要食物。例如，南极磷虾在南太平洋中分布密集，数量可观，是 5 种巨鲸、3 种海豹的重要食物。

河流湖泊中，包括一些特殊的动物群，如淡水豚类的白鱀豚、恒河豚、亚马逊河豚等 5 种及河马、河狸、水獭和麝鼠等。

14.5　分布区与动物区系

14.5.1　分布区

分布区（distribution range）是指某种动物所占有的地理空间。在此空间内，该种动物能够充分地进行个体发育并留下具有生命力的后代。

一个种或其他分类类群最初是从一个地点发生的，然后逐渐向四周扩展分布，这个最初发生的地点叫做**发生中心**（center of origin）。种群从这种发生中心分布到另一地区的过程，称为扩散，其结果是扩大了种的分布区。动物在扩展分布区时，往往会遇到各种障碍，对不同种动物，起阻限作用的环境因素和程度不同。按其性质分为：**非生物阻限**（the abiotic barrier），如地形、气候、海洋、河流和沙漠等，以及**生物阻限**（the biotic barrier），包括食物不足、中间宿主的缺乏、敌害的存在及种间竞争等。种的分布区范围的大小主要取决于种对环境条件可适应的幅度——**生态价**（ecological valence）、种延续的地质年龄及栖息地面积等因素。

14.5.2　分布型

根据种的分布区相对集中并与一定的自然区域相联系的事实，世界陆栖动物常用的分布类型有：全热带分布、环极分布、大西洋两岸分布、太平洋两岸分布、两极分布、北极-高山分布和北方-山地分布。

适用于我国动物的主要分布型有9个，其中属于北方类型的主要有：北方（全北-古北）型、东北型、中亚型和高地型；属于南方类型的主要有：东洋型、喜马拉雅-横断山区型、南中国型和旧大陆热带-亚热带型；岛屿型究竟属于北方型还是南方型视所在地理位置而定（张荣祖，2015）。

14.5.2.1 北方类型

（1）北方型（N）：包括两种情况。一种是分布区环绕北半球北部，包括欧亚大陆及北美寒温带，为全北型（C），如狼、驯鹿、雪兔等；另一种是横贯欧亚大陆寒温带，在我国见于东北北部或新疆北部，为古北型（U），如紫貂、河狸等。反映了我国北方动物区系与环球寒温带-极地动物区系间的关系。

（2）东北型（M）：分布区位于我国东北及其邻近地区，有些种的分布区向北可至极地，向东到日本，向西最远可至乌拉尔山脉。东北型的种多属森林种类，是"东北区"的主要成分，如东北兔、小艾鼬 *Mustela amurensis* 等。

（3）中亚型（D）：分布于亚洲大陆中心部分，在我国见于蒙新高原，为荒漠-草原的栖居者，是"蒙新区"的主要成分，如普氏野马、蒙古野驴等。

（4）高地型（P）：主要分布于青藏高原，包括昆仑山脉、祁连山脉及横断山脉北部及喜马拉雅高山带，属于耐寒性种类，是"青藏区"的主要成分，如藏羚、野牦牛和雪豹等。

14.5.2.2 南方类型

（1）东洋型（W）：又称东南亚热带-亚热带型。主要分布在印度半岛、中南半岛及其附近岛屿，分布区北缘伸入我国南部热带和亚热带，属东洋界，是"华南区"的主要成分。如亚洲象、黑叶猴、果子狸等。

（2）南中国型（S）：主要分布在中国东南部秦岭-淮河一线以南亚热带-热带环境，属东洋界，如鼬獾、长吻鼩等。

（3）旧大陆热带-亚热带型（O）：主要分布于欧亚非大陆的低纬度至中纬度地区，跨东洋界与旧热带界，代表动物如豹、红鼠兔等。

（4）喜马拉雅-横断山区型（H）：主要分布于横断山脉中，低山或喜马拉雅南坡森林带以下的种类，属东洋界，是"西南区"的主要成分，如小熊猫、扭角羚等。

14.5.2.3 岛屿型（J）

台湾和海南岛为大陆岛屿，与大陆关系密切。南海诸岛为海洋型岛屿，动物区系另具特色。代表动物如台湾猴、海南兔等。

以上各主要分布型之间并非孤立而是互相联系的（图14-2）。除古北型与全北型的分布是重叠的之外，北方其他分布型间只有边缘地区有重叠，说明我国北方及其邻近地区的自然环境的区域变化十分明显。就区系整体而言，南方的东洋型、旧大陆热带-亚热带型和南中国型是完全重叠的，但各自的中心呈现地理替代。喜马拉雅-横断山区型与上述三个分布型均有部分重叠，似乎镶嵌于三个型之间。这说明我国南方动物区系的演化进程不同于北方。热带、亚热带动物栖息生境复杂，在自然历史过程中的变化不如北方明显。在同一地区，不同历史时期的动物区系，可同时分布于境内各生境中。北方与南方各分布型之间亦有重叠，反映北方与南方动物之间的相互渗透（张荣祖，2015）。

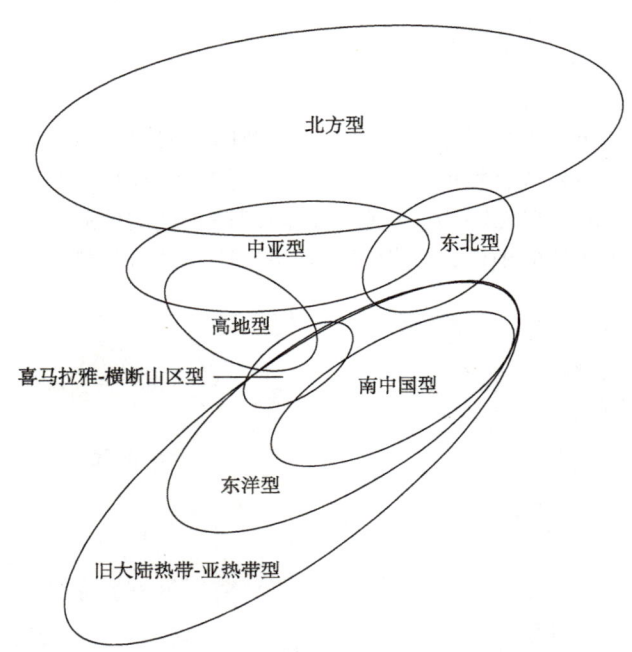

图 14-2　南、北方动物主要分布型在我国及其邻近地区的相互关系（仿张荣祖，2015）

14.5.3　动物区系

广义的**动物区系**（fauna）指许多不同动物种的总和，这种总和可按分类系统、自然区域、行政区划、栖息环境和生活时期等方面来划分。例如，哺乳动物类中的食肉类动物区系可划分为亚洲食肉类区系、中国食肉类区系、森林食肉类区系和更新世食肉类区系等。

狭义或严格的**动物区系**是指在一定历史条件下，由于地理隔离和分布的一致所形成的动物整体。它由许多分类上明确、分布上重叠的动物物种组成。从动物区系学观点出发，可分大陆动物区系（含岛屿动物和大陆水域动物）和海洋动物区系。地球上存在着不同类型的孤立区域，如岛屿、岩洞及闭锁水域等，可称为孤立区域的动物区系。

动物地理学中，经常用固有种、特有种和移入种等概念来反映种的分布区属性。**固有种（土著种）**（autochthonous specy）是指在发生中心的种或其他分类类群，称为该地区的固有种。**特有种**（endemic specy）系指一个种或其他分类类群被公认仅分布在地球上某一地区，便称该地区的特有种。如果由另外一个地区迁移到本地区来的种或其他分类类群，称为本地区的**外来种**（exotic specy）。

凡两个近缘的种、属或科被阻隔分布于相邻地区，分布区不相重叠或只有小部分重叠，这种现象称为**系统替代**（systematic replacement）或**地理替代**（geographic replacement），这些种、属、科均称为系统替代者，如我国的紫貂在欧洲被松貂所替代。另一种情况是**生态替代**（ecological replacement），即在不同地区，分类上相距很远但具有共同的生态适应特点，能够居住在相似的生活条件下的现象。例如，鳞甲目、贫齿类和管齿目，它们分别为亚洲、美洲、非洲热带-亚热带的生态替代类群。

14.6 世界动物区系的分界划分

世界陆地动物的分布，依其亲缘关系及动物扩散的主要阻限可划分为六个界（图 14-3）。在界的范围内，具有一系列特有科或个别特有目。界的界线往往就是大陆的界线或由巨大的山脉、沙漠、海洋等形成的自然障碍。这些自然障碍在长期的地质年代中，对动物的分布有明显的影响。缺乏上述条件的地区，动物区系则呈现广泛的过渡性。

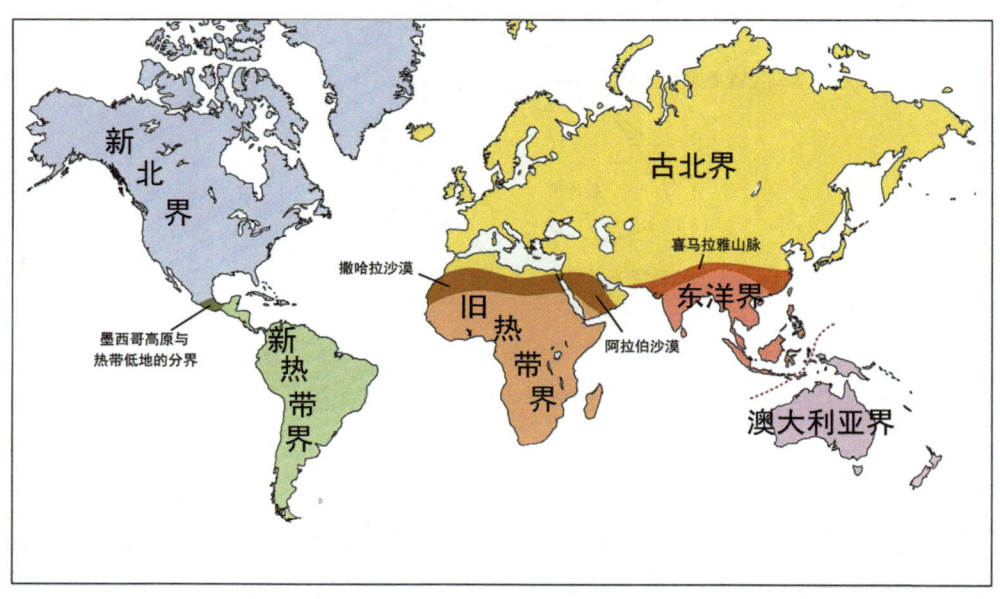

图 14-3　世界动物区系（引自 Sinauer Associates 出版社，2001）

14.6.1　古北界 Palearctic

古北界包括欧洲、北回归线以北的非洲与阿拉伯半岛的大部分，喜马拉雅山脉-秦岭山脉以北的亚洲大陆，为六个动物地理界中最大的一个。古北界动物区系与新北界、东洋界、埃塞俄比亚界动物区系有着复杂的关系，古北界北方的动物种与新北界相似，向南递减；而南方与东洋界相混杂，向北递减。兽类的分化程度中等，大多在属、种水平上与东洋界、新北界有亲缘关系。陈宜瑜等（1996）提出把"青藏高原-横断山脉"独立为一生物地理界。

本界内动物成分以温暖潮湿地区最丰富，往北逐渐减少，在干旱或山地地区种类明显减少，并形成特化。界内东西差别比南北明显。动物区系中以我国最丰富，其次是地中海地区。按分类系统，全界共 10 目 475 种哺乳动物，其中，食虫类有 66 种，翼手目 61 种，灵长目 2

种，食肉目 25 种和象鼩目 1 种。无一特有目，特有的科有跳鼠科、睡鼠科和鼹形鼠科。本界主要代表动物有刺猬、貉、貂、獾、骆驼、獐、狍、野猪、牦牛、鹅羚、野马、黄鼠、睡鼠等。此外还有北极狐、棕熊、狼、狐、欧亚驼鹿、伶鼬、河狸、雪兔等，它们除分布于古北界外，还广泛分布于新北界的北美大陆。

14.6.2　新北界 Nearctic

新北界包括墨西哥北部以北的北美洲大陆广大区域，动物一般与古北界相似，不及新热带界丰富，是古北界与新热带界的过渡与混杂，往北古北界成分增多，往南新热带成分增多。

本界兽类共 9 目 356 种，组成是：有袋类 1 种，贫齿类 1 种，食虫类 48 种，翼手目 50 种，食肉目 30 种，偶蹄类 11 种，啮齿目 200 种和兔形目 15 种。无特有的目，特有的科有叉角羚科、山河狸科，都是单型科各仅 1 种。其他哺乳动物以囊鼠科、更格卢鼠科较其他界为繁盛。此外，还有一些特有的属，如美洲麝牛、美洲河狸、美洲獾 *Taxidea*、北美红松鼠 *Tamiasciurus*、星鼻鼹 *Condylura* 等。

古北界与新北界有许多共同的类群，因而常将它们合称为全北界。全北界动物区系的贫乏主要是由它的主要自然景观的单一性、生存条件的严酷性和地质历史时期较近所致。全北界所特有或主要分布于全北界的科有鼹科、鼠兔科、河狸科和林跳鼠科。从欧亚大陆和北美大陆不同地区的第三纪地层中发现的古生物材料证明，现代一般缺乏的动物种类或其分布目前仅限某一半球的动物种类，过去都曾经广泛地分布于整个北半球，如象、乳齿象 *Mastodon*、骆驼、犀、马、有袋类的多门齿类、原猴类、猿猴类和其他某些动物。从现代动物分布情况也可看出，许多动物广泛分布在欧亚大陆及北美大陆北部，如水貂、马鹿、猞猁、驼鹿、驯鹿、狼獾、雪兔。这种现象是由于在第三纪或第四纪，白令海峡的陆桥不止一次地断裂而又重新衔接，使动物趋向一致而混杂的动物区系。冰川退却后陆桥消失，两界又发生系统的分离。故两界既有相似之处，也有不同之点。

14.6.3　埃塞俄比亚界 Ethiopian

埃塞俄比亚界又称旧热带界。包括北回归线以南的阿拉伯、撒哈拉沙漠以南的非洲大陆及马达加斯加与附近诸岛屿。

在冰川时期，有大量古北界动物迁入并成为本界特有种群。界区区系结构呈明显的地域分化。动物种类繁多，在六界中仅次于新热带界，共 13 目 864 种，其中，食虫类 155 种，翼手目 175 种，灵长目 81 种，食肉目 72 种，长鼻目 2 种，奇蹄目 5 种，蹄兔目 3 种，管齿目 1 种，偶蹄类 76 种，鳞甲目 4 种，啮齿目 265 种，兔形目 11 种，象鼩目 14 种。特有目有管齿目、蹄兔目和象鼩目，各仅 1 种扩散到古北界。特有的科有马岛猬科 23 种，金毛鼹科 18 种，吸足蝠科 1 种，鼠狐猴科 7 种，狐猴科 11 种，大狐猴科 5 种，指猴科 1 种，鳞尾松鼠科 7 种，跳兔科 1 种，蔗鼠科 2 种，岩鼠科 1 科，滨鼠科 11 种，梳趾鼠科 4 种，土豚科 1 种，河马科 2 种，长颈鹿科 2 种。此外，还有不少种类，亦仅见于本界，如黑猩猩、大猩猩、狐猴、疣猴、长尾猴、鬣狗、非洲野猪、斑马、马羚、旋角羚等。

本界与东洋界有很大程度的相似性，表现在两界共同拥有许多特有的高等分类集群，如鳞甲目、长鼻目、狭鼻类、懒猴科、犀科和鼷鹿科等。但本界却缺乏某些广泛的类群，如鼹

第 14 章　哺乳动物的地理分布

科、熊科和鹿科。

本界马达加斯加岛尽管靠近非洲，但动物区系却很不相同。除非洲野猪在二者分离的晚期从非洲大陆迁来本岛外，在本区域均由某些特有的科属所代替，如马岛獴科、原猴类的鼠狐猴科、狐猴科、大狐猴科和指猴科；食肉类只有马岛灵猫、马岛獴等几个特有属却没有广泛分布于非洲大陆的大型肉食动物；除非洲野猪外，缺乏非洲大陆的有蹄类；啮齿类中仅有马岛鼠亚科的鼠类。马达加斯加岛还特别反映在生活型的贫乏上，缺少其他地区广泛分布的古北界成分，如偶蹄类、马类、猿猴类、食肉类（灵猫除外）、兔类和鼠类（马岛鼠除外）。该岛具有典型的古代岛屿动物区系特征。

14.6.4 东洋界 Oriental

东洋界又称印度-马来西亚界，包括我国秦岭山脉以南地区、印度半岛、中南半岛、马来半岛及斯里兰卡、菲律宾群岛、苏门答腊、爪哇和加里曼丹等大小岛屿。在更新世冰期时，古北界向本界和旧热带界迁移形成本界主要特征。但熊科、鹿科、牛科在冰期时只迁入本界而未入旧热带界。本界少数类群与热带美洲有关，与邻近各区呈复杂的过渡，但边界不明显。在始新世时，由于海浸曾经分离成三个彼此孤立的地区，即印度、中南半岛、中国-东喜马拉雅地区。因此形成西-南-北东的差别。从化石区系看，印度与旧热带更接近，南亚与澳大利亚、中国-东喜马拉雅与古北界都有广泛交流。

本界动物种类繁多，具有大陆区系特征。仅次于新热带和旧热带，共 13 目类 782 种，其中有袋类 2 种，食虫类 52 种，翼手目 251 种，树鼩目 6 种。皮翼目 2 种，灵长目 52 种，食肉目 65 种，长鼻目 1 种，奇蹄目 4 种，偶蹄类 34 种，鳞甲目 3 种，啮齿目 304 种，兔形目 6 种。其中特有的目有树鼩目和皮翼目，特有的科有长臂猿科、眼镜猴科、鼯猴科、树鼩科、大熊猫科、小熊猫科和刺睡鼠科等。本界还有一些特有的种类，如猩猩、叟猴、几种金丝猴、猕猴、懒猴、虎、豹、獴、灵猫和鬣狗等。亚洲产的狮仅存于印度孟买北部。本界与旧热界共有的特有的科中发展了各自的特有属，形成替代现象，有少数种类在两区域间相互迁移，如猩猩和长臂猿分布于东洋界，黑猩猩和大猩猩分布于旧热带界，猕猴属、叶猴属、仰鼻猴属和眼镜猴属分布于东洋界，山魈属、狒狒属、疣猴属、指猴属等分布于旧热带界。懒猴、象、犀、野牛、野猪、灵猫、旋角羚和穿山甲等属均为两界共有，但都各自发展为特有种。非洲特有的土豚，其化石在印度发现。由于近期迁移的结果，两界还有许多共同的种，如狮、虎、豹和猎豹等。

14.6.5 新热带界 Neotropical

新热带界包括整个中美、南美大陆、墨西哥南部及西印度群岛。本界在世界上所有动物区系中最具有特色。在漫长的地质历史中，南美曾经是一个孤立的岛，因而发展和保留了科级分类阶元的特有类群。直到更新世以后，晚第三纪和第四纪与北美形成陆地的重新连接，这使北方大陆的动物区系成分，如美洲狮 *Puma concolor*、美洲豹 *Panthera onca* 等才迁入本界。在断裂之前贫齿类和有袋类等原始类群已迁入并得到进一步发展，而南美有蹄类迁入后已绝灭。有些更古老的区系成分则源自南极。故本界表现出区系组成极其丰富，动物种类最多。本界计有：有袋目类 82 种，贫齿类 29 种，食虫类 10 种，翼手目 232 种，灵长目 64 种，

食肉目 47 种，奇蹄目 3 种，偶蹄类 15 种，啮齿目 450 种和兔形目 5 种，共计 10 目 937 种。特有目有新袋鼠目和沟齿鼩目。特有的科较多，包括兔唇蝠科、吸血蝠亚科、烟蝠科、盘翼蝠科、卷尾猴科、蛛猴科、夜猴科、僧面猴科、食蚁兽科、树懒科、豚鼠科、水豚科、长尾豚鼠科、刺豚鼠科、毛丝鼠科、硬毛鼠科、河狸鼠科、栉鼠科、骆鼠科和棘鼠科等。

新热带界大量的特有动物群赋予其特殊而明显的动物地理学地位。具有许多十分古老而原始的有袋类；贫齿类为本界固有种（只有少数犰狳分布至墨西哥）；具有丰富的阔鼻猿猴类，它们既是固有种又是特有种；几乎没有食虫类、长鼻类、原猴类、牛科、犀科和马科等；偶蹄类中仅有鹿和南美特有的羊驼；啮齿类极为多样，尤其是豪猪形亚目拥有众多特有的科。本界还有一些"泛美"类群，原先也是本界特有的类群，现也分布于新北界，如西貒科和浣熊科。

本界动物区系的多样性、特有性和原始性，除与现代大部分地区处于具有热带景观的多样性的地理环境有关之外，还与地质历史时期的多次联系、互换有关。

14.6.6 澳大利亚界 Australian

澳大利亚界又称大洋洲界，包括澳大利亚、新西兰、塔斯马尼亚、伊里安岛及太平洋的海洋岛屿等。动物区系为世界各动物地理界中最原始、最古老的类群。中生代的残留成分表明与新热带界有密切的关系，它们或起源于北半球，如单孔类和有袋类中的几个目。从中生代以后本界处于漫长的隔离时期，使其动物区系高度特化，具有许多特有种。只有少数晚近的迁居者，如啮齿类、翼手类和澳洲野犬，表现出与亚洲动物区系的密切关系。

本界计有单孔目 3 种，有袋类几个目 195 种，翼手目 127 种和啮齿目 115 种，共 4 目（类）440 种。仅单孔目为特有目，有袋类除少数分布于南美以外，在本界辐射成为适应各种环境的一系列特殊的类型。在本界特有的科有针鼹科、鸭嘴兽科、袋鼬科、袋狸科、袋鼯科、袋熊科、树袋熊科、长吻袋貂科和袋鼠科。迁入本界的翼手类以短尾蝠科为本界特有。

欧洲人定居澳大利亚以后的 200 年间，引入种显著地影响着本界原有的动物区系。例如，1859 年英国穴兔由维多利亚南部一农场逃出，很快发展为当地普遍动物，造成严重灾害。为了控制兔害又从欧洲引入赤狐，造成赤狐在澳大利亚的迅速扩散，从而又影响了小型特有有袋类的种群密度。其他如在澳大利亚北部引进的亚洲水牛，也同样大量繁殖。

在本界中，新西兰的动物区系是现代动物区系中最古老的一个。它虽与澳大利亚大陆接近，但却无有袋类。仅有短尾蝠科的两种为新西兰特有的哺乳动物。但在新西兰却广泛分布着被引入的次生动物区系，如穴兔、山羊和鹿多而成灾，其他的还有野猪、臆羚、野山羊、许多北美及印度的鹿类、澳大利亚的丛林袋鼠和寻尾袋貂、西欧刺猬 *Erinaceus europaeus*、狐和貂等小型食肉类，全部次生动物区系约有 50 种哺乳类动物，对其固有动物区系形成严重的威胁。

南极洲完全被冰所覆盖，兽类主要为海兽，如象海豹、豹形海豹 *Hydrurga leptonyx* 和威氏海豹 *Leptonychotes weddellii* 等。

以上六个动物地理界，古北界和新北界很相似，动物种类少，特有的也不多；新热带界种类特别丰富，特有种居各界之冠；东洋界和旧热带界种类比较繁杂，特有的种也较多；澳大利亚界缺少许多目、科的动物，但原始的单孔目和有袋类各目特有的科、属、种较多。总

的趋势是北方的动物界较近似，越向南方则分异的程度越显著，而最低等的原始哺乳类单孔类仅分布于澳大利亚。从南北分异的情况及化石分布的事实可以说明，北方大陆是主要动物群发生中心，次要的发生中心则是南美和澳大利亚。

14.7 中国动物区系的分区划分

在第三纪上新世时，我国南北动物群均属于三趾马动物一个区系，到更新世分化为两个动物区系：北部早期为泥河湾动物区系，中期为中国猿人动物区系，晚期为沙拉乌苏动物区系；南方早期为巨猿动物区系，中晚期为大熊猫剑齿象动物区系。全新世初期，我国动物区系的区域分化基本上形成现代的轮廓。以陆栖脊椎动物为准，可把我国动物区系划分为7个区和19个亚区（表14-1）。

表14-1 中国动物地理区划及生态地理动物群的关系（改编自张荣祖，2015）

界	亚界	区	亚区	生态地理动物群
古北界	东北亚界	东北区	大兴安岭亚区	寒温带针叶林动物群
			长白山亚区	温带森林、森林草原、农田动物群
			松辽平原亚区	
		华北区	黄淮平原亚区	
			黄土高原亚区	
	中亚亚界	蒙新区	东部草原亚区	温带草原动物群
			西部荒漠亚区	温带荒漠与半荒漠动物群
			天山山地亚区	
		青藏区	羌塘高原亚区	高地森林草原、草甸、寒漠动物群
			青海藏南亚区	
东洋界	中印亚界	西南区	西南山地亚区高山带	
			西南山地亚区中、低山带	亚热带森林、林灌、农田动物群
			喜马拉雅亚区	
		华中区	东部丘陵平原亚区	
			西部山地高原亚区	
		华南区	闽广沿海亚区	热带森林、林灌、农田动物群
			滇南山地亚区	
			海南岛亚区	
			台湾亚区	
			南海诸岛亚区	

14.7.1 古北界

14.7.1.1 东北亚界

东北亚界包括东北和华北地区，国外包括朝鲜、东西伯利亚、乌苏里地区和日本，属季风区北部。植被主要是针叶林、针阔混交林、夏绿阔叶林和森林草原。动物区系主要由东北型所组成，相结合的有全北型和古北型成分。阿尔泰山地主要由全北型和古北型组成，通常归属于欧洲-西伯利亚亚界。

1）东北区　在我国最北部，包括大兴安岭、小兴安岭，东部的张广才岭、老爷岭及长白山山地，西部的松辽平原。气候寒冷，耐寒的森林动物特别繁盛，活动和数量季节性变动大。

动物区系中属古北界全北型，种类有驯鹿、欧亚驼鹿、狼獾、雪兔、马鹿、红背䶄、白鼬、伶鼬、猞猁、棕熊、狼、赤狐及仅见于新疆阿尔泰山地的河狸。

属古北界广布科古北型的种类有林旅鼠、普通田鼠、水鼩鼱、蝙蝠、飞鼠、松鼠、狍、棕背䶄、艾鼬和狗獾等；小型兽有须鼠耳蝠、大棕蝠和褐家鼠等。

属古北界但只与我国东北邻近的俄罗斯、朝鲜、日本广布的东北型种类有高山鼠兔、紫貂、原麝、花鼠、大林姬鼠、狭颅田鼠、长尾黄鼠等。分布于中心区的种类有缺齿鼹、大鼩鼱 Sorex daphacndon、东北兔、东北鼢鼠和沼泽田鼠 Microtus fortis。

本区分三个亚区，如下所述。

（1）大兴安岭亚区。包括大、小兴安岭，为寒温带针叶林。森林动物群特别繁盛，属全北型的动物区系，如欧亚驼鹿、驯鹿、狼獾、雪兔、松鼠、花鼠、棕背䶄和红背䶄等。

阿尔泰山地动物区系属古北型，但与大兴安岭相同的种类却为另一地理亚种。缺乏东北型成分，少数分布于欧洲，如林睡鼠，山地河谷有河狸，山地草原有中亚型的䶄形田鼠。

（2）长白山地亚区。包括小兴安岭主峰以南至长白山山地，为中温带针阔混交林。典型东北型的代表动物有东北虎、紫貂、乌苏里貉、东北梅花鹿等；而全北型或古北型的成分只有少数，如雪兔。

（3）松辽平原亚区。包括东北平原及周围的山麓地带。动物区系主要由两个亚区中适应于森林草原、草甸草原、沼泽和农耕环境的东北型种类组成，如狍、花鼠、狭颅田鼠、沼泽田鼠、东北鼢鼠和黑线姬鼠等。由于本亚区恰处于中亚成分渗入季风区的"缺口"地带，故还有蒙新区向东伸展分布的达乌尔黄鼠和三趾跳鼠等。

2）华北区　本区北接东北和蒙新区，向南至秦岭、淮河，西及西倾山，东邻黄海、渤海。包括西部的黄土高原、北部的冀北山地及东部的黄淮平原。大部已垦为农田，仅残留部分森林，植被主要为草地、灌丛。

属于本区的特有或主要分布于本区的北方型种类较少,有大仓鼠、棕色田鼠 Lasiopodomys mandarinus、林猬和麝鼹。动物区系主要由东北型扩展而来的常见种类组成。热带-亚热带的猕猴、果子狸和黄喉貂也可分布于本区；横贯欧亚大陆润湿地带的种类，如狍、中华斑羚、红背䶄、花鼠、北方田鼠 Microtus mandarinus、长尾仓鼠等在本区也有分布，本区为蒙新区与季风区相互混杂的地带。

本区分黄淮平原和黄土高原两个亚区。

（1）黄淮平原亚区。包括淮河以北，伏牛山和太行山以东，燕山以南的广大地区，几全部为农田生境。种类甚为贫乏，有几种仓鼠、中华鼢鼠、刺猬、麝鼹等。食肉兽中分布广泛的有狗獾、猪獾和黄鼬。偶蹄类的麝在20世纪中叶野生种已绝灭。

（2）黄土高原亚区。包括山西、陕西和甘肃的黄土高原及冀北山地。广泛分布的有黑线仓鼠、长尾仓鼠和大仓鼠等。农田环境中有中华鼢鼠和花鼠，土石山地森林栖息有岩松鼠。北缘有中亚型的子午沙鼠和达乌尔黄鼠。

14.7.1.2 中亚亚界

中亚亚界包括自大兴安岭以西，喜马拉雅山、横断山脉北段和华北区以北的广大草原、荒漠和高原；国外包括中亚。动物区系主要为中亚型成分所组成。高地型的种类少，有些是广泛分布的。分蒙新和青藏两个区。

1）蒙新区　包括内蒙古和鄂尔多斯高原、阿拉善、河西走廊、柴达木盆地、塔里木盆地和准噶尔盆地及天山山地等。是典型的大陆气候，属荒漠和草原生态环境。与此相适应，中亚型的啮齿类跳鼠科和沙鼠亚科占优势，有蹄类中以双峰驼、野驴和野马为珍稀种。

本区又分东部草原、西部荒漠和天山山地等三个亚区。

（1）东部草原亚区。以大兴安岭南部至内蒙古高原东部为界，在河套地区略向西弯曲。植被主要为干草原或草甸。主要有黄羊、达尔乌鼠兔、达乌尔黄鼠、小毛足鼠 *Phodopus roborovskii*、草原鼢鼠、长爪沙鼠、草原田鼠和草原旱獭等。

（2）西部荒漠亚区。包括阴山北部的戈壁、鄂尔多斯、阿拉善、河西走廊、柴达木盆地、准噶尔盆地和塔里木盆地等。境内有大片沙漠、戈壁和盐碱滩，生长着旱生荒漠植被，以跳鼠科和沙鼠亚科最引人注目，如五趾心颅跳鼠、三趾心颅跳鼠、肥尾心颅跳鼠 *Salpingotus crassicauda*、长耳跳鼠、五趾跳鼠、小五趾跳鼠 *Allactaga elater*、巨泡五趾跳鼠 *Allactaga bullata*、羽尾跳鼠 *Stylodipus telum*、三趾跳鼠、柽柳沙鼠 *Meriones tamariscinus*、短耳沙鼠 *Brachiones przewalskii*、红尾沙鼠 *Meriones libycus*、大沙鼠和子午沙鼠等。在塔里木盆地分布着沙黄鼠和印度地鼠。食肉类广布种中有虎鼬、狼、漠猫、兔狲和沙狐。有蹄类有双峰驼、蒙古野驴及鹅喉羚等。

（3）天山山地亚区。主要为新疆的天山山系，向北至塔尔巴哈台山地。山地景观的垂直变化明显。在盆地半荒漠及山地草原分布着子午沙鼠、灰仓鼠、灰旱獭 *Marmota baibacina*、雪豹、猞猁和石貂；在森林环境中出现一些北方型的种类，如马鹿、狗獾和红背䶄；裸岩地带有帕米尔盘羊 *Ovis ammon polii*；河谷林间有河狸。

2）青藏区　包括青海、西藏和四川西北部，东起横断山脉北端，南山由喜马拉雅山脉、昆仑山、阿尔金山和祁连山等各山脉所围绕的青藏高原。植被为森林、高山草原、高山草甸草原和高寒荒漠等类型。动物区系主要是由高地型的成分所组成。典型的代表有牦牛、藏羚、藏原羚、岩羊、西藏盘羊、藏野驴。啮齿动物有不少高原上的代表种，如喜马拉雅旱獭、克什米尔鼠兔 *Ochotona ladacensis*、藏鼠兔、达乌尔鼠兔、黑唇鼠兔、间颅鼠兔、大耳鼠兔 *Ochotona daurica*、红鼠兔等，该区成为鼠兔种属的分布中心。

本区分羌塘高原和青海藏南两个亚区。

（1）羌塘高原亚区。范围在西藏高原的冈底斯山、念青唐古拉山、昆仑山和可可西里山峰中山脉间的"羌塘高原"，并包括喜马拉雅西段及北麓高原。植被由高山草甸草原至高山寒漠。动物区系贫乏，有一些特殊的种类，以牦牛、藏羚为其代表。在藏北高原有柯氏鼠兔 *Ochotona koslowi*、克什米尔鼠兔、短尾仓鼠 *Cricetulus eversmanni*。藏东有马麝，藏南有喜马拉雅麝。

（2）青海藏南亚区。由青海东部的祁连山向南到昌都地区，喜马拉雅山的中段、东段高山带及北麓雅鲁藏布江谷地。自然景观垂直变化显著，植被除东南部有高山针叶林外，主要是高山草甸灌丛。在祁连山林区有白唇鹿、甘肃马鹿 *Cervus elaphus kansuensis*、马麝。东南林区有西藏马鹿 *C.e.wallichi* 和黑麝。东部有白臀鹿、川西马鹿 *C.e.macneilli*、林麝、马麝。啮齿类有松田鼠、藏仓鼠、四川林跳鼠、喜马拉雅旱獭和多种鼠兔。其中狭颅鼠兔、川西鼠兔和木里鼠兔只限于本亚区；大耳鼠兔、藏鼠兔、间颅鼠兔、黑唇鼠兔和松鼠兔等不同程度地向外扩展，这一带是现代鼠兔最繁盛的中心。食肉类中有雪豹、藏狐，有蹄类中还有岩羊、西藏盘羊、藏羚等，为广泛分布的种类。

14.7.2　东洋界

东洋界在我国属中印亚界，为亚洲大陆的东南部。我国包括秦岭山脉和淮河以南的大陆、台湾、海南及南海诸岛屿；国外包括中南半岛和除马来半岛以外的附近岛屿。动物区系大多属于东南亚热带-亚热带分布型，部分为环球热带-亚热带型，并以丰富的森林动物为特征。分西南、华中和华南等三个区。

14.7.2.1　西南区

包括四川西南部、昌都东南部、北起青海、甘肃南缘，南抵云南北部。即横断山脉部分，向西包括喜马拉雅南坡针叶林以下的山地，地势越往北越高，自然景观的垂直差异显著，高山有利于北方种南伸，河谷有利于热带动物北伸，出现古北与东洋两界的混杂交错现象。大体从四川的若尔盖、黑水、丹巴、康定、理塘、巴塘到西藏的芒康、察隅、林芝一线，东洋界的兽类约占34%，古北界占66%；此线以北属古北界增至88%，以南属东洋界增至84.2%。本区尚分西南山地和喜马拉雅两个亚区。

1）西南山地亚区　指横断山脉部分，垂直分布极明显，山脉南北走向，有利南、北动物交流，动物混杂现象明显。但向南包括西藏察隅地区，以及南支云南高黎贡山、四川凉山等，东洋界种类增多。典型代表为横断山脉-喜马拉雅型，有大熊猫分布于横断山脉中部和北部，并向东延伸至秦岭南坡。与大熊猫分布大致相同的有食虫目的鼩鼹、多齿鼩鼹、长尾鼩鼹、甘肃鼹、蹼麝鼩等单型属和非单型属中的3种川鼩及2种纹背鼩鼱、四川水麝鼩和几种长尾鼩等，它们均以横断山脉为分布中心，可能是这些物种的形成中心。滇金丝猴、川金丝猴和白臀鹿分布于该亚区。啮齿类中包括灰鼯鼠、灰头小鼯鼠、侧纹岩松鼠、四川田鼠、沟牙田鼠及几种绒鼠。小熊猫和扭角羚也是重要代表，它们分布于整个横断山脉，并向西伸至喜马拉雅山及缅甸等。类似它们分布的还有马麝、林麝、丽鼯鼠 *Petaurista magnificus*、黑白鼯鼠等。此外，尚有树鼩、猕猴、红面猴、果子狸、灵猫和水鹿等热带、亚热带型。

2）喜马拉雅亚区　　包括喜马拉雅山南坡针叶林以下山区，垂直变化明显，在海拔 2000~2500 m 以下的亚热带常绿阔叶林，动物区系几乎全为东洋界成分。主要兽类有塔尔羊、锡金松田鼠、锡金长尾鼩 *Soriculus nigrescens* 和印度长尾鼩 *Soriculus leucops*。此外，还有长尾叶猴、红斑羚和菲氏鹿。以上种类中大多为我国所特有。

14.7.2.2　华中区

相当于四川盆地与贵州高原及其以东的长江流域。西半部北起秦岭，南至西江上游，除四川盆地外，地形主要是山地和高原；东半部为长江中下流域，并包括东南沿海丘陵的北部，主要是平原和丘陵。植被南部为常绿林，北部为针阔混交林，平原和丘陵区为农耕景观。动物组成以东洋界居多，特有的有伏翼和黑麂。东洋界南中国型的有藏酋猴、灵猫、食蟹獴、豪猪、穿山甲等；古北界的有狗獾和黄喉貂等。分东部丘陵平原和西部高原两个亚区。

1）东部丘陵平原亚区　　指三峡以东的长江中下游流域，包括沿江冲积平原和下游的长江三角洲，以及散布在境内的大别山、黄山、武夷山、武功山和福建、广东和广西北部的丘陵。天然植被为常绿阔叶林。境内广泛分布有中华穿山甲、豪猪、藏酋猴、鼬獾、小灵猫、食蟹獴、金猫、马来水鹿、中华斑羚、赤腹丽松鼠、中华竹鼠、红背鼯鼠、红白鼯鼠及多种家鼠。黑麂为中国珍稀、特有种。

2）西部山地高原亚区　　包括秦岭、淮阳山地西部、四川盆地、云贵高原东部和江西上游的南岭山地，一般多在海拔 1000 m 以上。森林、灌丛、农田相互交错。动物区系复杂，主要的兽类有川金丝猴、扭角羚秦岭亚种、扭角羚四川亚种、黔金丝猴、帚尾豪猪和大菊头蝠等。

14.7.2.3　华南区

包括云南和广东和广西南部、福建东南沿海一带及台湾、海南和南海各岛屿。区内植物生长茂密，种类繁多，为热带雨林和季雨林植被类型。动物区系是热带-亚热带类型分布最集中的区域，尤以许多树栖动物为多还有一些典型的热带种类较为广泛分布。由于长期的地理隔离，台湾和海南有很多特有的种和亚种。本区尚分闽广沿海、滇南山地、海南、台湾和南海诸岛等 5 个亚区。

1）闽广沿海亚区　　包括广东和广西南部和福建东南的沿海地带。地形主要是丘陵，夹着一些零散的山地，沿河及海岸有许多冲积平原。以农耕景观为主，丘陵有灌丛和小面积的次生林，森林大都破坏。主要兽类有黄毛鼠、果蝠、黑叶猴、笔尾树鼠 *Chiropodomys glivoides* 等。

2）滇南山地亚区　　包括云南西南部和南部边境，即怒江、澜沧江、红河等中游地区，主要是横断山脉的南延部分。植被为常绿阔叶季雨林，有些低谷为稀树草原，原始森林保存较好，次生林分布也较普遍，动物种类丰富，居全国之冠。由于与印度半岛和中南半岛相连，一些热带种类延伸至此，如灵长目中的几种长臂猿、两种蜂猴、几种叶猴、熊猴、亚洲象、熊狸、大斑灵猫和椰子猫等。树栖的啮齿动物种类也很多，如赤腹丽松鼠、蓝腹松鼠、花松鼠、长吻松鼠、巨松鼠、笔尾树鼠、长尾攀鼠等广泛分布，在森林中成为优势种。广布科中有毛猬、（背）纹鼬 *Mustela strigidorsa*、豚鹿、鼷鹿、爪哇野牛等，其中许多只限分布于云

第14章 哺乳动物的地理分布

南南部。在南亚热带地区代表种有北方树鼩、棕果蝠、红颊獴和银星竹鼠等。

3）**海南亚区** 岛内中部为五指山、鹦哥岭等山地，四周则由山地、丘陵、平原和沙滩等多种地貌类型组成。植被由热带季雨林和热带稀树草原组成。动物资源丰富，珍稀兽类有海南长臂猿、东方坡鹿和猕猴等，除猕猴外，大都濒临绝灭。岛上特有种有海南长臂猿、海南兔、海南小飞鼠 *Hylopetes phayrei* 和海南新毛猬等。

4）**台湾亚区** 包括台湾及附近小岛。纵贯南北有并列的台湾山、台东山、雪山和玉山，最高峰是最西侧的阿里山，西部沿海有狭窄的平原。植被在北部和东部主要是亚热带雨林，西部和南部为热带雨林。珍稀的动物有台湾猴、台湾鬣羚 *Capricornis swinhoei*、云豹和台湾梅花鹿（野生种已经绝灭）。台湾鬣羚、台湾梅花鹿、黄鼬和黑线姬鼠在岛上属古北界的种类。

5）**南海诸岛亚区** 包括东沙群岛、西沙群岛、中沙群岛及南沙群岛。岛上热带林及灌木、草本植物丛生。海鸟、候鸟及海龟的种类较多。兽类只有少数蝙蝠，在个别岛上如西沙群岛，发现有黄胸鼠、褐家鼠和缅鼠 *Rattus exulans*，可能是随人类经济活动而迁到岛上的。

思 考 题

1. 试述哺乳动物的扩散与大陆漂移的关系。
2. 什么是动物区系？研究哺乳动物区系有何意义？
3. 什么是分布区？哪些因素可能影响动物的分布？
4. 举例说明什么是系统替代现象和生态替代现象。
5. 世界有哪些动物地理界？各有何特点？
6. 举例说明世界各动物地理界的代表性哺乳动物。
7. 试述我国各动物地理区的主要特征及代表性哺乳动物。

参考文献

曹丽荣, 王小明, 方盛国. 2003. 从细胞色素b基因全序列差异分析岩羊和矮岩羊的系统进化关系. 动物学报, 49(2): 198-204.

陈荣海, 董志刚, 杨春文. 1988. 应用阴茎骨鉴定雄性褐家鼠年龄组的探讨. 兽类学报, 8(4): 288-293.

陈宜瑜, 陈毅峰, 刘焕章. 1996. 青藏高原动物地理区的地位和东部界线问题. 水生生物学报, 20(2): 97-103.

范鹏飞. 2012. 中国长臂猿科动物的分类和保护现状. 兽类学报, 32(3): 248-258.

方盛国. 2008. 大熊猫保护遗传学. 北京: 科学出版社.

冯庆, 蒋学龙, 李松等. 2006. 中国翼手类一属、种新纪录. 动物分类学报, 31(1): 224-230.

胡锦矗. 2007. 哺乳动物学. 北京: 中国教育文化出版社.

胡锦矗, 夏勒. 1985. 卧龙的大熊猫. 成都: 四川科学技术出版社.

蒋志刚, 马勇, 吴毅等. 2015. 中国哺乳动物多样性及地理分布. 北京: 科学出版社.

蒋志刚, 刘少英, 吴毅等. 2017.中国哺乳动物多样性. 第2版. 生物多样性, 25 (8): 886-895.

李进华. 1999. 野生短尾猴的社会. 合肥: 安徽大学出版社.

刘少英, 靳伟, 廖锐等. 2017. 基于Cyt b基因和形态学的鼠兔属系统发育研究. 兽类学报, 37(1): 1-43.

罗泽珣. 1988. 中国的野兔. 北京: 中国林业出版社.

潘清华, 王应祥, 岩崑. 2007. 中国哺乳动物彩色图鉴. 北京: 中国林业出版社.

潘文石, 高郑生, 吕植. 1988. 秦岭大熊猫的庇护所. 北京: 北京大学出版社.

盛和林. 1992. 中国的鹿类动物. 上海: 华东师范大学出版社.

盛和林, 王培潮, 陆厚基等. 1985. 哺乳动物学概论. 上海: 华东师范大学出版社.

史密斯, 解焱. 2009. 中国兽类野外手册. 长沙: 湖南教育出版社.

四川资源动物志编委会. 1984. 四川资源动物志(第二卷·兽类). 成都: 四川科学技术出版社.

寿振黄. 1962. 中国经济动物志·兽类. 北京: 科学出版社.

苏彦捷. 2014. 金丝猴的社会. 第2版. 北京: 北京大学出版社.

谭邦杰. 1992. 哺乳动物分类名称. 北京: 中国医学科技出版社.

汪松. 1998. 中国濒危动物红皮书·兽类. 北京: 科学出版社.

汪松, 解焱, 王家俊. 2001. 世界哺乳动物名典. 长沙: 湖南教育出版社.

王应祥. 2003. 中国哺乳动物种和亚种分类名录与分布大全. 北京: 中国林业出版社.

王酉之, 胡锦矗. 1999. 四川兽类原色图鉴. 北京: 中国林业出版社.

王玉玺, 张淑云. 1993. 中国兽类分布名录(一). 野生动物, (2): 12-17.

王玉玺, 张淑云. 1993. 中国兽类分布名录(二). 野生动物, (3): 6-11.

王玉玺, 张淑云. 1993. 中国兽类分布名录(三). 野生动物, (4): 11-16.

王玉玺, 张淑云. 1993. 中国兽类分布名录(四). 野生动物, (5): 10-11.

王祖望, 张知彬. 1996. 害鼠治理的理论与实践. 北京: 科学出版社.

吴家炎. 1990. 中国的羚牛. 北京: 中国林业出版社.

吴诗宝, 王应祥, 冯庆. 2005. 中国兽类一新纪录——爪哇穿山甲. 动物分类学报, 30(2): 440-443.

杨安峰, 程红, 姚锦仙. 2008. 脊椎动物比较解剖学. 第2版. 北京: 北京大学出版社.

杨奇森, 夏霖, 马勇等. 2005. 兽类头骨测量标准Ⅰ: 基本量度. 动物学杂志, 40(3): 50-56.

张劲硕, 吴海峰. 2015. 蝙蝠与超声波、回声定位(1). 生物学通报, 50(3): 1-5.

张鹏, 渡边邦夫. 2009. 灵长类的社会进化. 广州: 中山大学出版社.

张荣祖. 1979. 中国自然地理——动物地理. 北京: 科学出版社.

张荣祖. 1997. 中国动物地理. 北京: 科学出版社.

张荣祖. 2015. 中国动物地理. 北京: 科学出版社.

郑昌琳. 1986. 中国兽类种数统计. 兽类学报, 6(1):75, 76-80.

郑智民, 姜志宽, 陈国安. 2012. 啮齿动物学. 第 2 版. 上海: 上海交通大学出版社.

中华人民共和国濒危物种进出口管理办公室. 1997. 中国哺乳动物分布. 北京: 中国林业出版社.

周开亚. 2002. 白鱀豚系统发生位置的研究. 自然科学进展, 12(5): 461- 465.

Allen G M. 1938-1940. The Mammals of China and Mongolia (Natural History of Central Asia). In: Matthew W D, Andrews R C. Central Asiatic Expeditions of the American Museum of Natural History. New York: Andesite Press. part 1: 1-620[1938]; part 2: 621-1350[1940].

Bi S D, Wang Y Q, Guan J, et al. 2014. Three new Jurassic euharamiyidan species reinforce early divergence of mammals. Nature, 514(7524): 579-584.

Biswas J, Borah D K, Das A. et al. 2011. The enigmatic Arunachal macaque: its biogeography, biology and taxonomy in northeastern India. American Journal of Primatology, 73: 458-473.

Ciuti S, Apollonio M. 2011. Do antelers honestly advertise the phenotypic quality of fallow buck(*Dama dama*)in a lekking population? Ethology, 117: 133-144.

Corbet G B, Hill J E. 1991. A World List of Mammalian Species. 3rd ed. London: Oxford University Press.

Cozzuol M A, Colozato C L, Holanda E C, et al. 2013. A new species of tapir from the Amazon. Journal of Mammalogy, 94: 1331-1345.

Deblase A F, Martin R E. 1981. A Manual of Mammalogy with Keys to Families of The World. 2nd ed. Dubuque: W. C. Brown.

Douady C J, Chatelier P I, Madsen O, et al. 2002. Molecular phylogenetic evidence confirming the Eulipotyphla concept and in support of hedgehogs as the sister group to shrews. Molecular Phylogenetics and Evolution, 25(1): 200-209.

Douzery E J P, Hchon D. 2004. Rabbits, if anything, are glires. Molecular Phylogenetics and Evolution, 33: 922-935

Dung V V, Giao P M, Chinh N N, et al. 1993. A new species of living bovid from vietnam. Nature, 363(6428): 443-445.

Fan P F, He K, Chen X, et al. 2017. Description of a new species of Hoolock gibbon (Primates: Hylobatidae) based on integrative taxonomy. American Journal of Primatology. doi: 10. 1002/ajp. 22631.

Feldhamer G A, Thompson B C, Chapman J A. 2003. Wild Mammals of North America: Biology, Management, and Conservation. 2nd ed. Baltimore: Johns Hopkins University Press.

Feldhamer G A, Drickamer L C, Vessey S H. 2015. Mammalogy: Adaptation, Diversity and Ecology. 4th ed. Baltimore: Johns Hopkins University Press.

Felsenstein J. 1985. Confidence limits on phylogenies: an approach using the bootstrap. Evolution, 39: 783-791.

Franklin W L. 2011. Family Camelidae(Camels). In: Wilson D E, Mittermeier R A. Handbook of the Mammals of the World. Vol. 2. Hoofed Mammals. Barcelona: Lynx Edicions.

Geisler J H, Uhen M D. 2005. Phylogenetic relationships of extinct cetartiodactyls: results of simultaneous analysis of molecular morphological, and stratigraphic data. Journal of Mammalian Evolution, 12: 145-160.

Geisler J H, Theodor J M, Uhen M D, et al. 2007. Phylogenetic Relationships of Cetaceans to Terrestrial

Artiodactyls, in The Evolution of Artiodactyls. Baltimore: Johns Hopkins University Press: 19-31.

Gilbert C, Ropiquet A, Hassanin A. 2006. Mitochondrial and nuclear phylogenies of cervidae(mammalia, ruminantia): systematics, morphology, and biogeography. Molecular Phylogenetics and Evolution, 40(1): 101-117.

Gingerich P D, Haq M U, Zalmout I S, et al. 2001. Origin of whales from early artiodactyls: hands and feet of Eocene Protocetidae from Pakistan. Science, 293: 2239- 2242.

Groves C, Grubb P. 2011. Ungulate Taxonomy. New York: Johns Hopkins University Press.

Groves C, Leslie Jr D M. 2011. Family Bovidae (hollow-horned ruminants). In: Wilson D E, Mittermeier R A. Handbook of the Mammals of the World. Vol 2. Hoofed Mammals. Barcelona: Lynx Edicions.

Groves C, Shekelle M. 2010. The genera and species of Tarsiidae. Intl J Primat, 31: 1071-1082.

Grzimek B. 1990. Encyclopedia of Mammals. 5 vol. New York: McGraw-Hill.

Hennig W. 1966. Phylogenetic Systematics. Urbana: University Illinois Press.

Honacki J H, Kinman K E, Koeppl J W. 1982. Mammal Species of the World. Lawrence, Kansas: Allen Press and the Associated System Collections.

Hutterer R. 2005. Order Soricomorpha. In: Wilson D E, Reeder D M. Mammal Species of The World: a Taxonomic and Geographic Reference. 3rd ed. Vol. 1. Baltimore: Johns Hopkins University Press.

IUCN(World Conservation Union). 2016. IUCN Red List of Threatened Species. http://www. iucnredlist. org/. Assessed on February, 2016.

Jefferson T A, Wang J Y. 2011. Revision of the taxonomy of finless porpoises (genus *Neophocaena*): The existence of two species. The Journal of Marine Animals and Their Ecology, 4: 3-16.

Jefferson T A, Webber M A, Pitman R L. 2015. Marine Mammals of the World. 2nd ed. San Diego: Academic Press.

Kawai M. 1990. Multi-level Societies of Primates. In: Kawai M. Prehominid Societies: Studies of African Primates. Higashimurayama: Kyoikusha Press: 387-417.

Kay R F, Ross C, Williams B A. 1997. Anthropoid Origins. Science, 275: 797-804.

Kent G C. 1987. Comparative Anatomy of the Vertebrates. 6th ed. St Louis: Times Mirror/Mosby College Publishing.

Kielan-Jaworowska Z R, Cifelli L, Luo Z X. 2004. Mammals from the Age of Dinosaurs: Origins, Evolution and Structure. New York: Columbia University Press.

Kingdon J. 1997. The Kingdon Field Guide to African Mammals. Princeton, NJ: Princeton University Press.

Kitchener A C. 2000. Fighting and Mechanical Design of Horns and Antlers. In: Domenici P, Blake R W. Biomechanics in Animal Behavior. Oxford: BIOS Scientific Publishers Ltd.

Kunz T H. 1982. Rooting Ecology of Bats. In: Kunz T H. Ecology of Bats. New York: Plenum Press.

Lee M S Y, Beck R M D. 2015. Mammalian evolution: a jurassic spark. Current Biology, 25: 753-773.

Lawlor T E. 1979. Handbook to the Living Orders and Families of Mammals. Eureka CA: Mad River Press.

Li C, Zhao C, Fan P F. 2015. White-cheeked macaque (*Macaca leucogenys*): A new macaque species from Medog, southeastern Tibet. Am J Primatol, 77(7): 753-766.

Liu S Y, Jin W, Liu Y. et al. 2017. Taxonomic position of Chinese voles of the tribe Arvicolini and the description of 2 new species from Xizang, China. Journal of Mammalogy, 98: 166-182.

Long Y, Momberg F, Ma J, et al. 2012. *Rhinopithecus strykeri* found in China! Am J Primatol, 74: 871-873.

Luo Z X, Yuan C X, Meng Q J, et al. 2011. A Jurassic eutherian mammal and divergence of marsupials and placentals. Nature, 476(7361): 442-445.

Macdonald D. 1984. The Encyclopedia of Mammals. New York: Facts on File.

Martin R D. 1990. Primate Origins and Evolution. Princetion: Princetion University Press.

Mattioli S. 2011. Family Cervidae(deer). In: Wilson D E, Mittermeier R A. Handbook of the Mammals of the World. Vol. 2. Hoofed Mammals. Barcelona: Lynx Edicions.

McCracken G F, Wilkinson G S. 2000. Bat Mating Systems. In: Crichton E G, Krutzsch P H. Reproductive Biology of Bats. New York: Academic Press.

Meijaard E, d'Huart J P, Oliver W L R. 2011. Family Suidae(pigs). In: Wilson D E, Mittermeier R A. Handbook of the Mammals of the World. Vol. 2. Hoofed Mammals. Barcelona: Lynx Edicions.

Meredith R W, Janecka J E, Gatesy J. et al. 2011. Impacts of the cretaceous terrestrial revolution and K pg extinction on mammal diversification. Science, 334: 521-524.

Miller S A, Harley J P. 2001. Zoology. 5th ed. Boston: McGraw Hill.

Mouchaty S K, Gullberg A, Janke A, et al. 2000. Phylogenetic position of the tenrecs (Mammalia: Tenrecidae) of Madagascar based on analysis of the complete genome sequence of *Echinops telfairi*. Zool Scripta, 29: 307-317.

Müller-Schwarze D, Quay W B, Brundin A. 1977. The caudal gland in reindeer (*Rangifer tarandus* L.): its behavioral role, histology, and Chemistry. Journal of Chemical Ecology , 3(5): 591-601.

Müller-Schwarze D. 1987. Evolution of cervid olfactory communication. In: Wemmer M C. Biology and Management of Cervidae. Research Symposium National. Zoological Park, Smithsion Institution, 223-234.

Ni X J, Gebo D L, Dagosto M, et al. 2013. The oldest known primate skeleton and early haplorrhine evolution. Nature, 498: 60-64.

Nowaki R M. 1999. Walker's Mammals of The World. 6th ed. Baltimore: Johns Hopkins University Press.

O'Leary M A, Gatesy J. 2008. Impact of increased character sampling on the phylogeny of Cetartiodactyla (Mammalia): combined analysis including fossils. Cladistics, 24: 397-442.

Peng Q, Tang L, Tan S, et al., 2012. Mitogenomic analysis of the genus Pseudois: evidence of adaptive evolution of morphological variation in the ATP synthase genes. Mitochondrion, 12: 500-505.

Pocock R I. 1928. Some extermal characters of the giant panda (*Ailuropoda melanoleuca*). Proceedings of the Zoological Society of London, 98: 975-981.

Pough F H, Janis H C, Heiser J B. 2013. Vertebrate Life. 9th ed. San Francisco: Benjamin Cummings.

Qi X G, Garber P A, Ji W H, et al. 2014. Satellite telemetry and social modeling offer new insights into the origin of primate multilevel societies. Nature Communications, 5: 5296.

Reeder D M, Helgen K. Mammal Species of the World: a Taxonomic and Geographic Reference. 4th ed. Vol. 2. Baltimore: Johns Hopkins University Press. In Press.

Ride W D L. 1970. A Guide to the Native Mammals of Australia. Melbourne: Oxford University Press.

Robert J A, Kristofer M H. 2010. Nomenclature and placental mammal phylogeny. BMC Evolutionary Biology, 10: 102.

Robinson T J, Matthee C A. 2005. Phylogeny and evolutionary origins of the Leporidae: a review of cytogenetics, molecular analyses and a supermatrix analysis. Mammal Review, 35: 231-247.

Romer A S. 1966. Vertebrate Paleontology. 3rd ed. Chicago : University of Chicago Press.

Ronquist F, Huelsenbeck J P. 2003. MrBayes 3:Bayesian phylogenetic inference under mixed models. Bioinformatics, 19(12): 1572-1574.

Rubenstein D I. 2011. Family Equidae(horses and relatives). In: Wilson D E, Mittermeier R A. Handbook of The Mammals of The World. Vol. 2. Hoofed mammals. Barcelona: Lynx Edicions.

Savage R J G, Long M R. 1986. Mammal Evolution: an Illustrated Guide. New York: Facts on File.

Schaller G B. 1993. The Last Panda. Chicago: University of Chicago Press.

Simpson G G. 1945. The principles of classification and a classification of mammals. Bulletin of the American Museum of Natural History, 85:1-350.

Slijper E J. 1979. Whales. 2nd ed. Ithaca: Cornell University Press.

Speakman J R. 1995. Chiropteran Nocturnality. In: Racey P A, Swift S M. Ecology, Evolution, and Behavior of bats. Oxford: Oxford University Press.

Springer M S, Stanhope M J, Madsen O, et al. 2004. Molecules consolidate the placental mammal tree. Trends in Ecol Evol, 19(8): 430-438.

Swofford D L. 2002. PAUP: phylogenetic analysis using parsimony(*and other methods), version 4.0 b10. Sunderland: Sinauer Associates.

Tamura K, Peterson D, Peterson N, et al. 2011. MEGA5: molecular evolutionary genetics analysis using maximum likelihood, evolutionary distance, and maximus parsimony methods. Molecular Biology and Evolution, 28: 2731-2739.

Theodor J M, Foss S E. 2005. Deciduous dentitions of Eocene cebochoerid artiodactyls and cetartiodactyl relationships . Journal of Mammalian Evolution, 13(2):161-181.

Thorington R W, Hoffmann R S. 2005. Family Sciuridae. In: Wilson D E, Reeder D M. Mammal Species of the World. 3rd ed. Baltimore: Johns Hopkins University Press.

Vaughan T A, Ryan J M, Czaplewski N J. 2013. Mammalogy. 6th ed. Burlington: Jones & Bartlett Learning.

Vaughan T A. 1978. Mammalogy. 3rd ed. Philadephia. London and Toronto: Press of Saunders W. B. Company.

Wilson D E, Reeder D M. 2005. Mammal Species of the World: A Taxonomic and Geographic Reference. 3rd ed. Baltimore: Johns Hopkins University Press.

Wilson D E, Mittermeier R A. 2012. Handbook of the Mammals of the World. Vol. 2. Ungulates. Barcelona: Lynx Edicions.

Wilson D E, Mittermeier R A, Lacher T E. 2017. Handbook of the Mammals of the World. Vol. 7. Rodents II. Barcelona: Lynx Edicions. In Press.

Wilson J W, Mills M G L, Wilson R P, et al. 2013. Cheetahs, *Acinonyx jubatus*, balance turn capacity with pace when chasing prey. Biology Letters, 9(5): 20130620.

Zeng B, Xu L, Yue B, et al. 2008. Molecular phylogeography and genetic differentiation of blue sheep *Pseudois nayaur szechuanensis* and *Pseudois schaeferi* in China. Molecular Phylogenetics and Evolution, 48(2): 387-395.

Zuckerkandl E, Pauling L. 1965. Evolutionary divergence and convergence in proteins. In: Bryson V, Vogel H J. Evolving Genes and Proteins. New York: Academic Press.

附表 世界现存哺乳动物目、科的分类

学名	备注

一、原兽亚纲 Prototheria
    1. 单孔目 Monotremata
        （1）鸭嘴兽科 Ornithorhynchidae
        （2）针鼹科 Tachyglossidae

二、真兽亚纲 Theria
  （一）后兽下纲 Metatheria
    美洲有袋总目 Ameridelphia
    2. 负鼠目 Didelphimorphia
        （3）负鼠科 Didelphidae
        （4）雅负鼠科 Glironiidae (new)
        （5）棉毛负鼠科 Caluromyidae (new)
    3. 鼩负鼠目（新袋鼠目）Paucituberculata
        （6）鼩负鼠科 Caenolestidae

    澳洲有袋总目 Australidelphia
    4. 智鲁负鼠目（小鼩目）Microbiotheria
        （7）微兽科 Microbiotheriidae
    5. 袋鼬目 Dasyuromorphia
        （8）袋食蚁兽科 Myrmecobiidae
        （9）袋鼬科 Dasyuridae
        （10）袋狼科 Thylacinidae（近期灭绝）
    6. 袋狸目 Peramelemorphia
        （11）袋狸科 Peramelidae
        （12）兔耳袋狸科 Thylacomyidae
        （13）豚足袋狸科 Chaeropodidae（近期灭绝）
    7. 袋鼠目（双门齿目）Diprotodontia
        （14）树袋熊科 Phascolarctidae
        （15）袋熊科 Vombatidae
        （16）侏袋貂科 Burramyidae
        （17）袋貂科 Phalangeridae

续表

学名	备注

（18）树袋貂科 Acrobatidae

（19）长吻袋貂科（蜜貂科）Tarsipedidae

（20）袋鼯科 Petauridae

（21）环尾袋貂科 Pseudocheiridae

（22）麝袋鼠科 Hypsiprymnodontidae

（23）鼠袋鼠科 Potoroidae

（24）袋鼠科 Macropodidae

8. 袋鼹目 Notoryctemorphia

（25）袋鼹科 Notoryctidae

（二）真兽下纲 Eutheria

非洲兽总目 Afrotheria

9. 马岛猬目 Tenrecoidea (new)

（26）马岛猬科 Tenrecidae

（27）獭鼩科 Potamogalidae (new)

（28）金毛鼹科 Chrysochloridae

10. 象鼩目 Macroscelidea

（29）象鼩科 Macroscelididae

11. 管齿目 Tubulidentata

（30）土豚科 Orycteropodidae

12. 蹄兔目 Hyracoidea

（31）蹄兔科 Procaviidae

13. 长鼻目 Proboscidea

（32）象科 Elephantidae

14. 海牛目 Sirenia

（33）儒艮科 Dugongidae

（34）海牛科 Trichechidae

贫齿总目 Xenarthra

15. 带甲目 Cingulata

（35）犰狳科 Dasypodidae

16. 披毛目 Pilosa

（36）树懒科 Bradypodidae

（37）二趾树懒科 Megalonychidae

（38）食蚁兽科 Myrmecophagidae

（39）侏食蚁兽科 Cyclopedidae

灵长总目 Euarchontoglires

统兽类 Grandorder Archonta

附表　世界现存哺乳动物目、科的分类

续表

学名	备注

17. 树鼩目 Scandentia
　　（40）笔尾树鼩科 Ptilocercidae
　　（41）树鼩科 Tupaiidae
18. 皮翼目 Dermoptera
　　（42）鼯猴科 Cynocephalidae
19. 灵长目 Primates
　（原猴亚目 Strepsirrhini）
　　（43）鼠狐猴科 Cheirogaleidae
　　（44）狐猴科 Lemuridae
　　（45）鼬狐猴科 Lepilemuridae
　　（46）大狐猴科 Indriidae
　　（47）指猴科 Daubentoniidae
　　（48）懒猴科 Lorisidae
　　（49）婴猴科 Galagidae
　（简鼻亚目 Haplorrhini）
　　（50）跗猴科（眼镜猴科）Tarsiidae
　　（51）卷尾猴科 Cebidae　　　　　　　原卷尾猴科的狨猴亚科和夜猴
　　（52）僧面猴科 Pitheciidae　　　　　亚科分别提升为**狨猴科**
　　（53）蛛猴科 Atelidae　　　　　　　Callitrichidae 和**夜猴科** Aotidae
　　（54）猴科 Cercopithecidae　　　　　（本书）
　　（55）长臂猿科 Hylobatidae
　　（56）人科 Hominidae

啮齿类 Grandorder Glires

20. 兔形目 Lagomorpha
　　（57）鼠兔科 Ochotonidae
　　（58）兔科 Leporidae
21. 啮齿目 Rodentia
　（河狸形亚目 Castorimorpha）
　　（59）河狸科 Castoridae
　　（60）囊鼠科（地鼠科）Geomyidae
　　（61）更格卢鼠科（异鼠科）Heteromyidae
　（鼠形亚目 Myomorpha）
　　（62）跳鼠科 Dipodidae
　　（63）林跳鼠科 Zapodidae (new)
　　（64）蹶鼠科 Sicistidae (new)

续表

学名	备注
（65）刺山鼠科（猪尾鼠科）Platacanthomyidae	
（66）鼹形鼠科 Spalacidae	
（67）丽仓鼠科 Calomyscidae	
（68）马岛鼠科 Nesomyidae	
（69）仓鼠科 Cricetidae	
（70）鼠科 Muridae	
（鳞尾松鼠形亚目或鳞尾鼯鼠形亚目 Anomaluromorpha）	
（71）鳞尾松鼠科或鳞尾鼯鼠科 Anomaluridae	
（72）跳兔科 Pedetidae	
（豪猪形亚目 Hystricomorpha）	
（73）梳趾鼠科 Ctenodactylidae	
（74）老挝岩鼠科 Diatomyidae (new)	
（75）豪猪科 Hystricidae	
（76）美洲豪猪科 Erethizontidae	
（77）岩鼠科 Petromuridae	
（78）蔗鼠科 Thryonomyidae	
（79）滨鼠科 Bathyergidae	原属滨鼠科的裸鼢鼠，现单列为**裸鼢鼠科** Heterocephalidae（本书）
（80）长尾豚鼠科 Dinomyidae	
（81）豚鼠科 Caviidae	
（82）刺豚鼠科 Dasyproctidae	
（83）兔豚鼠科 Cuniculidae	
（84）栉鼠科 Ctenomyidae	
（85）八齿鼠科 Octodontidae	
（86）毛丝鼠科 Chinchillidae	
（87）鮥鼠科 Abrocomidae	
（88）刺鼠科 Echimyidae	
（89）硬毛鼠科 Capromyidae	
（90）海地岛鼠科 Heptaxodontidae（**近期灭绝**）	
（91）河狸鼠科 Myocastoridae	
（松鼠形亚目 Sciuromorpha）	
（92）山河狸科 Aplodontidae	
（93）松鼠科 Sciuridae	
（94）睡鼠科 Gliridae	

劳亚兽总目 Laurasiatheria

  无盲肠类 Grandorder Lipotyphla

    22. 沟齿鼩目 Solenodonta (new)

附表 世界现存哺乳动物目、科的分类

续表

学名	备注
（95）沟齿鼩科 Solenodontidae	
（96）岛鼩科 Nesophontidae（近期灭绝）	
23. 鼩形目 Soricomorpha	
（97）鼩鼱科 Soricidae	
（98）鼹科 Talpidae	
24. 猬形目 Erinaceomorpha	
（99）猬科 Erinaceidae	
（100）毛猬科 Galericidae (new)	
食肉类 Grandorder Ferae	
25. 食肉目 Carnivora	
（猫形亚目 Feliformia）	
（101）猫科 Felidae	
（102）獴科 Herpestidae	
（103）鬣狗科 Hyaenidae	
（104）灵猫科 Viverridae	
（105）双斑狸科 Nandiniidae	
（106）（斑）灵狸科 Prionodontidae (new)	
（107）食蚁狸科 Eupleridae	
（犬形亚目 Caniformia）	
（108）犬科 Canidae	
*（109）熊科 Ursidae	国外将大熊猫归入熊科；本书将大熊猫独立成科，即大熊猫科 Ailuropodidae
（110）鼬科 Mustelidae	
（111）臭鼬科 Mephitidae	
（112）海象科 Odobenidae	
（113）海狮科 Otariidae	
（114）海豹科 Phocidae	
（115）浣熊科 Procyonidae	
（116）小熊猫科 Ailuridae	
26. 鳞甲目 Pholidota	
（117）鲮鲤科 Manidae	
真有蹄类 Euungulata	
27. 奇蹄目 Perissodactyla	
（118）马科 Equidae	
（119）貘科 Tapiridae	
（120）犀科 Rhinocerotidae	

续表

学名	备注
28. 鲸偶蹄目 Cetartiodactyla	偶蹄目 Artiodactyla（本书）
（猪形亚目 Suiformes）	
（121）猪科 Suidae	
（122）西猯科 Tayassuidae	
（胼足亚目 Tylopoda）	
（123）骆驼科 Camelidae	
（反刍亚目 Ruminantia）	
（124）鼷鹿科 Tragulidae	
（125）长颈鹿科 Giraffidae	
（126）麝科 Moschidae	
（127）鹿科 Cervidae	
（128）叉角羚科 Antilocapridae	
（129）牛科 Bovidae	
（鲸河马形亚目 Whippomorpha）(new)	本书暂不按此分类
凹齿下目 Infraorder Ancodonta	将河马科放入猪形亚目中（本书）
（130）河马科 Hippopotamidae	
鲸下目 Infraorder Cetacea	鲸目 Cetacea（本书）
须鲸小目 Parvorder Mysticetes	须鲸亚目 Mysticeti（本书）
（131）露脊鲸科 Balaenidae	
（132）须鲸科 Balaenopteridae	
（133）灰鲸科 Eschrichtiidae	
（134）小露脊鲸科 Neobalaenidae	
齿鲸小目 Parvorder Odontoceti	齿鲸亚目 Odontoceti（本书）
（135）海豚科 Delphinidae	
（136）独角鲸科 Monodontidae	
（137）鼠海豚科 Phocoenidae	
（138）抹香鲸科 Physeteridae	
（139）小抹香鲸科 Kogiidae (new)	
（140）喙豚科 Platanistidae	
＊（141）亚河豚科 Iniidae	国外将白鱀豚归入亚河豚科，本书将白鱀豚单独成科，即白鱀豚科 Lipotidae
（142）普拉塔河豚科 Pontoporiidae (new)	
（143）剑吻鲸科 Ziphiidae	
翼手类 Grandorder Chiroptera	
29. 翼手目 Chiroptera	

附表 世界现存哺乳动物目、科的分类

续表

学名	备注
〔阴(大)蝙蝠亚目〕Yinpterochiroptera	
（144）狐蝠科 Pteropodidae	
（145）蹄蝠科 Hipposideridae	
（146）菊头蝠科 Rhinolophidae	
（147）鼠尾蝠科 Rhinopomatidae	
（148）凹脸蝠科 Craseonycteridae	
（149）假吸血蝠科 Megadermatidae	
〔阳(小)蝙蝠亚目〕Yangochiroptera	
（150）鞘尾蝠科 Emballonuridae	
（151）夜凹脸蝠科 Nycteridae	
（152）髭蝠科（短尾蝠科）Mystacinidae	
（153）盘翼蝠科 Thyropteridae	
（154）烟蝠科 Furipteridae	
（155）兔唇蝠科 Noctilionidae	
（156）髯蝠科 Mormoopidae	
（157）叶口蝠科 Phyllostomidae	
（158）吸足蝠科 Myzopodidae	
（159）筒耳蝠科（长腿蝠科）Natalidae	
（160）犬吻蝠科 Molossidae	
（161）长翼蝠科 Miniopteridae (new)	
（162）翼腺蝠科 Cistugidae (new)	
（163）蝙蝠科 Vespertilionidae	

注：近期灭绝 4 科；

＊ 大熊猫和白鳖豚分别归入熊科和亚河豚科；现存种类共计 29 目 159 科（Wilson and Helgen，未发表）。本书将大熊猫和白鳖豚单独成科，并增加了裸鼢鼠科、狨猴科和夜猴科；鲸类和偶蹄类仍按传统分类分列为鲸目和偶蹄目，故本书统计的全世界哺乳动物共 30 目 164 科。